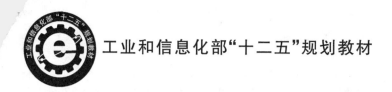
工业和信息化部"十二五"规划教材

城市轨道交通网络化运营优化理论与方法

（第2版）

徐永能　周竹萍　陈　征　胡文斌　编著

北京航空航天大学出版社

内 容 简 介

本书系统地介绍了国内外城市轨道交通网络化运营优化理论与方法的发展现状、基本内容与相关技术经济特性；通过对轨道交通网络化运营组织模式、设备维保模式和多模式公交网络下城市轨道交通系统功能定位的剖析，系统地阐明了城市轨道交通网络化客流分析、网络化运营组织理论与方法和城市轨道交通系统网络服务可靠性评估；详细介绍了城市轨道交通系统在网络化条件下列车运行调整节能控制理论与方法、城市轨道交通设施设备 RAMS（可靠性、安全性、维修性和可用性）规划与控制体系、网络化运营的票务政策体系、设施设备维保模式创新体系等的基本方法与相关技术要求。书中还结合编写组多年来在城市轨道交通应用领域大量的科研实践，简要介绍了城市轨道交通系统领域未来的发展趋势及 RAMS 管理短时客流预测领域中大量可行性分析优化方法与应用实例。

本书既可作为高等院校交通工程专业、轨道交通信号与控制专业、交通运输专业、土木工程专业及其他相关专业本科生、硕士研究生的教材或专业教师的教学参考书，也可作为从事轨道交通网络化系统规划与设计的工程技术人员的参考资料和培训教材。

图书在版编目(CIP)数据

城市轨道交通网络化运营优化理论与方法 / 徐永能等编著. 2 版. 北京：北京航空航天大学出版社，2022.12

ISBN 978 7 5124 3955 9

Ⅰ.①城… Ⅱ.①徐… Ⅲ.①城市铁路－交通网－运营管理－研究 Ⅳ.①U239.5

中国版本图书馆 CIP 数据核字(2022)第 237312 号

版权所有，侵权必究。

城市轨道交通网络化运营优化理论与方法
（第 2 版）
徐永能　周竹萍　陈　征　胡文斌　编著
策划编辑　董　瑞　责任编辑　杨　昕

*

北京航空航天大学出版社出版发行

北京市海淀区学院路 37 号(邮编 100191)　http://www.buaapress.com.cn
发行部电话：(010)82317024　传真：(010)82328026
读者信箱：goodtextbook@126.com　邮购电话：(010)82316936
北京建筑工业印刷厂印装　各地书店经销

*

开本：787×1 092　1/16　印张：17.75　字数：454 千字
2022 年 12 月第 2 版　2022 年 12 月第 1 次印刷　印数：1 000 册
ISBN 978 7 5124 3955 9　定价：59.00 元

若本书有倒页、脱页、缺页等印装质量问题，请与本社发行部联系调换。联系电话：(010)82317024

前　　言

随着我国城市轨道交通的发展,不少城市的城市轨道交通系统运营实体正逐步从单一线路模式转变为网络化线路模式,如何在网络化条件下做好轨道交通系统的运营组织与管理等工作备受关注。总体来看,目前我国轨道交通网络化运营组织的研究成果不够丰富,对许多关键问题的研究与认识也不够深入,可以说还未能形成完整的理论与方法体系。

在此背景下,本书系统地研究了城市轨道交通网络化运营优化理论与方法,以期对提高我国城市轨道交通运营管理的组织水平,促进城市轨道交通健康、有序的发展产生重要的指导意义。

本书系统地介绍了国内外城市轨道交通网络化运营优化理论与方法的发展现状、基本内容与相关技术经济特性;通过对轨道交通网络化运营组织模式、设备维保模式和多模式公交网络下城市轨道交通系统功能定位的剖析,系统地阐明了多模式公交状态下公共交通结构演化规律和城市轨道交通系统网络可靠性评估,详细介绍了城市轨道交通系统在网络化条件下列车运行调整节能控制理论与方法、城市轨道交通设施设备RAMS(可靠性、安全性、维修性和可用性)规划与控制体系、网络化运营的票务政策体系、设施设备维保模式创新体系等的基本方法与相关技术要求。书中还结合编写组多年来在城市轨道交通应用领域大量的科研实践,简要介绍了城市轨道交通系统领域未来的发展趋势及RAMS管理短时客流预测领域中大量可行性分析优化方法与应用实例。

本书由徐永能、周竹萍、陈征、胡文斌编写,其中徐永能编写了第1、3、7、11章,周竹萍编写了第2、5、8章,陈征编写了第4、6、9章,胡文斌编写了第10章。本书凝结了南京理工大学交通运输工程学科和电气工程学科各位老师、研究生的辛勤劳动、教学经验以及科研实践,在此一并表示衷心的感谢!同时,本书参阅了大量国内外资料,未能一一列出,借此向这些著作和文献资料的原作者们表示衷心的感谢!

本书由国家重点研发计划(2019YEE0123800、2021YFE0194600),国家自然科学基金项目(52072214)资助。

作　者

2022年6月

目 录

第 1 章 绪 论 ………………………………………………………………………… 1
  1.1 网络化运营的特征 …………………………………………………………… 1
    1.1.1 网络化运营客流特征 …………………………………………………… 4
    1.1.2 网络化运营换乘特性 …………………………………………………… 5
    1.1.3 网络化运营组织管理特性 ……………………………………………… 7
  1.2 网络资源运营共享技术 ……………………………………………………… 7
    1.2.1 人力资源共享 …………………………………………………………… 8
    1.2.2 运营设备与设施资源共享 ……………………………………………… 9
    1.2.3 检修设施与设备资源共享 ……………………………………………… 12
  1.3 网络化委外维保模式优化 …………………………………………………… 14
    1.3.1 委外维保管理特点分析 ………………………………………………… 14
    1.3.2 委外维保模式决策与评价方法 ………………………………………… 15
    1.3.3 委外维保模式优化路径分析 …………………………………………… 19
  1.4 网络化组织架构优化技术 …………………………………………………… 21
    1.4.1 优化设计原则和目标 …………………………………………………… 21
    1.4.2 组织架构选择分析 ……………………………………………………… 25
    1.4.3 组织架构优化技术与建议方案 ………………………………………… 27
  复习思考题 ……………………………………………………………………… 30

第 2 章 城市轨道交通网络化客流分析理论与方法 ……………………………… 31
  2.1 城市轨道交通客流调查与统计分析 ………………………………………… 31
    2.1.1 城市轨道交通客流指标 ………………………………………………… 31
    2.1.2 城市轨道交通客流调查 ………………………………………………… 33
    2.1.3 城市轨道交通客流特征 ………………………………………………… 34
    2.1.4 城市轨道交通网络化客流成长规律 …………………………………… 36
  2.2 城市轨道交通客流预测方法与模型 ………………………………………… 37
    2.2.1 客流预测的意义与作用 ………………………………………………… 37
    2.2.2 客流预测的基本原则与思路 …………………………………………… 37
    2.2.3 "四阶段"交通预测模型 ……………………………………………… 39
    2.2.4 时间序列模型 …………………………………………………………… 40
    2.2.5 神经网络预测模型 ……………………………………………………… 41
  2.3 城市轨道交通最新客流分析案例 …………………………………………… 42
    2.3.1 案例一:短时断面客流预测 …………………………………………… 43

2.3.2 案例二：短时进站客流预测 ································· 48
  2.3.3 案例三：城市轨道交通网络客流拥挤传播建模分析 ·············· 54
  2.3.4 案例四：突发事件下城市轨道交通客流疏散建模分析 ············ 58
 复习思考题 ·· 64

第3章 多模式城市公交网络结构演化规律 ································· 65

 3.1 多模式公共交通系统及网络特征分析 ································ 65
  3.1.1 多模式公共交通系统 ·· 65
  3.1.2 多模式公共交通网络构建 ·· 66
  3.1.3 多模式公共交通网络特征分析 ···································· 68
 3.2 多模式公交网络结构发展的趋势及内部关系 ·························· 73
  3.2.1 城市多模式公交发展趋势 ·· 73
  3.2.2 多模式公交网络的合作关系 ······································ 74
  3.2.3 多模式公交网络的竞争关系 ······································ 76
 3.3 多模式公交网络结构演化模型 ······································ 77
  3.3.1 基于耗散结构理论的公交结构演化模型 ···························· 77
  3.3.2 演化趋势的阶段论及验证 ·· 82
 复习思考题 ·· 85

第4章 城市轨道交通网络化运营组织理论与方法 ··························· 86

 4.1 城市轨道交通网络化运营行车组织模式 ······························ 86
 4.2 跨线乘客换乘组织 ·· 88
  4.2.1 换乘客流组织方式 ·· 88
  4.2.2 换乘方式适应性分析 ·· 92
 4.3 列车过轨运输组织 ·· 96
  4.3.1 过轨运输组织特点 ·· 96
  4.3.2 过轨运输组织模式类型划分 ······································ 97
  4.3.3 过轨运输组织模式的适用性分析 ·································· 98
 4.4 共线条件下的列车运行组织 ·· 98
  4.4.1 共线运营组织技术 ·· 99
  4.4.2 共线运营适用性分析 ·· 99
  4.4.3 共线运营方案制定方法 ·· 100
 4.5 多交路列车运营组织 ·· 102
  4.5.1 多交路运营组织方式划分 ·· 102
  4.5.2 多交路运营适用性分析 ·· 103
 4.6 快慢列车结合运行组织 ·· 106
  4.6.1 快慢列车结合运营类型 ·· 107
  4.6.2 快慢列车结合运营适用性分析 ···································· 107
  4.6.3 快慢列车开行方案确定方法 ······································ 108

4.7 可变编组运营组织 ……………………………………………………………… 109
  4.7.1 可变编组运营组织的类型 ………………………………………………… 109
  4.7.2 可变编组运营适应性分析 ………………………………………………… 110
  4.7.3 编组方案确定 ……………………………………………………………… 110
  4.7.4 可变编组运营模式实例分析 ……………………………………………… 110
复习思考题 ………………………………………………………………………… 111

第5章 城市轨道交通系统网络服务可靠性评估 ………………………………… 112

5.1 城市交通出行时间波动性的描述与评价 ……………………………………… 112
  5.1.1 出行时间波动性的定义与分类 …………………………………………… 112
  5.1.2 出行时间波动性的影响因素分析 ………………………………………… 112
  5.1.3 出行时间波动性的表征指标分析 ………………………………………… 113
  5.1.4 基于云模型的出行时间波动性表征方法 ………………………………… 116
  5.1.5 基于云模型的出行时间波动性评价 ……………………………………… 120
5.2 轨道交通网络服务可靠性 ……………………………………………………… 124
  5.2.1 轨道交通网络服务可靠性的定义 ………………………………………… 124
  5.2.2 轨道交通网络服务可靠性的内涵 ………………………………………… 124
5.3 轨道交通网络服务可靠性测度指标 …………………………………………… 127
  5.3.1 指标选取原则 ……………………………………………………………… 127
  5.3.2 指标具体含义 ……………………………………………………………… 127
5.4 轨道交通网络服务可靠性分析与评估 ………………………………………… 130
  5.4.1 网络服务可靠性算法 ……………………………………………………… 130
  5.4.2 网络服务可靠性评价 ……………………………………………………… 131
复习思考题 ………………………………………………………………………… 132

第6章 城市轨道交通网络化运营的票务政策及决策 …………………………… 133

6.1 城市轨道交通网络收入分配方法 ……………………………………………… 133
  6.1.1 国内外主要城市的清分方式 ……………………………………………… 133
  6.1.2 影响清分的主要因素 ……………………………………………………… 134
  6.1.3 清分原则 …………………………………………………………………… 136
  6.1.4 有障碍换乘条件下的清分方法 …………………………………………… 137
  6.1.5 无障碍换乘条件下的清分方法 …………………………………………… 138
6.2 网络化运营的票务清分清算技术 ……………………………………………… 141
  6.2.1 网络化票务清分清算的 AFC 系统 ……………………………………… 141
  6.2.2 网络化票款清算流程 ……………………………………………………… 142
  6.2.3 网络化运营环境下的票款清算 …………………………………………… 144
6.3 网络化运营票价票制的制定及票价听证 ……………………………………… 146
  6.3.1 网络化运营票价研究 ……………………………………………………… 146
  6.3.2 网络化运营票价定价模型研究 …………………………………………… 152

6.3.3 网络化运营票价听证研究 ………………………………………… 155
6.3.4 网络化票务运营与城市交通卡接口研究 …………………………… 157
复习思考题 ………………………………………………………………… 158

第7章 城市轨道交通网络化运营设施设备 RAMS 规划设计 …………… 159

7.1 城市轨道交通网络化运营设施设备 RAMS 控制策略 ……………… 159
7.1.1 RAMS 的概念 ……………………………………………………… 159
7.1.2 引进 RAMS 的必要性 ……………………………………………… 162
7.1.3 ALARP 及可容忍性风险 …………………………………………… 163
7.1.4 RAMS 管理流程 …………………………………………………… 164

7.2 城市轨道交通网络化运营设施设备全生命周期管理 ……………… 165
7.2.1 城市轨道交通系统设施设备系统的组成 …………………………… 165
7.2.2 轨道交通设施设备的生命周期 …………………………………… 166
7.2.3 LCC 技术 …………………………………………………………… 168

7.3 城市轨道交通危险源识别与控制 …………………………………… 170
7.3.1 城市轨道交通危险源识别 ………………………………………… 170
7.3.2 城市轨道交通主要危险因素及分析 ……………………………… 173
复习思考题 ………………………………………………………………… 180

第8章 城市轨道交通网络化车辆维修模式创新与实践 …………………… 181

8.1 城市轨道交通网络化车辆维修模式发展趋势分析 ………………… 181
8.1.1 国内外城市轨道交通车辆维保发展历程与现状 ………………… 181
8.1.2 维保观念变革 ……………………………………………………… 184
8.1.3 全生命、全过程、全员维保模式发展趋势 ……………………… 186

8.2 城市轨道交通网络化车辆维修决策支持理论与方法 ……………… 188
8.2.1 市场化维保战略决策理论与方法 ………………………………… 188
8.2.2 车辆可靠性分析、预测以及分配理论与方法 …………………… 191
8.2.3 车辆状态预警模型构建 …………………………………………… 192
8.2.4 车辆安全寿命预测模型构建 ……………………………………… 194

8.3 城市轨道交通网络化车辆维修决策优化理论与方法 ……………… 195
8.3.1 车辆维修修程优化理论与方法 …………………………………… 195
8.3.2 车辆维修流程优化理论与方法 …………………………………… 197
8.3.3 车辆维修周期优化理论与方法 …………………………………… 199
8.3.4 车辆维修资源配置与优化 ………………………………………… 203

8.4 城市轨道交通网络化车辆维修决策评估理论与方法 ……………… 206
8.4.1 价值工程评估方法 ………………………………………………… 206
8.4.2 满意准则模型评估方法 …………………………………………… 209
8.4.3 车辆 RAMS 综合评估方法 ………………………………………… 210
复习思考题 ………………………………………………………………… 213

第9章　城市轨道交通网络化列车运行调整理论与方法 … 214

9.1　城市轨道交通网络化列车运行调整技术 … 214
9.1.1　列车运行调整问题分析 … 214
9.1.2　列车运行调整发展历程与现状 … 214
9.1.3　列车运行调整实现过程 … 217

9.2　城市轨道交通网络化列车运行调整模型 … 218
9.2.1　模型基本假设 … 218
9.2.2　优化目标分析 … 218
9.2.3　列车运行调整模型 … 219

9.3　城市轨道交通网络化列车运行调整算法 … 222
9.3.1　基于遗传算法的列车运行调整方法 … 222
9.3.2　基于粒子群算法的列车运行调整方法 … 223
9.3.3　基于人工鱼群算法的列车运行调整方法 … 224
9.3.4　算例分析 … 228

复习思考题 … 235

第10章　城市轨道交通网络化运营节能控制技术 … 236

10.1　轨道交通节能研究现状 … 236
10.1.1　超级电容节能 … 237
10.1.2　逆变装置节能 … 239

10.2　列车优化运行节能 … 241
10.2.1　列车节能的操纵方法 … 241
10.2.2　惰行控制 … 241

10.3　调节列车停站时间节能 … 246
10.3.1　概　述 … 246
10.3.2　城市轨道交通直流牵引供电仿真模型 … 247
10.3.3　时变电网络系统模型及其算法实现 … 252
10.3.4　遗传算法调节停站时间 … 255
10.3.5　算例分析 … 257

复习思考题 … 258

第11章　我国城市轨道交通系统发展的展望 … 259

11.1　城市轨道交通发展趋势 … 259
11.1.1　世界城市轨道交通发展趋势 … 259
11.1.2　我国城市轨道交通发展趋势 … 261
11.1.3　我国城市轨道交通发展目标 … 262

11.2　城市轨道交通的可持续发展策略 … 263
11.2.1　可持续发展的定义 … 263

11.2.2 可持续发展管理政策的不足……………………………………………… 263
11.2.3 可持续发展的技术政策…………………………………………………… 264
11.2.4 城市轨道交通可持续发展建议…………………………………………… 265
复习思考题…………………………………………………………………………… 270

参考文献………………………………………………………………………… 271

第1章 绪 论

1.1 网络化运营的特征

随着城市化进程的迅速推进以及大城市人口的急剧膨胀,城市交通需求与交通供给的矛盾日益突出,导致交通拥堵,伴生交通安全、环境污染、交通能耗等问题,已成为世界各国普遍面临的社会问题,严重影响城市的经济建设和运转效率,并成为制约城市可持续发展的主要瓶颈。因此,优先发展公共交通成为有效缓解城市交通问题的首选。城市轨道交通以其大运量、低能耗、高效率、高环保的特点,在大城市公共交通体系中占有重要地位。布局合理、公众欢迎的轨道交通已成为城市交通现代化的重要标志之一。

21世纪以来,我国各大城市的轨道交通进入一个新的快速发展时期,以北京、上海、广州为代表的大城市先后规划、建设了较大规模的远景线网并相继投入运营。目前,全世界已经有超过120个城市建成了轨道交通系统。我国以1969年10月北京地铁一期工程投入试运营为标志,截至2022年8月,31个省(自治区、直辖市)和新疆生产建设兵团共有51个城市开通运营城市轨道交通线路278条,运营里程9098公里。运营、建设、规划线路规模和投资跨越式增长,城市轨道交通持续保持快速发展趋势。在如此巨大的建设规模和超快的发展速度下,必然面临建设投入、运营管理等方面的挑战,需要轨道交通从业人员高度重视,以保证我国城市轨道交通建设的可持续发展。

2021年底,北京已经形成总里程世界第二的超大城市轨道交通线网,成为世界上最繁忙的轨道交通线网之一,轨道交通对于北京这一特大城市的发展起到了骨干支撑作用。截至2022年7月,北京地铁运营线路共有27条,运营里程783公里,车站463座(其中换乘站73座)。到2025年,北京地铁将形成由30条运营线路,总长1177公里的轨道交通网络。2022年北京地铁线网如图1-1所示。

截至2022年1月,上海轨道交通共开通线路20条(1~18号线、浦江线、磁悬浮线),上海轨道交通全网络运营线路总长831公里(地铁802公里+磁悬浮29公里),覆盖了上海市的大部分区域。2022年,上海市开展《上海市城市轨道交通第三期建设规划(2018—2023年)调整》,以满足轨道交通近期建设项目能更好地适应城市的发展需求,其中包括崇明线、21号线一期东延伸、19号线北延伸、20号线一期东延伸、12号线西延伸、13号线东延伸、15号线南延伸工程。2022年上海地铁线网如图1-2所示。

截至2022年8月,南京地铁已开通运营11条线路共计427公里,全国排名第七;在建或准备开建线路包括5条市区线、3条市域线和3条既有线延伸线共计11条线,长度约296公里,其中7号线北段、1号线北延线及S8宁天城际南延线在年底开通;远期规划共由27条线路构成,其中城区线17+1条,市郊市域线9条,总计长度逾1230公里,线网规模密度基本与南京城市规划发展相适应,并覆盖镇江句容、扬州、滁州、马鞍山等南京都市圈主要城市。2022年南京地铁线网如图1-3所示。

截至2022年5月,广州地铁运营线路共有16条,运营里程为621公里,全国排名第三。

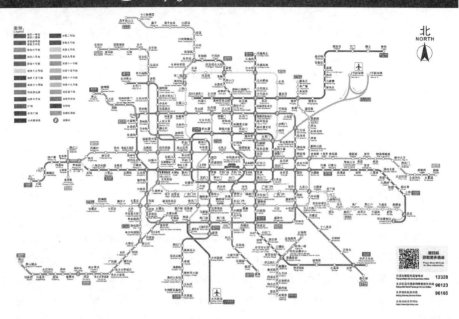

图 1-1　2022 年北京地铁线网

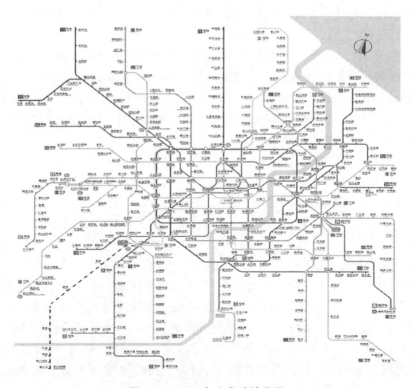

图 1-2　2022 年上海地铁线网

第 1 章 绪 论

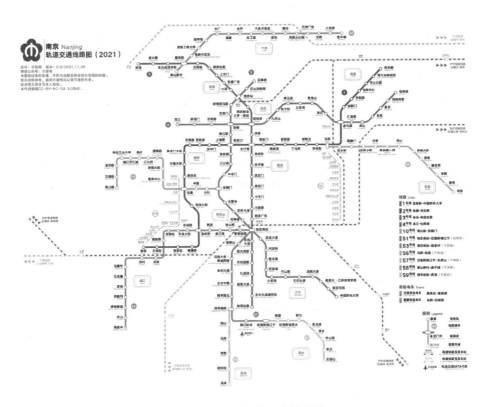

图 1-3 2022 年南京地铁线网

同年广州市规划和自然资源局组织编制了《广州市轨道交通线网规划(2018—2035 年)》,规划中广州市轨道交通线网由高速地铁、快速地铁、普速地铁三个层次构成,共规划线路 53 条,规划总里程 2029 公里。其中高速地铁 5 条,452 公里;快速地铁 11 条,607 公里;普速地铁 37 条,970 公里。2022 年广州地铁线网如图 1-4 所示。

我国的轨道交通建设虽然始于 20 世纪 60 年代,但在很长一段时期内,由于开通的轨道交通线路数量少,各城市均以单线模式进行城市轨道交通线路运营组织。随着轨道交通网络规模的扩大,这种运营组织模式已难以适应网络化的运营需求。

网络化运营是指在由多线路组成的城市轨道交通线网上建立,旨在有效满足出行者的需要,是安全的、可持续的运输组织方法与经营行为的总称。相对于单条线路下的独立运营来说,网络化运营实际上是在城市轨道交通系统规模发展到由若干条轨道交通线路经纬交错衔接形成整体的"网络"状态时,系统强调自身整体功能和规模效应的一种客观发展要求。

线网是城市轨道交通网络化运营的基础设施。从整体看,线网本身的物理结构形态决定了网络的服务区域与辐射范围;从局部看,线路中的渡线、折返线、出入线、联络线等基础设施的设置情况,从根本上制约着网络化运营组织方法与技术的应用。同时,服务对象的实际需求是确定网络化运营组织方法的基本依据,即列车开行方案必须适应线网覆盖区域内不同客流的特征。

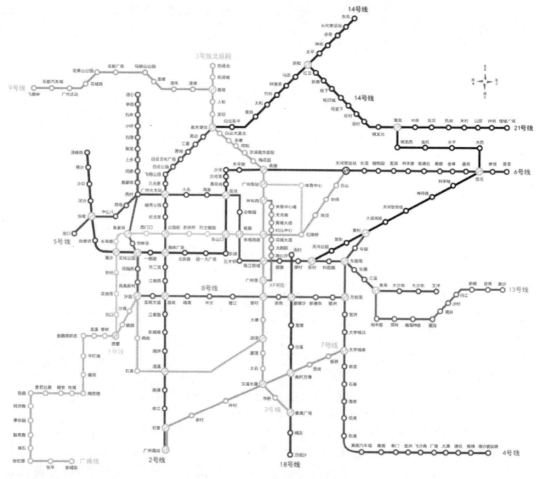

图 1-4　2022 年广州地铁线网

1.1.1　网络化运营客流特征

轨道交通网络的运输能力必须与其服务区域内的客流相适应,同时兼顾地域空间、时间的适应性要求。轨道交通线网运营组织方法也需要与城市空间、土地利用、客流分布等相适配,以保障各条线路组合或合作形成统一的高效运营整体。

1.1.1.1　连接市郊线路的客流空间分布特征

一般而言,一条城市轨道交通线路上客流的空间分布可通过车站乘降人数和线路断面客流量体现。由于轨道交通线网中的线路途经区域的用地性质不同,线路覆盖区域内的客流集散点的数量和规模不同,导致了线路各个车站的乘降人数不同,从而形成了线路单向各个断面的客流的不均衡性。

此外,客流分布还会受到线路本身的设置情况的影响,如沿线车站、换乘车站的位置及其站间距,线路中单线、共线、平行线、环线的设置等,这些都是轨道交通客流分布的重要影响因素。

轨道交通线网中,线路单向各个断面客流的不均衡系数可按下式计算:

$$\alpha_k = A_{\max} \bigg/ \left(\sum_{i=1}^{n} \frac{A_i}{n} \right) \qquad (1-1)$$

式中，α_k 为单向断面客流不均衡系数；i 为断面序号；A 为单向断面客流量(单位：人次)；n 为单向全线断面数(单位：个)。

网络规模扩大过程中，部分线路的一端或两端可能延伸到城市的近郊地区甚至远郊区，从而出现一端连接市中心区，一端连接郊区，或贯穿市区而两端连接郊区的线路。与中心区线路相比，这类线路客流空间分布具有以下特征。

1. 全线客流不均衡，呈凸型或单向增减分布

这类线路的客流空间分布与一般轨道交通线路的相同点在于它同样受到用地性质差异而出现客流空间分布不均衡的现象。差异在于：在中心区的线路上，这种不均衡的现象一般并不沿着线路的走向出现规律的递增或者递减；在连接郊区的城市轨道交通线路上，断面客流和乘客乘降量总体出现较为明显的单向递增或者递减，这是由于市区客流与郊区客流特征的巨大差异造成的。一般而言，单向最高断面流量出现在市区的边缘区域。

2. 高峰时段断面客流的潮汐特征明显

在连接郊区的城市轨道交通线路上，早晚高峰通勤客流的影响尤为突出，同时由于行程较远，出行时间较长，断面客流的潮汐现象比市区线路更加明显且持续时间更长。

从沿线车站乘客乘降量来看，其分布的曲线特征和最高点与全日的断面客流潮汐特征呈基本吻合的变化趋势。

3. 各区段客流交换量不均衡

根据断面客流情况，将断面客流量相近的各站间划为同一个区段。研究各区段的客流OD(Origin and Destination，交通出行量)特征，进而分析各区段客流交换量。该指标可以进一步反映线路客流空间分布的不均衡性。根据客流交换性质，可以从两两区段间的交换量、区段内部的交换量以及两者之和的总交换量这三个方面来考察各区段的客流交换特征。由于市区客流与郊区客流的明显差异，一般而言，区段间的最大客流交换量出现在这两个区段之间。交换总量最大的区段，一般位于城市的边缘区，即市区客流与郊区客流的结合部。

区段客流交换量是设定长短交路、快慢车结合运营方案的基本依据。

1.1.1.2 线网中区域客流的空间分布特征

城市轨道交通网络从市区逐渐扩展到整个市域，必须将客流空间分布特征由单条线路推广到整个线网，从网络运行的层面探讨线路客流的空间分布特征。

线网中每条线路(特别是连接郊区的城市轨道交通线路)具有不同方向的客流空间分布特征，综合在一起即表现出线网的总体客流空间分布特征。

在特大城市或都市圈，发达的城市轨道交通线网覆盖范围遍及整个市域。通过单条线路客流空间分布不均衡性研究，确定连接郊区的城市轨道交通各线路的最高流量客流断面，将这些断面在线网中联系起来，往往会形成围绕城市中心区的一个闭合环线或大弧度曲线。

在这个环线上，同时也是断面客流发生骤变的"临界面"，往往作为设定分段区间、长短交路的依据。

1.1.2 网络化运营换乘特性

换乘是城市轨道交通线网中的一个重要内容，通过分析换乘客流的结构和数量，特别是换乘客流的来源与换乘目的,从而确认换乘节点乘客的换乘路径,是研究换乘客流组织、设计换乘方案的基本前提。

换乘客流可以分为线网内换乘和线网外换乘两类,对于后者,主要还可以分为公交换乘客流、自行车接驳客流以及较小部分的小汽车转移客流三类客流。

线网内换乘是网络化运营需要重点研究的对象,也是网络化运营组织的主要服务对象。线网内重大枢纽的客流结构,特别是换乘客流占到站客流的比例,是决定换乘组织重点客流以及设定套跑交路、过轨运输、站停方案的基本依据。

法国巴黎市中心区的沙特莱(Chatelet - Les - Halles)车站是巴黎轨道交通中最具代表意义的换乘站,该车站是3条区域快线(RER-A、B、D)的换乘车站,同时周边还有5条城市轨道交通线路(M1、M4、M7、M11、M14)的车站。沙特莱车站的线路交汇情况如图1-5所示。沙特莱车站2007年的客流统计数据如图1-6所示。

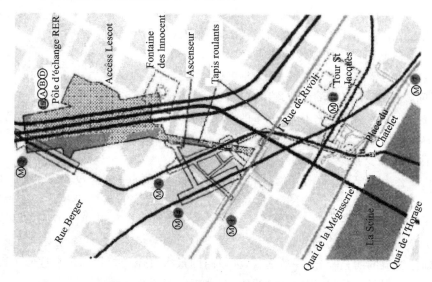

图1-5 沙特莱车站线路交汇示意图

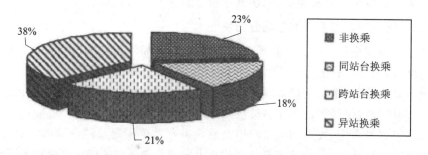

图1-6 沙特莱车站的客流结构

该换乘车站发生吸引的日客流量为51.5万人次。其中,11.9万人次(23%)出入车站,为非换乘客流;9.2万人次(18%)在同一座岛式站台的不同方向实现换乘;11.0万人次(21%)在RER-A、B、D线之间进行跨台同层换乘;19.4万人次(38%)在RER-A、B、D与5条城市轨道交通线之间换乘。

上述日客流量中,39%为区域快线RER线网内的换乘,38%为RER线网与周边城市轨道交通线网的换乘。沙特莱车站通过 4 站台同层换乘,保证了换乘效率;为提高换乘效率,在沙特莱车站与 5 个城市轨道交通站之间专门开设了换乘通道并设置了自动人行道。

1.1.3 网络化运营组织管理特性

19 世纪以来,西方发达国家形成了众多以国际化大都市为核心,联合周边城市的都市圈,如日本东京都市圈、英国伦敦都市圈等,它们都拥有运营组织管理模式独具特色的都市圈轨道交通系统。进入 21 世纪以来,我国城市化进程不断加速,北京、上海、广州等大城市的规模不断扩大,作为公共交通骨干的城市轨道交通网络不断完善,形成了具有地方特色的轨道交通网络运营管理模式。

网络化运营组织管理模式是城市轨道交通建设发展模式的重要方面。不同运营组织管理模式深刻影响着都市圈轨道交通建设和发展方式,探讨运营组织管理模式的类型及适应性,必然要在一定的投资建设模式机制环境下进行。

美、日、英、法、韩等发达国家的城市轨道交通建设是基于国家的私有制经济体制,故呈现不同的融资体制特点:

① 法律上明确界定政府对轨道交通的监管权限。其重心不是根据国家轨道交通特点去制定专门的法律,而是关注和规范政府对整个运输市场的监管行为。

② 投资主体多元化、融资渠道社会化。通过调整国家对铁路的政策,重新定位国家与铁路的关系;把科技含量高、符合时代发展要求的项目作为国有资本对铁路投资的重点;按市场化的运作使铁路建设的投资领域呈现出多元化。

③ 广泛采取项目融资筹集资金。普遍采用项目融资的方式拓宽融资渠道,扩大轨道交通项目的投融资规模。融资形式包括债券、银行与特许经营合同等。

④ 多种形式的政府补贴。政府补贴一般可以分为固定金额的补贴及按运输量给予的补贴。

纵观国外典型都市圈轨道交通的投资建设,主要有财政贷款、土地开发权益的利用、企业债券、国债、国内银行贷款、民间资金、项目融资、国际金融组织(多边国际组织)贷款、融资租赁等纷繁复杂的投融资形式。在我国,长期的以公有制为主体的经济体制和国民收入分配体制,以及由其决定的政府与城市轨道交通企业是"父与子"的关系、政企不分的体制,使得各种融资方法均有局限,最终形成了"政府建设轨道交通"的运营管理模式。

对网络化运营组织管理模式的研究,主要包含两方面内容:一方面是运营公司的企业组织模式,这一内容决定了运营公司的管理运作;另一方面是运营公司的行车组织模式,这一内容决定了企业进行生产经营的基本业务——列车开行方案的制定。同时,这两方面的内容也相辅相成地影响着轨道网络运营组织效率。

1.2 网络资源运营共享技术

轨道交通建设投资大、资产规模庞大,是城市基础设施的重要组成部分,其功能发挥直接影响着城市公共资源的利用效率。对城市轨道交通网络运营中所集合的多种资源进行优化整合,有效分配,实现资源效益的最大化,可降低轨道交通建设及运营成本,提高运营效益,充分利用有限的资源,从而实现城市轨道交通的可持续发展,推进城市现代化建设。

网络资源运营共享是指在城市轨道交通网络的两条或多条,甚至全网共享各类资源,以便优化资源配置,提高资源利用率,降低网络运营成本,更好地发挥轨道交通网络的整体效益。

网络化环境下轨道交通系统的资源共享具有尤为重要的现实意义。一方面,从轨道交通网络整个发展阶段来看,建设初期,线路规模小、运营线路相对分散,资源共享程度较低;但随着网络的扩建,线网不断加密,各线相互联络功能增强,资源共享条件逐渐成熟,资源共享的可能性越来越高。另一方面,从时间与空间角度来看,实现轨道交通资源的共享,可有效降低轨道交通的投资和运营成本,如某车辆厂建成后,当本线检修任务未饱和时,检修设施可为其他轨道交通线路提供服务。

城市轨道交通资源共享涵盖的范围非常广,要实现资源共享,充分利用城市有限而宝贵的资源,应遵循以下原则:

① 系统性原则。轨道交通是城市的重要组成部分,不仅要考虑轨道线路之间的资源共享,也要重视与其他交通方式的资源共享,还要从城市土地利用角度来考虑资源共享,避免重复建设。

② 功能完备原则。必须满足轨道交通系统运行的各种功能要求,不能片面追求降低投资而忽视基本的功能要求。

③ 整体配置优化原则。轨道交通各类资源的配置不仅涉及城市轨道交通的运营成本,关系到运营效益,而且还是减少用地、降低工程造价的重要手段,其配置要从整个线网的高度来统筹考虑。

④ 可持续原则。要充分考虑规划轨道交通线网上各线路建设的时序差异,各类资源的建设要考虑功能的互补性、技术的先进性和发展的可持续性。

本节将从软件和硬件两个方面入手,对城市轨道交通网络资源运营共享技术进行研究讨论。软件方面,主要研究轨道交通人力资源、技术规范与制度、管理经验的共享利用,其中,人力资源包括运营管理人员、培训人员和维修人员。硬件方面,包括运营设备与设施资源、检修设施与设备资源两个方面,其中,运营设备与设施主要包括车辆、主变电站、控制中心、信号设备等,检修设施与设备主要集中在车辆段。

1.2.1 人力资源共享

1.2.1.1 运营管理人员

轨道交通运营管理人力资源共享,有利于精简运营管理机构;每一个管理人员充分发挥作用,有利于轨道交通运营管理效率的提高,并可减少运营开支。

国内外大部分城市的轨道交通网络运营均采用了集中化的综合管理模式或体制。这种管理模式或体制尽管与引进竞争机制有一定矛盾,但非常有利于运营管理人力资源的综合利用。因此,从资源共享角度上讲,运营管理机构不宜分散,而应相对集中。同时,轨道交通规划建设和管理机构设置应尽可能方便运营管理人力资源的综合利用。

1.2.1.2 培训人员

一座城市在进行第一条(或第一期)轨道交通项目建设时,一般均设立一个培训中心,用于轨道交通管理及维修人员的技术培训。这个培训中心应不仅仅是为第一条(或第一期)轨道交通运营服务,而还要为城市整个轨道交通网络运营服务。

后续的轨道交通建设在一般情况下不必增设培训中心,这样培训设施(包括建筑、办公、后勤等)可以得到综合利用。如果每条轨道交通线路车辆及机电设备制式统一,这种人力资源共享和综合利用程度会更高。

1.2.1.3 维修人员

轨道交通维修人员在运营主体中占有很大的比例。对于一个拥有大型轨道交通网络的城市来讲,如果每条线都分别设立运营公司,各自为政,将会形成一个庞大的维修人员队伍,不但会增加运营成本,而且会造成极大的人力资源浪费。

因此,轨道交通规划和建设,应尽可能将两条或多条线路的车辆基地,包括综合维修基地、材料总库集中设置,以实现维修人力资源的共享。

1.2.2 运营设备与设施资源共享

运营设备与设施资源共享主要包括车辆、主变电站、信号设备、控制中心及其他运营设备和设施五个方面。

1.2.2.1 车　辆

车辆是轨道交通最为重要的运营设备,车辆购置费在轨道交通建设投资中占有相当大的比例,其运营管理维修费用也较大。若能实现车辆及其备品备件的资源共享,不但可大大减少备用车数量,有利于车辆备品备件的统一调配,而且有利于车辆检修设施资源的综合利用和管理以及检修人力资源的共享。

1. 车辆资源共享的要求

要更有效、更方便地实现车辆及其备品备件资源的共享,城市轨道交通网络各线的轨道交通模式、车辆型号和制式应力求统一,使车辆可以灵活编组。此外,对轨道网络及相关设计有一定要求,如:轨道交通网络应为互通型,线路之间应具备联络条件,甚至过轨运营条件、线路的设计标准应尽量统一,轨道交通线的机电设备制式需统一或兼容。

选择车辆的主要原则是从城市轨道交通网络出发,满足客流要求,考虑技术进步、经济实用、安全可靠、低寿命周期成本、资源共享,尽可能减少车辆制式和型号。

2. 车辆资源共享的优点

实现车辆资源的共享能够提高车辆的利用率,降低运营成本,方便乘客出行,提高运输效率,减少备用车数量,保证新开通线路的用车,减少车辆段及检修设备的投入,减少维修备品备件。

3. 车辆资源共享的思路

由于城市轨道交通车辆与供电、信号、通信、综合监控、土建、线路及轨道等专业有密切联系,彼此之间相互影响,因此,车辆的资源共享从线路规划设计、车辆招标采购等环节就要加以考虑。这是一项复杂的系统工程,需要将相关专业综合考虑,整体把握,才能实现车辆资源共享。转变单线运营时的工作思路,要从整个运营网络考虑以下各种问题:

① 管理体制、机制的保障;
② 制定相关的标准;
③ 合理设置线路;
④ 依据实际情况合理配置车辆;

⑤ 将设备模块化；
⑥ 选择合理的车辆共享方式。

1.2.2.2 主变电站

轨道交通供电方式有分散式和集中式两种。当采用分散式供电时，可直接享用城市电网设施资源，即与城市其他用户共享资源。很多城市为了保证轨道交通运营的可靠性，选择了集中供电方式。当轨道交通采用集中方式供电时，就必须设置主变电站。

主变电站不仅设备投资大，电源引入费用高，而且用地和用房面积较大。如果每条线均独立设置主变电站，既不经济也不合理。应在满足各线功能要求的条件下，将主变电站设在相关线路交汇处附近，力求两线或多线合用或合建，实现设施资源共享和综合利用。为达到电力资源的合理利用、综合配置、高效使用和保护环境的目的，供电系统网络资源共享应与轨道交通路网规划相结合，将轨道交通供电系统资源提升到网络的高度，进行统一规划，统筹考虑，设置较为合理的主变电站布点。在修建一条线路主变电站的同时，预留兼顾向其他相邻轨道交通线路供电的资源，将会节约大量的投资，并可为今后轨道交通建设的投资决策提供科学依据。

1.2.2.3 信号设备

1. 基本原则

信号设备资源共享是网络资源运营共享的一个关键技术，其共享技术实现的基本原则包括以下几个方面：

① 信号制式相同或兼容；
② 系统结构和功能划分一致；
③ 城市轨道交通信息传输系统兼容；
④ 列车定位技术兼容或统一；
⑤ ATP 安全控制方式统一设计和要求；
⑥ 列车驾驶模式和操作方式统一或兼容；
⑦ 信号与车辆接口相同或统一。

2. 基本形式

信号设备资源共享的基本形式包括以下几个方面：

(1) 技术共享

要保证信号系统资源共享的线路群内信号制式基本一致，即要求安全控制方式、城市轨道交通信息传输、列车定位、驾驶模式等影响资源共享或互联互通的关键方式基本兼容和统一。同一信号制式，根据不同的实现方式，找出这些不同实现方式的兼容与统一接口，达到在同一信号制式的信号技术互联互通。比如，目前实现基于 CBTC(Communication Based Train Control System，基于通信的列车自动控制系统)的移动闭塞系统有多种，无线方式也存在不同的协议格式，需要通过对地车信息传输接口技术标准和规范进行制定，以保证这些信息传输系统按照一个标准的格式进行信息的传输和接收，从而可以做到一种信号制式下的信号互联互通。

(2) 车辆互联互通

在信号系统本身技术共享的前提下，在车辆、通信、线路、供电等其他专业的制式相兼容或统一的客观条件下，通过对车辆信号设备的规范，即可实现车辆联通联动，达到统一调配使用车辆的目的,使车辆利用率最大幅度得到提高。信号技术的互联互通是车辆运营互联互通的基础条件。

(3) 操作界面和方式共享

在信号系统的选型和实施中,作为城市轨道交通最简单、最容易、最有效的资源共享就是做到信号系统地面调度员的操作界面和操作方式统一,同时可以做到车载信号设备 MMI(Man-Machine-Interface,人机界面)的界面和司机操作兼容统一,这样可以大大减少司机和调度人员的培训,同时在运营过程中大大降低故障处理时间。

(4) 检修设备共享

检修设备资源共享也是轨道交通资源共享的重要内容之一。随着技术进步,信号设备的技术含量及系统化程度越来越高,检修设备的复杂度和价格也越来越高。对于一些昂贵的特殊信号检修设备,应尽可能考虑资源共享和综合利用,以大大降低检修设备的投入。

(5) 备品备件共享

基于现代 IT 信号设备的备品备件,价格较高,在保证信号系统技术进步的前提下,应尽可能多地采用相同或同一系列的备品备件,提高备品备件的通用性和共享性,以便集中仓储,降低库存量,互相调用备品备件,大大降低运营成本。

(6) 人力资源共享

在信号制式选型和规划时,应综合考虑先进的技术及人力资源成本,尽可能达到路网中信号专业管理人员及技术维修工人的资源共享,以降低企业人员成本。

(7) 维修工艺共享

不同线路的信号系统,在选型时应保证其具有相同或相似的维修工艺,以大大降低人员培训成本,提高维修质量,确保列车安全可靠地运行,实现维修工艺和设备的共享,降低固定资金的投资;同时,也便于维修管理,在提高维修率的同时提高车辆的利用率。

(8) 仿真培训设备资源共享

随着技术进步,信号设备的技术含量及系统化程度越来越高,信号维护人员上岗前必须借助于仿真培训设备进行严格的培训;另外,运营中出现的问题也需要经过仿真系统进行分析,及时发现并排除故障。

1.2.2.4 控制中心

控制中心作为轨道交通运营的指挥中心,应该集中设置。国外很多城市的轨道交通网络中均只设一个控制中心,不仅有利于轨道交通运营的调度指挥,而且有利于实现资源共享和综合利用。轨道交通控制中心应尽可能多线共享,其机电设备制式应尽可能统一或兼容。

控制中心的共享内容也包括土地、建筑设施、各系统设备和管理人员等方面的内容,这里不再详述。

1.2.2.5 其他运营设备和设施

很多城市轨道交通的 FAS(Fire Alarm System,防灾报警系统)、BAS(Building Automation System,设备监控系统)和 SCADA(Supervisory Control And Data Acquisition,数据采集电力监控系统)均采用综合监控系统,不仅便于高效的运营管理,而且可以实现计算机等设备资源的共享,有利于节省设备投资,降低工程造价。

线路设施中的车站配线(存车线和折返线)在运营时间之外,如夜间,可用于存放列车,也可实现设施综合利用,以及减少车辆基地用地面积、停车库规模和投资。

1.2.3 检修设施与设备资源共享

检修设施与设备资源共享主要是指不同类型的车辆基地及其内部设备的共享和检修的社会化。

1.2.3.1 车辆基地

车辆基地既是轨道交通车辆的检修场所,也是轨道交通各类设施、设备和工务的综合维修中心,实现车辆基地的资源共享具有十分重要的意义。车辆基地资源共享包括:车辆大修、架修、试车线和运用装备等设施,机电设备维修设施资源和工务维修、辅助生产设施,办公及生活设施,以及管理人员与维修人员等。因此,车辆基地应尽可能多线合建(用),轨道交通网络车辆及机电设备制式尽可能统一,以便最大限度地实现基地资源的共享。

表1-1所列为各大城市车辆段占地规模及收容能力,可以看出,我国城市的车辆段占地面积比日本的大,但收容能力远不及日本。因此,提高车辆段的利用率,实行车辆段的资源共享是十分必要的。车辆基地布局应方便运营,减少列车空走距离,合理用地,要满足近期和远期不同情况下的资源共享要求。

表1-1 部分城市车辆段占地规模情况

城 市	车辆段名	占地面积/m^2	停放车辆数/辆	折合用地面积/($m^2 \cdot 辆^{-1}$)	承担线路长度/公里	折合用地面/($m^2 \cdot 公里^{-1}$)
东京	千住基地	36068	336	107	20.3	1777
	深川基地	82226	470	175	30.8	2670
大阪	森之宫基地	102000	372	238	30.9	3301
北京	太平湖车辆段	130000	324	401	23.1	5627
	古城车辆段	232000	288	805	18.5	12540
	回龙观车辆段	395000	336	1175	40.9	9658
上海	新龙华车辆段	284000	296	959	32.7	8685
广州	芳村车辆段	266000	252	1055	18.5	14393

出现上述情况可能与两国统计方法不同有关。我国车辆段的用地一般还包括食堂、宿舍、浴室、购物、医务等生活设施,以及培训基地、综合仓库等衍生设施。我国车辆段的作业区(包括办公区)一般占整个车辆段的75%~90%。从这个角度看,即使日本的共用车辆段占地面积全部为作业区,我国的车辆段作业区的用地规模仍可达到日本的两倍左右。因此,有必要采用共用车辆段,以尽量减少占用城市土地资源。

1.2.3.2 共用车辆基地类型

1. 按共用资源划分

根据共用资源的具体情况,共用车辆基地可以分为以下两种类型。

① 共用列检车辆段。车辆共用车辆段内的停车设施和一些日常检修设施,仅能完成停车列检、临修、月检等维护工作。

② 共用架修、大修车辆段。车辆共用车辆段内的大型维修设备。一般的共用车辆段属于

此种类型。

2. 按共用对象划分

按照共用车辆基地的车辆类型可以分为以下两种类型。车辆类型的不同,对联络线的设置也有相应的要求。

① 城市轨道交通系统与城际铁路(国铁)共用车辆段。

② 城市轨道交通系统内部共用车辆段。其主要指各条城市轨道交通线路之间、城市轨道交通与轻轨线路之间共用车辆段。

1.2.3.3 车辆厂和大型设备厂资源的利用

当城市拥有轨道交通车辆厂和与轨道交通相关的大型设备厂时,这些企业的设施和人力资源同样可以为轨道交通运营服务,达到更高一层的设施共享和综合利用。这样可以进一步降低造价和运营成本,还可以提高企业的效益。因此,在城市的轨道交通建设中应充分利用这些资源,轨道交通车辆的组装、大修、架修,以及大型设备的维修应尽可能向社会化方向发展。

1.2.3.4 车辆基地共享的适用性

1. 联络线设置

联络线的设置是实现车辆段、停车场资源共享的重要途径,它使网络中的各条线路相互连通,以实现检修车辆在线路间的往返取送。联络线分城市轨道交通与城际铁路间联络线和城市轨道交通与城市轨道交通间联络线两种,原则上联络线的设置以后者为主,主要因为采用后者可使检修车辆走行距离短、调度方便。

联络线的设置受地形条件、设备条件(信号制式、供电方式、建筑限界等)、设备能力(主要车辆段大修、架修能力)等因素制约,而且还需符合必要性、可行性和经济性。特别是地下联络线,一般造价较高,有必要经过技术经济比较后再确定。

在轨道交通系统初期,由于网络尚未成形,城市轨道交通线路间的互相联络条件较差,可适当利用国铁相互沟通。随着城市轨道交通系统的发展,网络逐步成型,当城市轨道交通线路间的联络条件较好时,应多考虑城轨间联络线。

2. 资源共享程度

车辆段、停车场随着资源共享程度的提高,会带来大量检修车的取送工作。这样,不但会增加运营的成本,而且会影响线路的正常养护工作——检修车辆在各条轨道交通线路之间的取送一般是利用线路运营的窗口时间,而该运营窗口时间往往也是执行线路养护工作的时间,大量的、长距离的检修车取送必然会给线路养护工作带来不便。

因此,检修设施和设备资源共享程度必须处于一个合理的程度,即在考虑资源共享的同时,还需充分考虑此项共享对线路运营的影响,包括运营成本变动、运营的行车计划修改、检修车的空走距离里程变化、车辆检修工艺是否适合资源共享及是否会与线路养护工作冲突等因素,需特别注意以下几个方面:

(1) 停车设施和一些日常检修设施不宜资源共享

对于停车列检、周检、月检以及定修等列车日常维护设施,其设施的投资较低而利用率一般较高,大多在80%~90%,而且涉及每日的运营,检修周期也较短。如在网络中共享这些设施,必然会造成大量车辆的取送,这不但会增加运营成本,而且也会给运营组织和计划带来不便。因此,这些设施不宜考虑资源共享,一般各线独立设置较为适宜。

(2) 架修、大修设施宜多线资源共享

城市轨道交通车辆段架修、大修设施投资和用地较多，如果每条线都设置车辆段会造成架修、大修设备利用率过低。

3. 车辆检修设备的共用适应性

为满足车辆集中的架修、大修，一个城市轨道交通网络中车辆宜有统一的技术标准，即需要车辆的外形限界统一，各部件模块化、兼容化，这样既有利于检修车辆在各线路间的往返取送，也便于车辆段采用较高效的互换修；另一方面，车辆段的检修也应朝着均衡修、状态修的方向发展，以提高车辆检修效率，使之与集中架修、大修相适应。

总之，必须在多个运营主体时统一列车技术规格与维修规程、零部件与备用品标准等，使车辆模块化、检修均衡化。而影响车辆检修社会化的因素较复杂，除部分社会化条件比较成熟的部件或项目外，大部件检修暂不宜考虑社会化。

1.3 网络化委外维保模式优化

近年来，我国城市轨道交通行业发展迅速，越来越多的城市拥有了轨道交通，包括地铁、跨座式单轨、悬挂式单轨、有轨电车(路面电车)、磁悬浮线路(低速、高速)、自动旅客捷运系统(Automated People Mover System)、城际铁路等各种形式。与此同时，轨道交通行业的技术含量逐步提高，管理水平与能力也在实践中不断进步。

1.3.1 委外维保管理特点分析

委外维保作为城市轨道交通运营管理维保模式研究的一种，其必要性主要体现在：

1. 有利于破除僵化体制，保障轨道交通运营商的经济效益

在市场充分竞争的条件下，轨道交通运营商可以通过市场化战略运作，立足于核心竞争力的培养，通过更新思路，合理选择技术或项目委外、劳务或人力资源委外等，消除原有管理体制下的人员冗余、人浮于事等不良现象，实现减员增效、按需设岗、按岗定编，努力降低人力成本，提高工作效率，保障自身的经济效益。

2. 有利于消除行业间的藩篱

传统的维保模式对维保工作的范围划分过细，由于维保工作量及收益太小，因此对维保商从事该项维保工作的吸引力大为削弱，并导致维保工作中管理成本和协调性费用大幅度上升。在面临全球化及创新力的竞争时代，轨道交通委外维保模式不仅仅局限于"成本降低""人力支援"等简单的"点"上委外服务的考量，更应该掌握委外维保模式中更高层次的效益及潜在价值，甚至将其转化为企业变革或决策的关键，让轨道交通企业与外部资源结合，与专业维保伙伴策略联盟合作，在委外过程中创造新的价值与商机。因此，企业的委外策略目标不但要清晰，而且必须确认委外服务供应商能够提供必要的新技术与开发能力，甚至能主动提供企业建议，建立符合企业整体策略目标的维保服务内容。

3. 有利于体现公开、公正、公平，实现综合效益最优化

在市场竞争机制下，通过对维保市场全面调研，得到具有较强实力的潜在维保商；通过综合评估和公开招标，使优秀的维保商能够脱颖而出，实现维保商之间的公平竞争，体现市场机制的公正法则，有效地避免暗箱操作等对维保工作产生的不利影响。

然而,与自主维保相比,委外维保项目的质量过程控制难度更大,质量验收过程也更加复杂。由于委外项目涉及到外单位的人员与设备进驻地铁,或将待维修的设备发运至外单位处并于修竣后运回,因此就需要有更好的过程质量管控以及质量验收的方法与流程,采用更加科学的手段对修竣后的零部件进行综合检验。

1.3.2 委外维保模式决策与评价方法

1.3.2.1 决策模型

在对设备的维修模式进行选择的过程中,在当前城市轨道交通网络化运维背景之下,可采用三维决策模型(工作复杂性、市场竞争性、设备重要性),三个不同层面的维度用于零部件委外维修模式的定性选择,相关的影响因素被归类于以上三个层面中。

不同部件在坐标系中的位置存在差异,可以通过对各个部件在以上三个维度上进行分析并比较,从而得到适用于不同部件的委外模式选择。

在对各部件进行分析的过程中,将不同部件在三个维度上的坐标进行比较,采用专家咨询法、问卷调查法等方法获取相对评价指标值,放置在三维坐标系中进行综合决策。

1.3.2.2 层次分析法

层次分析法(Analytic Hierarchy Process,AHP)是美国著名运筹学家 T. L. Satty 于 20 世纪 70 年代初提出的,随后 Weber 等人提出利用 AHP 算法进行供应商评估和选择。层次分析法亦称多层次权重分析决策方法,是一种定量与定性相结合的决策分析方法。应用这种方法,决策者通过将复杂问题分解为若干层次和若干因素,在各因素之间进行比较和计算,得出不同方案的权重,为最佳方案的选择提供依据。层次分析法的基本原理是依据具有递阶结构的目标、子目标(准则)、约束条件等来评价方案,采用两两比较的方法确定判断矩阵,然后把判断矩阵的最大特征值相对应的特征向量分量作为相应的系数,最后综合给出各方案的权重(优先程度)。层次分析法的基本过程如图 1-7 所示。在本项目中,首先构建维保模式评价体系和层

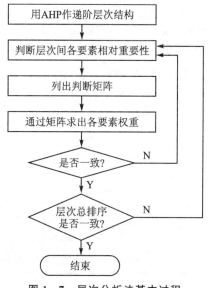

图 1-7 层次分析法基本过程

次结构模型,其中目标层为维保模式;准则层包括工作复杂性、市场竞争性、设备重要性共三个方面的准则;指标层为三个评价准则的细化部分;方案层为不同的维保模式。最后通过构造矩阵、计算、排序等过程,得出不同维保模式的最终得分,从而完成维保模式的优选。

图 1-8 所示为一种维保模式的层次分解图。其中,目标层为维保模式的选择,即层次分析的目的是寻找更加适合的维保模式;准则层为针对维保模式的安全性、经济性、风险性、应急能力四种评价准则;指标层为针对上述四种准则的细化指标,例如,在安全性评价中,分为技术安全、管理安全、资源安全三个指标,包含不同维保模式所对应的权重,并通过计算进行判断;方案层为备选的维保模式。通过以上的层次分析及对应的数学计算,最后可以针对不同部件、不同系统的几种维保模式的选择进行排序,得到更加适合的维保模式。

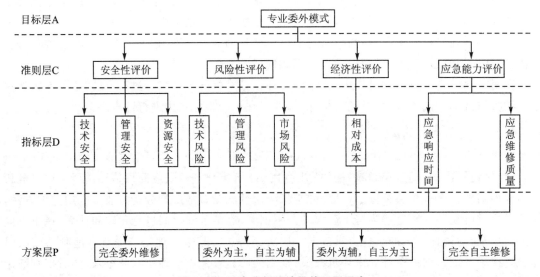

图 1-8 层次分析法涉及的不同层次

经过层次分解,即可对不同层次之间的关系开展数学计算。首先构造不同层次和要素之间的判断矩阵。判断矩阵是针对上一层次中的某要素而言,是对该层次中各有关要素相对重要性的状况进行的评定结果集合。设 i 和 j 为要素的编号,则 a_{ij} 为要素 i 相比于要素 j 对上一层影响重要程度的判断值。判断值的取值范围如表 1-2 所列。

表 1-2 矩阵元素判断值标度表

标 度	含 义
1	i 与 j 两个要素重要性相同
3	i 要素比 j 要素稍微重要
5	i 要素比 j 要素明显重要
7	i 要素比 j 要素强烈重要
9	i 要素比 j 要素极端重要
2,4,6,8	上述两种相邻标度的中间值
倒数	要素 i 与 j 的判断值为 a_{ij},则 j 与 i 的判断值 a_{ji} 为倒数

由表 1-2 可知,若要素 i 比要素 j 重要,则 $a_{ij}>1$;若要素 i 不如要素 j 重要,则 $a_{ij}<1$;

当 i 与 j 相同时，$a_{ij}=1$（即某一个要素与其自身进行重要性对比，对应的数值显然为 1）。

将所有的 a_{ij} 进行组合，即可得到判断矩阵 $\boldsymbol{A}_m$。其中，m 为上一层次要素的数量，i 和 j 的取值范围（即判断矩阵 $\boldsymbol{A}_m$ 的阶数）为 $1 \sim n$，n 为本层次要素的数量。判断矩阵 $\boldsymbol{A}_m$ 的形式如下：

$$\boldsymbol{A}_m = \begin{pmatrix} a_{11} & a_{12} & \cdots & a_{1n} \\ a_{21} & a_{22} & \cdots & a_{2n} \\ \vdots & \vdots & & \vdots \\ a_{n1} & a_{n2} & \cdots & a_{nn} \end{pmatrix} \tag{1-2}$$

通过对该矩阵以及判断值标度表进行分析，即可发现该矩阵主对角线两侧对应的元素互为倒数，且对角线元素的值均为 1。因此，只需要写出矩阵的上三角或下三角部分，即可得到矩阵的所有元素。

得到所有的判断矩阵后，即可进行层次单排序。层次单排序的目的是对于上层次中的某要素而言，确定本层次与之有联系的要素重要性的次序。它是本层次所有要素对上一层次而言的重要性排序的基础。

若取权重向量 $\boldsymbol{W}=(W_1, W_2, \cdots, W_n)^{\mathrm{T}}$，则有 $\boldsymbol{AW}=\lambda \boldsymbol{W}$。其中，$\lambda$ 是 $\boldsymbol{A}$ 的最大特征值，则 $\boldsymbol{W}$ 是 $\boldsymbol{A}$ 对应于 λ 的特征向量。因此，求解判断矩阵的最大特征值 $\lambda_{\max}$ 和它所对应的特征向量，就可以得出这一组指标的相对权重。

为检验判断矩阵 $\boldsymbol{A}$ 的一致性，需要计算它的一致性指标，即

$$\mathrm{CI} = \frac{\lambda_{\max} - n}{n-1} \tag{1-3}$$

当 CI=0 时，判断矩阵具有完全一致性；反之，CI 越大，判断矩阵的一致性就越差。为检验判断矩阵是否具有令人满意的一致性，需要将 CI 与平均随机一致性指标 RI（见表 1-3）进行比较。一般而言，2 阶及以下的判断矩阵总是具有完全一致性的。对于 2 阶以上的判断矩阵，其一致性指标 CI 与同阶的平均随机一致性指标 RI 之比，称为判断矩阵的随机一致性比例，记为 CR，即

$$\mathrm{CR} = \frac{\mathrm{CI}}{\mathrm{RI}} \tag{1-4}$$

一般地，当 CR<0.10 时，可以认为判断矩阵具有令人满意的一致性；否则，当 CR≥0.10 时，就需要调整判断矩阵，直到满意为止。

表 1-3 平均随机一致性指标 RI

阶 数	RI	阶 数	RI	阶 数	RI
1	0	6	1.24	11	1.52
2	0	7	1.32	12	1.54
3	0.58	8	1.41	13	1.56
4	0.90	9	1.45	14	1.58
5	1.12	10	1.49	15	1.59

利用同一层次中所有层次单排序的结果，即可计算针对上一层次而言本层次所有元素的

重要性权重值,称为层次总排序。层次总排序需要从上到下逐层顺序进行。对于最高层,其层次单排序就是其总排序。

若上一层次所有元素 $A_1,A_2,\cdots,A_m$ 的层次总排序已经完成,则得到的权重值分别为 $a_1,a_2,\cdots,a_m$。此外,与权重值 a_i 对应的本层次元素 $B_1,B_2,\cdots,B_n$ 的层次单排序结构为 $(b_1^i,b_2^i,\cdots,b_n^i)^T$。其中,当 B_i 与 A_j 无联系时,$b_i^j=0$。得到的层次总排序如表 1-4 所列。

表 1-4　层次总排序表

层次A 层次B	$A_1,A_2,\cdots,A_m$ $a_1,a_2,\cdots,a_m$	B层次的总排序
B_1	$b_1^1,b_1^2,\cdots,b_1^m$	$\sum_{i=1}^{m}a_ib_1^i$
B_2	$b_2^1,b_2^2,\cdots,b_2^m$	$\sum_{i=1}^{m}a_ib_2^i$
$\vdots$	$\vdots$	$\vdots$
B_n	$b_n^1,b_n^2,\cdots,b_n^m$	$\sum_{i=1}^{m}a_ib_n^i$

经过层次总排序后,为评价层次总排序的计算结果的一致性,类似于层次单排序,也需要进行一致性检验,最后得到方案层中不同方案的最终得分,所有的分之和为1,其中得分最高者为相对最优方案。如有两个方案得分均为最高或得分接近,则可根据实际情况进行任意选取,或采取两种方案相结合等方式。

1.3.2.3　委外质量评价体系与管控策略

对于城市轨道交通中的委外项目或联合维保项目而言,采用科学的委外质量评价体系可以在很大程度上保证委外工作的质量并对其进行评估。六西格玛管理(6σ Management)是一种著名的质量管理与评价的体系方法,是一种改善企业质量管理的统计评估技术,核心是追求零缺陷生产,防范产品责任风险并降低成本,从而有助于带动质量的提高以及成本的降低。六西格玛管理既着眼于产品、服务质量,又关注过程的改进。6σ 的质量水平意味着在所有的过程和结果中有 99.99966% 是无缺陷的,也就是说,做 100 万件事情,其中只有 3.4 件有缺陷。

为了达到 6σ,首先要制定项目评价标准,在管理中随时跟踪考核操作与标准的偏差,不断改进,最终达到 6σ。随着不断的实践,现已形成一套使业务流程各个环节不断改进的五步循环法,即 DMAIC 模式:

① 定义(Define):确定所需改进的工作与项目所需的资源。

② 测量(Measure):定义不足,收集工作过程的表现并建立改进目标。

③ 分析(Analyze):分析在测量阶段所收集的数据,以确定一组按重要程度排列的影响质量的变量。

④ 改进(Improve):优化解决方案,并确认该方案能够满足或超过项目质量改进目标。

⑤ 控制(Control):确保过程改进一旦完成能继续保持下去,而不会返回到先前的状态。

为了能更好地提升企业竞争力,达到改进项目流程及优化项目管控的目的,将六西格玛方法与精益生产理念相结合,可形成精益六西格玛理论,使两者互补。六西格玛管理与精益生产在特征上有着诸多不同,但本质上都是全方位注重流程上的持续改进的方法,两者都与 TQM

(Total Quality Management，全面质量管理)有密切的联系，它们的实施都与 PDCA(Plan、Do、Check、Action，计划、执行、检查、处理)的模式大同小异，都是基于流程的管理。

通过实施精益 6σ，企业可以减小业务流程的变异、提高项目管控的能力，减少库存、降低成本与浪费，改善设施布置、有效利用资源，最后顺利、高效、可靠地完成工程项目。

基于以上的管理方法与理论，通过对不同类型的项目进行分析，在对委外项目进行质量管控的过程中，常见的策略有以下几点：

引进监理单位对项目的质量、进度等方面进行控制，确保设施设备维修安全、质量等目标的实现。

项目前期保证合同条款、用户需求书应准确、有效、齐全，合理划分待修设备的各个部分，使作业开展及验收拥有足够的标准及依据，保证项目质量。

项目过程加强执行监控，对合同条款中涉及的验收项目逐一核对，组织技术人员及熟练工人对维修及调试进行操作和监督。

通过对设施设备的运用状况和使用数据进行收集处理，结合安全性、可靠性要求，形成验收依据，建立质量评估模型，并将定性分析与定量检测相结合，通过作业表单及状态数据展开验收。

在维修部件质量验收方面，可采用第三方机构对零部件进行检验，从而对委外维修的质量进行管控，并为验收提供科学依据。

通过该项目实施全过程进行监控并打分，从而对委外单位进行整体评估，对后续再次开展同类型委外维修提供选择依据，选择是否继续通过该委外单位进行维修工作。

1.3.3　委外维保模式优化路径分析

1.3.3.1　网络化维保需求分析

以往城市轨道交通运营规模较小，线路之间的关联性相对较低。然而随着新线的不断投运，网络形态加快完善，网络化条件下产生的委外维保工作量不断加剧，委外维保的效益越来越明显，作为委外维保管理单位，地铁方所承受的压力也在加速积聚。面对网络化运营的新形势，以及智能运维、专业化维修、全面资产经营等技术及理念的不断发展，工程车与设备的维保也开始呈现出更新的特点与趋势。网络化条件下委外维保需求重点体现在以下几个方面：

(1) 网络的成长性，使运营负荷大幅增加，委外维保任务量大幅度增加

随着地铁网络的发展，网络效能加速显现。随着线网规模的增长，地铁日均客流量大幅增长。然而，一批骨干线路的客运强度相继进入超负荷状态，作为运营辅助设备的工程车与车辆工艺设备的使用频次与负荷不断加剧，委外维保任务量随之快速增长。

(2) 网络的规模性，使管理幅度持续扩张，委外维保各条块分割任务量持续增加

以南京地铁为例，南京地铁运营线路已达到 11 条，未来几年内还将陆续开通 S8 号线南延线、1 号线北延线、7 号线北段、5 号线南段等其他线路，其他的新线和既有线延长线也在不断建设之中。由于网络规模巨大，又覆盖整个南京市域范围，造成各个专业自主维修管理幅度大幅度增加，相应的自主维修和委外维修经济性、安全性和风险性状态将会发生较大的变化，执行分区域的委外维保策略的专业设施设备量持续增加。

(3) 网络的关联性，使维保组织难度加速显现，委外维保质量管理难度加剧

在网络化运营条件下，轨道交通各线路与线路之间、系统与系统之间的关联性不断加强，

单一线路或者单一专业设施设备的委外维保管理不能适应网络条件下维保作业组织和管理要求,在增加多条线路、多专业设备捆绑委外维保,以及增加委外专业设施设备任务量的同时,将使委外维保质量管理要求更高,委外维保质量保障难度加剧,使合理的委外维保商选择和委外维保质量管理难度进一步加剧。

(4)网络的交叉性,使协调跨度明显增加,委外维保作业组织和资源调度难度加剧

轨道交通从单线到网络,各种运营组织形式、系统设备制式并存,不可避免地存在相互间的交叉和渗透。如南京地铁现状的委外维保网络管理系统,由于网络系统存在的线路特征个性化、技术水平差异化、设备制式多样化、委外维保需求复杂化等情况,使网络条件下产生的委外维保作业交叉渗透的需求,势必会涉及跨系统、跨专业、跨线路、跨地域的协调管理,委外维保作业组织和资源调度难度加剧。

(5)网络的依赖性,使保障要求空前提高,委外维保商应急能力要求越来越高

因此,在网络化运营的形势下,地铁运营部门亟须对全线网或若干条线路的资源进行整合,在委外方面打包招标统一管理,并运用 Reliability-centered Maintenance(以可靠性为中心的维护)理念,将自主维保与委外维保相平衡;通过智能设备和传感器采集数据,为质量验收提供依据;将部分设备委托给专业化维保单位,提高技术水平;探索多专业集成维保模式;由主机厂等单位进行委外全寿命周期管理与资产管理;平衡地铁方与委外方的资产分配、责任与风险,实现全系统、全过程、全资本"三全"运维管理模式。

1.3.3.2 委外维保范围与修程界定

城市轨道交通的维保模式主要有三种基本模式,根据委外维保与自主维保的程度排序为完全独立维保、联合维保、完全委外维保。上述每一种模式都有各自的特点。

完全独立维保是指对某一零部件或系统,城市轨道交通运营商完全采用自有员工,自行采购备品备件,并由单位内部的专业技术人员开展技术支持的一种维保模式。完全独立维保在质量管控、人员、物资等方面的安排上是相对容易的,然而,对于一些技术含量较高的系统,这种维保模式的技术风险较大。因此,运营商应建立完善的维保队伍,不断加强培训以提高风险规避能力,并与供货商等建立长期的技术合作关系,通过供货合同或技术服务合同获得外部必要的技术支持。

联合维保模式是指城市轨道交通运营商与委外单位通过协议、合同等方面的约定共同对某一零部件或系统进行维保的一种维保模式。根据实际情况的不同,轨道交通运营商和委外单位所负责的范围也不尽相同。对于联合维保模式,尽管维保合同中对不同维保主体之间进行了明确的工作节点的划分、维保责权的界定等,但具体运作过程中由于维保环境等变化因素必然导致互相推诿、故障处理周期延迟等问题,存在着较大的管理风险。为此,在进行维保节点划分的过程中,应尽量优化联合维保的管理机制,简化维保业务的接口衔接程序,细化接口的责权关系,加强不同维保主体之间的信息沟通。

完全委外维保模式指的是采用全部由委外单位对某一种零部件或系统开展维保的模式,城市轨道交通运营商仅提供场地等方面的支持并开展质量管控。对城市轨道交通运营商来说,完全委外维保模式存在较大的技术风险和市场风险。维保商一旦退出维保市场,运营商必须具有快速的维保替代能力(包括维保商的替代、自身维保队伍的建立、外部环境的有力支持等),否则可能将直接影响城市轨道交通系统的正常运行。

综上,根据行业内部总结出的一些经验,可以初步推断出适合采用委外维保的一些情形:

① 技术含量较高,未掌握核心维修方法,自主维修难度较大或成本较高的项目(如列车空调系统、制动系统、柴油机、变速箱);

② 技术含量较低,操作较机械笨重且需投入较大人力成本的项目(如保洁、列车吹扫);

③ 为完成某项不定期维修作业,公司需要临时投入较大成本的项目(如钢轨打磨车、供电系统的故障处理维保);

④ 不具备维修或检测资质的项目;

⑤ 设施设备维护安全风险较高的项目(如工务、供电等专业部门);

⑥ 根据设施设备的运行情况,合理评估自身的维护力量,分摊相关维护风险,可针对风险部分进行专项委外的项目。

1.4 网络化组织架构优化技术

1.4.1 优化设计原则和目标

组织架构设计是公司管理不可或缺的一部分,有效的组织架构设计对提高组织活动的绩效有重大作用:能为组织活动提供明确的指令,有助于组织内部各部门成员之间的合作,使组织活动更有秩序,有助于组织及总结经验教训,以便使组织架构形式更为合理,更加有助于组织内部分工与协作,提高组织工作效率。优化设计原则和目标是增强公司竞争力,实现组织目标的必要条件。轨道公司运营机构建立初期,就应该抓住机遇,设计合理的组织架构,为公司未来的发展奠定良好的基础和平台,注重事前规划,减少未来因组织架构设置不适应企业发展而产生的变革成本。

1.4.1.1 组织架构设计

1. 7S 战略

(1) 7S 战略的内涵

所谓 7S 战略,是指用结构(Structure)、制度(Systems)、风格(Style)、员工(Staff)、技能(Skills)、战略(Strategy)和共同价值观(Shared Values)来帮助企业检验其经营方向是否正确,组织架构是否适合,各项功能及作业流程是否都安排在最佳状态下,从而为企业的经营实践提供最适宜的指导框架和原则。

轨道交通行业的性质决定了地铁集团公司应有高度的社会责任感,公司在初创、发展、成长过程中的快速膨胀、人员激增等,要求公司应具备很高的管理水平和治理能力。因此公司必须从企业使命与发展战略、一体化的组织结构、管理理念提升、人才培养以及企业文化建设等方面提升管理效率,实现从目标到人到自我管理、从实施追究到强化执行、从讲求流程到提高效率、从完成任务到追求效果、从自我管理到团队合作等管理能力的提升,从而确保工作目标的明确、企业绩效的提升、市场经营能力的提高,最终实现地铁集团有限公司的健康可持续发展。

(2) 7S 战略内容

在"三位一体"和"运营前置"的前提条件下,地铁集团有限公司可以借鉴 7S 战略中的管理要素和经营要点,全面、综合、系统地考虑各方面的情况,构建自己的战略体系,如图 1-9 所示。

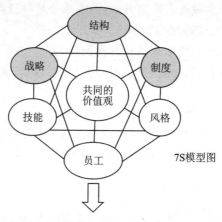

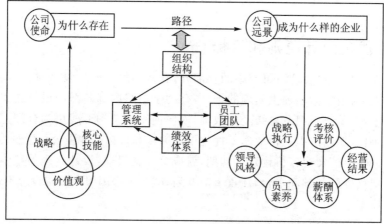

图 1-9 地铁集团公司管理模式框架

在7S战略模型中,战略、结构和制度被认为是企业成功的"硬件",风格、人员、技能和共同价值观被认为是企业成功经营的"软件"。7S战略提醒企业的掌舵者,软件和硬件同样重要。因此,地铁公司首先应该在充分分析公司战略、核心的业务技能、价值观的基础上明确企业的使命是什么。其次,围绕"三位一体"的发展战略建立企业的集团化组织结构;搭建企业规章制度和运作流程的管理系统;打造一支综合素质过硬的员工团队;构建科学合理、体系健全的绩效管理体系。最后,把公司管理从经验管理提升到规范化管理、精细化管理、模式化管理,以达到公司的远景要求,即形成独特领导风格下的战略执行和员工素养的战略三角,以及完整考核评价和薪酬体系下经营结果的诊断三角,最终登上卓越企业的高峰。

(3) 7S战略的重要性

7S战略的重要性如下:

① 企业不仅关注企业成功经营的"硬件"(战略、结构和制度),而且更加关注企业成功经营的"软件"(风格、人员、技能和共同价值观)。

② 企业可打造综合素质过硬的员工团队和科学合理、体系健全的绩效管理体系。

③ 企业可逐步形成独特领导风格下的战略执行和员工素养的战略"三角"。

④ 企业可通过规范化管理、精细化管理和模式化管理达成企业的规划远景。

1.4.1.2 组织架构优化理论

传统的企业结构模式以组织为基础,其任务的明确性、对专业的熟悉程度、权限的划分、指挥的统一、严格的上下级关系等都得到了很好的体现。然而权利的高度集中,没有正式的流程和规则,造成了管理的集权化、纵向的梗阻化、基层的封闭化,这严重影响了企业的信息传递和运作效率,阻碍了企业的高速发展。

为了适应信息化发展对企业的要求,针对轨道交通行业的属性,以流程为基础来设计组织架构,其基本要求包括:

1. 使关系尽可能明确

尽量使每一个管理部门和人员了解自己在轨道交通经营中处于什么位置、归谁领导、应该到哪里去获取所需信息,以及同谁合作等。

2. 机构尽可能简单精干

考虑到轨道交通建设中的业主地位,直线管理人员、辅助管理人员及跨部门协调人员的比例适度,保持机构和人员精干,提高管理的组织效率性。

3. 规则与流程尽量简化

"精兵"与"简政"是相辅相成的,因此,首先梳理内外部管理流程,从"简政"的角度考虑优化管理机构职能。

4. 尽量采取柔性化管理

根据轨道交通经营的阶段性任务和发展轨迹的特点,采用柔性化的临时团队、工作团队和项目团队等形式。让员工打破原有的部门界限,绕过原来的中间管理层次,直接向公司总体目标负责。组织模式的转变情况如图1-10所示。

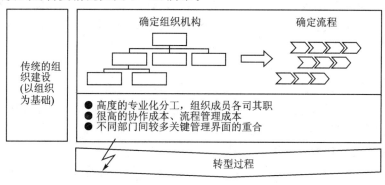

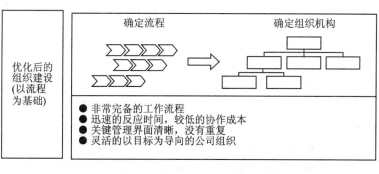

图1-10 组织模式的转变

在新的组织结构优化理念的引导下,基于对地铁管理流程的梳理,搭建组织架构、设置岗位并进行工作分析,完善部门任务说明。以地铁人才战略为指导,系统编制组织核心岗位职务说明书、工作规范,形成固化的人力资源管理制度。通过开展目标管理和个人述职,建立完善的薪酬体系。组织模式的优化思路如图1-11所示。

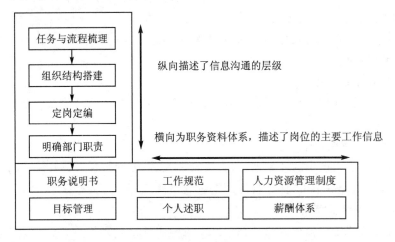

图1-11 组织模式的优化思路

1.4.1.3 组织架构设计原则

地铁组织架构的建立遵循以下原则:

1. 战略导向,突出重点原则

组织目标是企业存在和发展的根本所在,组织设计的目的就在于确保其目标的实现。地铁的组织设计必须符合公司整体战略规划,公司及其下属的业务单位在体制设计和职能划分上要目标一致,共同服务于公司战略。

2. 稳定性和弹性相结合原则

组织的稳定性是开展正常活动的前提条件,但组织的外部环境和内部条件会经常发生变化,要求组织有良好的适应能力,克服僵化状态,能及时而方便地做出相应的改变,以适应内外环境变化了的新情况、新要求。

3. 管理层次和管理幅度均衡的原则

管理层次是指直线行政系统中分级管理的层次数。管理幅度是指一名管理人员能有效地领导的下属人数。过多的管理层次和过宽的管理幅度都会引起管理效率的下降,因此应适当在这两者之间进行合理均衡,实现信息的灵活沟通。

4. 精简高效原则

"精简高效"不能简单地理解为通过精简机构设置、减少人员配备来实现轨道交通的高效,从某种程度上说,这是传统计划经济思想的延伸。"精简高效"的组织架构首先是一种市场行为,是轨道交通管理适应市场经济的手段,从根本上说这是思想观念的变革,是利用市场经济思维经营轨道交通、管理轨道交通;其次,"精简高效"是技术上的创新,管理上的创新,先进的科学技术和管理思想是"精简高效"的基础,利用信息技术达到轨道交通的集成化管理是实现资源优化的有效途径;最后,"精简高效"的精髓源于系统工程思想,轨道交通组织架构作为一项复杂的系统工程,通过对系统要素的优化组合,不断创新才能实现其高效。我们在完成任务目标的前提下,应当力求做到机构最精干,人员配置最为合理,管理效率最高。

5. 专业分工与协作原则

有分工同时必须有协作。现代组织的管理工作量大、专业性强,分别设置不同的专业部门,有利于把管理工作搞得更细,提高各项专业管理效能。但伴随专业分工而来,各专业管理部门之间,会在管理目标、价值理念、工作导向等方面产生一系列的差异,必须在企业组织设计中十分重视部门间的协作配合,加强横向协调,才能提高管理效率。因此,在组织设计中要坚持分工与协作的原则,就是要做到分工合理、协作明确。

在具体实施中要坚持:

① 横向协同,强调"分工明确、责权清晰、协调有序、配合有效"。

② 纵向管控,强调"集权有道、分权有序、授权有章、用权有度"。

③ 强调依据机构管理者个人特点设计组织架构的管理层次、管理幅度来相应划分其权限和职责,以最大限度调动其积极性。

④ 充分考虑部门所在区域的不同特点,沿用不同标准、不同风格来约束和权衡权责。

⑤ 组织架构设计应随集团公司不同发展阶段的组织规模、战略目标、结构和集权程度等的变化而变化。

1.4.1.4 组织架构设计的流程

地铁组织架构设计的流程如下:

第一步,任务分析。企业首先要分析设计工作所面临的外部环境,即企业的外部环境;要依据企业现实进行各阶段、各部门任务分析,了解企业所面临的问题;要充分考虑企业的价值链和企业的主导业务,从"职能式"管理向"流程式"管理过渡。

第二步,职能分析。根据企业战略发展的目标、规模及行业性质,分析确定自己企业内部各个子系统目标功能作用的担负工作量;并从纵向和横向两个视角进行整合,将企业达到战略目标所需的各个职能有机地结合起来,以保证所设计和建立的组织结构能够有效运转。

第三步,组织架构建立。这一步工作要求直观地勾画出整个企业的单位、部门和岗位之间的关系,以及所承担的子系统目标功能作用的相应工作。

第四步,组织架构深化。组织架构设计完成,在一定时期内应保持相对的稳定性,但这种稳定不应是绝对的,企业应根据战略目标和市场环境的变化,及时对组织架构进行深化与调整,以便更好地适应企业的发展战略。

1.4.2 组织架构选择分析

分析地铁运营的业务和管理工作内容及其特点是科学、合理设计地铁运营管理模式的前提。轨道交通运营机构的核心任务是:负责地铁的运营管理、客运服务、列车运行组织及土建设施、车辆和运营系统设备的维修保养,如图1-12所示。

根据图1-12所示的轨道交通运营业务和管理工作内容,可以将承担运营业务的职能部门分为管理技术类、运营组织类、设备保障类和辅助类四大类。

1. 管理技术类

管理技术类主要包括各项综合管理和专业管理工作,综合管理如财务管理、行政管理、人力资源管理、党群工作等,专业管理包括运输组织、风水电、通号、工建、机电等专业技术管理、采购管理和委外作业管理。管理性工作的工作量及管理难度主要取决于地铁运营的业务规模

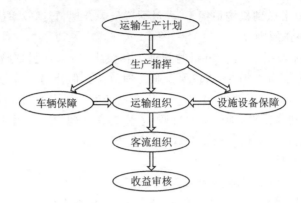

图 1-12　轨道交通公司运营机构工作系统流程图

和人员规模。

2. 运营组织类

地铁运营组织是与运送乘客直接有关的运输业务，包括列车的运行调度指挥、运输系统监控、列车运营、乘务管理、站务管理、客流组织、票务管理等工作。

列车运行调度指挥：包括编制运行图和运行时刻表、行车组织与行车作业、监控客流并调集人力物力和备用车辆、疏导突发大客流、调车作业等。

运输系统运行与监控：包括列车运行与监控，信号系统运行与监控，通信系统运行与监控，供电系统运行与监控，环控、通风系统运行与监控，防灾报警系统运行与监控，自动售检票系统的监控，给排水系统运行与监控，车站设备监控系统运行与监控等。

列车运营：包括正常状态列车的运营、非正常状态列车的运营、紧急状态的运营等方面。

乘务管理：包括制定值乘方案、合理安排乘务员作息时间、乘务人员培训及安全监督等。地铁列车司机担负着行车安全的主要职责。

站务管理：包括各车站的行车施工、客运管理、乘客服务、事故处理、车站清洁、车站治安管理等。

客流组织：包括车站导向系统的设置，以及对乘客进站、购票、进入付费区、上下车、换乘、验票出站等全过程提供服务。

票务管理：包括车票的采购、初始化、车票销售、检票系统作业、车票回收以及票务数据分析。票务管理指从车票采购到车票回收及运营分析的一系列过程。

不难看出，上述地铁运营组织工作量及管理难度主要取决于地铁线路的条数、通车里程、车站数、客流量及运输系统自动化、信息化程度。

3. 设备保障类

地铁运营的设备保障作业是为列车的运行提供技术设备保障的工作，包括列车、地铁各项技术设备的日常维护、故障维修、设备大修等工作。

日常维护：指按照标准程序定期进行检查、清理、保养、组件更换及测试工作，以减少影响运营的故障。

故障临修：指修复临时故障的系统，检测、调整、更换备件或抽换模块组件，使设备恢复到可用状态。故障临修包括日常运营中发生的各种故障，亦包括紧急情况下的故障的抢修。

设备大修：指整理、维护由车站、车辆或轨道旁等拆卸的组件，在维护工厂里进行。

车辆段管理:车辆段是车辆停放、运用、检查、整备、检修和管理的基地,是实施地铁各系统设施维修保养和运营管理、配件检验试验、材料器材管理和开展科研技改工作的重要基地。

停车场管理:停车场负责配属车辆的运用、停放、清洗、消毒等日常维修保养及运用技术交接等任务,是部分设施维护保养的辅助场所。

不难看出,影响上述地铁设备保障业务的工作量及管理难度的主要因素包括:地铁线路的条数、地铁各类技术设备的数量及技术相似性。

4. 辅助类

辅助类主要包括保洁、保安、园林绿化、食堂等辅助性业务。影响辅助业务的工作量及管理难度的主要因素包括:地铁运营规模、车站数、人员规模。

1.4.3 组织架构优化技术与建议方案

1.4.3.1 运营组织架构形式的划分

1. 组织结构类型

组织结构按照法律地位和经营管理权限自主程度的不同,一般可分为事业部、分公司和子公司三类。

① 事业部制:事业部是指总公司按线路、地区等设立的具有相对独立性的业务经营单位,在组织管理系统上是相对于职能来进行区分的,具有较大的经营自主权,但不具有独立的法人资格。事业部是企业内部组织管理上的概念,不被法律承认,不可办理营业登记。

② 分公司制:分公司是总公司或集团公司的附属机构,在法律上、经济上与事业部一样,都不具有独立的法人资格。但相对于事业部,分公司业务经营的自主程度、经营的独立性通常会比事业部高一些。通常意义上的分公司是法律概念,被各国法律承认,可办理非(模拟)法人的营业执照。

③ 子公司制:子公司是指一定数额的股份被另一公司控制或依照协议被另一公司实际控制、支配的公司。子公司具有独立法人资格,与分公司相比,子公司拥有比分公司更高的财务支配和项目管理权限,同时拥有自己的公司名称、章程和董事会,对外独立开展业务和承担责任。但涉及公司利益的重大决策或重大人事安排,仍要由总公司决定。

2. 各组织结构之间的区别

(1) 分公司和子公司的不同之处

1) 法人资格不一样

子公司是独立的法人,拥有自己独立的名称、章程和组织机构,对外以自己的名义进行活动,在经营过程中发生的债权债务由自己独立承担。分公司则不具备企业法人资格,没有独立的名称,其名称冠以隶属公司的名称,由隶属公司依法设立,只是公司的一个分支机构。

2) 控制方式不一样

总公司对子公司的控制必须符合一定的法律条件。总公司对子公司的控制一般不是采取直接控制,更多的是采用间接控制方式,即通过任免子公司董事会成员和投资决策来影响子公司的经营决策。而分公司则不同,其人事、业务、财产受隶属公司直接控制,在隶属公司的经营范围内从事经营活动。

3) 承担债务的责任方式不同

总公司作为子公司的最大股东,仅以其对子公司的出资额为限对子公司在经营活动中的债务承担责任;子公司作为独立法人,以子公司自身的全部财产为限对其经营负债承担责任。分公司由于没有自己独立的财产,与隶属公司在经济上统一核算,因此其经营活动中的负债由隶属公司负责清偿,即由隶属公司以其全部资产为限对分公司在经营中的债务承担责任。

(2) 分公司与事业部的区别

1) 独立自主经营程度

在独立自主经营程度上,分公司比事业部更具经营的独立性和自主性,它拥有自己的营业执照,在母公司的允许下可以承接对外项目合同。

2) 组织形式不同。

分公司是总公司下属的分支机构,事业部属于母公司下属的一个部门,企业高层和事业部内部仍然按照职能制结构进行组织设计,这样就保证了事业部制组织结构的稳定性。一般来说,分公司拥有一定的决策权,而事业部单位一般是执行单位,但是有些企业将事业部变成"模拟独立法人"时,与分公司的运作就基本类似了。

1.4.3.2 确定运营业务组织形式的考虑因素

1. 设立子公司的主要考虑因素

(1) 规避公司的经营风险

子公司是独立的法人,在经营过程中发生的债权债务等各种风险均由子公司承担。总公司或母公司则拥有更加充分的时间和空间,可以制定各项严密的政策或措施规避、应对各种经营风险。

(2) 获取该业务开展必需的相关资格,满足企业未来发展的需要

随着企业未来业务的不断发展和成熟,实行线网运营、经营管理模式,运营业务可整合整个公司的优质资源,开展多种经营,成立子公司筹备上市,筹集资金投入新线建设。因此,在该业务初期,直接成立具有独立法人的子公司,获取该业务开展必需的相关资格,培育自身的经营和管理能力,为企业未来的发展奠定基础。

(3) 充分发挥子公司各业务单位的积极性

子公司自负盈亏,可以激发子公司各业务单位员工的积极性,在不断提升自身能力水平的同时,可以不断提高员工的效能,为实现自身企业的各项经营目标全身心投入和努力。

2. 设立事业部或分公司的主要考虑因素

(1) 内部资金的统一灵活调度

事业部或分公司与隶属公司同属一个法人单位,在经济上统一核算,相对于子公司而言,其经营活动中的资金可以更加统一、灵活地调度。

(2) 降低公司总体税赋

从财税制度政策上看,子公司独立经营、自负盈亏、自担税赋;事业部或分公司也可自主经营,但资本的转移更加灵活,且不承担税赋,而是与地铁总公司合并计税,共担税赋,可以降低总公司的总体税赋。

(3) 实现对业务的管控意图

从业务管控而言,对子公司的管控,只能采用间接控制方式,即通过任免子公司董事会成员和投资决策来影响子公司的经营决策。而对事业部或分公司的管控,总公司或母公司可以采取直接控制的方式,即根据自身管理的需要,直接灵活地采取各种形式的管控模式,实现对事业部或分公司业务管控意图。

(4)便于轨道公司建设、运营业务之间的协调沟通

轨道公司负责市域轨道交通项目的建设、运营、资源开发与经营,由轨道公司进行"一体化"管理和经营,因此,各业务设立分公司进行管理,便于各业务之间的沟通和协调。

1.4.3.3 组织架构形式建议

轨道公司在考虑未来运营业务的组织形式时,建议从运营业务的战略发展阶段、财税政策、运营风险管控、运营业务自身的特点等多角度多重权衡考虑。

1. 从运营业务的战略发展阶段考虑

一座城市首次开通轨道交通运营线路,属于运营业务战略发展初期阶段,运营期间大部分行使的是运营筹备与单线运营业务,经济效益低,从经济性方面考虑暂时不能独立,各方面还需要依托地铁总公司进行宏观调控并给予支持。从轨道公司建设、运营、资源开发一体化经营的战略目标考虑,以分公司形式开展运营业务有利于与运营密切相关的各种地铁优质资源市场业务运作能力的培养。

2. 从财税政策角度考虑

从财税制度政策上看,事业部和分公司也可自主经营,但资本的转移更加灵活,且不承担税赋,而是与总公司合并计税,共担税赋,可以降低总公司总体赋税量。

当城市轨道交通正处于建设高潮期、试运营与单线运营期时,业务组织管理资金需求量大,运营组织形式采用事业部或分公司有利于总公司范围内资金的统一调拨与盘活,而成立子公司会增大公司的管理资金输出。

子公司独立经营、自负盈亏、自担税赋,在单线运营期,运营线路不成规模,经营业务单一,无法实现自负盈亏,若要自担税赋,则制约轨道交通的进一步发展,因此,不宜授予运营组织以法人地位,作为子公司管理。待轨道公司运营业务不断发展和成熟,实行一体化经营管理模式,运营业务可以整合整个总公司的优质资源,成立子公司上市,开展多种经营,筹集资金投入地铁新线建设。

3. 从运营风险管控角度考虑

地铁总公司对运营事业部或分公司的业务管理采取直接管控方式,对运营子公司运营业务的管理采取间接管理的方式。在控制和降低运营风险的实际操作中,分公司组织形式更能迅速地调配总公司范围内各业务模块共同资源有效控制运营风险,而子公司在这方面的控制能力逐渐递减,且子公司内部自我管控能力必须加强。

4. 从轨道交通运营业务的特点考虑

城市轨道交通运营业务具有以下特点:

高度的协调性:运营作为城市轨道交通建设、运营、经营等诸多业务中的连接纽带,与其他业务之间的沟通和协调必不可少,并且运营业务各专业、技术之间也有较多的协调性工作,需要其他部门共同完成。

高度的统一性:运营指挥又具有高度统一性,对人员、设备、技术资源等方面的共享性要求较高;管理决策要求反应时间迅速,经营的自主程度要求较高。

从以上运营业务的特点看,运营业务有高度的协调性和统一性。在单线运营期,为了保证工作效率,总公司在内部管理上也必须给予适当的权利,运营业务不宜作为子公司来管理,可作为自主程度、经营的独立性较高的事业部或分公司组织形式进行管理。

复习思考题

1. 简述城市轨道交通网络化运营的特点。
2. 在城市轨道交通网络化运营条件下,如何实现各类资源的共享?
3. 简述城市轨道交通委外维保模式的抉择与评价方法。
4. 简述城市轨道交通组织架构的优化原则。

第 2 章　城市轨道交通网络化客流分析理论与方法

2.1　城市轨道交通客流调查与统计分析

城市轨道交通客流分析是一项在城市总体规划和综合交通规划的基础上对城市轨道交通线路建成运营初期、近期及远期的客流情况进行定量分析的工作,是城市轨道交通建设项目"规模、投入和效益"评价的重要依据。

2.1.1　城市轨道交通客流指标

结合《城市轨道交通工程基本术语标准》(GB/T 50833—2012)和《城市轨道交通客流预测规范》(GB/T 51150—2016),介绍城市轨道交通客流相关指标。

1. 进站客流量

进站客流量指单位时间内进入并乘坐城市轨道交通系统的乘客数量,包括车站进站客流量、线路进站客流量和线网进站客流量等,一般用万人次作为计量单位。

2. 出站客流量

出站客流量指单位时间内离开城市轨道交通系统的乘客数量,包括车站出站客流量、线路出站客流量、线网出站客流量等,一般用万人次作为计量单位。

3. 换乘客流量

换乘客流量指单位时间内各城市轨道交通线路之间的换乘乘客人数之和,包括线网换乘客流量、线路换乘客流量和换乘站换乘客流量。换乘站换乘客流量是指单位时间内在某一换乘车站各城市轨道交通线路相互之间的换乘人次;线路换乘客流量是指单位时间内由其他城市轨道交通线路直接换入本轨道交通线路的人次;线网换乘客流量是指单位时间内城市轨道交通线网内各线路之间换乘客流量之和。换乘客流量一般用万人次作为计量单位。

4. 线路客流量

线路客流量指线路在单位时间内单程或往返的乘客人数,通常也称为线路客运量,一般用万人次作为计量单位。

5. 线网客流量

线网客流量指单位时间内城市轨道交通线网中各线路客流量之和,通常也称为线网客运量,一般用万人次作为计量单位。

6. 换乘系数

换乘系数指单位时间内城市轨道交通线网客流量与进站客流量之比。

7. 站点乘降量

站点乘降量指单位时间内在某城市轨道交通车站上车和下车乘客数量之和。当某城市轨道交通车站 X 为线路 A 和线路 B 的换乘站时,有线路 A 在车站 X 的乘降量和线路 B 在车站 X 的乘降量之分。站点乘降量一般用万人次作为计量单位。

8. 线路站间 OD 矩阵

线路站间 OD 矩阵指单位时间内某城市轨道交通线路中各个车站之间的起讫客流量,通常用一个二维矩阵表示。

9. 负荷强度

负荷强度指线网或线路的日客流量与其运营长度的比值,也称客流强度,分别为线网负荷强度和线路负荷强度。

10. 车站集散客流量

车站集散客流量指单位时间内在城市轨道交通车站内的进站客流量、出站客流量和换乘客流量之和,一般用万人次作为计量单位。

11. 站间断面客流量

站间断面客流量指单位时间内线路上某相邻两站之间单程或往返的乘客人数。一般按上下行分方向、分时段统计。高峰小时内单向断面客流量中的最大值称为高峰小时单向最大断面客流量。站间断面客流量一般用万人次作为计量单位。

12. 线路平均运距

线路平均运距指单位时间内某一城市轨道交通运营线路上所有乘客一次乘车的平均乘车距离,一般用公里(km)作为计量单位。

13. 线网平均乘距

线网平均乘距指单位时间内城市轨道交通线网中所有乘客平均一次出行全程的总乘车距离,一般用公里(km)作为计量单位。

14. 线路平均乘车时间

线路平均乘车时间指单位时间内某城市轨道交通运营线路上乘客一次乘车的平均乘车时间,为该线路上乘车时间之和与客运量之比,一般用分钟(min)作为计量单位。

15. 线网平均乘车时间

线网平均乘车时间指单位时间内城市轨道交通线网中乘客平均一次出行全程的总乘车时间。它为该线网的乘车时间之和与线网进站量(或出站量)之比。线网平均乘车时间一般用分钟(min)作为计量单位。

16. 客运周转量

客运周转量指单位时间内每位乘客在城市轨道交通运营线路上乘坐距离的总和,可以用客流量与其相应运距的乘积表示,可分为线路客运周转量和线网客运周转量,一般用人公里作为计量单位。

17. 客流密度

客流密度指线网或线路的日客运周转量与其运营长度的比值,即单位线路长度所承担的日客运周转量,分别为线网客流密度和线路客流密度,一般用人公里/公里作为计量单位。

18. 高峰小时系数

高峰小时系数指高峰小时内客流量占全日客流量的比例,一般可分为车站高峰小时系数、线路高峰小时系数、全网高峰小时系数。

19. 高断面高峰小时系数

高断面高峰小时系数指高峰小时单向最大断面客流量与对应断面的全日单向断面客流量的比值。

第 2 章　城市轨道交通网络化客流分析理论与方法

20. 车站客流超高峰系数

车站客流超高峰系数指为描述车站高峰小时内客流量的不均衡性，以其中 10 分钟或 15 分钟（一般取 15 分钟）中的最大乘降客流量，与高峰小时的相等时间的平均乘降量的比值来表示，取值一般不超过 1.4。

21. 客流方向不均衡系数

客流方向不均衡系数指在一条线路上，高峰小时时段内，客流量较大方向的最大客流断面客流量与较小方向的最大客流断面客流量之比。

22. 客流断面不均衡系数

客流断面不均衡系数指在一条线路的同一方向，最大客流断面的客流量与所有断面客流量的平均值之比。

23. 突发客流

突发客流指在特殊情况下或某一时段内产生的超常规的客流。

上述客流指标概念中的"单位时间内"在实际应用中一般指全日、早高峰或晚高峰。

2.1.2　城市轨道交通客流调查

城市轨道交通客流特点的分析需要客流数据，通过客流调查可以获取客流数据。开展有效的客流调查，是城市轨道交通运营单位运营生产的重要前提，通过进行客流调查可以掌握客流的动态变化和客流的走向等，并对其进行进一步的客流预测，从而科学合理地组织轨道交通运营模式来满足城市居民对出行乘车的实际需求。常见的客流调查方法有站点调查法、AFC（Automatic Fare Collection System，自动售检票系统）数据分析、RP（Revealed Preference）调查法、SP（Stated Preference）调查法等。

1. 站点调查法

站点调查法，即为在全运营时段在某一个城市轨道交通车站的闸机口对进站和出站的乘客进行的实时数据调查。全国各地的城市轨道交通运营单位一般都普遍采用站点调查法，一般情况下此种方式的调查需要持续进行两到三天。

2. AFC 数据分析

AFC 全称是 Automatic Fare Collection System，指城市轨道交通自动售检票系统。该系统是一种由计算机集中控制的自动售票（包括半自动售票）、自动检票以及自动收费和统计的封闭式自动化网络系统。AFC 数据通常是由城市轨道交通公司利用 AFC 自动记录而得，属于实时数据，数据字段相较常规公交的 IC 卡数据字段更多、交易类型组成更繁杂、信息量更全面，可清洗掉对于交通行为分析无用的字段。交通行为分析常用的有效属性字段包括：卡号、交易类型、刷卡时间、上次刷卡时间、刷卡车站、上次刷卡车站等。

通常情况下，乘客一次地铁出行需要进站、出站两次刷卡过程，相应地一次完整的出行会在 AFC 系统中产生两条刷卡记录，针对进站刷卡数据的 Last_Trade_Station_ID（上次乘车站地址）与 Last_Trade_time（上次乘车时间）字段会对数据分析造成干扰。同时，部分城市的地铁系统中不同地铁线路使用的 AFC 系统不同，导致其刷卡存储数据格式不同，为了保证数据的兼容性和分析的便捷性，需要对原始 AFC 数据进行数据清洗和整合与规范化。

基于城市轨道交通刷卡数据的统计运算可获得完善的乘客出行行为特征，如出行时间分布、平均乘距、出行起讫点分布、断面客流量、站点乘降量、换乘量等。针对不同票卡类型，可以分别得出不同种类的出行者的出行行为特征。与此同时，还可以借助频繁项集等数据挖掘算法，实现对单个乘客通勤出行的甄别，识别乘客对城市轨道交通的使用强度与依赖程度。

3. RP(Revealed Preference)调查法

RP 调查方法中假定选择数据都是基于实际情况而进行的，RP 调查所得数据属于非实时数据。RP 调查主要是对近期居民的出行调查资料进行再分析，从而获取所需要的指标。一般所需要的指标包括：

① 全体居民出行距离分布、时耗分布。

② 城市轨道交通出行平均空间距离及距离分布、公交出行平均空间距离及空间距离分布、小汽车出行平均空间距离及空间距离分布、自行车出行平均空间距离及距离分布，找出每种方式的优势出行距离。

③ 中长距离(5 公里以上)出行比例及中长距离出行 OD。

④ 早、晚高峰期与全日交通流量比值。

⑤ 各类交通方式中长距离出行平均时耗。

⑥ 在居民出行调查资料中筛选出出行集中的 50 种出行(OD 量前 50 位)。

⑦ 其他在预测中需要的数据。

通过上述的这些调查数据，掌握城市现有交通结构、出行分布，得出城市居民的出行 OD。RP 调查通过统计各种交通工具的出行距离和出行时耗、中长距离出行时居民的选择方式和选择的比例等数据，得到城市轨道交通吸引客流转移的因素。同时，上述的这些调查数据是城市公共出行 OD 数据的来源，也便于下一步对提取公交或城市轨道交通 OD 数据的提取。

4. SP(Stated Preference)调查法

SP 调查不同于 RP 调查，收集的是受访者对于假设情景的举措或者选择。SP 调查获取的也是非实时数据。

① 决策内容可以是假设的，也可以是真实的。换言之，被调查者可以回答一个实际出行问题，也可以回答将来可能发生的出行问题。

② 提供的选择通常是假设的，尽管其中的有些选择可能是存在的。

③ 个体根据各自喜好选择的结果可以体现个体的反应。

SP 调查方法可以根据研究的需要来自由地模拟场景，但要求假设的方案尽量与实际相近或相似。调查开展时，所提供的或模拟的场景应尽量涵盖所要调查的事物的属性，应尽量提供一个完善的选择选项，同时还要站在受访者的角度，提供各种可能的选项，从而尽量使选择贴近于现实。

2.1.3 城市轨道交通客流特征

1. 时间分布特征

站点进出站客流量与该线路运能、线路走向所处交通走廊的特点以及车站所处区位的用地性质有关，并受到上下班、上下学时间及路网结构等因素的影响，随着人们的生活节奏和出行特点起伏分布。通常站点客流时间分布特征(某站点在一日内各个小时的进出站客流量)主要有以下五种类型：

(1) 单向峰型

当城市轨道交通线路所处的交通走廊具有明显的潮汐特征或车站周边地区用地功能性质

单一时,车站客流会形成上车高峰和下车高峰。单向峰型小时车站客流分布示意图如图 2-1 所示。

(2) 双向峰型

车站位于综合功能用地区位时,会形成配对的两个早晚上下车高峰。双向峰型小时车站客流分布示意图如图 2-2 所示。

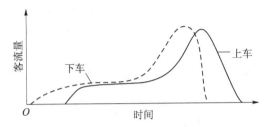

图 2-1 单向峰型小时车站客流分布示意图　　图 2-2 双向峰型小时车站客流分布示意图

(3) 全峰型

城市轨道交通线路位于土地用地高度开放的交通走廊或车站位于有公共建筑和公用设施高度集中的中央商务区(CBD)时,客流分布无明显的起伏,双向上下客流全天都很大。全峰型小时车站客流分布示意图如图 2-3 所示。

(4) 突峰型

车站位于体育场、影剧院等大型公用设施附近,当文艺演出或体育比赛结束时会有一个持续时间较短的突变上车高峰。一段时间后,其他部分车站有可能会有一个突变的下车高峰。突峰型小时车站客流分布示意图如图 2-4 所示。

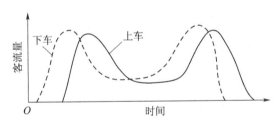 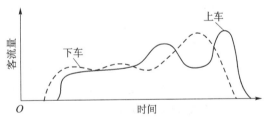

图 2-3 全峰型小时车站客流分布示意图　　图 2-4 突峰型小时车站客流分布示意图

(5) 无峰型

当城市轨道交通本身运能较小或车站位于用地还没有完全开发的地区时,客流无明显的上下车高峰,双向上下车客流全天都较小。

2. 断面客流分布特征

(1) 过中心市区的直径线路

该类线路全日客流断面呈典型的"纺锤形",即客流中间大两头小;早高峰的客流断面则呈偏峰形态的向心客流;晚高峰的客流断面分布基本上与早高峰呈逆向形态。

(2) 郊区线路

该类线路全日客流断面呈典型的渐变型,即随着线路延伸,线路客流逐渐增大或逐渐缩小。这类线路潮汐现象明显,早高峰是明显的向心客流,晚高峰是明显的离心客流。

(3) 中心区环线

该类线路的客流断面相对比较均匀,并且内外环线上的客流并无太大的差异。

3. 换乘客流特征

① 当网络线路条数不多时,郊区线的换乘比例较大。城市轨道交通网从市区向郊区延伸的过程中,全网换乘量和换乘系数均会增加,由于郊区线需依托市区线发展客流,换乘比例一般都比较高。随着网络规模扩大,大多郊区线换乘比例逐渐降低,大多市区线换乘比例逐渐升高。

② 环线的换乘比例较高。环线与线网中大多数线路都有换乘站,线路上换乘站较多,换乘关系复杂,因此环线上的换乘比例较高。

③ 大体上线路换乘站比例越高,线路换乘客流比例越大。郊区线路多为放射线,市区终端换乘客流较大。

2.1.4 城市轨道交通网络化客流成长规律

1. 单线客流成长规律

(1) 初期有一个客流培育的过程,增长较缓慢

城市轨道交通客流在初期有个缓慢的发育过程。在城市轨道交通运营初期,对于经过市中心区的车站,其周围的人口、就业岗位变化比郊区慢得多,平行于城市轨道交通线路的公交线路尚未及时调整,居民的出行习惯等因素都使得城市轨道交通线路在运营开始增长很慢。但是随着社会和经济的快速发展,客流培育期从 3~5 年缩短至 1~2 年。例如,合肥地铁 2016 年开通第一条线路,第一年的客运量为 4015 万人次,第二年的客运量达到 1.53 亿人次。厦门地铁 2017 年开通第一条线路,第一年的客运量为 4166.09 万人次,第二年的客运量为 5813.9 万人次,第三年的客运量达到 1.14 亿人次。

(2) 经历培育期之后,城市轨道交通客流量会加速增长

城市轨道交通客流在经历培育期之后,会出现加速增长的现象。之所以会产生客流加速增长,是人们收入水平提高、城市人口增长加快、道路交通拥挤、居民出行习惯改变、城市轨道交通网络效应等因素的共同作用所致。厦门地铁第一年的客流年增长率只有 39.55%,在经历一年的培育期之后,第二年的年增长率达到 96.08%。

2. 全网客流成长规律

(1) 城市轨道交通日客运量呈稳定增长趋势

虽然受票价调整等因素的影响,各城市线网客流强度出现过短暂的波动,但随着城市轨道交通沿线区域土地开发利用的逐步实施,换乘客流的形成,全网客流强度仍然保持着强劲的增长趋势。

(2) 现阶段票价调整对客流影响显著

现阶段票价的调整对客流有明显的影响,票价调整对短距离客流影响尤为明显,通过合理的票价方案可以促使常规公交与城市轨道交通的出行距离分布比例逐步趋于合理。

3. 网络化效应明显

城市轨道交通线路成网之后,网络覆盖面广,可达性强,客流具有明显的网络效应。一条新线的建成,将促进这种网络效应,受其影响相交换乘的既有线路客流往往会有一个突变性的增加。南京地铁于 2005 年 9 月 3 日正式开通运营,在 2006—2009 年的 3 年中,客流年均增长率为 25.94%,2010 年开通 2 号线之后,2010 年的客流年增长率为 89%。

2.2 城市轨道交通客流预测方法与模型

2.2.1 客流预测的意义与作用

客流预测是在城市总体规划和综合交通规划的基础上,对未来交通需求状态的量化描述。城市轨道交通建设的很多重要问题都是以系统预测结果为依据做出判断和决策的。城市轨道交通客流预测报告是城市轨道交通立项、可行性研究审批必不可少的技术文件。城市轨道交通线网规划、建设规划、工程可行性研究、初步设计等各个阶段都涉及客流预测,而且不同阶段客流预测的要求和作用也不尽相同,具体来说,包括以下阶段:

① 线网规划阶段。确定城市轨道交通线网规划方案的定量依据。

② 建设规划阶段。论证城市轨道交通建设的必要性和可行性,为确定近期建设方案和建设时序提供参考。

③ 工程可行性研究阶段。配合工程设计,是确定系统选型、规模、车辆编组、运营组织、车站规模、车辆段规模等指标的判断依据。

④ 初步设计阶段。初期客流预测结果主要用于接驳换乘设计,近期客流预测结果主要用于机电设备配置规模,远期客流预测结果主要用于土建设计规模,提供参考依据。

⑤ 通车运用前初期。通车运用前初期的客流预测是线路运营组织和运营招标的重要技术文件,是测算城市轨道交通项目运营效益的前提,是政府以及投标运营商重要的谈判依据和参考。

由此可见,客流预测工作在城市轨道交通工程规划、设计等前期规划工作中处于十分重要的地位,做好客流预测以及预测结果的分析、应用,是进行城市轨道交通规划和设计工作的起步点,是工程项目建设规模和运营经济评价的基础,是城市轨道交通工程项目风险的评价要素和关键。因此,目前在国内城市轨道交通线网规划、建设规划、工程可行性研究初步设计等前期工作中,客流预测已成为一项专题研究。

2.2.2 客流预测的基本原则与思路

2.2.2.1 客流预测的基本原则

客流预测的基本原则分为一般原则和具体性原则。

1. 一般原则

(1) 宏观与微观相结合的原则

宏观指的是城市总体规划,微观指的是每个交通小区、每条道路。将每个交通小区、每条道路的预测与城市的总体规划相结合,在预测中既要考虑社会经济政策变化状况,又要考虑经济水平、人民风俗习惯和个体差异。

(2) 定性分析与定量分析相结合的原则

定性分析主要是预测者根据经验和逻辑推理对事物的质进行判断;定量分析在前者的基础上采用数学的方法进行完成,着眼于统计资料的收集与分析。定量分析与定性分析有机结合后才能够对城市轨道交通线路的客流进行科学、客观、公正的预测。

(3) 系统性与合理性原则

虽然城市主体的交通需求预测趋于成熟,但是城市轨道交通客流预测还处于探索和不断完善阶段,因此我们应积极借鉴其他交通需求预测理论,及时提出新的理论模型。在进行客流预测时要全面考虑问题、综合分析,达到系统整体效果最优。

(4) 坚持协调发展原则

客流预测主要考虑城市规模和经济的可持续发展,城市轨道交通的引入满足了大量通勤交通的需求,缓解了道路交通压力。但应充分认识其适用条件和服务范围,既要充分发挥轨道交通的优点,又要使其分工合理化,从而发挥整个交通系统的作用。

(5) 强调理论先进性的同时,注重数据积累

先进的理论无疑对预测结果的可靠性有直接的影响,但客流预测是从当前出行情况中掌握出行规律的,并以此推测出未来年的出行状态,调查资料的丰富性、准确性、连续性从根本上决定了预测结果的可靠性。此外,由于城市轨道交通客流预测年限长,还应该注意规划年限与预测年限的一致性等问题。

2. 具体性原则

各城市在实施客流预测时不仅要借鉴其他城市的经验,还要针对本城市的特点提出合理的模型,其主要考虑的原则有以下几点:

① 城市人口规模的大小与分布特点。城市人口规模的大小和分布从根本上决定了轨道交通的规划方向,城市轨道交通的规划应当满足居民的出行需求。

② 城市的地形特点。城市的地形特点对城市客流分布有决定作用,如兰州市,其狭长的地形为客流预测提供了便利,针对其特点采用线状取代面状,不但可以简化计算,而且由于影响因素少,精度反而较高。

③ 城市的未来发展规划。城市的未来发展规划对城市的客流预测也起着重要的作用,各个城市应根据城市的性质、规模、用地布局、经济发展水平及有关国家政策,对城市轨道交通客流预测进行控制。

④ 城市的地理位置、居民的生活习惯、气候特点。城市的地理位置、居民的生活习惯、气候特点对客流预测具有重要的作用。城市的地质、地形、地貌等自然条件会限制城市轨道交通的线路走向及位置进而会影响城市轨道交通的客流。居民选择轨道交通出行的比例对客流预测也起到一定的影响。

2.2.2.2 客流预测的思路

城市轨道交通客流预测应以现状交通调查和客流分析为基础,以案例研究为参照,采用定性分析与定量分析相结合的方法,其具体思路如下:

(1) 基础数据收集与调查

首先,收集相关资料,包括城市社会发展情况、交通运行状况和城市发展现状;其次,展开城市及轨道交通沿线相关交通调查,主要包括小区划分、调查点选择和布置、调查表格的设计等;最后,在此基础上组织实地调查,主要内容为城市居民出行调查、城市公共交通现状调查、道路流量调查和道路实施勘测调查等。

(2) 客流预测模型搭建

建立城市宏观交通模型,主要工作包括交通小区划分、建立出行产生与吸引模型;依据出行分布模型,预测出行全方式出行与吸引量;最后通过交通分配模型得到各条线路客流量。

(3) 线网客流预测

根据数据收集和交通调查结果结合各条线路客流量,对各期轨道交通线网进行客流分配,根据分配结果输出线网客流分配图及网络层面的指标,如各线日客运量、平均运距、换乘系数、客流强度等。

(4) 线路客流预测

预测线路的全日客流分布、站点上下容量、断面客流、高峰小时断面客流、换乘站分向客流等指标。

(5) 客流敏感性分析

梳理影响线路客流的主要因素,包括城市用地建设速度、城市交通政策的影响、票价、衔接网络等。针对不同的影响因素,对模型的输入数据或分配参数进行调整,以测试不同影响因素下客流的变化幅度。

2.2.3 "四阶段"交通预测模型

随着城市轨道交通的迅速发展,与其他方法相比,"四阶段"交通预测模型的理论基础相对成熟,既可以反映出行分布现状,又可以在一定程度上掌握交通发展趋势,实用性较强。所谓四阶段预测模型,就是将交通需求预测过程分为4个阶段:出行生成预测、出行分布预测、方式划分预测、交通分配预测。

1. 出行生成预测

出行生成预测是指对每个交通小区产生的和吸引的出行数量的预测,即预测发生在每一个交通小区的出行端数量。换言之,出行生成预测是预测研究对象地区内每个交通小区的全部进出交通流,但并不预测这些交通流从何处来,到何处去。

2. 出行分布预测

出行分布预测是指从起点交通小区到讫点交通小区的交通量预测,得到各预测年度全市全方式分目的出行的分布矩阵表。

3. 方式划分预测

方式划分预测是指对每组起讫点间各种可能的交通方式(如小汽车、公共交通、自行车等)所承担的交通比例的预测,即决定出行者采用何种交通方式出行,从全方式出行分布中分离出各种出行方式的出行分布OD。

4. 交通分配预测

交通分配预测是将出行分布OD矩阵预测结果分配到所选择的城市轨道交通线网规划方案对应的综合交通网络上,从而得到城市轨道交通线网各条线路上的客流量。

"四阶段"交通预测模型是目前客流预测的主流方法,应用"四阶段"交通预测模型预测客流量是将预测中的复杂问题阶段化、简易化。"四阶段"交通预测模型已经是一种较为成熟的学术研究方法,长期以来,专家学者们对四阶段法不断进行各种优化研究,如调整四阶段法中各阶段顺序,形成不同的组合结构;对四阶段法的影响因素进行多方位分析;对预测结果进行敏感性分析等,以期进一步提高客流预测的准确性。但是,在应用"四阶段"交通预测模型时应依据城市的不同具体情况做灵活选择,不过对于一些特性较强的城市在进行客流预测工作时预测结果精度欠佳。

2.2.4 时间序列模型

时间序列模型是描述时间序列数据统计特性的一种常用方法,是参数化模型处理动态随机数据的一种较实用的方法。城市轨道交通客流具有明显的动态特征,同时,也具有较强的周期性规律,因此,城市轨道交通客流属于典型的时间序列数据,可利用时间序列分析方法分析历史客流的动态变化规律,从而对未来客流进行预测。

时间序列模型主要分为两种:线性平稳时间序列模型和非线性平稳时间序列模型。线性平稳时间序列模型主要有:AR 模型(Autoregressive Model,自回归模型)、MA 模型(Moving Average Model,滑动平均模型)、ARMA 模型(Autoregressive Moving Average Model,自回归滑动平均模型);非线性平稳时间序列模型主要有:ARIMA 模型(Autoregressive Integrated Moving Average Model,差分整合移动平均自回归模型)和 SARIMA 模型(Seasonal Autoregressive Integrated Moving Average Model,季节性差分自回归滑动平均模型)。时间序列模型中,AR 模型、MA 模型和 ARMA 模型仅适用于平稳时间序列建模和预测,ARIMA 模型适用于非平稳时间序列建模和预测,也可以将 AR 模型、MA 模型和 ARMA 模型视为 ARIMA 模型的特例。

自回归滑动平均混合模型(ARMA)是一种常见的线性时间序列预测模型。该模型的基本原理为:把预测对象随时间变化而形成的数据作为一个随机时间序列,该序列未来的发展变化对预测对象过去的发展变化存在依赖性和延续性。时间序列的预测值 x_t 不仅与历史时刻的自身值有关,还与历史时刻进入系统的误差有一定的关系。ARMA 模型如下:

$$x_t = \mu + \varphi_1 x_{t-1} + \varphi_2 x_{t-2} + \cdots + \varphi_p X_{t-p} + \varepsilon_t - \theta_1 \varepsilon_{t-1} - \theta_2 \varepsilon_{t-2} - \cdots - \theta_q \varepsilon_{t-q} \quad (2-1)$$

式中,μ 为常数。$\varphi_1, \varphi_2, \cdots, \varphi_3; \theta_1, \theta_2, \cdots, \theta_3; \mu$ 为待定系数,可根据历史数据估计出来。

使用 ARMA 模型进行预测的基本步骤如下:

步骤1:数据处理。对时间序列进行零均值化处理及平稳化处理。

步骤2:模型识别。利用自相关和偏相关分析方法,分析给定样本序列的随机性、平稳性等相关特性,由定阶准则确定模型的阶数 p、q。

步骤3:参数估计。在确定模型和阶次的基础上,对模型待定参数进行估计。

步骤4:模型检验。对初步建立的模型进行合理性检验,若不满足要求,则需要进行模型的重新选择,返回步骤1。

步骤5:进行预测。利用观测值,通过检验后的模型对未来序列值进行预测。

若时间序列 $\{x_t\}(t=1,2,\cdots,n)$ 在 d 阶差分后变为平稳序列,则可以对差分后的平稳时间序列进行 ARMA 模型拟合,即为 ARIMA 模型。所以,ARIMA 模型实质上是差分计算与 ARMA 模型的组合运算。可见,AR(p) 模型可以认为是当 $q=0$ 时的 ARMA(p,q) 模型,MA(q) 模型是当 $p=0$ 时的 ARMA(p,q) 模型。

时间序列模型是对城市轨道交通进行短期的客流预测,适用于周期性强的客流预测。有学者通过分析沪宁(上海—宁波)城际铁路客流的周期特征、节假日特征,进而运用移动平均自回归模型对工作日客流进行预测。同时,还有学者在分析历史客流数据平稳性的基础上,运用季节 ARIMA 模型进行客流预测,预测结果精度较高。时间序列模型的主要优点是:建模简单,在历史数据充足的条件下具有较高的预测精度。但是,仅通过历史客流数据进行预测,对历史客流的发展变化存在一定的依赖性。没有考虑(天气、节假日等)其他外部因素的影响,当其他外部因素的变化较大时,对预测精度有较大的影响。时间序列模型的主要缺点是:无法反映客流变动的原因,不能指明因素变动时客流的变化趋势,因此,时间序列模型不能对随机性较强的客流进行预测。

2.2.5 神经网络预测模型

随着城市轨道交通的快速发展,客流量的不断增多,历史数据的增加以及外界环境因素的影响,导致基于统计学以及非线性预测模型在较多的历史数据支撑下,运算量大且运算比较复杂。而神经网络能够对历史数据进行分类归纳,将天气、是否为节假日等客流影响因素考虑在内,从而准确预测城市轨道交通短期的客流量。

神经网络预测模型是一种基于模拟人脑神经细胞学习特性而建立的信息处理系统。它的原理是:用一部分数据进行模型的训练与学习,确定网络结构,包括隐含层数、各层节点数、传递函数类型、各层连接权值等;在网络结构确定后,再运用测试样本对网络模型进行测试,直到误差值小于预设误差值。

按照网络性能,神经网络预测模型可以分为离散型和连续型,也可分为随机型和确定型;按照网络结构,神经网络预测模型可以分为前馈型和反馈型;按照网络学习方式,可分为监督学习型和无监督学习型;按照网络连接突触的性质,可以分为一阶关联网络和高阶关联网络;按照对生物神经系统的不同组织层次,又可以分为神经元层次模型、网络层次模型、组合式模型、神经系统层次模型和智能模型。基于神经网络理论的城市轨道交通短时客流的预测方法有:反向传播神经网络模型、径向基函数神经网络模型、卷积神经网络模型以及图卷积神经网络模型等。

1. 卷积神经网络

卷积神经网络(Convolutional Neural Network,CNN)是常见的深度学习网络结构,它受生物的视觉结构启示发展而来。由于 CNN 可以从大规模的数据中学习特征,并且具有向同类未知数据泛化的能力,使得 CNN 在众多研究领域中都表现出色,例如图像识别、目标检测等。

CNN 的结构包含输入层、隐含层及输出层。其中隐含层又包括卷积层、池化层和全连接层。卷积神经网络的关键是卷积和池化,在实际使用时,可以将多层的卷积层与池化层进行叠加,便于提取到更为繁杂的特征。

(1) 卷积层(Convolutional Layer)

卷积层能够对输入数据进行特征提取,它的内部有卷积核,卷积核的元素对应着权重和偏差。由于卷积核的权重是固定的,所以只要设计好卷积核的尺寸、数量和滑动窗口的步长,就可以用卷积核对输入数据进行自上而下、自左而右的滑动匹配,遍历整个输入数据后即可得到输入数据的特征。

卷积操作以后,通常需要添加偏置、引入激活函数,以协助表达复杂特征,增加网络的非线性建模能力。比较常见的激活函数有:线性整流单元、双曲正切函数以及 Sigmoid 函数。卷积神经网络采用的激活函数一般为线性整流单元,它的特点是收敛比较快,容易求解梯度。

(2) 池化层(Pooling Layer)

在经过卷积层以后,提取到的特征图会被传递到池化层实现降采样操作,在不降低原有图片的质量时尽量压缩图片,缩减参数,从而增加运算效率和防止过拟合。与卷积操作类似,池化操作是将一个固定大小的滑动窗口,规模一般为 2×2,在特征图上滑动,池化区域的选取跟卷积核扫描特征图的方法一样。目前常用的池化操作有:最大值池化和平均值池化。前者是保留窗口里的最大值,后者是计算窗口中各值的平均值。

(3) 全连接层(Fully-Connected Layer)

全连接层一般放于卷积神经网络的后部,连接方式可以类比传统神经网络的神经元,主要目的是用于做分类。特征图在全连接层中会被展开铺平成向量,失去空间拓扑结构,并通过激活函数。按照表征学习的观点,卷积层和池化层的作用是能够将原始数据进行特征提取映射到隐含层特征空间,而全连接层则是对获得的特征加以非线性组合变成输出,将学到的特征映射到样本空间。

2. 图卷积神经网络

图卷积神经网络(Graph Convolutional Network,GCN)是一种针对图数据进行深度学习的方法,它主要是为了提取拓扑图的空间特征。目前图卷积主要有两大类:一类是基于空域(Vertex Domain)的方法,另一类是基于谱域(Spectral Domain)的方法。基于空域的图卷积方法与传统的卷积神经网络类似,它在每个顶点的连接关系上定义了卷积,把每个顶点相邻的邻居找出来,比较经典的几个模型分别是 GNN、GraphSAGE (Graph Sample and Aggregate)、GAT(Graph Attention Network)。空间域卷积的特点有:第一,绕开图谱理论,信号不需要在空间域和频谱域进行转换;第二,直接在空间域上定义卷积,十分直观;第三,没有图谱理论的约束,其定义变得十分灵活多样;第四,与谱域方法相比,没有数学理论作为支撑。基于谱域的图卷积方法是从图信号处理起步的,根据图谱理论和卷积定理,将数据从空间域转换到谱域再做处理。其具体做法是:将空间域的两个信号分别看作是输入信号和卷积核,通过傅里叶变换把它们转换到频域,接着相乘,计算的结果再通过傅里叶反变换转换到空域。从整个研究进程来看,学者们先是探讨如何在图上进行傅里叶变换,在此基础上定义图上的卷积操作,最后根据深度学习提出图卷积神经网络。谱域图卷积的特点有:第一,有信号处理的数学知识作为理论基础,有理有据,使人信服;第二,谱域图卷积不能用于有向图,因为图傅里叶变换是有应用限制的,只适用于无向图,谱域图卷积第一步就要把空域信号转换到谱域,当图傅里叶变换无法使用时,谱域图卷积的方法就不可行了。

神经网络模型同样是应用在短期的客流预测中,不同的神经网络模型有其优点、缺点以及适用的情况。有学者运用反向传播神经网络模型对地铁客流进行预测,得出反向传播神经网络中权值和阈值的学习算法会直接影响最终预测精度。同样,还有学者通过径向基函数神经网络对城市轨道交通短期的客流量进行预测,并对预测结果进行修正,从而提高预测的精度。总体来说,基于神经网络的城市轨道交通短期客流预测模型能更好地适应环境的变化,并且能够对历史客流数据进行分类,找出其中的规律。因此,只需要大量的输入和输出样本,通过神经网络的自动学习,就可以建立精度较高的预测模型。

2.3 城市轨道交通最新客流分析案例

本节选取了短时断面客流预测、短时进站客流预测、城市轨道交通网络客流拥挤传播、突发事件下城市轨道交通客流疏散四个案例进行分析。

2.3.1 案例一:短时断面客流预测

城市轨道交通客流存在时空上的不均衡性,客流在时刻变化着,对于不同时段、不同区段上的断面,其客流都是不同的。通过城市轨道交通短时断面客流预测得到的全日分时最大断面客流量,决定了行车组织方案,同时也决定了分时开行列车数、行车间隔以及全日行车计划等。

本案例通过基于改进鸡群算法优化的小波神经网络、基于遗传算法优化的小波神经网络、基于粒子群算法优化的小波神经网络等三种算法进行短时断面客流预测。

2.3.1.1 基于改进鸡群算法优化的小波神经网络短时断面客流预测

1. 算法原理

(1) 小波神经网络

小波神经网络(Wavelet Neural Network,WNN)是由 BP 神经网络(Back Propagation Neural Network,BPNN)发展而来的,两者的拓扑结构相似,WNN 是将 BPNN 隐含层的激活函数替换为小波基函数,其信号依然是向前传播的,误差为反向传播。WNN 的拓扑结构如图 2-5 所示,基于 WNN 的短时断面客流预测流程图如图 2-6 所示。

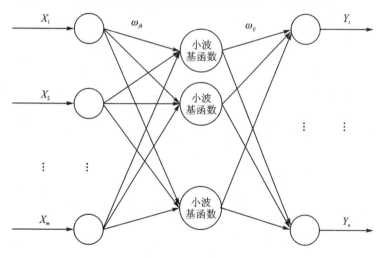

图 2-5 WNN 的拓扑结构

(2) 鸡群算法

鸡群算法(Chicken Swarm Optimization,CSO)是由 Meng Xianbing 等人于 2014 年提出的一种基于鸡群搜索行为的随机优化方法,该算法对鸡的行为进行了集成处理,并规定了鸡群的等级制度,让鸡群在设定的规则和范围下活动。整个鸡群按照随机处理的规则,分成多个相对独立的群体,每个群体都由一直公鸡、多只母鸡和多只小鸡组成。在预先设定的等级制度下,各种种类的鸡按照其设定的规则进行移动,从而完成竞争、进化,CSO 也是一种全局优化算法。

(3) 基于改进鸡群算法优化的小波神经网络短时断面客流预测算法

将 CSO 与 WNN 结合的基本原理是:将 WNN 的权值、平移因子和伸缩因子作为 CSO 的鸡群个体,误差函数作为 CSO 的适应函数,通过迭代更新找到整个鸡群最优个体,即找到让

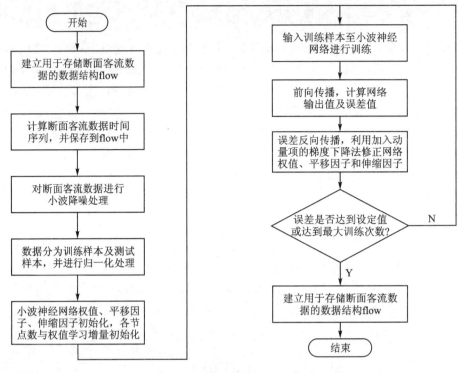

图 2-6　基于 WNN 的短时断面客流预测流程图

WNN 误差函数最小的权值、平移/伸缩因子，以此提高其精度和训练速度。

算法具体步骤如下：

① 定义断面客流存储数据结构 flow（流），计算断面客流，处理成 15 分钟的时间序列并存于 flow 中；

② 对断面客流时间序列进行小波降噪；

③ 将现有的历史数据拆分为训练数据和测试数据，占比分别为 3/4 和 1/4，对训练数据进行归一化处理；

④ 对 WNN 的权值、平移/伸缩因子进行随机初始化，并设置 WNN 输入层、隐含层、输出层节点数量以及权值学习速率；

⑤ 将权值、平移/伸缩因子作为鸡群个体，对 CSO 参数进行初始化；

⑥ 计算个体适应度，找出最优个体，建立鸡群等级制度、支配关系和母子关系；

⑦ 更新公鸡、母鸡、小鸡位置，计算个体适应度，更新鸡群中的最优个体；

⑧ 对鸡群进行循环更新，直到达到循环结束的条件；

⑨ 将最优个体（最优权值、平移因子和伸缩因子）传回 WNN 进行训练，并用测试数据进行验证。

2. 数据分析

选取 2019 年 9 月 1 日—10 月 31 日南京地铁 2 号线下马坊站—苜蓿园断面的断面客流数据作为仿真实验数据。

ICSO 参数设置如下：种群规模为 500，最大迭代次数为 500，公鸡、母鸡、小鸡、母鸡妈妈比例为 1∶3∶1∶1，最小误差为 10^{-4}。

WNN模型参数设置如下:采用三层网络拓扑结构,最大训练次数为500次,权值学习速率为0.01,平移因子和伸缩因子学习速率为0.001,动量因子为0.3,最小误差为10^{-4}。

基ICSO-WNN模型的预测结果如图2-7所示,基于ICSO-WNN模型预测的性能结果如表2-1所列。

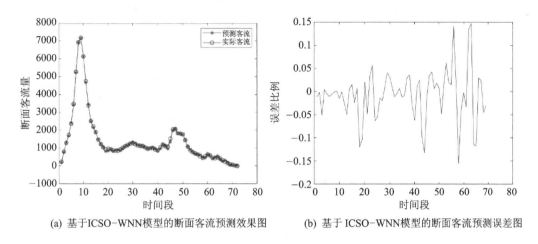

(a) 基于ICSO-WNN模型的断面客流预测效果图　　(b) 基于ICSO-WNN模型的断面客流预测误差图

图2-7　基于ICSO-WNN模型的预测结果

表2-1　基于ICSO-WNN模型预测的性能结果

模　型	MAE	RMSE	EC
ICSO-WNN	51.1242	70.2142	0.9901

2.3.1.2　基于遗传算法优化的小波神经网络短时断面客流预测

1. 算法原理

遗传算法(Genetic Algorithm,GA)将求解问题的参数编码为染色体,通过迭代的方式对染色体进行选择、交叉、变异等操作来对种群中的染色体进行信息更新,最终生成适应度最高的个体。算法流程图如图2-8所示。

2. 数据分析

选取2019年9月1日—10月31日南京地铁2号线下马坊站—苜蓿园断面的断面客流数据作为仿真实验数据。基于GA-WNN模型的预测结果如图2-9所示,基于GA-WNN模型预测的性能结果如表2-2所列。

表2-2　基于GA-WNN模型预测的性能结果

模　型	MAE	RMSE	EC
GA-WNN	70.2457	92.3626	0.9851

2.3.1.3　基于粒子群算法优化的小波神经网络短时断面客流预测

1. 算法介绍

粒子群算法(Particle Swarm Optimization,PSO)来自鸟类寻觅食物的启发,将求解问题

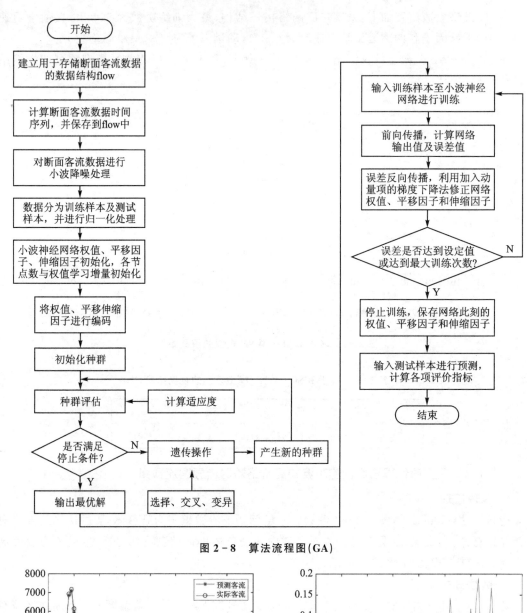

图 2-8 算法流程图(GA)

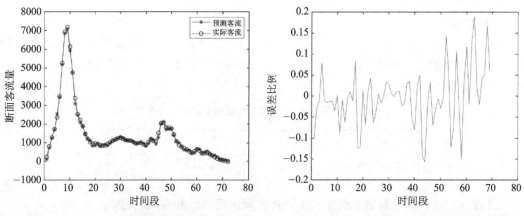

(a) 基于GA-WNN模型的断面客流预测效果图　　(b) 基于GA-WNN模型的断面客流预测误差图

图 2-9 基于 GA-WNN 模型的预测结果

的参数归纳为粒子群中的粒子,通过粒子个体的行为实现粒子群内的信息交互。算法流程图如图 2-10 所示。

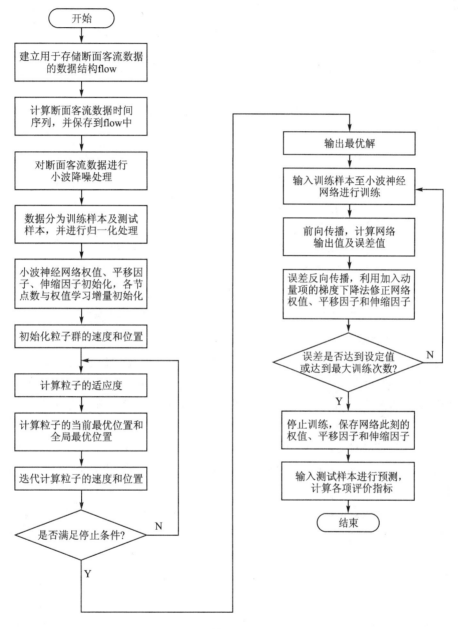

图 2-10 算法流程图(PSO)

2. 数据分析

选取 2019 年 9 月 1 日—10 月 31 日南京地铁 2 号线下马坊站—苜蓿园断面的断面客流数据作为仿真实验数据。基于 PSO-WNN 模型的预测结果如图 2-11 所示,基于 PSO-WNN 模型预测的性能结果如表 2-3 所列。

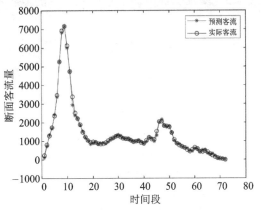
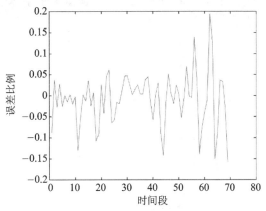

(a) 基于PSO-WNN模型的断面客流预测效果图　　(b) 基于PSO-WNN模型的断面客流预测误差图

图2-11　基于PSO-WNN模型的预测结果

表2-3　基于PSO-WNN模型预测的性能结果

模　型	MAE	RMSE	EC
PSO-WNN	59.9267	88.0703	0.9868

2.3.1.4　案例小结

从表2-4中可以看出,GA-WNN、PSO-WNN、ICSO-WNN的预测误差均在0.98以上,在城市轨道交通断面客流预测方面均有比较好的效果。同时可以看出,相比传统的WNN模型的预测结果,GA、PSO、ICSO的优化对WNN的预测效果均有所提升,GA-WNN模型和PSO-WNN模型的预测效果几乎相同,而ICSO-WNN模型的预测效果最优;PSO-WNN模型的收敛速度略快于GA-WNN模型,而ICSO-WNN模型的收敛速度是三个预测模型中最快的,因此可以看出,ICSO能够很好地解决WNN存在的收敛速度慢、容易陷入局部最优解的问题。

表2-4　基于BPNN、WNN、GA-WNN、PSO-WNN、ICSO-WNN模型预测的性能结果对比

模　型	MAE	RMSE	EC
BPNN	111.8062	153.3063	0.9715
WNN	86.1537	116.1693	0.9821
GA-WNN	70.2457	92.3626	0.9851
PSO-WNN	59.9267	88.0703	0.9868
ICSO-WNN	51.1242	70.2142	0.9901

2.3.2　案例二:短时进站客流预测

实时精准的短时客流预测是构建智慧地铁生态的重要基础和首要任务,对评价系统的运行状态和提升客运服务水平具有重要指导意义。短时客流预测不仅要实时把握当前客流的运

行状态,更为重要的是对全网客流的时空分布发展趋势进行研判,从而提前采取客流调控预警措施,减少和避免运营事故发生。只有在及时、准确、全面地预测未来短时客流量的基础上,才能更好地进行轨道交通的客流诱导、管理与控制,进而实现轨道交通的安全运营。

2.3.2.1 基于ResLSTM的短时进站流预测模型

为了协同考虑进站流、出站流、网络拓扑结构、天气状况和空气质量因素对网络进站流产生的影响,提出了包含四个分支的ResLSTM深度学习框架,如图2-12所示,四个分支分别用来处理以上四种影响因素。分支1:使用进站流提取时空特征;分支2:与分支1结构相同,但使用出站流提取时空特征;分支3:使用进站流提取网络拓扑信息;分支4:使用天气状况和空气质量数据提取气象信息对预测精度的影响。主干中通过特征加权融合以及注意力长短时

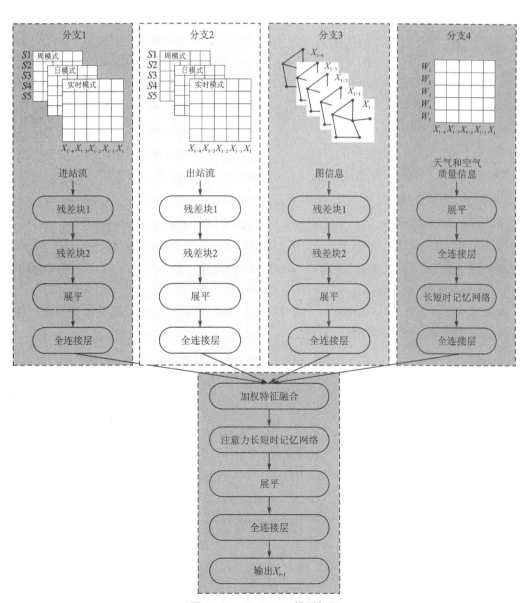

图2-12 ResLSTM模型框架

记忆网络 Attention LSTM 提取时间信息并输出预测结果。下面对四个分支及主干分别进行详细介绍。

1. 分支1:进站流

历史进站流信息对于预测网络短时进站流是最为重要的先验信息。因此,分支1用来从进站流中提取时空信息。既有研究中,进站流和出站流通常被叠加在一起作为两个通道(Channel)进行处理:一个通道为进站流,另一个通道为相同时间段的出站流。然而进行短时客流预测需要同时考虑客流的三个模式,即实时模式、日模式、周模式,因此模型至少应具有三个分支,极大地增加了模型的复杂度。为了简化模型,对进站流和出站流进行分别处理:首先,对于给定车站,其进站流和出站流通常联系较小,同一时间段具有较大进站流的车站在该时间段不一定具有较大的出站流;其次,对进站流和出站流分别处理会使模型由三个分支降低为两个分支,从而降低模型复杂度。

根据进站流时间序列,从中提取实时模式、日模式、周模式对应的进站流时间序列,公式如下:

$$X_{s,t}^p = \begin{bmatrix} x_{1,t-n}^p & x_{1,t-n+1}^p & x_{1,t-n+2}^p & \cdots & x_{1,t}^p \\ x_{2,t-n}^p & x_{2,t-n+1}^p & x_{2,t-n+2}^p & \cdots & x_{2,t}^p \\ x_{3,t-n}^p & x_{3,t-n+1}^p & x_{3,t-n+2}^p & \cdots & x_{3,t}^p \\ \vdots & \vdots & \vdots & & \vdots \\ x_{n,t-n}^p & x_{n,t-n+1}^p & x_{n,t-n+2}^p & \cdots & x_{n,t}^p \end{bmatrix} \quad (2-2)$$

式中,s 为车站编号;t 代表每个车站的历史时间步。车站根据线路编号和邻接关系进行排序,例如,一号线、二号线等,每条线路中,根据线路的同一个方向按邻接关系进行车站排序,p 代表不同的客流模式,包括实时模式、日模式和周模式,其中 $X_{s,t}^r$、$X_{s,t}^d$ 和 $X_{s,t}^w$ 分别代表同一天相同时间段、前一天相同时间段、上周同一天相同时间段的进站流时间序列。

2. 分支2:出站流

出站流的处理方式与进站流完全一致,同样包含实时模式、日模式、周模式三个模式,用作模型输入的出站流时间序列如下:

$$l_2 = (X_{s,t}^{'r}, X_{s,t}^{'d}, X_{s,t}^{'w}) \quad (2-3)$$

式中,$X_{s,t}^{'r}$、$X_{s,t}^{'d}$ 和 $X_{s,t}^{'w}$ 分别代表同一天相同时间段、前一天相同时间段、上周同一天相同时间段的出站流时间序列。

3. 分支3:图信号

网络拓扑结构信息在短时客流预测中扮演着重要的角色。为了克服前文所述深层 GCN 存在的不足,如分支3所示,引入 ResNet GCN 刻画网络拓扑信息的影响。在分支3中,由于网络拓扑信息不会发生变化,因此只考虑了实时模式下网络拓扑信息影响,分支3的输入公式如下:

$$l_3 = \hat{D}^{-\frac{1}{2}} \hat{A} \hat{D}^{-\frac{1}{2}} (X_{s,t}^r) \quad (2-4)$$

输入数据随后按照分支1所描述的方法进行后续的模型处理。

4. 分支4:天气状况和空气质量

众多既有研究已经对天气状况对短时客流的影响进行了考虑,但较少研究关注空气质量对短时客流的影响。然而,天气状况和空气质量均是居民制订出行计划的重要参考信息,例如,寒冷天气和严重污染天气通常会阻止乘客进行非紧急、非必要的出行。因此,分支4重点关注天气状况和空气质量对短时客流的影响。分支4中使用的数据集包含两个数据集:天气状况数据集,例如实时的气温(℃)、露点温度(℃)、相对湿度(%)以及风速(m/s),该数据集每半个小时记录一次;空气质量数据集,例如空气质量指数(AQI)以及大气颗粒物的浓度(PM2.5和PM10)、SO_2、NO_2、CO 和 O_3 ($\mu g/m^3$),该数据集每小时记录一次。

5. 主干:特征融合

四个分支的输出具有相同的数据维度和形状,根据下式可直接进行特征加权融合,即

$$\text{Fusion} = W_1 \odot O_1 + W_2 \odot O_2 + W_3 \odot O_3 + W_4 \odot O_4 \quad (2-5)$$

式中,O_1、O_2、O_3 和 O_4 分别为四个分支的输出;W 为用于捕捉不同特征影响程度的权重向量;$\odot$ 代表 Hadamard 乘积,其维度与各个分支输出向量的维度相同,随机初始化 W 并通过反向传播调整其权值融合后的加权特征,通过前述的注意力长短时记忆网络 Attention LSTM 进一步捕捉特征间的时间特征。其输出被展平(Flatten)并输入至含有276个神经元的全连接层(Fully Connected Layer)进行最终预测结果的输出。

2.3.2.2 数据分析

案例使用的是2016年2月29日至4月5日连续5周25个工作日的北京地铁刷卡数据,案例采用的时间粒度为10min、15min 和 30min,且会同时提取进站流时间序列和出站流时间序列,车站编号根据地铁线路号和车站邻接关系排序。使用的天气状况和空气质量数据与卡数据所属日期相同。

1. 网络级预测结果

网络级预测结果如表2-5所列,其中,LSTM 和 GRU 模型结构相似,两者表现较为接近。多数情况下,CNN 相关的模型表现优于 RNN 相关的模型。在 ResLSTM 及其五个变体模型中,完整的 ResLSTM 表现最优,主要原因在于其完整刻画了进站流、出站流、网络拓扑信息、天气状况和空气质量等因素对预测结果的影响。此外,尽管五个变体模型各自删除了 ResLSTM 中的部分分支,但其预测结果与 ResLSTM 表现均较为接近,证明了 ResLSTM 具有较强的鲁棒性。

表2-5 不同时间粒度下的模型效果

时间 指标	10min			15min			30min		
	RMSE	MAE	WMAPE/%	RMSE	MAE	WMAPE/%	RMSE	MAE	WMAPE/%
LSTM	37.190	21.992	12.710	53.921	29.534	11.290	96.353	55.826	10.760
GRU	44.911	24.735	14.330	56.655	33.030	12.560	86.698	52.071	10.030
CNN	29.812	18.546	10.413	40.267	25.123	9.375	64.045	39.686	7.472
ConvLSTM	28.794	17.478	9.814	37.092	22.423	8.380	61.497	36.976	6.962
ResLSTM-GCN	30.070	17.433	9.775	36.780	21.661	8.099	59.728	33.630	6.334
ResLSTM-No Graph	28.934	17.487	9.827	36.470	20.900	7.815	58.711	33.238	6.260
ResLSTM-No W&A	29.621	17.634	9.911	38.738	23.000	8.589	60.134	34.136	6.428
ResLSTM-No A	30.301	18.216	10.244	39.320	23.297	8.699	60.537	34.264	6.451
ResLSTM-TC	30.655	17.262	9.692	39.274	23.877	8.901	70.056	42.734	8.046
ResLSTM	**28.366**	**16.631**	**9.352**	**36.044**	**20.878**	**7.805**	**56.964**	**32.581**	**6.134**

对于网络拓扑信息。如变体模型 ResLSTM-GCN 所示,其仅使用了分支 3,却产生了与 ResLSTM 较为接近的预测效果,有力证明了该模型的鲁棒性。当时间粒度为 10 min 时,所有模型预测结果较为相似,随着时间粒度的增大,ResLSTM 开始展现出其优越性,相比其他变体模型的提升逐渐增大。对比 ResLSTM-No Graph 与 ResLSTM 的模型表现结果可知,网络拓扑信息对预测精度会产生一定的影响。

对于天气状况和空气质量因素,通过对比 ResLSTM-No W&A、ResLSTM-No A 和 ResLSTM 可知,引入气象因素一定程度上有助于提升模型的预测效果。当天气较冷或空气污染较为严重时(例如较高的 PM2.5 和 PM10),居民一般会减少或取消非紧急、非必要的出行,从而影响客流量大小。此外,该类影响通过对比实验得以量化,当时间粒度为 30 min 时,均方根误差(RMSE)、平均绝对误差(MAE)和加权平均绝对百分比误差(WMAPE)分别由 60.134 降至 56.964,34.136 降至 32.581,6.428% 降至 6.134%。对于通道设置因素,通过对比 ResLSTM-TC 和 ResLSTM 可知,将进站流和出站流分别对待不仅能够节省计算资源,而且能够保证预测精度。

2. 车站级预测结果

案例选取了三个典型车站以分析单个车站的模型预测结果,结果如图 2-13 所示。第一

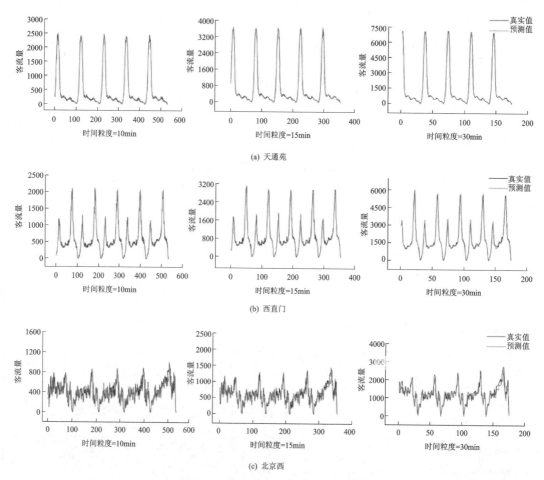

图 2-13 个体车站真实值和预测值对比

个车站为天通苑地铁站,为大型居住类车站;第二个车站为西直门地铁站,为典型的"普通类车站",属于大型市内交通枢纽,三条线路交汇于此,且周边公交接驳车站较多;第三个车站为北京西地铁站,为典型的"普通类-交通枢纽为主型车站",属于大型城际交通枢纽。

对于天通苑地铁站,无论高峰时期或平峰时期,三个时间粒度下预测值和真实值均保持高度一致,体现了ResLSTM模型较强的鲁棒性。由于天通苑坐落于大型居住区,早高峰时期大量居民在此通勤,因此早高峰客流较大,客流规律性较强,模型预测结果较好,由此可见"居住类车站"的客流可预测性较高。作为大型的市内交通枢纽,西直门的进站流呈现双峰状,三个时间粒度下任何时期(尤其高峰时期)模型表现效果依然较好。不同于前两个地铁站,北京西地铁站具有较大的客流波动和较低的客流规律性,在此情况下模型依旧能够较好地捕捉客流变化趋势,且随着时间粒度的增加,真实值和预测值之间的拟合效果逐渐提升,但总体而言,北京西预测效果次于天通苑和西直门,由此可知"普通类-交通枢纽为主型车站"的客流可预测性较低。综上所述,ResLSTM无论在网络级水平或在个体车站级水平均能表现出较好的预测效果。

3. 不同时间粒度预测结果

为了比较不同时间粒度下模型的预测效果,案例将10 min和15 min的预测结果集聚至30分钟时间粒度下,并对比相应的评价指标,客流聚合示例如表2-6所列,不同时间粒度下模型表现对比结果如表2-7所列。随着时间粒度的增大,模型预测效果逐渐提升,从10×3=30min至30min,RMSE、MAE和WMAPE分别从61.545降至56.964,35.223降至32.581,6.633%降至6.134%。从统计学角度而言,随着时间粒度的增大,客流的相似性和规律性逐渐增加,进而可预测性增加,总体模型表现效果相应提升。

表2-6 客流聚合示例

时间粒度	08:00—08:10	08:10—08:20	08:20—08:30	聚合后预测值	真实值
10min	10	20	25	55	50
15min	189		33	51	50
30min	50			50	50

表2-7 不同时间粒度下模型表现对比结果

时间粒度	RMSE	MAE	WMAPE/%
10×3=30min	61.545	35.223	6.633
10×3=30min	58.082	33.273	6.265
30min	56.964	32.581	6.134

2.3.2.3 案例小结

通过组合残差网络ResNet、图卷积神经网络GCN以及基于注意力机制的长短时记忆网络Attention LSTM构建ResLSTM深度学习框架来进行城市轨道交通网络层级短时进站流预测。该模型不仅能够捕捉地铁车站之间的时间和空间依赖、车站之间的网络拓扑关系而且将天气状况和空气质量因素也考虑在内,该类因素对预测结果的影响程度可通过实验结果得以量化。通过将该模型与多个既有的模型对比,展现了该模型良好的表现效果。该模型的主要贡献如下：

① ResLSTM 模型不仅能够考虑地铁车站之间的时间和空间依赖，同时也考虑了车站之间的网络拓扑关系和天气状况、空气质量因素，实现了实时的网络层级高精度短时进站流预测。

② ResLSTM 模型具有较强的鲁棒性，即删除模型中任何四个分支之一，对模型预测结果的影响较小。

③ 天气状况和空气质量因素对预测结果精度的影响程度通过消融实验得以量化。

④ 实验结果证明随着时间粒度的增大，客流相似性和规律性相应提升，模型预测精度进而提高。

2.3.3 案例三：城市轨道交通网络客流拥挤传播建模分析

在城市轨道交通线网中，车站和列车是客流的主要载体。正常情况下，客流从车站进入轨道交通线网，通过列车输送至目标车站，从而离开轨道交通线网。然而，在突发列车运营故障的情况下，列车发生延误，造成列车剩余运能不足，车站客流因无法及时地被输送至目标车站而累积在车站内，而列车客流累积在车厢内，致使车站和列车均发生客流拥挤现象。由于车站与车站之间、线路与线路之间的互联互通，拥挤现象会随着时间而传播到整个线网中。因此，本案例基于传播动力学的思想，考虑客流拥挤传播与轨道交通网络结构的相互作用机理，建立适用于无标度网络的城市轨道交通客流拥挤传播模型，并对模型参数进行对比分析，通过仿真结果来得到城市轨道交通线网的客流拥挤传播特性。

2.3.3.1 客流拥挤传播改进 SIR 模型的建立

在网络化运营条件下，城市轨道交通某个车站发生客流拥挤后，以车站为个体，以线路为媒介，在整个线网中不断进行传播，此传播机制与复杂网络上的经典传播模型相类似。轨道交通线网中的车站作为个体，在拥挤传播过程中会呈现三种状态：正常状态、拥挤状态和拥挤恢复状态，与 SIR 模型（Susceptible Infected Recovered Model）中的易感状态、感染状态和恢复状态一一对应。因此，本案例基于 SIR 模型来研究城市轨道交通客流拥挤传播过程中拥挤车站数量的变化规律，从而分析客流拥挤传播特性。

由于轨道交通车站是独立的个体，车站之间相互制约，在研究轨道交通网络中客流传播行为时，需要对模型进行离散化处理，即

$$\left.\begin{aligned}\Delta S_{t+1} &= -\frac{\beta S_t I_t}{N} \\ \Delta I_{t+1} &= \frac{\beta S_t I_t}{N} - \mu I_t \\ \Delta R_{t+1} &= \mu I_t \\ S_t + I_t + R_t &= N\end{aligned}\right\} \tag{2-6}$$

式中，S_t 为 t 时刻网络中将被感染的节点数；I_t 为 t 时刻网络中已被感染的节点数；R_t 为 t 时刻网络中已恢复的节点数；β 为传播速度；μ 为恢复速度；N 为网络中节点总数。

结合轨道交通网络模型的基本特征参数，本案例引入一个与网络拓扑结构有关的新参数 θ，建立改进后的城市轨道交通客流拥挤传播 SIR 模型，即

$$\left.\begin{array}{l}\dfrac{\mathrm{d}s}{\mathrm{d}t}=-\beta\vec{q}s_t\theta\\[4pt]\dfrac{\mathrm{d}i}{\mathrm{d}t}=\beta\vec{q}s_t\theta-\mu i_t\\[4pt]\dfrac{\mathrm{d}r}{\mathrm{d}t}=\mu i_t\end{array}\right\} \qquad (2-7)$$

式中，$\vec{q}$ 为节点强度的平均值；θ 为任意一条轨道交通线路拥挤传播的概率。从而得到任意节点的一条连接边与强度值为 q 的节点相连的概率为

$$a(q)=\frac{qP(q)}{\vec{q}} \qquad (2-8)$$

式中，$P(q)$ 为轨道交通网络中节点强度为 q 值的概率。从而得到任意节点与被感染的强度值为 q 的节点相连的概率，即线网中任意一条线路拥挤传播的概率：

$$\theta=\frac{\sum_{q}qP(q)i_q}{\vec{q}} \qquad (2-9)$$

式中，i_q 为感染状态下节点强度值为 q 的密度。

因此，结合式(2-5)~式(2-8)，得到改进后的城市轨道交通客流拥挤传播 SIR 模型，即

$$\left.\begin{array}{l}\Delta S_q(t+1)=-\beta S_q(t)\theta_q(t)\\[2pt]\Delta I_q(t+1)=\beta S_q(t)\theta_q(t)-\mu I_q(t)\\[2pt]\Delta R_q(t+1)=\mu I_q(t)\\[2pt]S_q(t)+I_q(t)+R_q(t)=N_q\\[2pt]\theta(t)=\dfrac{\sum_{q}\dfrac{qP(q)I_q(t)}{N_q}}{\vec{q}}\\[6pt]\theta_q(t)=1-(1-\theta(t))^q\end{array}\right\} \qquad (2-10)$$

式中，$S_q(t)$ 为 t 时刻网络中易感状态的强度值为 q 的节点数；$I_q(t)$ 为 t 时刻网络中感染状态的强度值为 q 的节点数；$R_q(t)$ 为 t 时刻网络中恢复状态的强度值为 q 的节点数；$\theta_q(t)$ 为 t 时刻网络中强度值为 q 的任一个易感状态节点接触到感染状态节点的概率；$\theta(t)$ 为 t 时刻网络中任一个节点与感染状态节点相连的概率；β 为传播速度；μ 为恢复速度；N_q 为网络中强度值为 q 的节点数量。

根据对无标度网络中传播机理的研究，Pastor-Satorras 等人得到了 SIS 模型和 SIR 模型中实现传播的临界值 $\sigma_c=\dfrac{\vec{q}}{\vec{q^2}}$，当有效传播率 $\sigma=\dfrac{\beta}{\mu}<\sigma_c$ 时，轨道交通网络中的客流拥挤现象才不会全局爆发。

为了便于仿真计算，将某市轨道交通网络中的节点强度值每间隔 20000 作为一个区间，总共 6 个区间，令 $q=1,2,3,4,5,6$，计算落在每个节点强度值区间的节点数目以及占总节点数目的比例。

$$
(N_q, P(q)) = \begin{cases} (105, 0.660), & q=1 \\ (18, 0.113), & q=2 \\ (29, 0.182), & q=3 \\ (3, 0.019), & q=4 \\ (2, 0.013), & q=5 \\ (2, 0.013), & q=6 \end{cases} \quad (2-11)
$$

通过研究客流拥挤传播模型,可确定轨道交通网络中拥挤车站数目随时间的动态变化过程,从而了解网络中客流拥挤的传播特性,为制定客流疏导策略提供理论依据。

2.3.3.2 模型参数分析

下面对改进后的城市轨道交通客流拥挤传播 SIR 模型中的重要参数进行讨论分析。

1. 传播速度 β

传播速度是指与发生客流拥挤的车站相邻的车站也发生客流拥挤的概率,它反映了客流在轨道交通网络中扩散的快慢。传播速度越快,表明客流拥挤状态在网络中扩散越快。影响传播速度大小的因素主要是车站候车客流量和列车剩余载客能力。

车站候车客流包括进站客流和换乘客流,而列车剩余载客能力受到断面客流量、车辆编组数和发车间隔的共同影响。一般而言,车辆编组数是确定的,列车最大载客能力也是固定的,则车站断面客流量越大,列车剩余载客能力就越小。此时,车站候车客流量越大,拥挤传播的概率就越大。

轨道交通客流拥挤传播改进 SIR 模型中的传播速度会受到车站连接的每一条线路上的客流影响,则第 i 个车站第 j 条线路的传播速度 φ_{ij} 可以量化表示为

$$
\varphi_{ij} = 1 - \exp\left[-\left(\frac{H_{ij\pm}}{\sum_j (H_{ij\pm} + H_{ij\mp})} + \frac{C_{ij} - V_{ij} + Q_{ij} - I_{ij}}{C_{ij}}\right)\right] \quad (2-12)
$$

式中, $\dfrac{C_{ij} - V_{ij} + Q_{ij} - I_{ij}}{C_{ij}}$ 体现了本线路客流的影响; $\dfrac{H_{ij\pm}}{\sum_j (H_{ij\pm} + H_{ij\mp})}$ 是换乘率,体现了换乘客流的影响。因此,采用上式替代改进 SIR 模型中的传播速度 β,可以量化计算车站发生客流拥挤后,其在轨道交通线网中扩散的快慢情况。

2. 恢复速度 μ

在改进 SIR 模型中,与传播速度相互制约的另一个参数是恢复速度。恢复速度是指车站从客流拥挤形成到车站恢复至正常状态的速度,它反映了客流在轨道交通网络中消散的快慢。恢复速度越大,表明客流拥挤状态在网络中消散越快,轨道交通网络鲁棒性越强。

恢复速度的具体计算方法为:在客流拥挤现象持续的时间 T 内, t_1 时刻某车站发生客流拥挤, t_2 时刻此车站恢复到正常状态,则客流拥挤恢复速度为

$$
\mu = \frac{t_2 - t_1}{T} \quad (2-13)
$$

3. 客流拥挤初始状态

客流拥挤在轨道交通网络中的传播范围受到众多因素影响。其中,由于列车运营故障造成的客流拥挤初始状态是一个不可忽略的因素,它具体包括两个方面:发生拥挤的初始车站数和初始拥挤车站的邻边数。

(1) 发生拥挤的初始车站数

城市轨道交通线网是一个巨大的复杂系统,车站数量多、客流量大。线网中同时发生列车运营故障的车站数不同,导致发生客流拥挤现象的初始车站数不同,从而对网络中客流拥挤传播特性会产生一定的影响。

(2) 初始拥挤车站的邻边数

初始拥挤车站的邻边数实际上就是车站的节点度,但由于本案例引入了客流因素来建立城市轨道交通网络模型,利用断面客流量叠加求和的方法计算了每个车站的节点强度,因而更准确地表现了不同车站在轨道交通网络中承担输送客流任务的重要程度。因此,用节点强度的概念来代替初始拥挤车站的邻边数。当客流拥挤现象发生后,若初始拥挤车站的节点强度不同,则轨道交通网络中客流拥挤扩散的能力也就不同。

2.3.3.3 仿真分析

根据以上分析结果,着重考虑传播速度、恢复速度、初始拥挤车站数量以及初始拥挤车站类型等因素对网络中客流传播效应造成的影响。利用 MATLAB 软件进行仿真实验,选取拥挤车站数量和拥挤持续时间为指标,观察其变化情况来进一步掌握轨道交通网络中客流拥挤传播特性。

1. 传播速度与恢复速度的影响

经过计算,改进后的 SIR 模型的传播阈值 $\sigma_c = 0.4309$。在仿真实验中,通过不断改变模型参数中传播速度 β 和恢复速度 μ 的值,从而得到该情况下的客流拥挤传播特性。由仿真结果可以得出:

① 当轨道交通网络中客流拥挤的恢复速度 μ 保持不变时,不断改变传播速度 β 值的大小,传播速度越大,网络中拥挤车站数量的最大值就越大,并且达到这个拥挤状态极值点所需的时间明显越短。这说明了传播速度对轨道交通客流拥挤传播的范围和扩散时间都有较大影响。除此之外,还发现有效传播率 σ 值由大到小越逼近阈值 σ_c 时,客流拥挤现象在轨道交通网络中的传播效应越小;当其小于阈值时,客流拥挤现象几乎不会在网络中进行传播。

② 当轨道交通网络中客流拥挤的传播速度 β 保持不变时,不断改变恢复速度 μ 值的大小,恢复速度越大,网络中拥挤车站数量的最大值就越小,并且网络从拥挤状态极值点恢复至正常状态所需的时间明显越短。这说明了恢复速度对轨道交通客流拥挤传播的范围和消散时间有较大影响。同样地,有效传播率 σ 值由大到小越逼近阈值 σ_c 时,客流拥挤现象在轨道交通网络中的传播效应越小。

③ 当轨道交通网络中客流拥挤的有效传播率 σ 保持不变时,不断改变传播速度 β 和恢复速度 μ 值的大小,网络中拥挤车站数量的最大值也保持不变。但达到这个拥挤状态极值点所需的时间随传播速度变大而缩短,从该极值点恢复至正常状态所需的时间随着恢复速度变大而缩短。

结合上述分析,说明了客流拥挤在轨道交通网络中的传播范围由有效传播率决定,有效传播率越大,拥挤车站的传播范围越大。客流拥挤扩散时间取决于传播速度;客流拥挤消散时间取决于恢复速度。并且,只有在有效传播率大于改进后的 SIR 模型传播阈值时,轨道交通网络才会出现客流拥挤传播效应。

2. 初始拥挤车站数量的影响

通过改变初始拥挤车站的数量,研究其对轨道交通网络中客流拥挤传播特性的影响。由仿真结果得出,在传播速度、恢复速度和节点强度都相同的情况下,初始拥挤车站数量对客流拥挤传播范围几乎没有影响,这也称为传播收敛性。但随着初始拥挤车站数量的增加,达到拥挤状态极值点所需的时间会变短。

3. 初始拥挤车站类型的影响

通过改变初始拥挤车站节点强度的大小,研究其对轨道交通网络中客流拥挤传播特性的影响。由仿真结果得出,在传播速度、恢复速度和初始拥挤车站数量都相同的情况下,初始拥挤车站节点强度对客流拥挤传播范围几乎没有影响,但达到拥挤状态极值点所需的时间随节点强度增大而变短,这是由于节点强度大的车站对客流聚集能力更强,客流拥挤发生时累积客流量越大,因此间接导致了传播速度的增大。

2.3.3.4 案例小结

本案例基于传播动力学的思想,结合城市轨道交通网络的结构特性和客流影响因素,建立了适用于轨道交通网络的客流拥挤传播改进 SIR 模型。然后,利用 MATLAB 软件设计仿真实验,通过改变传播速度、恢复速度、初始拥挤车站数量以及车站类型的参数值,发现不论是在起始或终点站、中间站、换乘站还是多个车站发生客流拥挤,当 β 和 μ 固定时,网络中的最大拥挤传播范围基本一致,但初始拥挤车站节点强度越大,初始拥挤车站数量越多,达到最大拥挤传播范围的时间越短;而发现影响客流拥挤传播范围的关键性因素是有效传播率,σ 越大,网络中客流拥挤的最大传播范围越大,对线网运营的影响程度越深;并且当 $\sigma < \sigma_c$ 时,客流拥挤现象无法在网络中进行传播。因此,在研究客流疏导策略时,应当重点控制客流拥挤传播速度和恢复速度,才能有效避免客流拥挤现象在轨道交通网络中全局爆发。

2.3.4 案例四:突发事件下城市轨道交通客流疏散建模分析

地铁突发事件通常会带来十分严重的后果。例如,火灾、爆炸、毒气袭击等事件,除了重视车站运营时的安全检查外,事件发生后的客流疏散应急组织措施是关系到人员伤亡和财产损失的关键环节。大量的因素可能会造成疏散过程中的困难,如建筑结构、人群密度和火灾强度等。因此,引入合理运动机制的疏散模型是必不可少的。然而,许多已知的疏散模型在应用于实际地铁车站内客流疏散研究时,常常忽略了火灾烟气的影响、地铁系统中的特定防排烟设施的影响以及楼梯结构使乘客在三维空间中运动的事实。因此,需要提出更合理的客流疏散模型。

2.3.4.1 建模思路

在建立疏散模型之前,首先需要思考两点问题:

① 客流疏散的过程如何?其中有哪些变量?

② 对于相对封闭的站台层空间,火、烟的蔓延是迅速的,此发展过程不仅随时间时刻变化,还受到站台疏散应急设施的控制。在此条件下,如何量化火、烟气对行人的影响?

针对上述两点问题,本案例提出的疏散模型考虑从以下四个方面解决:

① 由于楼梯的三维结构,站台层客流疏散至站厅的过程分为两个阶段:在站台平面上的运动与在楼梯斜面上的运动。并且火灾发生后,会迅速产生大量的烟气,烟气在站台空间(下至平台,上至站台吊顶)内发生扩散。若将乘客与烟气看作是"粒子流"或"智能体",则乘客与烟气的运动都是在站台空间内的移动。因此,采用的方法是通过将站台空间划分为适当尺寸

的三维网格空间,基于三维元胞自动机模型框架在网格空间中分别建立乘客运动模型与烟气扩散模型。

② 在疏散过程中,考虑乘客与环境之间的四点交互作用,分别是:出口位置、周围其他乘客、火源以及烟气对乘客运动的作用。基于社会力模型将四种交互效应对乘客运动的影响转换为"力"的形式,并入基于元胞自动机的乘客运动模型元胞转化规则。邻域元胞中每个邻居元胞中的社会力合力在转换规则中转为移动概率,从而决定乘客下一时刻的移动方向。

③ 在火灾烟气扩散的同时,站台层的通风系统立即工作。由此对基于三维元胞自动机的烟气扩散过程进行修正。

④ 烟气扩散对乘客运动在网格空间中是同步进行的,如何架接烟气对乘客的影响是模型需要解决关键问题。本案例模型采用的方法是:计算网格空间中每个元胞每一时刻的烟气状态,以烟气扩散至每个元胞的体积分数作为桥梁,从两个方面量化烟气对乘客的影响,即烟气对乘客运动的直接影响(使人窒息或使人远离烟气浓度较高的方向)和烟气对乘客运动的间接影响(阻挡乘客视野,从而影响乘客与其他乘客的交互)。

2.3.4.2 客流疏散模型的建立

1. 客流疏散模型

本案例提出的站台空间客流疏散模型是两组元胞自动机模型的整合,在一个网格空间下同时模拟乘客运动与烟气扩散过程,基于社会力模型思想量化疏散出口、其他乘客、火源与烟气等环境要素对客流疏散行为的作用,进一步提升模型的合理性。

在基于元胞自动机的疏散模型中,乘客移动规则即元胞状态转换规则,决定下一时刻乘客的移动方向。基于社会力模型定义每个时间步内乘客移动邻域中各邻居元胞的受力状态,用概率计算乘客移动的方向,则乘客质心向(i,j,k)元胞移动的概率及下一时刻的速度可表示为

$$\boldsymbol{p}_{i,j,k}^t = N_{i,j,k}(t) \cdot s_{i,j,k}^o \cdot [\boldsymbol{f}_{i,j,k}^{\text{exit}}(t) + \boldsymbol{f}_{i,j,k}^{\text{ped}}(t) + \boldsymbol{f}_{i,j,k}^{\text{fire}}(t) + \boldsymbol{f}_{i,j,k}^{\text{smk}}(t)] \quad (2-14)$$

$$\boldsymbol{v}_a(t+\Delta t) = \boldsymbol{v}_a(t) + \frac{[\boldsymbol{f}_{i,j,k}^{\text{exit}}(t) + \boldsymbol{f}_{i,j,k}^{\text{ped}}(t) + \boldsymbol{f}_{i,j,k}^{\text{fire}}(t) + \boldsymbol{f}_{i,j,k}^{\text{smk}}(t)]}{m_a} \cdot \Delta t \quad (2-15)$$

式中,乘客质量m_a设为1;$N_{i,j,k}(t)$为归一化系数;使乘客向邻居元胞的移动概率之和$\sum p_{i,j,k}(t)=1$。$s_{i,j,k}^o$为障碍物系数,若元胞(i,j,k)被障碍物(例如立柱、竖直电梯)占据,则$s_{i,j,k}^o=0$;否则$s_{i,j,k}^o=1$。$\boldsymbol{f}_{i,j,k}^{\text{exit}}(t)$、$\boldsymbol{f}_{i,j,k}^{\text{ped}}(t)$、$\boldsymbol{f}_{i,j,k}^{\text{fire}}(t)$、$\boldsymbol{f}_{i,j,k}^{\text{smk}}(t)$分别为$t$时刻出口位置、其他乘客、火源以及烟气对主体乘客移动的作用力在(i,j,k)元胞方向的分量。

此外,虽然元胞自动机是离散模型的,而社会力模型是连续模型的,但在本案例的元胞自动机模型中,一个乘客占多个元胞的形式使得质心在一个时间步的位移$\Delta x = \{a, \sqrt{2}a, \sqrt{5}a \mid a=0.15\text{m}\}$,当迭代时间$\Delta t$与迭代位移$\Delta x$都足够小时,认为连续的社会力模型能用于离散的元胞自动机模型转换规则。

2. 烟气扩散模型

(1) 元胞状态转换函数

模拟烟气扩散的三维元胞自动机系统与乘客运动模型共享同一网格空间,元胞尺寸相同(边长$a=0.15\text{m}$),对于每个烟气元胞,由上、下、左、右、前、后六个邻居元胞构成 Von Neumann 型邻域。

假设t时刻烟气元胞(i,j,k)状态为$A_{i,j,k}(t)$,$0 \leq A_{i,j,k}(t) \leq 1$。$A_{i,j,k}(t)=0$表示$t$时刻

烟气未扩散至元胞 (i,j,k)，$0 < A_{i,j,k}(t) < 1$ 表示烟气部分扩散，$A_{i,j,k}(t) = 1$ 表示烟气完全扩散，则烟气元胞状态用体积分数的形式表达如下：

$$A_{i,j,k}(t) = \frac{V_{\text{烟气体积}}}{V_{\text{元胞体积}}} \times 100\% \qquad (2-16)$$

假设当 $0 \leq A_{i,j,k}(t) < 1$ 时，烟气不向邻居元胞扩散，$u_{i,j,k}^t = 0$；当 $A_{i,j,k}(t) = 1$ 时，烟气开始向邻居元胞扩散。

因此，一个迭代时间 Δt 后的元胞状态转换函数为

$$A_{i,j,k}(t+1) = A_{i,j,k}(t) + \frac{(u_{i-1,j,k} + u_{i+1,j,k} + u_{i,j-1,k} + u_{i,j+1,k} + u_{i,j,k-1} + u_{i,j,k+1}) \cdot \Delta t \cdot a^2}{a^3}$$

$$(2-17)$$

(2) 扩散速度修正

烟气扩散速度应根据《地铁设计规范》指出的站台火灾时排控烟方法修正，模型中主要考虑两种：其一，由楼梯口向站台送出向下气流，阻止烟气向站厅蔓延，补风风速 v_1 不小于 1.5m/s；其二，由站台顶部的风机排烟，使站台处于负压，设排烟速度为 v_2，方向竖直向上。由楼梯口向站台补风视作全局的均匀场存在，火源点处烟气的扩散速度 u' 可近似表达为

$$u' = 6.33 \times 10^5 \cdot \phi \cdot S^{-1} \cdot \varphi - 0.0343 \cdot v_1 \qquad (2-18)$$

式中，ϕ 为火源功率稳定时烟气体积流量；S 为站台横截面积；φ 为楼梯坡度。

由于站台顶部风机排烟的方式会影响烟气元胞垂直方向的扩散，因此，修正后邻居元胞向中心元胞扩散速度如下：

$$\{u\} = \{u_{i-1,j,k} = u'_{i-1,j,k} \quad u_{i+1,j,k} = u'_{i+1,j,k} \quad u_{i,j-1,k} = u'_{i,j-1,k}$$
$$u_{i,j+1,k} = u'_{i,j+1,k} \quad u_{i,j,k-1} = u'_{i,j,k-1} \quad u_{i,j,k+1} = u'_{i,j,k+1} + v_2\}, \quad A_{i,j,k}(t) = 1$$

$$(2-19)$$

3. 乘客运动模型

基于三维元胞空间重新定义了站台疏散空间，将客流疏散过程分为站台平面与楼梯斜面两阶段运动过程。

(1) 站台平面客流疏散运动模型

疏散第一阶段是乘客在站台平面上的运动，站台上连接站厅的两组楼扶梯为两处逃生出口，此阶段的目的地是楼梯底部（第一级阶梯）。

1) 来自楼梯底部出口的作用力

假设站台上的乘客 α 表示为以质心元胞 (i,j,k) 为中心的 9 个元胞。质心元胞 (i,j,k) 共有五个邻居元胞，分别为：$(i+1,j,k)$、$(i-1,j,k)$、$(i+1,j+1,k)$、$(i,j+1,k)$、$(i-1,j+1,k)$，构成质心可移动邻域。

首先，α 基于最短路径原则选择楼梯并向楼梯出口移动，此行为可视作 α 受到来自楼梯底部第一级阶梯的吸引力作用，力的方向在水平面上。

将第一级阶梯视为长度为 x 的出口线，在网格空间中由元胞边长 a 被分成 $x_1, x_2, \cdots, x_n$ 个出口元胞，α 的期望离开位置与出口元胞附近的局部客流密度 J_p 有关，即

$$J_p = \frac{e}{\pi R^2} \qquad (2-20)$$

式中，R 是以 α 期望离开位置为圆心的半径，取 $R = 2$m；e 是这个圆区域内的个体数量。

通过遍历计算 t 时刻 $x_1, x_2, \cdots, x_n$ 元胞附近局部客流密度 J_p，确定 α 的期望离开位置 x_k。那么期望运动方向 $e_\alpha^d(t)$ 则由 α 质心元胞 (i,j,k) 指向期望离开位置 x_k。由于乘客在疏散过程中不断受到环境的激励，其实际运动速度在不断地调整。t 时刻乘客 α 向期望离开位置移动的意愿，表示为松弛时间 τ 内 α 由实际运动速度 $v_\alpha(t)$ 向期望运动速度 $v_\alpha^{\mathrm{dsp}} e_\alpha^d(t)$ 的调整，即 α 受到来自出口的吸引力 $f^{\mathrm{exit}}(t)$（或自驱动力），$f^{\mathrm{exit}}(t)$ 的表达式如下：

$$f^{\mathrm{exit}}(t) = \frac{v_\alpha^{\mathrm{dsp}} e_\alpha^d(t) - v_\alpha(t)}{\tau} \qquad (2-21)$$

式中，v_α^{dsp} 为 α 在站台平面上的期望运动速率。

在网格空间中，α 质心元胞 (i,j,k) 的可移动方向是固定的（左、右、前、左前、右前）。而来自出口的吸引力 $f^{\mathrm{exit}}(t)$ 的方向可能均偏离五个可移动方向。因此，将 $f_{i,j,k}^{\mathrm{exit}}(t)$ 向与期望离开方向 $e_\alpha^d(t)$ 最接近的三个元胞做分解（水平方向），其余元胞中的受力记为零。由此可得到每个可移动邻居元胞内来自楼梯底部的吸引力分量，记作 $\{f_{i,j,k}^{\mathrm{exit}}(t)\}$。

2）来自其他乘客的作用力

α 在运动过程中与其他乘客 β 交互通常表现有三种：拥挤时身体上挤压与摩擦、为避免碰撞而躲避以及追赶前方乘客的行为。假设紧急疏散时乘客间避碰作用很小，仅考虑两种交互：

> α 与 β 身体发生挤压，模型表现为两乘客所占元胞发生重叠（物理层面的挤压），视作 α 受到来自 β 的物理排斥力，排斥力向 α 质心的五个可移动邻居元胞中的分解情况记作 $\{f_{i,j,k}^{\mathrm{ped,ph}}(t)\}$；

> α 受到视域内前方乘客 β 的吸引而产生追赶（心理层面的吸引），吸引力向 α 质心的五个可移动邻居元胞中的分解情况记作 $\{f_{i,j,k}^{\mathrm{ped,psy}}(t)\}$。

那么，在 α 质心元胞的每个可移动邻居元胞中，周围其他乘客 β 对 α 的作用力表达式如下：

$$\{f_{i,j,k}^{\mathrm{ped}}(t)\} = \{f_{i,j,k}^{\mathrm{ped,ph}}(t)\} + \{f_{i,j,k}^{\mathrm{ped,psy}}(t)\} \qquad (2-22)$$

3）来自火源的作用力

火灾环境十分复杂，火源的强度、位置、产物等因素都将影响客流疏散效率。本案例重点考虑火源本身与迅速产生的大量烟气。将火源视作不可穿越的障碍物，乘客对其进行避让。由于火源位于站台端部，因此模型假设来自火源的排斥力 $f^{\mathrm{fire}}(t)$ 与乘客和火源之间的距离相关，即

$$f^{\mathrm{fire}}(t) = A_f \cdot \exp\left(\frac{\|\boldsymbol{P}_\alpha - \boldsymbol{P}_{\mathrm{fire}}\|}{-B_f}\right) \cdot e_{af} \qquad (2-23)$$

式中，A_f 为作用力强度系数；B_f 为范围系数；$\|\boldsymbol{P}_\alpha - \boldsymbol{P}_{\mathrm{fire}}\|$ 为乘客质心与火源点元胞间距离。e_{af} 为归一化方向向量，由 α 质心元胞指向火源位置。将 $f^{\mathrm{fire}}(t)$ 向与力的方向最接近的三个元胞做分解，其余元胞的受力看作为零，可得到质心可移动邻居元胞内来自火源的排斥力分力，记作 $\{f_{i,j,k}^{\mathrm{fire}}(t)\}$。

4）来自烟气的作用力

相比火源本身，火灾时迅速产生的大量烟气是影响客流疏散的重要因素。基于 t 时刻人眼高度处元胞烟气体积占比 $A_{i,j,k}(t)$，从两方面量化烟气对疏散过程的作用：

> 通过影响 α 视野半径间接影响视野内其他乘客 β 对 α 的作用。

> 疏散时 α 更倾向于向烟气较少的方向移动。通过计算 t 时刻 α 质心可移动的五个邻居

元胞中的烟气体积占比,假设 α 受到来自烟气体积分数最小 $\min\{A(t)\} = \min\{A_{i+1,j,k}(t), A_{i-1,j,k}(t), A_{i-1,j+1,k}(t), A_{i,j+1,k}(t), A_{i+1,j+1,k}(t)\}$ 的元胞的吸引,则表达式如下:

$$f^{\text{smk}}(t) = (A_s \| A_{i,j,k}(t) - \min\{A(t)\} \| + B_s) e_{sa} \tag{2-24}$$

式中,A_s 为作用力强度系数;B_s 为范围系数;e_{sa} 为归一化方向向量,由 α 的质心元胞 (i,j,k) 指向 $\min\{A(t)\}$ 所在邻居元胞。

(2) 楼梯斜面客流疏散运动模型

疏散第二阶段是乘客在楼梯斜面上的运动,以到达站厅(楼梯最上一级阶梯)为终点。此过程中火源与烟气对客流疏散作用建模原理与站台平面相似,不再赘述。然而,由于 α 在楼梯斜面上的运动是通道单一的向上运动,因此来自出口位置与周围其他乘客的作用力稍有差别。以下重点介绍这两种力的建模过程。

1) 来自楼梯上部出口的作用力

来自楼梯上部出口位置的吸引力 $f^{\text{exit}}(t)$,表达式如下:

$$f^{\text{exit}}(t) = \frac{v_\alpha^{\text{dss}} e_\alpha^d(t) - v_\alpha(t)}{\tau} \tag{2-25}$$

式中,v_α^{dss} 为 α 在上楼过程中的期望运动速率;τ 为松弛时间。

将 $f^{\text{exit}}(t)$ 向与期望离开方向 $e_\alpha^d(t)$ 最接近的两个元胞做分解(沿斜面方向),另一元胞中的受力记为零。由此可得到每个可移动邻居元胞内来自楼梯上部出口位置的吸引力 $\{f_{i,j,k}^{\text{exit}}(t)\}$。

2) 来自其他行人的作用力

在楼梯上的运动过程中,不计同级阶梯左右侧乘客对 α 的作用,只考虑上一级阶梯上的乘客 β 对下一级乘客 α 的作用。此时两乘客所占元胞不会出现重叠,即视作 β 对 α 的物理挤压作用为零,α 受到来自 β 心理层面的排斥力 $f^{\beta,\text{psy}}(t)$,表达式如下:

$$f^{\beta,\text{psy}}(t) = A_\beta \cdot \exp\left(\frac{\| P_\alpha - P_\beta \|}{-B_\beta}\right) \cdot e_{\beta\alpha} \tag{2-26}$$

式中,A_β 为作用力强度系数;B_β 为范围系数;$\| P_\alpha - P_\beta \|$ 为两质心元胞间距离。$e_{\beta\alpha}$ 为归一化方向向量,由乘客 α 的质心元胞指向乘客 β 的质心元胞。

2.3.4.3 仿真分析

为方便说明,以楼梯底部为界线将站台平面划分成三个区域,如图 2-14 所示。距离火源较近的楼梯正对面区域为区域 1,距离火源较远的楼梯正对面区域为区域 2,两楼梯背面界线所围范围为区域 3。

火源点位于元胞 (0,30,0) 处,系统仿真疏散人数 $N=120$,模型心理作用项强度系数 A_f、A_s、A_β 为 2m/s^2,范围系数 B_f、B_s、B_β 为 0.3m 时不同时间步长下站台平面客流疏散特征如下:

① 当 $t=0$ 时,系统初始化,生成行人随机分布在站台平面,如图 2-15 所示,图中三角形表示选择 1 号楼梯疏散的行人,圆形表示选择 2 号楼梯疏散的行人。

② 从仿真开始至 $t=40$ 时,人群接收到火灾信号,随即受到两处出口的吸引,向楼梯底部移动。区域 1 的行人向 1 号楼梯疏散的平均速度较快,在楼梯口处逐渐形成拱形分布。这是由于楼梯出口线宽度有限,当出口处人群密度越来越大时,行人之间的摩擦力使得行人偏离期

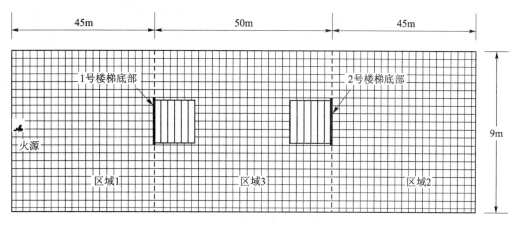

图2-14 仿真区域划分

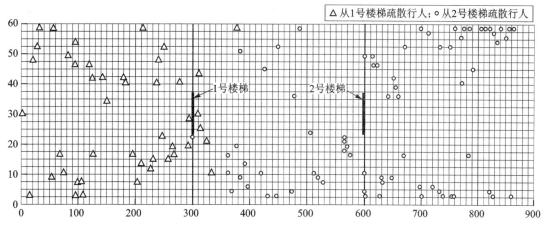

图2-15 $t=0$时疏散客流空间分布

望离开方向,但由于楼梯出口的吸引,依然会保持与出口相对较近的距离,此时便形成了人群在楼梯底部的拱形分布。与此同时,区域3的行人向远离火源的楼梯口疏散。在区域2的行人移动平均速度较低,出口处人群密度相对不大,这是由于此时烟气尚未扩散至区域2,火源与烟气对行人的作用力很小甚至为0。

③ 从仿真开始至$t=120$时,拱形和聚集逐渐消失,而后行人基本疏散完毕,仿真结果如图2-16所示。

2.3.4.5 案例小结

本案例基于三维元胞空间重新定义站台疏散空间,将客流疏散过程识别成站台平面与楼梯斜面两阶段运动过程。基于两组三维元胞自动机模型分别模拟烟气和行人在空间内的移动(扩散),其中,将"社会力"并入元胞状态转换规则,从而量化环境对行人运动的作用。最后,对地铁站台空间行人疏散模型进行了仿真分析。

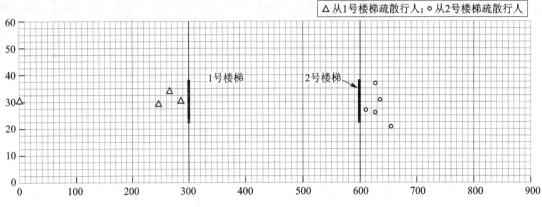

图 2-16 $t=120$ 时疏散客流空间分布

复习思考题

1. 简述城市轨道交通客流特征。
2. 列举出常见的客流调查方法,并具体说明。
3. 说明城市轨道交通客流预测的总体思路。
4. 简述城市轨道交通网络化客流的成长规律。
5. 说明城市轨道交通短时断面客流预测的过程。

第3章 多模式城市公交网络结构演化规律

本章首先介绍了多模式公共交通系统及网络特征,然后介绍了多模式公共交通网络发展的趋势,以及多模式公共交通网络内部存在的竞合关系,最后提出了基于耗散结构理论的公交结构演化模型。

3.1 多模式公共交通系统及网络特征分析

3.1.1 多模式公共交通系统

随着城市经济技术的发展,除了传统的常规地面公交以外,城市公共交通还出现了多种公交方式,如大运量的快速公共交通和轨道交通等,形成多种公交方式并存的城市公交网络格局。多模式公共交通是涵盖多个公交方式的综合系统,是适应城市发展和满足居民出行需求的必然选择。城市多模式公共交通系统指城市范围内由常规公交、快速公交、地铁、轻轨、有轨电车等多种公交方式,根据其不同特征协调配合、合理分工,组成具有一定层次结构、能够直达运输或通过换乘运输的综合网络。不同的公交方式,其功能特征也不尽相同,具体如表3-1所列。

表3-1 各公交方式功能特征

方式	运量	线长/km	运送速度/$(km·h^{-1})$	编组	特性
常规公交	中运量	10~15	15~25	—	路权不独立,延误的不确定性高,线网覆盖范围广泛
快速公交	大运量	>15	>25	—	路权有限独立,准点率较高,运营组织方式灵活
有轨电车	中低运量	15~25	14~18	1~4	路权有限独立,运营速度较快,准点率较高,污染小,能耗低
轻轨	中高运量	>25	20~35	2~5	路权独立,准点率高,运量较大,污染小,能耗低
地铁	大运量	>25	30~40	3~8	路权独立,准点率高,多节车厢编组运行,运量大,污染小,能耗小

城市公共交通网络主要由常规公交和轨道交通构成,由于不同公交方式的服务客流容量及运行速度不同,使得各种公交方式在城市公共交通运输中的功能地位有所差异,大运量的轨道交通和快速公交在城市交通中占主导地位,但可达性受到限制,而常规公交很好地弥补轨道交通和快速公交的不足,具有较高的可达性。多种公交方式的相互补充形成多层次的公交网络结构。

1. 常规公交

常规公交容量小、速度较慢,但其具有运营成本低、线路灵活、布设范围广的优点,所以承担着中短距离客流运输的任务,一般作为对地铁和轻轨的补充运输,实现城市公共交通的无缝衔接,并且在无轨道交通线路的地区承担大客流运输任务。此外,常规公交线路是以道路设施为基础而建设的,因此可以在短期内根据客流的变化程度与需求对线路的走向做出调整。

2. 快速公交(BRT)

BRT(Bus Rapid Transit,快速公交)是一种介于轨道交通和常规公交之间的新的运营方式,BRT 在公共交通专用道路空间上进行运营,并由专用信号控制从而保持轨道交通特性且具备普通公交灵活性。BRT 具有客运能力大、建设和运营成本低、速度快、可靠性高、建设运营实施灵活性高、污染小、耗能少等优点。但 BRT 占有独立的道路空间,会抑制其他车辆的使用,可能会影响交叉口交通秩序以及增加乘客的换乘次数。相对于轨道交通而言,BRT 对环境污染严重。

3. 有轨电车

有轨电车是采用电力驱动并在轨道上行驶的轻型轨道交通车辆,具有建造成本低、安全系数高、环保系数高、可共同使用车道等优点,但其行驶速度较慢,载客能力较小且对道路空间的占用和要求较高。有轨电车的路权是混合路权,与路面社会机动交通、非机动交通等相互干扰,对既有道路机动通行能力有较大影响,相较地铁、轻轨等独立路权的轨道交通而言,其交通事故概率较高。

4. 轨道交通

城市轨道交通在城市交通中占主导地位,主要包括轻轨、地铁等。城市轨道交通具有运量大、运输距离长、速度快等优点,作为城市公共交通网络的骨干,城市轨道交通承担着城市中长距离客流运输的任务,但由于轨道交通建设周期较长、投资金额较大,很难在短期内建成遍布城市的轨道交通线网,因此还无法取代常规公交在城市公交网络的主体地位。

3.1.2 多模式公共交通网络构建

城市多模式公交网络作为多模式公共交通系统中的组成部分,根据交通环境、地质条件不同,通过交通规划与管理产生的复合结构也有差异。城市多模式公交网络是将常规公交线网、快速公交线网以及城市轨道交通网等实际运营线网抽象为图论中的拓扑结构,即将交通站点、运营路线等元素转换成具有关系的点和边。

由于城市轨道交通和常规公交之间的竞争和互补的特殊关系,对城市公共交通网络的研究便要二者兼顾,因此在构建模型时需要表明两者间的特殊关系和区别。模型构建过程中有必要将城市轨道交通网络与常规公交网络两个系统视为一个统一的整体,从整体的角度出发对整个系统进行研究。

1. 模型基本信息获取及处理

作为一个复杂网络,城市多模式公交网络由公交站点和线路组成。在利用 Space L 建模方法建模时,是将公交站点视为网络节点,根据公交线路的实际走向添加连边;在利用 Space P 建模方法进行建模时,也是将公交站点视为网络节点,与 Space L 方法不同的是只要站点间有同一公交线路通过,节点间便添加连边;在利用 Space R 建模方法进行建模时,是将公交线路视为节点,根据线路关系添加连边。因此无论采用哪一种建模方法,常规公交和轨道交通的站点信息和线路信息对网络模型的建立都是必需的。

获取公交站点的地理位置信息可以使建立的复合网络模型更贴合于实际网络,因此复合网络模型构建所需的基本信息共有三部分:常规公交和轨道交通的线路信息、每条线路包含的站点信息和站点的地理位置信息。

计算机程序设计语言 Python 功能多样,应用范围广泛且操作简易,所以采用 Python 语言进行编程。常规公交和轨道交通站点的地理位置信息和线路信息可以通过 Python 编写程序,通过高德 API 接口获取。高德地图 API 是高德地图为开发者提供多种免费服务的一套应用接口,它是基于高德地图来进行服务的,适用设备广泛。其中可以通过 Web 服务 API 使用 http/https 接口,即开发者可以通过 http/https 形式发起检索请求,高德地图 API 会将开发者需要的数据以 json 或 xml 格式返回。线路信息和站点地理位置信息便是通过 Web 服务 API 中的地点检索服务获得。

2. 多模式公交网络模型构建

目前规划的常规公交网络和轨道交通网络都有着相对独立的站点和线路,两层网络没有明确的连边可以连接,考虑到实际情况乘客大多数通过步行或者骑行进行换乘,因此采用在相邻较近的轨道交通站点和常规公交站点间添加连边的方式将两层网络复合为一层网络。

由于实际的公共交通网络较为复杂,因此在城市多模式公交复合网络构建时做出以下假设:

① 一般来说,城市公交线路上下行存在对称性,因此在构建公共交通子网络时,将上下行的站点和线路进行合并,同一条公交线路的同名站点仅选取上行站点进行建模。

② 不考虑公交线路和轨道交通线路上下行的区别,认为公交线路上下行路线一致,即构建的复合网络模型为无向网络。

③ 连边的有无是根据停靠站点间有无线路通过确定,若两个停靠站点间存在多条线路通过,视为节点间存在一条连边,连边权重为通过节点线路的权重之和。

④ 平峰和高峰时间段部分常规公交和轨道交通线路发车间隔不同,在这里采用发车间隔均为平峰时间段的发车间隔,同一条线路的夜班车或早班车忽略,不添加到网络中。

如图 3-1 所示,虚拟了两条常规公交线路和一条轨道交通线路,其中轨道交通线路通过站点 G1、G2、G3;常规公交线路分别通过站点 C1、C2、C3、C4、C5、C6、C7,C4 为常规公交换乘站点。以此虚拟网络为例,为了使添加的连边对网络的拓扑性质的干扰最小,同时贴合实际的换乘情况,模型构建方法如下:

① 通过 Space L 建模方法分别建立常规公交子网络和轨道交通子网络,即站点 G1、G2、G3 及连边构成网络一,剩余站点以及连边构成网络二。

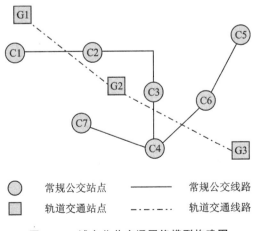

图 3-1 城市公共交通网络模型构建图

② 对应实际站点的地理位置，以轨道交通站点为中心，设定半径 d，确定搜索区域，并搜索区域中的常规公交站点，站点 C2、C3、C7 在区域内。

③ 按照站点间距离由近及远的顺序添加连边，加入一个判断条件，如果添加连边的站点线路通过之前已添加连边的站点，则直接跳过该站点。首先站点 G2 与站点 C3 添加连边，然后对站点 C2 进行判断，由于线路一通过站点 C2、C3，故跳过站点 C2，再对站点 C7 进行判断，已添加连边的站点通过的线路不通过站点 C7，故线路与站点 C7 添加连边。

3.1.3 多模式公共交通网络特征分析

3.1.3.1 城市公共交通网络特性

1. 网络拓扑统计特性

近些年来，研究复杂网络理论的学者提出了许多度量和评价网络的指标，其中一些指标在这方面的研究上起到了至关重要的作用，一般衡量网络的特征指标有：平均路径长度（Average Path Length）、集聚系数（Clustering Coefficient）、度（Degree）、度的分布（Degree Distribution）。

（1）平均路径长度

网络的平均路径长度也称为网络的特征路径长度，定义为网络中任意两节点间最短距离的平均值，即

$$L = \frac{1}{\frac{1}{2}n(n-1)} \sum_{i>j} l_{ij} \quad (3-1)$$

式中，i 和 j 代表网络中任意节点；n 为节点数目；l_{ij} 为两个节点间的最短路径长度；L 为网络的平均路径长度。L 的值越小，表明网络中任意节点间的距离越小。

（2）度与度的分布

无向网络中，度 k_i 可以理解为节点 i 边的数目。一般来说，度值越大的节点，该节点与周边节点的联系就越紧密。一般网络中节点的度值不相等，不同类型的网络便可以通过不同的度分布来区分。网络中节点度的分布情况可以用累积度分布函数 $P(k)$ 来表示，即度值不小于 k 的节点的概率分布：

$$P(k) = \sum_{k'=k}^{\infty} P(k') \quad (3-2)$$

（3）集聚系数

假设给定网络中存在节点 i 且该节点有多个相邻节点（即节点 i 的度值大于1），定义 E_i 为节点 i 的相邻节点相互衔接的边数，k_i 为节点 i 的度值，节点的集聚系数可以表示为 E_i 与相邻节点间可能存在最大边数的比值，即

$$C_i = \frac{2 \cdot E_i}{k_i(k_i - 1)} \quad (3-3)$$

节点的集聚系数通常用来分析相邻节点间的关系，系数值越大，表明该点与周围节点之间的关系越紧密。

2. 网络鲁棒性

网络的鲁棒性又称抗毁性，即网络拓扑结构的可靠性。在网络的节点或连边发生故障时，

可以认为故障节点及与其相连的连边和故障连边在网络中消失,此时,某些节点间的路径可能就会消失,进而可能会影响整个网络的性能。如果在部分连边或节点被删除后,网络节点间仍有路径可以连通,则说明该网络在节点或连边失效时具有鲁棒性,网络拓扑结构的鲁棒性对分析评价网络整体性能具有重大意义。城市公共交通经常面临着各种突发状况,比如站点施工、交通事故、道路施工等,此时便会造成节点或连边失效,这种情况下,城市公共交通系统能否正常运转体现了这个系统的稳定性,因此分析复合网络的鲁棒性可以对评价和优化城市公共交通网络提供参考。对网络的攻击方式可以分为随机攻击和蓄意攻击两类。

① 随机攻击。在随机攻击方式下,网络中节点和连边受到攻击的概率相同,即不考虑节点或连边的差异,在网络中随机地删除节点或连边。在实际的城市公交网络中可以是由于道路施工或交通事故造成的连边失效和由于站点出现故障导致的节点失效。

② 蓄意攻击。蓄意攻击方式考虑了节点和连边间的差异,按照节点或者连边的重要程度有选择地攻击,即在网络中有目的地删除中心节点或连边,反映到实际的城市公交网络中可以是发生恐怖袭击等。

一般情况下对网络鲁棒性进行衡量的指标为:平均路径长度(Average Path Length)、全局效率(Global Efficiency)和最大连通子图率(Maximum Connected Subgraph Rate)。

① 平均路径长度。当网络节点或连边失效时,L 的值变大,但是在某些情况下(例如删除节点较多,使得网络中节点被孤立,此时 $l_{ij}=+\infty$,不进行计算),L 值会减小,平均路径长度仅适用于全连通网络。

② 全局效率。任意两节点间最短距离的倒数被定义为节点间的效率,全局效率指的是网络中任意两节点间效率的平均值:

$$E = \frac{1}{\frac{1}{2}n(n-1)} \sum_{i>j} \frac{1}{l_{ij}} \tag{3-4}$$

式中,i 和 j 代表网络中任意节点;n 为节点数目;l_{ij} 为两个节点间的最短距离;E 为网络的平均路径长度,全局效率适用于所有网络。

③ 最大连通子图率。在攻击过程中连通图可能会变为非连通图,最大连通子图率的定义为非连通图分解的多个连通子图中节点数最多的连通子图的节点数与原网络节点数的比值,即

$$S = \frac{n}{M} \tag{3-5}$$

式中,S 为最大连通子图率;M 为原网络的节点数;n 为最大连通子图的节点数。最大连通子图率小代表网络的连通子图小,在遭受同样的攻击下,网络的鲁棒性越差。最大连通子图率为衡量网络稳定性的重要参数。

3.1.3.2 城市公共交通网络出行特征分析

多模式公交网络从形式上看,是由多个单一公交方式网络有机叠加形成的多层次结构网络,而随着居民平均出行距离的增长,越来越多的居民需要通过换乘多种公交方式或多条公交线路才能完成一次出行过程,因此公交网络层与层之间的活动变得活跃频繁,在仅考虑常规公交线网和轨道交通线网的情况下,典型居民出行过程包括:从出行起点步行至公交起点站、候车、从起点站上车行驶至换乘站点下车、步行换乘或同台换乘以及从公交终点站到出行目的地

的步行过程,整个出行过程如图 3-2 所示。

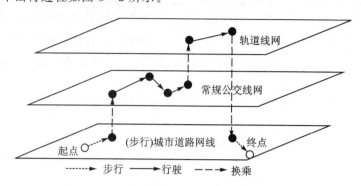

图 3-2 多模式公交网络层次结构及典型居民出行过程

由于公交车站是面向社会公众的基础设施之一,不可能满足所有人门到门或点到点的服务需求,出行者需要通过步行才能到达公交站点或最终的目的地,且公交站点具有一定的服务范围,因此,步行的距离也有一定的范围。步行过程所花费时间 T_b 由两部分组成,一个是出行者从起点出发到达公交站点所花费的时间 T_{b1},另一个是最终站点下车后步行到最终目的地所花费时间 T_{b2}。步行时间与出行者步行速度以及步行距离有关,而出行者平均的步行速度是稳定的,且公交站点服务范围有限,考虑到本书研究内容针对的是出行者整体而非单一出行者,为突出研究重点简化研究内容,本书将步行的距离用平均步行代替,从而假定出行者步行到站以及离站过程所花费时间均为常数,即 T_b 为常数值。

乘客从起点步行到公交站点后,大多情况下需要经过片刻的等候才能接受所需要的公交线路(车辆)提供的服务,乘客等候过程所花费的时间 T_w 与公交线路和公交方式的发车时间间隔、乘客到达时间、车辆行驶速度等有关。本书假定公交线路或公交方式均能按照既定的运行时刻表运行,且各站点客流量不超过该公交线路的运能,即站台上的乘客不会因车辆容量有限无法接受该车服务而出现二次候车情况,因此,候车过程所花费时间仅与公交线路发车频率有关和乘客到达时间密切相关。考虑到乘客到达站点时间具有随机性,其平均的候车时间 $T_w = \partial / f_b$,∂ 为修正参数,一般而言,如果乘客按均匀分布到达车站,公交车按泊松分布到达,则乘客的候车时间服从均匀分布,$\partial = 0.5$;如果乘客均匀分布到达车站,公交车间隔固定,则乘客候车时间服从指数分布,$\partial = 1$,f_b 为公交方式 b 的发车频率,其倒数为发车时间间距。

乘车行驶过程是指乘客在进入公交车辆后在指定公交线路上运行,并将乘客送至目的站点的过程。在公交车辆行驶过程中,由于公交车辆载体不同、道路交通环境以及行车过程中交叉口信号控制的影响,公交车行驶过程所经历的时间 T_l 具有一定的波动性和不确定性,这里考虑行驶时间 T_l 与路段长度、公交方式平均速度及路段的交通拥挤程度有关,这也是决定乘客总体公交行程时间的重要时间参数。在多模式公交网络环境下,乘客乘车行驶的过程可能包含不同的公交方式或公交线路,因此整个公交出行过程乘车行驶时间是所经历公交线路段行驶时间之和。

换乘过程发生在出行者所乘公交线路无法一次性到达目的站点,需要转乘一条或多条公交线路才能到达目的地的情况。换乘过程包括了乘客从首条公交线路下车、步行(非同台换乘下)以及换乘候车,同台换乘时其换乘时间对应于乘客下车后等候所需要公交线路到达的时间,即候车时间,而对于步行换乘情况下换乘时间则包括下车步行时间及候车时间。如图 3-3

所示,这里假定换乘所需要的候车时间为所等候的公交线路发车间隔时间的一半。不直接相关联的站点之间,假设其换乘时间为无穷大。

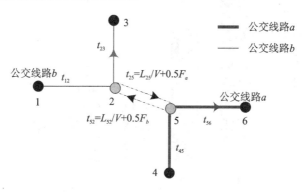

图 3-3 步行换乘虚拟连边时间权值

图 3-3 所示的两条公交线路 a 和 b,其线路连边的时间权值分别为 t_{12}、t_{23}、t_{45} 和 t_{56},站点 2 和 5 相邻可换乘,换乘距离为 L_{25},假设线路 a 和 b 发车间隔分别为 F_a、F_b,则从线路 b 的节点 2 换乘至线路 a 的节点 5 的换乘连边时间 $t_{25}=L_{25}/V+0.5F_a$,其中 V 为乘客平均步行速度。实际公交线路以及线路之间换乘是双向的,本书认为同线路不同方向两站点间的时间权值相同,换乘虚拟边则需要考虑所换乘线路的发车间隔,如图 3-3 中从节点 5 换乘至节点 2,换乘时间 $t_{52}=L_{52}/V+0.5F_b$。

综上,在多模式公交网络环境条件下,乘客在一次公交出行过程所花费的时间可表示为

$$T_p = T_b + T_w + T_t + \sum_{i=1}^{n} T_c \quad (3-6)$$

式中,T_p 为乘客选择公交出行路径 p 出行过程总时间;T_b 为乘客步行到公交站点及离站步行至出行终点总时间,假定为常数值;T_w 为出行起点站乘客所等候时间,设定为所候公交方式发车间隔时间的一半;T_c 为出行过程中一次换乘花费时间;n 为乘客所选公交路径出行过程需要换乘的次数。

与交通网络连通可靠性不同,由于公交出行过程中不同路径的行程时间有所不同,行程时间可靠性必须明确考虑出行者的路径选择行为。乘客在公交出行时,其出行路径的选择是一个考虑多因素的决策过程。对常规地面公交乘客的出行意愿进行调查发现:乘客进行公交路径决策时主要受"换乘次数"、"出行距离"和"出行耗时"三个因素的影响,并得到"换乘次数最少"是大部分公交乘客在选择出行方案时首先考虑的因素,占 41.6%,其次是"出行距离最短"和"出行耗时最短"。在多模式公交网络运营环境下,乘客可以通过换乘不同的公交方式或公交线路到达目的地,对路径的选择有更大更多的余地,乘客可以根据自身出行偏好和实际需要选择主观上认为最佳的公交出行路径,本书在这样的公交环境下开展新一轮的公交出行意愿调查,调查显示,在多模式公交网络运营环境下影响乘客公交出行路径选择的因素包括:出行时间、换乘次数、准点性、舒适性以及出行成本等,出行时间与乘客起讫点路径距离、所选公交线路直接相关,换乘次数与公交方式和公交线路选择有关,准点性和舒适性则主要反映不同公交方式的服务水平,出行成本即乘客一次出行花费公交票价的总和,然而这些决策因素对乘客路径的选择影响是不同的,结果如图 3-4 所示。

与 20 世纪 90 年代单模式公交网络时的乘客出行相比,影响南京市公交乘客路径选择方

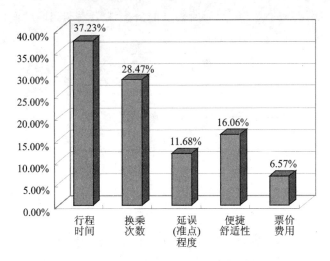

图 3-4　南京多模式公交网络乘客出行决策因素

案的因素仍主要为行程时间和换乘次数,不同的是公交出行路径的行程时间成为乘客在选择出行方案时首先考虑的因素,这主要是当前城市经济快速发展导致人们生活节奏的加快,居民对出行时间的控制提出了更高的要求。另外,调查结果还显示,乘客在选择公交出行时,所能承受的换乘次数是有限的,89.87%的公交乘客可以接受两次以内的出行换乘,如图 3-5 所示。

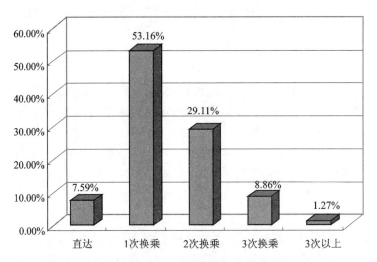

图 3-5　南京多模式公交网络乘客出行可接受换乘次数

同其他具有多模式公交网络的城市相比,本书粗略认为南京多模式公交网络乘客出行心理基本上反映出当前大城市多模式公交网络条件下乘客的出行心理意愿与行为,即行程时间和换乘次数是出行者在出行路径决策时主要考虑因素,且换乘次数具有一定的上限。

路径感知行程时间是出行者对所选路径可能花费的行程时间的估计。公交乘客在出行前,通常情况下会根据自身以往的经验和实时获取的有限信息来预测路径行程时间以及换乘情况,由此来选择主观上认为最佳的公交出行路径。在确定的公交线网条件下乘客容易准确地得到不同路径的换乘情况,而路径的预测行程时间则是出行者对路径可能行程时间的主观感知估计,即感知行程时间。它是一个与实际出行时间相对的概念。公交网络的动态随机性以及乘客感知能力和冒险类型的不同使得公交路径感知行程时间与实际行程时间不可避免地存在差异,并且因人而异。但对于出行者个体来说,当所选择路径的实际行程时间在一定范围内接近于路径感知行程时间时,可以认为该公交路径行程时间是乘客所能接受的,而当路径实际行程时间比路径感知行程时间长超出可接受范围时,都将给乘客带来不便。实际上,出行者在出行之前会设定一个可接受的行程时间范围,在这个范围之内,认为出行是可接受的,超过这一范围,则认为是不可接受的。

综上,出行者在选择公交出行时,面对公交方式多样、公交线路繁多的多模式公交网络环境,首先结合外部交通环境发布信息及个人经验,根据个人出行目的和行为习惯(冒险意识),对合理公交路径的行程时间、所需换乘次数、准点性、舒适性以及出行成本等进行预估,从而选择主观上最优的出行路径方案,并经过步行、候车、行车以及换乘等过程最终到达目的地。同时,考虑到出行者关心的是整个出行过程是否满足出行时间的需求,因此,在完成一次公交出行后乘客根据自身预计出行情况与实际出行情况的差异程度完成对此次公交出行过程的反馈,并成为一条出行经验加以累计,具体过程如图3-6所示。

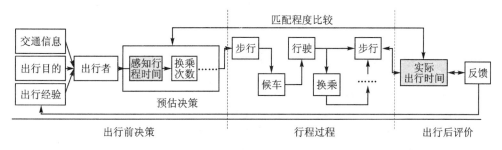

图3-6 多模式公交网络乘客出行过程

3.2 多模式公交网络结构发展的趋势及内部关系

3.2.1 城市多模式公交发展趋势

城市规模往往决定了城市的客流量及交通用地的供应量及相互之间的矛盾。不同规模城市对不同客运交通方式的需求也有很大的差异,居民平均出行距离不同、时耗不同,客运需求量也不同,因此对各种公交方式需求的合理结构,优先发展顺序自然也有不同的要求和选择(相同规模的城市也不一定有完全相同的客运结构)。

我国大城市公共交通系统的可持续发展,必须从公共交通系统的内部机制出发,建立与其他公交方式(特别是轨道交通和常规公交)整体协调的一体化交通体系。按照我国大城市的发展特点,在公共交通客运系统发展时,对多模式公交发展的定位和发展策略可能形成以下三种模式:

1) 以轨道交通为骨干,快速公交为支撑的大运量客运系统

2007年国内建设轨道交通的城市有北京、上海、天津、广州、武汉、南京等9个。其城市人口大部分都在400万人以上,甚至达到千万人以上,属超大型城市。对于这些城市而言,人口

密度高、城市公共交通运量大,建设大运量轨道交通系统是大势所趋。但是由于轨道交通的建设耗资大、周期长、难度高,一般不能在短期内修建覆盖城市的足够密集的轨道交通网络。所以这些城市在发展轨道交通的同时,应该充分重视快速公交的地位与作用,使快速公交系统成为城市公共交通的重要组成部分。

2) 近期以快速公交为主体,远期与轨道交通相结合的大运量客运系统

在人口规模大于 200 万人的大城市中,公共交通需求量相对于超大城市要小,近期采用地铁方案,不仅运量浪费较大,而且投资运量也不合理。所以应在满足运量要求的前提下,积极采用快速公交系统方案替代轨道交通。以相对较低的资金投入建设城市快速公交网络,近期发展快速公交为城市的主干系统,培育客运走廊,远期逐步形成以快速公交和轨道交通相结合的大运量公共客运系统。

3) 以快速公交系统为骨干(常规公交为主体)的公共交通客运系统

相对于一些普通规模的大城市,公共交通发展模式近期以常规公交为主,在城市客流主干道上适当发展快速公交系统,作为城市公共交通系统的骨干。远期建立完整的、覆盖城市大部分地区的快速公交网,包括公交专用道路网络系统以及公交换乘设施。该模式成本低、服务水平较高、覆盖面积大,容易体现网络效应,建设方式灵活,但需要协调在道路资源有限的条件下为快速公交发展创造条件。

3.2.2 多模式公交网络的合作关系

1. 多模式公交之间合作的定义

合作是指不同对象为了共同目标、目的、利益和愿望一起工作,以求整体(集体)优化通过。合作,其核心意义就是协调和和谐。

城市各种交通方式在发展过程中也是相互依存的,任意一种交通方式,对使用它的出行者来说,都是必要的。事实上,随着城市规模的扩大,居民出行距离的不断增加,乘客由起点到终点完成一次出行往往需要使用多种交通方式。系统论认为,一个系统只有在其组成要素达到相互协调时,才能达到系统整体最优,充分发挥整体效益。大容量快速交通与常规公交作为公共交通系统中的两大重要元素,只有在协作中充分发挥各自的优势,取长补短,实现优势互补、资源互补,才能形成对各种私人交通方式的强大竞争力,确定其在城市综合交通体系中的核心地位,促进城市交通可持续发展。

2. 多模式公交之间合作的必要性

城市大容量快速公交和地面常规公交组成的城市公共交通客运系统,给市民的出行提供了很大的方便,同时由于它们处于同一城市的客运市场之中,竞争亦不可避免。

居民出行的多样化,要求加强常规公交与大容量快速公交之间的合作。城市居民的出行不但目的多样化,出行距离也是长短不一,由此对出行过程的速度和舒适程度要求也有所不同。通常短途出行者对速度与舒适性要求不高,而长距离出行者则对此都非常注重,因此面对多样化的出行,要求具有不同速度特性、舒适特性的两种重要公共交通方式(常规公交和大容量快速公交)加强相互之间的合作,满足不同出行需求。

大容量快速公交的低密度要求常规公交为其做客流的二次吸引。对于出行而言,尤其上下班通勤出行,不论乘客使用哪一种公共交通方式,其两端的步行时间都有一定的承受范围。根据大量调查统计资料分析,80%的乘客期望两端步行时间能够控制在 5～10 分钟之内。当

然,乘客可接受的两端步行时间及候车时间与出行总耗时也有一定的关系。总耗时越短,可接受的步行时间也越短,一般不应超过总耗时的20%。按照人的心理与生理承受能力,合理的步行距离一般不超过600米。然而,如果要使所有大容量快速公交乘客步行距离在600米以内,且不使用其他接运方式,那么大容量快速公交的平均密度至少要高于1.7公里/公里^2,这实际上是很难做到的,也是不经济的。

以轨道交通发展比较成熟的城市巴黎为例,其采用了低负荷、高密度线网布局,线网密度也仅为0.73公里/公里^2。受线网密度的限制,轨道交通只能覆盖其线路两侧一定范围内的交通走廊。要发挥出大容量快速公交大运量的优势,保证大容量快速公交的客流效益,形成与个体交通方式相抗衡的力量,必须依靠自行车、摩托车、地面常规交通等其他交通方式的接驳,使其服务范围间接延伸到城市的各个角落,进而实现人流在城市空间内快速、安全、舒适有序的移动。但是,在我国,由于自行车、摩托车出行比例较高,交通效率偏低,给城市交通带来很大压力,尤其在市中心区,城市空间与停车空间不足,故不宜采用自行车与摩托车换乘,而常规公交与大容量快速公交的合作就显得尤为重要。

我国城市大容量快速公共交通仅处于起步阶段,还没有形成完善的网络,通常运营的都是几条独立的线路。为了确保大容量快速公交沿线客流走廊的形成,争取大范围的客流,必须在大容量快速公交线路的基础上,合理配以常规公交线路,为大容量快速公交迅捷地集散客流。两者相辅相成、彼此配合,形成城市公共交通超级网络,大幅度提高公共交通的吸引力,为提高公交系统在城市客运中的主体地位提供有力保障,同时也可以有效缓解城市交通压力。

3. 常规公交与大容量快速公交合作的表现形式

随着城市规模扩大,居民出行距离不断增加,当乘客由起点到终点使用多种交通方式完成一次出行时,不同交通方式之间的换乘成为居民出行中的主要一环。换乘也是整个城市交通系统优化的关键,换乘的不便将直接导致客流的大量流失,这必将使公交系统在客运竞争市场中处于不利地位。城市范围的扩大以及人们出行距离的增长更增加了对换乘的需求,而我国目前大容量快速公交与地面常规公交线路之间的换乘现象屡见不鲜,一些已建成的地铁车站与地面公交站点换乘距离过长,存在互相脱节现象,大容量快速公交线路与地面公交线路衔接不好,车站在布局时没有充分考虑与其他公交线路的换乘。如上海目前投入运营的三条轨道线,由于地面常规公交的配套迟迟没有跟上,导致换乘步行时间需要10分钟左右。广州地铁1号线与地面公交之间的步行换乘(含候车)时间达11~16分钟,乘客普遍感到不便,直接导致大容量快速公交的运营效果不尽如人意。为了从根本上解决常规公交与大容量快速公交的换乘问题,更好地发挥出它们的优势,体现最佳效益,需要构筑完善的公共交通换乘体系,以提高公共交通整体运转效率,缩短公共交通出行时耗,从根本上提高公交系统的吸引力。要实现完善的换乘体系,就必须对大容量快速公交系统与地面常规公交的换乘进行有效的设计。

地面常规公交与大容量快速公交换乘合作主要存在以下三种方式:

> 起点(O点)—接驳公交—大容量快速公交—终点(D点);
> 起点(O点)—大容量快速公交—接驳公交—终点(D点);
> 起点(O点)—接驳公交—轨道线路—接驳公交—终点(D点)。

其中,第三种方式经过两次换乘,在居民实际出行方式选择中所占比例较低。

4. 常规公交与大容量快速公交合作的内容及目标

常规公交与大容量快速公交之间的合作内容如表 3-2 所列。

表 3-2 常规公交与大容量快速公交合作内容

项目	合作内容	实现的目标
时空上	运能匹配	满足运量需要和换乘客流的需要
	站间距合理配合	减少乘客门和门交通出行总时间
空间上	科学合理地规划城市快速公交与常规公交线网之间的配合	扩大公交吸引覆盖范围,调整相交线路方向,创造良好的换乘条件
	车站枢纽之间的配合包括换乘通道的设计	结合不同地理特性所具有的交通特性不同,布置车站形式,尽量缩短换乘的行走距离
时间上	换乘时间最短	出行总时间最小,保证换乘的连续性和紧凑性

通过合作内容的有效设计,旨在实现常规公交和大容量公交时间上和空间上的衔接整体化,借助已有常规公交的高密度线网扩大大容量快速公交的辐射服务范围,使常规公交与大容量快速公交能够形成一体,发挥出整体网络的运输能力,充分实现大容量快速公交较高的运量成本比,较低的占地和能源消耗以及相对较少的环境污染,从而达到提高公共交通吸引力的目的,进而改善城市交通环境。

3.2.3 多模式公交网络的竞争关系

1. 多模式公交之间竞争的必然性

显然,大容量快速公交与地面常规公交都是为城市居民的出行服务的,这既是他们当初建设的初衷,也是最终要实现的目标,如果将大容量快速公交与地面常规公交分别看作两个不同的群体性厂商,那么他们所生产的产品是同类的——人的空间位移,而且他们还同处于同一个市场——同一个城市范围。

因此,对于一个同时存在大容量快速公交系统与地面公交系统的城市而言,两者之间不可避免地存在一定的竞争。

2. 多模式公交之间竞争的特性

运输产品不同于工农业等物质生产部门的一般产品,它是实现人和物的空间位移,这种产品本身不能存储,具有如下特点:

(1) 非物质性

交通运输不改变它所输送的产品的质量和数量,不能创造新的物质产品。它的唯一产品是以吨公里(或人公里)表示的客货位移的一种特殊产品,其客货运量愈大,运输里程愈长,反映运输工作量(或周转量)的运输产品量也愈大。

(2) 运输产品的非实体性

以吨公里或人公里表示的运输产品不能脱离生产过程而单独存在,它在生产出来的同时,就被消耗掉了。因此,它既不能调配也不能储存。

(3) 运输产品的同一性

工农业生产各个部门的产品是不同类型和不同规格的,以满足社会各方面的需要。但是各种运输方式的产品都是以吨公里(或人公里)表示的客货位移。毋庸置疑,大容量快速公与常规公交的产品也是一种运输产品。但是，大容量快速公交与常规公交作为城市客运的支柱，它除了具备一般交通运输产品所具有的共性外，还有自身独特的性质，也导致大容量快速公交与常规公交之间竞争的激烈性。

① 狭小的运输空间。大容量快速公交与常规公交一般服务于城市居民（包括常住人口、暂住人口以及流动人口），其服务面积一般局限于城市及城市周边范围。虽然，随着城市规模的扩大，大容量快速公交与常规公交的服务面积在逐步扩大，但与铁路、公路等大区域间的交通运输相比，其运输空间显得狭小而集中，狭小的运输空间直接导致了大容量快速公交与常规公交之间竞争的激烈性。

② 明显的高峰现象。城市中有众多的上班职员和求学的学生，而且一个城市的上、下班时间和上学、放学时间往往都比较集中。因此，造成在这些时段形成明显的客流想象。由于高峰与平峰的客流相差较大，因此，大容量快速公交和常规公交竞争在高峰时期与平峰时期是有着很大差异的，有时甚至需要他们在高峰时期适当的改变运营方式。

③ 存在多种替代方式。因种种目的需要实现空间位移的广大城市居民，除了依赖大众化的公共交通系统（包括大容量快速公交和常规公交）外，还可以依据自身的收入水平以及出行距离和出行目的等，进行私家车、自行车、步行、摩托车、出租车、单位车等多种方式的出行选择。所以大容量快速公交与常规公交之间的竞争，除了要进行两者内部之间的竞争之外，还要共同注意与外部私人交通之间的竞争。

④ 需求多样化。城市居民出行目的具有多样性，通常可分为弹性出行和非弹性出行两大类，其中，弹性出行主要是指购物、生活、休闲娱乐等出行，非弹性出行主要是指上下班、上学放学等出行。出行目的的不同对于出行服务质量的要求是不同的。因此，大容量快速公交与常规公交竞争结果将提供不同层次的服务水平，满足不同的出行需求。

⑤ 网络性要求高。城市作为一个高密度的聚集群落，高度积聚人口、经济、政治、财富、智力、文化，决定了居民出行的聚集性；城市作为一个巨大的系统，其要素、结构、层次、功能的复杂性和多样性决定了居民出行空间分布的复杂性。这也就要求大容量快速公交与常规公交在相互竞争过程中除了形成客流走廊外，还应当特别注重交通线路的网络化发达程度以及网络的科学合理性。

3.3 多模式公交网络结构演化模型

3.3.1 基于耗散结构理论的公交结构演化模型

影响城市公共交通结构演化的因素很多，主要有社会经济、交通政策、城市土地利用、公共交通客流量和环境、资源和资金规模等。本书公共客运交通结构演化趋势建模的主要目的在于从宏观上对公共交通系统内各系统结构的演化趋势进行定量分析，反映系统在不同的环境条件下整体演化趋势。鉴于此，要分析公共交通系统演化的一般特点和规律，首先需要明确公共客运交通系统的耗散结构特征。

1. 公共客运交通系统的耗散结构特征

耗散结构理论是由比利时物理化学家普里高津在热力学第二定律的基础上创立的，被誉为 20 世纪 70 年代最伟大的成就之一。随着耗散结构理论的日臻完善，人们将之广泛应用于自然科学、社会科学的各个领域,解决了许多复杂的社会问题。城市公共客运交通系统的核心目的是实现人的快速、高效和低成本的移动,它与城市内部的经济、财政、教育和人口等子系统相互配合、彼此制约而构成城市这个典型的耗散结构系统综合体,因此,城市公共客运交通系统也是一耗散结构系统,其耗散结构特征包括:

(1) 开放性

城市公共客运交通系统具有运输、经济、服务等一系列功能。为了实现这些功能,系统需要从社会经济其他系统中吸取大量的物质、能量,即足够大的负熵流,以增加系统的负熵,使系统总熵减少,确保系统不仅能正常运转,而且能向更高效、有序的方向演化。

(2) 非平衡性

系统的非平衡性主要表现在:系统中各交通方式随着区域经济格局、居民出行特征、土地利用情况和可以利用的交通资源的容量不同而呈现出不同的发展态势;系统中各交通方式在投资规模、资源利用、场站布局、运输能力、技术条件、装备智能化以及组织管理等方面存在着不平衡性;系统中各交通方式在与城市其他私人机动交通方式(小汽车和摩托车)、非机动交通方式(自行车和助力车)之间展开着激烈竞争,优胜劣汰。

(3) 非线性

系统中非线性作用存在于公共客运交通系统的各个参与者之中,集中体现为交通管理者(或政府)的交通政策法规;交通经营者(或公共交通企业)之间的竞争、垄断和协作关系;交通出行者(或消费者)的出行行为特征。

(4) 涨落性

系统中存在着一般涨落和巨涨落两种:一般涨落如公共交通客运量的涨落、公共交通企业生产率的涨落等,常会被耗散结构吸收;巨涨落如新增加的交通方式和公交优先发展政策等,常会引起系统内部运行机制发生巨大变化,进而触发系统跃迁到新的稳定有序状态,形成更高一级的耗散结构。

2. 演化模型的建立

采用耗散结构理论分析的目的是要找出公共客运交通各子系统之间的定量关系,列出结构演化的方程式。也就是说,当以公共客运交通客流量为状态变量进行建模时,主要考虑在不同环境条件下各公共客运交通方式分担的客流量的总体演化趋势或规律。

为了方便分析,结合城市公共客运交通系统的主要特征,本书在建立演化模型时做如下假设:

➢ 假设仅存在两种公共交通系统:大运量快速公共交通系统和常规公共交通系统。
➢ 对于给定的大城市,假设在城市经济特定发展阶段内某种公共客运交通方式客运量的固有增长率 r 保持不变。
➢ 限于城市交通资源(土地、能源和资金),考虑交通方式竞争模型时增加了饱和效应项,假设该饱和效应项为一包含客运量总量 N 的关系式。

(1) 竞争模型

综合考虑上述假设条件,可以得到公共交通结构演化的竞争模型,即

$$\left. \begin{array}{l} \dfrac{\mathrm{d}x_1(t)}{\mathrm{d}t} = (k_1 - d_1)x_1\left(1 - \dfrac{x_1}{N_1} - \sigma_1\dfrac{x_2}{N_2}\right) \\ \dfrac{\mathrm{d}x_2(t)}{\mathrm{d}t} = (k_2 - d_2)x_2\left(1 - \dfrac{x_2}{N_2} - \sigma_2\dfrac{x_1}{N_1}\right) \end{array} \right\} \qquad (3-7)$$

式中，$x_i(t)$ 为某交通方式在 t 时刻的客运量；N_i 为某交通方式客运量的最大容量，$i=1,2$；因子 $\left(1-\dfrac{x_1}{N_1}\right)$ 反映了交通方式 1 对有限资源的消耗导致对其自身客运量增长的阻滞作用；σ_1、σ_2 为"竞争能力系数"。k 为增益系数，代表客运量增长率；d 为损耗系数，代表客运量损耗率。这两个变量的差 r，即 $r=k-d$，称为固有增长率。σ_1 为交通方式 2 消耗同一种有限资源对交通方式 1 客运量的增长产生的影响程度。这里的"资源"通常为不可再生资源或有限资源，如城市土地、能源和资金等。σ_2 的含义可以比照 σ_1 进行说明，这里不再赘述。

（2）协作模型

综合考虑前述假设条件，可以得到公共交通结构演化的协作模型，即

$$\left.\begin{array}{l}\dfrac{\mathrm{d}x_1(t)}{\mathrm{d}t}=(k_1-d_1)x_1\left(1-\dfrac{x_1}{N_1}+\beta_1\dfrac{x_2}{N_2}\right)\\[2mm]\dfrac{\mathrm{d}x_2(t)}{\mathrm{d}t}=(k_2-d_2)x_2\left(1-\dfrac{x_2}{N_2}+\beta_2\dfrac{x_1}{N_1}\right)\end{array}\right\} \quad (3-8)$$

式中，k、d、$x_i(t)$、N_i 等参数的含义同式(3-7)，指标 β_1、β_2 称为"协调能力系数"。当有两种交通方式在同一城市空间内运营时，β_1 为方式 2 客运量的增长或者服务水平的增加带来客运量的增长或服务水平的增加幅度。因子 $\left(1+\beta_1\dfrac{x_2}{N_2}\right)$ 反映的是交通方式 2 对有限资源的消耗带来的交通方式 1 客运量增长作用。因子 $\left(1+\beta_2\dfrac{x_1}{N_1}\right)$ 反映的是交通方式 1 对有限资源的消耗带来的交通方式 2 客运量增长作用。这里的资源重点指的是可以提升公共交通服务水平的管理资源，如交通管理设施、交通控制设施等。

3. 公交结构演化趋势

本书在研究公共交通客运交通结构演化这一实际问题时，并不着重于上述两模型的稳定性分析，而是直接采取另外一条途径——计算机模拟，期望通过模拟得到系统结构的演化轨迹，来了解系统的各种性质，明确系统的变化趋势，探讨系统在相变过程中随时间变化的具体情况。

为了便于用 MATLAB 进行计算机编程，以模拟这些参数变化时城市公共交通系统结构演化轨迹或演化趋势，做如下假定：

① 公共交通方式 1 代表常规公共交通，公共交通方式 2 表示大运量公共交通，并分别用 $x_1(t)$ 表示交通方式 1 的客运量，$x_2(t)$ 表示交通方式 2 的客运量。

② 可供模拟选择的参数仅考虑出现在模型中的参数，固有增长率 r、容许最大客运量 N 与城市经济、城市形态、城市规模、环境承载力、城市居民出行特征、城市交通基础设施和城市土地利用形式等因素有关系；σ_1、σ_2、β_1、β_2 主要与某公共交通方式参与者自身的经济特征有关。计算机模拟分析时，改变这些参数便表明已考虑了这些影响因素。

下面结合建立的演化模型对下述两个问题进行模拟分析：

（1）r_2、σ_1 发生变化，N 不变

计算机模拟分析时，分固有增长率变化、竞争能力系数不变以及竞争能力系数变化、固有增长率变化等两种情况进行。模拟结果如图 3-7 和图 3-8 所示。

依据相图变化趋势(见图 3-7 和图 3-8)可以得出下述结论：

① 公共客运交通系统的竞争能力增加时，尤其是现阶段大容量快速公共交通系统的竞争

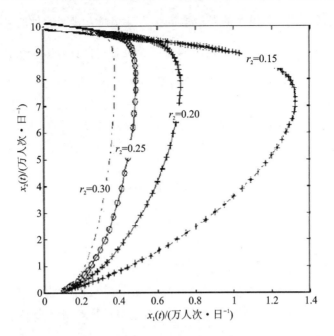

图 3-7 σ_1 不变，r_2 变化时的演化相图

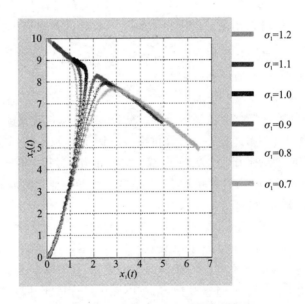

图 3-8 r_1 不变，σ_1 变化时的演化相图

能力增加时，可以迅速提高公共客运交通客运量。

② 公共客运交通系统的竞争能力系数对于其客运量的演化模型而言，起着决定性作用，因为在某一范围内变化时，将会达到交通结构发生明显变化的相变点，如图 3-8 所示的 $\sigma \in [0.9, 1.0]$。

③ 考虑到交通资源的有限性，保持常规公共交通系统或者实施公共交通优先政策后交通系统的客运量位于一个相对合理的增长率范围是必需的。

(2) $\sigma_1<1,\sigma_2<1$ 或 $\beta_1\beta_2<1$

当两种交通方式的竞争能力系数均小于1时,两种交通方式形成适度竞争模式,最终演化结果均趋向于资源承载力或环境承载力所限定的最大客运量。

① 适度竞争模型($\sigma_1<1,\sigma_2<1$)的稳定性模拟。模拟输入参数分别为:$r_1=0.1,r_2=0.15,N_1=10$ 万人次/日,$N_2=10$ 万人次/日,$\sigma_1=0.9,\sigma_2=0.8$。假设演化时间为500天,计算机模拟结果如图3-9所示。

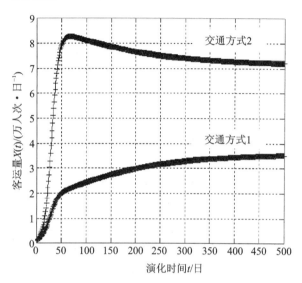

图3-9 适度竞争时客运量的演化相图

② 协作模型($\beta_1\beta_2<1$)的稳定性模拟。为了提高可比性,模拟时仍采用前述适度竞争模型模拟过程中选用的参数,模拟结果如图3-10所示。需要说明的是,图3-10中的纵坐标是每种交通方式达到均衡时的客运量(单位为万人次/日),交通方式1和交通方式2的运输效率均位于[0.6,0.7]之间,表示此条件下均能够较好地发挥每种交通方式的功能。

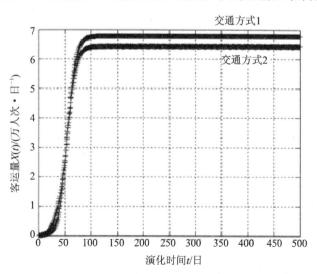

图3-10 协作时客运量的演化相图

3.3.2 演化趋势的阶段论及验证

城市公共交通综合体系作为城市功能大系统的一个子系统,既有其内在的运行机制,又受外部环境条件的制约。交通需求的产生与规模是与城市经济社会发展水平及对外开放程度呈正相关的,这种相关性产生的多种活动需要及相应的各种交通流的总量,是由人们实现人流、物流定向空间位移的基本需要决定的。虽然客观上形成的公共客运交通需求总量、各种交通方式的分担量及多种交通流的时空分布不只是取决于城市社会经济发展水平,同时还会受到城市用地结构、布局、规模、地理环境、出行起讫点、出行距离和城市道路网络容量的制约,但是通过公共客运交通结构的发展历程及国内外大城市的实践经验可知:随着城市社会经济水平的不断增长,通过前述基于耗散结构理论的公共交通结构演化模型的计算机模拟分析,初步确定的我国大城市公共客运交通结构演化的基本规律或演化的阶段论如图 3-11 所示。结合上海市近年的交通统计年鉴和韩国首尔、巴西库里蒂巴等城市交通发展的数据,对每一阶段内的交通结构总体特征进行了例证分析。图 3-11 所示的基本规律存在两个基本假设前提:

① 城市经济总量会随着时代的发展而增加,或者随着时间的推移,城市政府或相关投资部门用于城市公共客运交通的资金总量会保持稳定或增长的态势。

② 城市空间内出现的新交通方式的服务水平和运输效率,相比原交通方式存在着"质"的飞跃。例如,轨道交通系统较常规地面公共客运交通系统而言,轨道列车的平均速度是公共汽车的 2~3 倍,单位小时的客运量是公共汽车的 8~10 倍,而且轨道交通系统干扰少、准点率高等特征也是公共汽车无法比拟的。

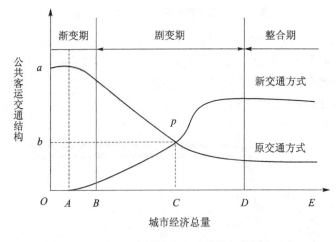

图 3-11 城市公共客运交通结构演化的三个阶段

城市公共客运交通结构的演化是一个漫长的过程,从图 3-11 中可以看出:随着城市社会经济的发展,城市公共客运交通结构从交通方式演化的角度可分为三个演化阶段。

1. 渐变期

在这个阶段内,表现为交通结构在"量"方面的演进规律,即构成城市公共交通运输业的交通方式内容保持不变,各种交通方式之间的力量对比在"温和"的气氛中缓慢地进行。依据原交通方式出行所占城市公共交通出行的比例变化情况又可以分为两个阶段:O—A 段和 A—B 段。O—A 段通常也称为相对稳定期,此时新的交通方式尚未诞生,城市原交通方式占据主导地位,有时可能是城市空间内唯一的公共交通方式。但为了维持其在城市客运交通系统内部结构演化过程中始终处于有利位置,尤其是保持其对私人交通方式(小汽车、摩托车和自行车)的竞争力,主要依靠扩大原交通方式的总规模、改进原交通方式的服务质量来适应经济发展的需要。因此,在这一阶段,仍然需要继续加大公共交通资金投入,逐渐提高其服务水平,如提高公共客运交通线网覆盖面积,确保公共交通场站建设用地,优化线路布设,提高公交车辆拥有水平,积极开展公交优先通行的理论研究与实践,努力提高公交的管理水平和深化公交企业改革等措施。我国大多数大城市的公共客运交通结构基本上正处于这个阶段,如郑州、合肥等。A—B段为新的交通方式成长渐变期,此时新的交通方式开始诞生并成长。随着城市经济的持续增长,居民对于公共客运交通的运输需求不仅要有"量"上的提高,如提高万人拥有公共交通车辆数、缩短发车间隔等;而且还存在着"质"的提高,提高车辆准点率、确保公共客运交通的可达性和舒适性等。新交通方式的诞生和成长初期往往主要是为了引发和满足潜在的公共客运交通运输需求,提高城市公共客运交通服务水平,增加公共交通客运量。新交通方式的成长是一个"能量"聚集过程,通常是一个比较缓慢的过程,反映在公共客运交通方式结构上就是其在一个相对长的时间内所分担的公共客运量的比例较小。表3-3所列为1996—2004年上海市公共客运交通结构变化趋势,图3-12所示为1996—2004年上海市公共客运交通情况。

表3-3 上海市公共客运交通结构变化趋势

年 份	公共客运交通客运量/亿人次					公共客运交通结构(占公交出行比例)			
	总 量	公共汽车	出租汽车	轮 渡	轨道交通	公共汽车	出租汽车	轮 渡	轨道交通
1996	33.84	23.07	6.41	3.47	0.89	0.68	0.19	0.10	0.03
1997	34.93	23.78	6.92	3.12	1.12	0.68	0.20	0.09	0.03
1998	35.41	24.88	7.03	2.24	1.26	0.70	0.20	0.06	0.04
1999	34.10	24.20	7.19	1.62	1.09	0.71	0.21	0.05	0.03
2000	36.46	26.49	6.77	1.85	1.36	0.73	0.19	0.05	0.04
2001	37.91	26.84	6.62	1.62	2.83	0.71	0.17	0.04	0.07
2002	40.81	27.75	7.94	1.55	3.57	0.68	0.19	0.04	0.09
2003	41.79	27.31	8.95	1.47	4.06	0.65	0.21	0.04	0.10
2004	44.38	28.38	9.82	1.37	4.80	0.64	0.22	0.03	0.11

2. 剧变期

在这个阶段内,表现为公共客运交通结构"质"的方面演化规律。主要表现为:随着经济的不断发展,新交通方式更能够满足潜在的运输需求;反过来,当城市空间内的出行变得更加便捷时,必定会更加刺激城市经济的进一步发展,从而形成良性的循环。新交通方式在第一阶段逐渐积累的能量会很快达到"阈值",一旦突破这一"阈值",该交通方式必定会更快速地发展。从而使新交通方式必须进一步拓展自己的服务范围和提高自己的运输效率,重新分割公共客运交通市场或者依据城市公共客运交通走廊的级别划分其服务功能。

另外,在这一阶段内构成城市公共客运交通系统的"新"交通方式的出现通常会有下述两种形式:

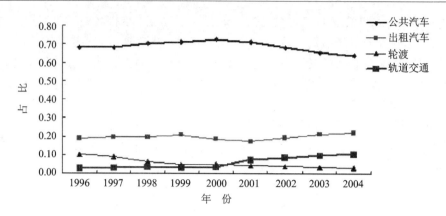

图 3-12 上海市公共客运交通结构变化趋势

① 原交通方式的"更新换代",如轻轨交通是在有轨电车基础上发展起来的一种新型城市公共交通工具,是继地下铁道以后出现的一种中运量的城市轨道交通系统。快速公共交通(BRT)是在常规地面公共汽车交通基础上发展起来的介于轨道交通和常规公共汽车交通之间的一种交通方式;它利用改良型的公共交通车辆,运营在公共交通专用道路空间上,保持着轨道交通的准点率和快速性等特性,而且又具备常规公共汽车交通灵活性的一种便利、快速的公共交通方式。

② 全新的运输方式,如地下铁道、磁悬浮和新交通系统等。我国作为经济持续高速增长的发展中国家,城市公共客运交通的建设和发展一直滞后于社会经济和居民生活的需要。由于财政体制、经营机制、管理水平以及道路通行条件等诸多因素的制约,城市公共客运交通的发展现状不尽如人意。因此,到目前为止,我国除了香港之外,尚没有城市的公共客运交通系统进入到这一阶段。但是,新交通方式的出现和发展的步伐是不可阻挡的,尤其是目前我国很多大城市面临交通拥挤、空气污染等严重的城市交通问题时,战略性地进行城市公共客运交通中长期规划,针对城市自身特点,选择具备可持续发展的新交通方式已经成为城市交通规划者迫切需要解决的问题。

3. 整合期

在这个发展阶段,构成城市内部公共客运交通方式保持不变,各交通方式之间的力量对比基本上保持动态平衡状态,此时的稳定状态相对第一阶段而言更加牢固。这一阶段,通常也被称之为"公共客运交通一体化"发展阶段,这是公共客运交通演化的稳定阶段和发展的最终方向,目前世界上尚没有城市公共交通系统达到这一阶段。

下面仅简述城市公共客运交通系统一体化包含的三层含义(见图 3-13):

① 交通设施的平衡。目的是充分发挥交通设施的整体效益,在保持轨道和道路快速平衡发展的同时,重视换乘、停车和管理设施的作用,其中功能完善的枢纽是设施平衡的关键。

② 交通运行的协调。在综合公共客运交通体系中,各种交通方式并存,在其适用的范围内发挥其特有的优势,保持各种交通方式合理分工、紧密衔接、安全运行,其中紧凑的换乘是关键。

③ 通过综合管理将交通设施与交通运行紧密整合起来,即交通运行水平与交通设施水平相一致,其中,合理的体制与法制是综合管理的关键。

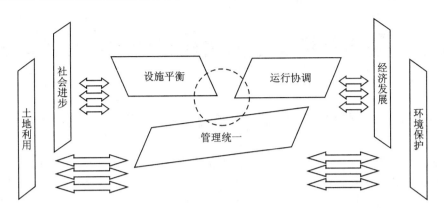

图 3-13 公共客运交通系统整合示意图

复习思考题

1. 简述多模式公交网络的结构特征。
2. 分析多模式公交网络的出行特征。
3. 简述多模式公交网络的竞合关系。
4. 简述客运交通系统的耗散结构特征。
5. 分析多模式公交合作的必要性。
6. 简述多模式公交发展的定位和发展策略。

第4章 城市轨道交通网络化运营组织理论与方法

4.1 城市轨道交通网络化运营行车组织模式

城市轨道交通进入网络化运营后,实现城市轨道交通网络在各个圈层的互联互通是轨道交通系统的建设目标之一,也是城市轨道交通运营管理的工作重点。从运营管理的角度考虑,要实现互联互通,不仅要求在体制上保障城市轨道交通的运营公司采用适宜的企业组织模式,还要求运营公司建立起一套可行的行车组织模式。

城市轨道交通行车组织就是重复和利用各种技术、设备,组织列车合理安全的运行,最终实现旅客乘坐过程的组织、计划工作,是城市轨道交通的重要组成部分,具体内容包括:车站内外的工作组织、列车运行调度组织、列车接发工作组织、技术计划和运输方案等。

网络化条件下城市轨道交通市区交通需求与市郊交通需求差异明显,市郊交通需求的交通时段性强,客流量几乎全部集中在早晚通勤通学的高峰时段,而市区内即使平峰时段也有持续不断的轨道交通客运需求。除时段上的差异外,出行总量上的差异也很明显。这对城市轨道交通行车组织提出了更高的条件,单一交路、固定编组、站站停车的传统行车组织方式很难满足网络化条件下城市轨道交通所有线路的运营组织需求。

作为一种大型区域内的运输系统,网络化条件下的城市轨道交通系统既要考虑到市区公共交通需求,又要兼顾到市郊客运需求,因此,网络化条件下的城市轨道交通行车组织方式应该兼容市郊和市区轨道交通两种行车组织模式。

综合国外典型的网络化条件下城市轨道交通互联互通的实践经验,适用于网络化条件下城市轨道交通的行车组织运营模式主要包括分段运营、多交路运营、快慢车结合运营、换乘运营、共线运营、过轨运营和可变编组运营共7种。

1. 分段运营

分段运营是传统的运营组织模式,也是非网络化条件下最经典的运输组织方式。从客流特征上来看,市郊铁路的客流特征主要为中心城区段与郊区段客流量差别很大。在这种客流特征下,若采用贯通运营的单一交路方式,必然造成郊区段运能的较大浪费;中心城区段与郊区段客流量差别越大,浪费就越明显,对于尚未发展成熟的我国都市圈,这一情况将更为突出。因此,从运能的有效利用以及降低建设和运营成本角度来看,分段运营基本适用于大部分的市郊铁路,特别是直接进入市区的市郊线。

在对市郊客流的成分和所占比例进行分析的基础上,确定分段运营的区间。在中心城区段按城市轨道交通模式建设和运营;在郊区段采用既能满足客流需求,又能降低建设成本的轨道交通制式(如市郊铁路制式)。在中心城区与郊区的结合部分选择合适的换乘点(为了满足换乘的要求,可以采用连续设置平行换乘站的方法来增加换乘能力),中心城区段和郊区段分别采用不同的编组、时刻表运行,以保证在高峰时段通勤客流的交通需求。

2. 多交路运营

在确定运营分段的基础上,针对各个客流断点的特征,开行多种交路形式的列车,在不同

第 4 章 城市轨道交通网络化运营组织理论与方法

的区间不同的时段采用不同的运营交路,称为多交路运营。

以巴黎市郊铁路网为例。各圈层的市郊铁路列车的发车间隔分为几种:距巴黎市中心15 分钟半径范围内,发车间隔为 15 分钟;距巴黎市中心 15～30 公里半径范围内,发车间隔为 30 分钟;距巴黎市中心 30 公里半径以外的,发车间隔为 60 分钟。高峰时段,发车频率根据运量需要确定,一般为平峰时段的 2 倍,特殊情况下可达 4 倍,发车间隔相应缩短至 2 分钟。

3. 快慢车结合运营

快慢车结合运营指部分列车不停车通过某些中间站的运营组织方式。越站列车可以缩短长距离出行乘客的出行时间。特别对于市郊铁路,通勤客流占有一定的比例,将这些客流从郊区运送到中心城区的主要客流集散点,或从中心城区的主要客流集散点运送到郊区,越站可以更好地适应客流的这一需求。

站站停运营可以满足所有乘客的出行需求,但是对于长距离出行的乘客必然要花费更多的时间,且在早晚高峰时段通勤乘客的旅行速度将低于越站运营方式,不利于缓解高峰时段的客流压力。

当然,考虑到建设轨道交通的线路必然是出行距离多样的区域,越站运营和站站停运营分别满足乘客的不同出行需求,根据以人为本的经营思路,两者的结合才能适应这一需求。因此,在有条件的情况下应尽量采用越站运营和站站停运营结合的方式。

在国外典型都市圈的轨道交通线网中,有大量的越站运营结合站站停运营的成功案例。如东京都市圈的 JR 中央线和 JR 总武线,这两条并行的线路由东至西横贯山手线环线的中部(即并行横穿东京市区),并连接东京市区的两大枢纽站东京车站和新宿车站。其中,JR 中央线除清早和深夜时间之外,采用越站运营(快速运行),从东京车站到新宿车站仅需要 15 分钟。JR 总武线是市郊铁路衔接的线路,在东京都内与中央线并行的区间内,采用站站停运营,满足了区间短途客运需求。

4. 换乘运营

城市轨道交通作为一种公共交通形式,其线路设置是为了满足多数居民的出行需求,即线路设置应尽量满足主流 OD 的直达出行需求。然而,线网中的运营线路不可能满足所有的点对点直达出行需求。这时就需要通过换乘运营来实现。所谓换乘是指乘客在出行过程中由一种交通方式或者一条线路转换到另一种交通方式或者另一条线路的过程。

5. 共线运营

共线运营指某一运营公司所辖运行线路不完全相同的列车共用某段线路的运行组织方式。共线运营一般是同一运营公司所属的、相互衔接的不同轨道交通线路上,列车交路从一条线路跨越到另一条线路,从而与该线路上的原有交路共用某一区段的运营组织技术。某些场合下,一条线路在末端因满足不同出行方向需求而形成的不同方向的列车共用中心城区线路的方式(通常称支线运营)也是一种共线运营形式。

6. 过轨运营

过轨运营是指在相互衔接的两条或多条轨道交通线路上,列车从一条线路跨越到隶属另一运营实体的线路上运行,从而与该线路上原有列车共用某一区段的运营组织方式。通过不同种类列车的过轨,过轨运营可使乘客避免不同线路上的换乘,或为换乘乘客提供更多换乘选择。早在 1900 年以前,德国卡尔斯鲁厄市的交通运营公司采取了轻轨、市域铁路和城际铁路过轨运营,来扩张轨道交通的运营网络,后来在欧美和日本也广泛应用,例如东京的 JR 常磐线与地铁千代田线,纽约新泽西的公交东北线与国铁的东北走廊。

尽管过轨运营可以给乘客带来方便,提高轨道交通服务的吸引力,但它也需要具备一定的线路条件。例如,被过轨线路一般要求有一定的能力富裕,部分情况下为实现过轨还涉及到投资改造等费用。为发挥过轨运营的综合效益,有必要从客流角度研究地铁与市郊铁路过轨运营的适用条件,为运营企业应用过轨技术提供参考依据。

7. 可变编组运营

可变编组运营是指编组车辆数可以调整的一种列车运营模式。根据各条线路的客流需求和站场条件的差异,列车编组可以根据需要进行改编,为线路配置不同的编组数量。

可变编组运营可以根据客流需求改变列车编组数量,不仅能够有效提高线路需求和能力的匹配性,充分发挥线网整体运输能力,而且有利于提高乘客运输服务水平和轨道交通运营企业的综合效益。

本书将对换乘运营、过轨运营、共线运营、多交路运营、快慢车结合运营、可变编组运营详细阐述其运营组织。

4.2 跨线乘客换乘组织

换乘是指乘客在运输系统中为完成旅程,从一种交通方式转换到另一种交通方式,或者从一条线路转换到另一条线路以及在某一线路内的交通工具之间转换的过程。如公共汽车与城市轨道交通间的换乘。如果来自同一种交通模式,则是模式内的换乘,如轨道交通两条线路间的换乘。有些轨道交通系统中,同一线路中运营着不同速度等级或不同停站方案的列车,则还存在线路内的换乘,例如,乘坐小交路列车的乘客在大小交路重叠车站换乘大交路列车。

城市轨道交通作为一种公共交通形式,其线路设置是为了满足多数居民的出行需求,即线路设置应尽量满足主流OD的直达出行需求。显然,城市轨道交通系统的车站不可能与所有的OD点重合,线网中的运营线路也不可能满足所有的点对点直达出行需求。线网以外的OD点以及线网内不能直达的OD点间的出行,如果借助线网来实现,就必须换乘。换乘是由于乘客的点到点直达出行需求与运营线网覆盖不重合造成的。更确切地说,是与列车运营交路及停站方案不重合造成的。换乘提高了运营服务的使用率,并已成为城市公共交通的一个基本特征。据统计,30%~60%的城市公交出行包含2次(甚至更多次)的换乘。

在轨道交通线网中,乘客的换乘是在换乘站内完成的。轨道交通换乘站是轨道交通线网中各条线路相交产生的节点,是提供乘客跨线换乘的车站。乘客通过换乘站实现两条线路之间的转换,达到换乘的目的。除非特别说明,本节中的换乘特指跨线乘客换乘。

轨道交通换乘站的客运组织工作应遵循的原则主要有:
➢ 组织方案应与换乘客流量相适应;
➢ 配合线路连接方式,创造良好的换乘条件;
➢ 尽量缩短乘客的换乘步行距离、换乘时间,提高服务水平;
➢ 确保突发事件下的各换乘设施处的乘客安全。

4.2.1 换乘客流组织方式

一个换乘站可能包含一种或多种换乘方式。对应不同情形的线路连接方式,根据乘客在换乘时所利用的换乘设备,可将轨道交通的换乘方式分为同站台换乘、上下交叉站台换乘、站厅换乘、通道换乘和广场换乘5种基本类型。

4.2.1.1 同站台换乘

同站台换乘是指主要换乘方向的乘客在同一个站台上完成两线间的换乘。同站台换乘按车站布置形式的不同又可分为站台同平面换乘和上下平行站台换乘两种形式。

站台同平面换乘将两条线路的站台并列布置在同一平面上。主要换乘方向的乘客在同一个站台上换乘,次要换乘方向的乘客在位于相同平面的不同站台上换乘。

常见的站台同平面换乘站布置形式如图4-1所示。

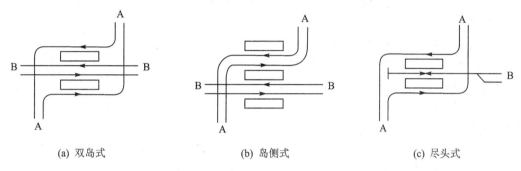

图4-1 站台同平面换乘站常见布置形式

与站台同平面换乘相类似,上下平行站台换乘方式中,主要换乘方向的换乘过程在同站台完成,但该换乘方式的车站站台分为上、下两层,相对平行布置。一般来说,各层站台均为岛式站台。

按照主要换乘方向(即同站台换乘方向)的不同,上下平行站台换乘站的布置形式主要分为两种:

① 同平面同方向换乘。如图4-2(a)所示,同一平面的两条线路为同一方向,同方向的换乘在同一站台上实现,而反方向的换乘则需经由连通两站台的楼梯或自动扶梯,到另一站台候车。这种布置形式适用于同方向换乘客流较大而折角换乘客流较小的情况。

② 同平面反方向换乘。如图4-2(b)所示,同一平面的两条线路为相反方向,反方向的换乘在同一站台上实现,而同方向的换乘则需离开下车站台,到另一站台候车。这种布置形式适用于折角换乘客流较大而同方向换乘客流较小的情况。

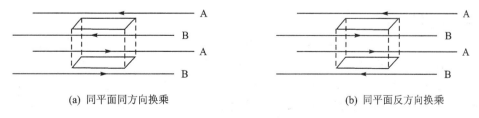

图4-2 上下平行站台换乘站常见布置形式

实际应用中,需要按照规划换乘客流情况,按照乘客平均换乘距离最小(或平均换乘时间最短)的原则,选用较为适宜的布置形式,使得主要换乘方向的乘客可在同一站台完成换乘。

两个上下层站台换乘的相邻车站分别使用上述两种布置形式,构成一个全方位换乘组合,更能方便乘客的换乘，如图 4-3 所示。

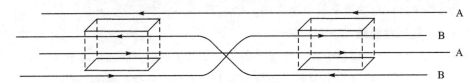

图 4-3　上下平行站台换乘组合车站布置形式

4.2.1.2　上下交叉站台换乘

上下交叉站台换乘是指将两线立体交叉的重叠部分作为换乘节点，采用楼梯直接连通两线站台的换乘方式。上下层站台的平面正投影通常呈十字形、T 形或 L 形，乘客需通过连接上下层站台的楼梯或自动扶梯进行换乘。

个别情况下，由于两条线路的建设时期不同及用地限制等原因，上下层站台呈一字形排列。这在站台布置形式上与上下平行站台换乘相同，但各层只有同一条线路的双向停车线，乘客进行两线间的换乘仍需到另一层站台乘车。本节研究中将这种布置形式归入上下交叉站台换乘方式中。

对于十字形上下交叉站台换乘，按站台布置形式的不同，可分为侧式站台＋岛式站台、侧式站台＋侧式站台、岛式站台＋岛式站台 3 种情况，如图 4-4 所示。T 形交叉站台也有类似的不同布置形式。而 L 形交叉站台由于只在站台末端一点相交，容易出现换乘客流堵塞，通常需要辅以站厅换乘或通道换乘，分方向引导乘客换乘。

在我国，上下交叉站台换乘方式常见于两线交叉的换乘站。

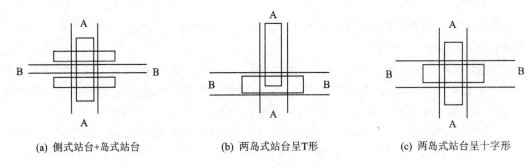

(a) 侧式站台＋岛式站台　　　　(b) 两岛式站台呈 T 形　　　　(c) 两岛式站台呈十字形

图 4-4　十字形交叉站台换乘的 3 种站台布置形式

4.2.1.3　站厅换乘

站厅换乘是指乘客由下车站台经过两线共用的站厅到上车站台进行换乘。乘客下车后，无论是出站还是换乘，都要从站台进入站厅，再根据导向标志出站或进入另一个站台候车。

站厅换乘既可独立使用，也可在站台人流交织、换乘客流量较大、站台拥挤的情况下配合其他换乘方式使用。在各条线路分期施工的情况下，从减少预留工程量、降低施工难度的角度出发，宜考虑采用站厅换乘方式。另外，在各种换乘方式中，站厅换乘的弹性最大，适应性最广，使用最为灵活。

在实际应用中，站厅换乘通常作为上下站台换乘的辅助换乘方式，服务于非主要换乘方向的客流。

4.2.1.4 通道换乘

通道换乘是指乘客由下车站台经过连接通道到上车站台进行换乘。换乘通道可以连接两个车站的站厅(付费区或非付费区),也可以直接连接两个站台。

通常情况下,根据两线车站或站台相对位置的不同,通道换乘可由T形、L形和H形3种布置形式实现,如图4-5所示。

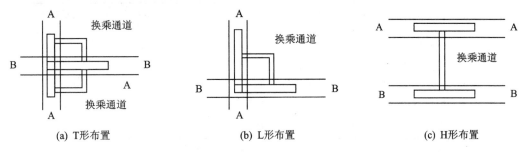

(a) T形布置　　　　　　　(b) L形布置　　　　　　　(c) H形布置

图4-5　通道换乘的3种布置形式

类似于站厅换乘,通道换乘也可以作为上下站台换乘的辅助换乘方式。另外,若两条线路的车站距离很近,但又无法合并为一个车站(常见于两条线路建设阶段不同的情况),则可以利用通道换乘方式来构建换乘站。对于两条线路工程分期实施,且后期线路位置不能完全确定的情况,该换乘方式具有良好的适应性。

另外,当线路的相互位置不利于某些方向的换乘客流使用其他换乘方式时,通道换乘可配合站台同平面换乘、上下平行站台换乘或上下交叉站台换乘使用。

4.2.1.5 广场换乘

广场换乘与前面几种换乘方式有着根本的不同。乘客需要走出下车站台,通过连接两座车站的换乘广场,进入上车站台。换乘广场除用于轨道交通线路之间的换乘外,还提供了轨道交通与其他公共交通方式之间的换乘衔接,多见于大型火车站等综合交通枢纽。有些情况下,换乘广场与地区商业开发相结合,共同规划,以充分利用城市空间。

从乘客换乘便利性的角度考虑,换乘过程应在车站付费区内完成。在轨道交通换乘节点应尽量避免出现站外换乘的情况,站外换乘多见于以下情况:

➢ 高架线与地下线之间的换乘,因条件限制,无法采用付费区换乘的方式;
➢ 两线交叉处无车站或两车站距离较远;
➢ 因规划变动,已建线路、车站未预留换乘条件,改建困难。

另外,在多条线路汇集、多种公共交通方式并存的综合交通枢纽内,可以设置换乘广场,配合其他换乘方式使用,以利于大量人流的快速集散。

按照乘客换乘距离、客流缓冲能力、施工技术难度、分期建设难度4项评价目标,对上述5种换乘方式进行对比,结果如表4-1所列。

在实际应用中,布置换乘站所采用的往往是以上几种换乘方式的组合。这主要有以下4个方面的原因:

① 为使所有去向的乘客均能实现换乘。例如,同站台换乘方式需要配合其他换乘方式才能满足所有方向换乘的需求。

② 分去向引导客流,避免不同换乘方向的客流在站内的行走路线产生交叉干扰。

③ 提高换乘能力。例如,在十字形上下交叉站台换乘方式中,站台楼梯的通行能力有限。因此,部分采用十字形上下交叉站台的换乘站仍需辅以站厅或通道换乘方式,才能满足换乘能力需求。

④ 减少预留工程量,降低分期建设难度。

表 4-1 换乘方式评价对比

换乘方式	乘客换乘距离	客流缓冲能力	施工技术难度	分期建设难度
同站台换乘	最短	最小	较大	较大
上下交叉站台换乘	较短	较小	较小	较小
站厅换乘	较长	较大	较小	较小
通道换乘	较长	较大	较小	较小
站外换乘	最长	最大	最小	最小

4.2.2 换乘方式适应性分析

换乘站规划的影响因素有很多。以下对其中 4 个主要因素进行讨论并对各类换乘方式的适应性进行相应分析。这些因素包括:线网形态、线网规模、线路连接方式和换乘客流特征。

4.2.2.1 线网形态

由于城市布局形式、线路形状和路径的不同,轨道交通线网的整体形态也各不相同。世界上任一城市的轨道交通线网形态和规模都是独一无二的。

线网整体形态的规划不在本节研究范围之内,但线网局部形态的不同会对换乘节点的数目及换乘客流量产生影响,从而影响换乘站的规划。

从城市轨道交通线网本身的技术特点来看,乘客换乘次数不能太多,否则会失去与地面交通方式的竞争力。那么,在最大限度地降低乘客换乘次数的同时,要将线网中换乘站的数目维持在一个适当的范围内。线网中的换乘站太多,会增加工程费用和运营费用;换乘站太少,则会使得单个换乘站的负荷过重。

按局部线网涉及线路数目的不同,分别对 2 线、3 线和多线的情况进行讨论。

1. 2 线换乘

2 条线路间换乘的主要线网形态如图 4-6 所示。

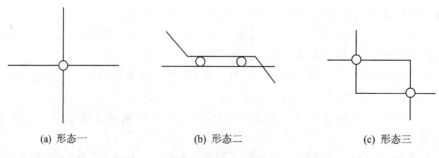

(a) 形态一　　　　　(b) 形态二　　　　　(c) 形态三

图 4-6　2 线换乘

图 4-6(a)所示为线网中最常见的线路连接形态。在城市轨道交通线网建设初期,线路

数目较少,这种线路连接形态比较多见。在这种情况下,网络中只有一个换乘节点。若换乘客流量大,换乘时间集中,则可能会形成网络瓶颈。

图 4-6(b)是对图 4-6(a)的改进,连续设置两个换乘节点。这种线网形态将两线间的换乘客流分散到两个换乘节点,有效降低了单个换乘节点的压力。图 4-6(c)则将两个换乘节点设置在线路两端附近,既分散了换乘量,又降低了平均运距。

2. 3 线换乘

在图 4-6(a)的基础上增加一条线路。由 3 条线路构成的线网的常见形态如图 4-7 所示。这三种形态的显著区别就是换乘节点数目的不同。

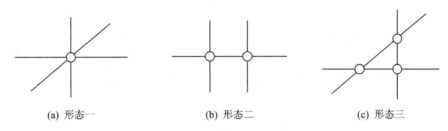

图 4-7　3 线换乘

在图 4-7(a)的情况下,网络中只有一个换乘节点,换乘客流较为集中,换乘站可能成为网络瓶颈。

受到城市既有道路和建筑格局的影响,3 线共用换乘节点的情况在欧洲大城市的城市轨道交通线网中较为常见。

图 4-7(b)与图 4-7(a)相比增加了一个换乘节点,降低了单个换乘节点的压力,但也增加了乘客的换乘次数。这种线网形态适用于两条纵向线路之间的换乘需求较小的情况。图 4-7(c)是图 4-7(a)的改进形态,克服了图 4-7(a)的线网换乘客流量过于集中的缺点,是 3 线网络的理想形态。

3. 多线换乘

4 条或多于 4 条线路间换乘的线网形态多种多样,均由前述 2 线换乘和 3 线换乘中的某些形态组合而成,如图 4-8 所示。

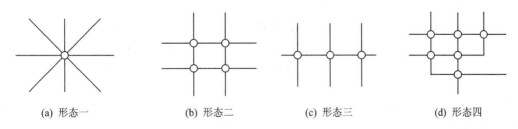

图 4-8　多线换乘

图 4-8(a)所示为多线共用一个换乘节点的线网形态。在换乘节点上,各条线路两两之间可以是交叉、衔接或平行交织的关系。与图 4-7(a)类似的,这种线网的换乘客流过于集中,换乘站很可能成为网络瓶颈。

在图 4-8(b)的情况下,乘客换乘次数较多,但换乘站数目较少,且线路走向简单。在线网客流量较小的情况下,可以采用图 4-8(b)的线网形态。

在图 4-8(c)中，单条横向线路与多条纵向线路分别交叉，在横向线路上形成一系列换乘节点。这种线网形态适用于横向线路输送能力较大的情况，常见于环线与多条放射状线路之间的换乘。

在图 4-8(d)中，线路两两相交一次，乘客在任意两线间的换乘次数只有 1 次，且只有 6 个换乘节点，是四线网络中较好的形态。不过，在线网规划中，线路走向还受到客流分布、城市规划等其他因素的影响。因此，这种在换乘方面最为理想的线网形态其实并不多见。

4.2.2.2 线网规模

对轨道交通线网中的换乘节点进行规划，应遵循与换乘客流量相适应的原则。但在线网建设发展的不同阶段，某一换乘节点所负荷的换乘量会有变化。

在线网中，要达到"路径最短、换乘最少"的目标，必须遵循每一条线与其他线均有一次相交的原则，以保证乘客在线网内任意两座车站间的旅途中至多需要 1 次换乘即可到达。这就是换乘系数最小的典型线网。在这种线网中的线路交点数 D 与线路数 c 之间的关系如下：

$$D = 1 + 2 + \cdots + (c-1) \tag{4-1}$$

在换乘节点最少、换乘最为不便的极端不利情况下，线网中每增加一条线路，只增加一个换乘节点。在这种仅在理论上存在的线网中，线路交点数 D 与线路数 c 之间的关系如下：

$$D = c - 1 \tag{4-2}$$

在实际应用中，即使考虑到存在少数换乘节点是 3 线、4 线或多线换乘的情况，线网的换乘节点数目仍然远高于极端不利情况，通常介于棋盘形线网和换乘系数最小的典型线网之间。换乘节点数目的增长速度明显高于线路数目的增长速度。

这样，在不考虑城市总人口增长的前提下，随着线网规模的扩大，线网客流密度基本不变或逐渐下降，总客流量的增长速度将远低于线网换乘节点数目的增长速度，换乘节点的换乘客流量将呈明显下降趋势。

因此，在城市轨道交通线网建设的初期，换乘站承担的换乘压力相对较大。随着线网规模逐渐扩大，分配到单个换乘站的换乘客流量总体呈减小趋势，换乘压力减轻。在换乘站规划过程中，有必要在换乘设施的能力满足近期换乘需求的前提下，对远期换乘客流量下降的可能性予以考虑，避免在远期出现车站设备使用率过低的情况。

4.2.2.3 线路连接方式

轨道交通线路的连接方式主要有交叉、衔接和平行交织。

1. 交 叉

在两线交叉的情况下，从节省乘客换乘时间、缩短乘客步行距离的角度出发，应优先考虑上下交叉站台换乘方式。

考虑到换乘能力问题，在上下交叉站台换乘的不同布置形式中，优先选择十字交叉的布置形式，且采用侧式站台。

若上下层均为岛式站台，则通常需要与站厅换乘或通道换乘方式结合使用，以满足换乘能力需求。

另外，对于不同建设时期的两线交叉连接，从节省乘客换乘时间、缩短乘客步行距离的角度出发，也应优先采用上下交叉站台换乘方式。

2. 衔 接

两条线路的衔接通常呈 T 形或 L 形。优先考虑上下交叉站台换乘方式，在站台端部用楼梯或自动扶梯实现一到两个方向的换乘，另外使用站厅换乘或通道换乘方式实现其他方向的换乘。

若两线车站距离较远，没有交叉重叠部分，则应使用通道换乘或站厅换乘方式，尽量避免出现站外换乘。

3. 平行交织

在同站台换乘方式中，主要换乘方向的乘客在同一站台上完成换乘过程，最为节省乘客换乘时间。因此，在两条线路存在平行交织条件的情况下，应优先考虑同站台换乘方式。

由于同站台换乘方式共用站台，需要将车站一次建成，因而适用于两条线路建设期相同或相近的情况。

在两线建设时间相差较大的情况下，若要实施同站台换乘方式，对既有车站的改造难度较大，且对既有线运营的干扰较大。此时，可考虑采用站厅换乘或通道换乘的方式。

4.2.2.4 换乘客流特征

换乘节点的换乘客流特征与线路主要途经地区类别有着密切的关系。

将城市各区域简单分为市区和郊区两类，对应地将城市轨道交通线路分为市区线和郊区线两类。按照换乘线路类型搭配的不同，可将换乘站分为 3 种类型：市区线—市区线、郊区线—郊区线和市区线—郊区线。

1. 市区线—市区线

市区线—市区线换乘站坐落在市区范围内，各换乘方向的客流量较为均衡，换乘客流量相对较大。

若两条线路存在平行交织的条件，应优先采用同站台换乘方式。在同站台换乘方式的两种布置形式中，优先选用上下平行站台换乘。

由于城市中心区的车站建设用地宽度往往受到严格限制，因而优先采用上下平行站台换乘的布置形式。

若两条线路间的换乘客流总量较大，应连续设置两个上下平行站台换乘站，使得不同方向的换乘客流都能实现同站台换乘。

在线路无法平行交织的情况下，优先考虑采用十字形上下交叉站台换乘。在地面道路干线的交汇处，城市轨道交通换乘站呈十字形上下交叉布置，能在城市主要路口形成地下步行过道综合体，充分利用地下空间。若换乘客流量较大，为达到提高换乘能力和分方向引导客流的目的，可配合站厅换乘或通道换乘使用。

另外，在市区繁华地带，若相邻两线间换乘客流量相对较小，且两线车站距离较远，可结合周边商业用地规划，构建换乘广场。

2. 郊区线—郊区线

郊区线—郊区线换乘站位于城市郊区组团内部，各换乘方向的客流量较为均衡，换乘客流量相对较小。

从方便乘客换乘的角度出发，若两线具备平行交织的条件，应优先采用同站台换乘方式。无论是地下车站、地面车站还是高架车站，与上下平行站台换乘相比，站台同平面换乘的布置形式具有便于施工的优点。虽然占地面积较大，但由于郊区的规划用地限制相对较为宽松，在有条件的情况下，优先采用双岛四线的站台同平面换乘布置形式。

在线路无法平行交织的情况下，优先考虑采用上下交叉站台换乘。

3. 市区线—郊区线

市区线和郊区线的衔接关系主要有以下 3 种情况：
- 市区线直接延伸到郊区组团内部。
- 郊区线直接延伸到市区内部。
- 市区线与郊区线在城市边缘通过换乘站衔接。

无论哪种情况，市区线—郊区线换乘站内的换乘客流中，以通勤通学为出行目的的乘客占据相当比例。在每日高峰时段，各个换乘方向的客流极不均衡，而且早、晚高峰的主要客流方向相反。

因此，在条件允许的情况下，应优先考虑连续设置两个上下平行站台换乘站，使得不同方向的换乘客流都能实现同站台换乘。

若两条线路无法平行交织，优先考虑采用上下交叉站台换乘。

4.3 列车过轨运输组织

随着大城市轨道交通网络规模的快速扩张，一些城市轨道交通企业构想轨道交通列车过轨运营方式，目标是在多运营商共赢条件下，充分利用线路与列车资源，为乘客提供更加灵活和方便的出行路径，提高轨道交通的吸引力。

过轨运输在我国国有铁路运输领域较为常见，铁道部先后专门发布了《企业自备货车经国家铁路过轨运输许可办法》《企业自备货车经国家铁路过轨运输许可办法实施细则》等文件，用于指导国有铁路领域过轨运输组织与实施。

在城市轨道交通领域，由于当前存在的不同线路间技术制式的差异，加上管理体制的鸿沟，过轨运输在我国城市轨道交通领域还处于一个探索性阶段，过轨运输组织形式与协作机制亟待完善，目前需要进一步研究适合我国国情的城市轨道交通过轨运输方式。

过轨运输，是指在相互衔接的两条或多条轨道交通线路上，列车从一条线路跨越到另一条归属于另一个运营实体的线路，从而与该线路上的原有列车共用某一区段的运营组织方式。

过轨运输形式实际上就是利用归属两个以上运营实体的线路开行按一定组合形式和发车频率的列车，它可以更好地利用过轨区间的通过能力，为乘客提供更高效的出行方式。

4.3.1 过轨运输组织特点

总结历史经验和国外的实例，不同制式之间的城市轨道交通线路过轨运输的不兼容性主要体现在以下 4 个方面：线路及车站设施；车辆与信号设施；运营组织；规章制度。通过对这 4 个方面的分析和归纳，总结出过轨运输需要解决的主要问题，具体包括：

① 在参与过轨运营方式的既有线路制式差异较大时，考虑过轨运营方式所要求的系统兼容性，需进行线路制式改造。

② 过轨运营的实现需要不同线路上的列车要有较好的运营协调组织，由于多样化的轨道交通服务，不同交路形式的服务使行车组织变得复杂。

③ 由于不同轨道交通线路系统的列车在共享路段上实施过轨运营时的行车组织比较复杂，在一定程度上增加了运营安全性的风险。

虽然过轨运输的实现会遇到很多的困难，但是它的优点也是同样不可忽视的，正是这些优

点促使着人们对过轨运输不断地创新和实践,具体优点包括:
- 减少建设成本,避免与一条能力富裕的线路平行建设及维护、运行这条线路的支出。
- 利用现有的线网扩充轨道运输能力、提高服务水平。
- 通过延伸线路和相互过轨的方式来鼓励运营主体间服务协作,以减少乘客换乘。
- 增加了在轨道运输服务缺失地区新增服务的可能性。
- 可以实现不同运营主体之间制度的统一,如清算中心的发展。
- 为利用率低,或弃用的线路增加财政收入来源。

4.3.2 过轨运输组织模式类型划分

过轨运输组织模式可以按照技术制式、线路经营权和付费方式与付费关系的不同进行分类。

1. 按技术制式分类

技术方面的问题包括行车安全、信号制式、牵引电压和站台高度等;运营方面的问题包括缩短站间距、增加列车密度等;经营方面的问题包括运营管理机构重组、基础设施与车辆的保养维修承包给第三方等。

目前常见不同技术制式之间的过轨运输主要有以下6类:
① 城市轨道交通与市郊铁路的过轨运营。
② 轻轨与城际铁路的过轨运营。
③ 轻轨与货运铁路的过轨运营。
④ 通勤铁路与路面有轨电车线路的过轨运营。
⑤ 轻轨与路面有轨电车线路的过轨运营。
⑥ 相同运行制式不同运营公司之间的过轨运输。

其中,第⑥类过轨运输由于是相同技术标准的轨道交通列车共线运行,硬件设施方面的障碍较少,主要矛盾存在于运营环节。因为对于运营公司来说,线路所有权是固定不变的,要实现不同路权线路之间的互联互通,就需要各个公司之间签署协议,通过协议来协调车辆间的运营组织,并建立清算中心,对收益进行分配。

2. 按线路经营权分类

过轨运输情况下,不同运营公司的列车(包括本线的)在同一条线路上运行,存在线路资源(主要是通过能力)占用冲突的问题,必须明确组织列车开行的运营公司,以保障列车的安全运行。对于运营实体而言,过轨运营区间的列车与线路所有权都是确定不变的,不同运营实体之间通过协议组织车辆运行并对线路产生以下两类支配形式:单一运营公司支配与多家运营公司支配。

3. 按付费方式与付费关系分类

过轨运营中,不同运营公司的列车(包括本线)在同一条线路上运行,存在线路或列车的使用权与所有权不一致的问题,必须通过某种形式的经济关系予以解决。可将其分为:租车形式、租线形式以及线路互用形式。

结合线路经营权与付费方式分析可以发现:在"租车"形式下,必然采用单一运营公司支配形式;在"租线"与"互用"这两种形式下,可以采用单一运营公司支配形式,也可以采用多家运营公司支配形式。

4.3.3 过轨运输组织模式的适用性分析

一般而言,过轨运输是否可行,除了技术上的因素外,还需要对过轨客流特性、过轨线路通过能力及过轨车站服务水平进行综合分析。

1. 过轨客流特性

线路过轨运营主要体现在直通车通过原接轨站在两条线路上运行,因而接轨站及其前后两个断面的客流特点集中反映出直通线路的客流特征。一般分析的指标为日均过轨客流、过轨客流占断面客流比例、定期过轨客流在断面客流和过轨客流中所占比例等。日均过轨客流反映了该通道内通过接轨站往来于两条线路的客运总量;过轨客流占断面客流量的比例反映出在接轨站前后两个断面中直通过轨的客流所占比重;定期过轨客流所占比例则反映出过轨客流的组成。这几个指标可有效反映出相互过轨线路的客运需求及特点。

2. 过轨线路通过能力

过轨运输与线路并行不同,过轨运输不会增加线路的总能力,而是提高能力的利用率,并行则兼顾了换乘便利和运能提升。但是线路的并行投入较大,而过轨运输旨在用最少的线路来完成最多运量。

对全路而言,在运营线路客流量不大的情况下,为减少乘客换乘次数、提高服务水平,过轨运行在运营上是可行的。但是客流量较大的情况下,由于受过轨区段通过能力的限制,列车运能与客流密度难以很好匹配。例如,非直通区段通过能力未能充分利用,致使列车运能小于客流密度、车内比较拥挤、候车时间增加。直通区段通过能力虽然充分利用,但列车运能可能大于客流密度,造成运能虚糜。这时就需要采用多种交路套跑的方式,以解决共线区段能力的限制。

3. 过轨车站服务水平

如果不采用过轨的方式,过站的客流将在过轨车站换乘。当过轨客流较大时,过轨车站的换乘压力将进一步增加,甚至达到能力上限,导致服务水平降低。采用过轨方式,既可以减少换乘,也可以增加乘客的换乘选择,从而有效缓解各过轨站的换乘压力,过轨站的车站服务水平将会明显提高。

4.4 共线条件下的列车运行组织

为了更好地满足中心区与郊区之间的直通需求,很多城市在城市轨道交通主干线的郊区延伸范围修建了岔(支)线。支线与干线的直接连接,不仅可以充分利用干、支线的运输能力,还可扩大中心区线路的覆盖范围,提高支线线路乘客的直达率。

共线运营是指某一运营公司所辖运行线路不完全相同的列车共用某段线路的运行组织方式。某些场合下,一条线路在末端因满足不同出行方向需求而形成的不同方向的列车共用中心城区线路的方式(通常称支线运营)也是一种共线运营形式。

在共线(支线)运营区段,干、支线的列车按一定的组合形式和发车频率,在线路上追踪运行,共同分配共线区间的通过能力。图4-9给出了一种最基本的共线(支线)运营形式,即Y形线路。由于本章主要关注支线和共线运营在共线方面的运输组织技术,故下文不再严格区分二者的差别,统称为"共线运营"。

虽然支线运营和共线运营在运输组织方面无严格差别,但它们与所述过轨运输相比,还是

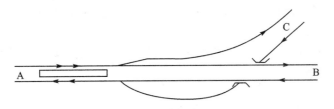

图 4-9 共线运营基本线路示意图

具有一些异同点：

① 三者均是通过在某一特定区段开行分属两条或两条以上线路的列车，从而使该区段内的乘客无须换乘即可到达目的站。

② 列车在过轨或共线区段按特定的组合节拍追踪运行，共同分配该区段的线路通过能力。

③ 过轨运输的线路，列车制式可能不同，且过轨线路分属两个或两个以上运营实体；共线运营中的干支线线路、运营车辆一般归属同一运营方，且线路、列车制式相同。

④ 一般过轨运输的列车在过轨区段和本线既有列车无主次之分，按照过轨协议分配通过能力；共线运营中支线列车在共线区间处于次要地位，应优先满足干线列车的开行需求，在能力富余的情况下再考虑支线列车驶入干线区段。

4.4.1 共线运营组织技术

在共线运营区间，来自不同线路的列车按一定的组合形式和发车频率，在线路上追踪运行，共同分配共线区间的通过能力。

共线运营组织技术的提出，是由于在城市轨道交通线网中，不同时期建成的线路衔接后，仅通过车站换乘组织难以适应线路间的换乘客流需求。为了减少换乘站的换乘客流量，一些发达的城市轨道交通线网内采用了这种将一条线路上的列车驶入另一条线路的"过轨运输"方式，使乘客在不同线路之间的出行如同在一条线路上的出行，从而"消除"了这部分的换乘客流。

因此，在线网形态确定以后，共线运营是提高线网通达性的有效途径之一。同时，共线运营还有明显的"多赢"效益：对于线网，共线运营减少了总体换乘次数，提高了线网的通达性；对于乘客，压缩了乘客出行广义成本，提高了出行效率；对于"过轨方"，避免了重复建设一条与此线路（必须是能力富裕的线路）平行的新线及维护、运行新线的资金投入，从而降低了扩充本线运能与运量的成本；对于"被过轨方"，有效提高了能力富裕（甚至可能弃用）的线路或区段的利用率，增加了运营收入。

4.4.2 共线运营适用性分析

随着承载的客流量越来越大，在部分路段及部分车站，已有的线路已经无法满足客流条件的需要，在这些地方，矛盾显现得最为突出。

综合来看，在城市轨道交通运营组织中，矛盾主要表现在以下两个方面：

➤ 客运需求不断增大与运能不足之间的矛盾。

➤ 城市轨道覆盖的地段过少与乘客目的地分散性大之间的矛盾。

支线修建后，由于线路增多，线路的乘客承载能力增强，因此，很好地解决了客流量过大的问题；支线以干线为主体向其他方向延展，使城市轨道能够覆盖到更多的地方。

支线分岔点与车站的相对位置对于运营组织有很大的影响，因此，在修建支线时，对于支线分岔点位置的选取是一个值得考虑的问题。

综上所述，采用共线（支线）运营，需要考虑支线沿线客流、共线客流、支线分岔的地理位置条件和分岔点相对车站位置。

4.4.3 共线运营方案制定方法

目前，国内共线运营车站布线类型以一岛双线式（Y形）车站为主，如上海城市轨道交通 11 号线、香港观塘线支线就是采取 Y 形城市轨道交通线路。由于 Y 形城市轨道交通的运营方案灵活，其运营方案的效率受线路的流量、运营成本、发车间隔、线路流量分布等因素的影响，使得其运营线路的组合比普通线路要复杂得多。目前，对轨道线的运营线路组合设计方案，大多依靠规划人员的经验判断，所设计运营方案未能同时考虑到城市轨道交通运营者和乘客的需求，缺乏对线路运营方案优劣的定量分析。本节将根据 Y 形城市轨道交通的特性，介绍 Y 形城市轨道交通共线运营方案。

轨道交通线路根据自身线路的特点、线路流向和线路流量，不同的实施阶段，可以采用不同的运营组织方案。各种运营方案具体如下所述。

1. 全线独立运营方案

从起点到终点采用全线贯穿运营方式，是城市轨道交通线网最基本的运营方案。

2. 分段延伸运营方案

是一种临时过渡运营方案，根据线网实施规划采用分期施工、分段运营时，可建成一段，运营一段，逐渐延伸。

3. Y 形运营方案

Y 形城市轨道交通线路结构具体如图 4-10 所示，M_1—M_k 为干线，M_k—M_t、M_k—N_t 为支线。其运营方案主要包括并线贯通运营和支线独立运营两种方案。

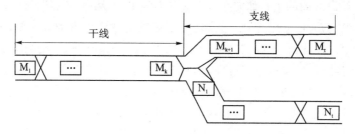

图 4-10 Y 形城市轨道交通线路结构图

① 并线贯通运营方案：干线和支线并线运营，列车分别交替驶入两条支线，全线贯通运营。

② 支线独立运营方案：干线和支线分线运营，其中一条支线独立运营，另一条支线并入干线；或者干线和两条支线都分别独立运营。

根据实际运营需要，可将多条运营线路进行组合构成运营方案。例如，运营线路 M_1—M_k、M_1—N_t 组合构成并线贯通运营方案；运营线路 M_1—M_k、M_k—M_t、M_k—N_t 组合构成支线独立运营方案。

由于该优化模型是一个非线性问题，可以采用惩罚函数法将带非线性约束最优化问题转化为容易求解的无约束优化问题。Y 形城市轨道交通运营方案的优化步骤如下所述。

① 基本控制参数的设定。

对路线的客流量进行调查分析,并设定系统的主要控制参数。

② 可行运营线路和运营方案的确定。

根据 Y 形城市轨道交通的特点,以及系统的约束条件,首先选择可行的运营线路,若不符合约束条件,则删除该运营线路。由可行运营线路进行组合,构成可行的运营方案,若不符合约束条件,则删除该运营方案。

③ 运营线路客流量分配。

客流量分配原则是根据线路重叠情况,将线路分成几个区段,并找出非重叠线路区段(该区段只有一条运营线路通过),作为优先客流量分配线路(主要原因是非重叠线路没有替代的运营路线),然后在优先分配线路中找出最大站间客流量需求,求解列车的发车频率。若区段有 2 条及以上运营线路经过,则找出区段中最少重叠线路区段,该区段为优先分配线路。

④ 将已分配过的客流量从各站间客流量分布表中扣除,并将已被分配的线路剔除。检查运量是否分配完成,否则回到③,直到所有站间的运量被分配完成。

⑤ 线路组合方案的优化。

以系统总成本最小作为决策目标,系统总列车数量和列车运行间隔作为约束条件,对线路组合方案进行优化。

运营方案的优化流程如图 4-11 所示。

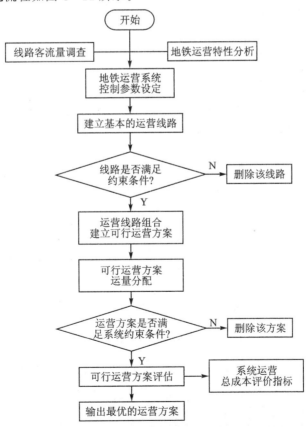

图 4-11 Y 形城市轨道交通运营方案优化流程图

4.5 多交路列车运营组织

多交路运营,是指针对较长线路上客流分布的区段差异性,某一运营商在同一线路上开行两种或两种以上交路形式列车的运输组织方法。从功能上看,多交路运营主要服务于中心城和市郊之间的长、短距离出行并存的线路。

多交路的行车组织方式,一方面可以促进运力与需求的更好匹配,另一方面还可以节约列车资源,确保全线各客流区段内列车的合理负荷与服务水平。显然,多交路运营对于满足长线路的运输需求、提高服务水平和运营效益、有效利用运输能力具有十分明显的作用。

一般而言,在穿行于城市中心区、边缘区与郊区的长线路上设置多交路,与城市空间布局存在相互适应的关系,如图 4-12 所示。

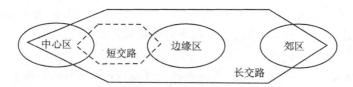

图 4-12 长短交路适应城市空间布局的示意图

与全线采用单一交路相比,采用多交路运营组织方式主要有以下 4 个特点:

(1) 适应客流需求

多交路运营基本要求和目的就是根据客流特征设定交路组合,以在最大程度上适应客流发生规律,缩短乘客候车时间。

(2) 提高运营效率

通过多交路运营组织,可以有效提高各个交路的列车装载率,能加快短交路列车的周转,从而降低运营成本,提高运营效率和收益。

(3) 折返站等设施设备要求

对折返站相关地面信号的设置要求较高。无论是单向还是双向折返,都需要较为复杂的折返作业。

(4) 列车的直达性

在全线由短交路衔接的组织方式下,运行在区段的车流需在折返站清客,所有列车需在站或站折返换端,列车运行间隔时间较长。同时,在折返站(换乘站)容易形成相对大的客流,站台客流的压力较大。

4.5.1 多交路运营组织方式划分

4.5.1.1 按交路组合方式划分

多交路运营根据组合方式不同,可以分为嵌套交路和衔接交路两种。

1. 嵌套交路

又称长短交路套跑、大小交路套跑。长短交路列车在线路的部分区段组合运行,长交路列车到达线路终点站后折返,短交路列车在指定的中间站单向折返。根据嵌套的短交路的折返位置,还可以进一步分为两种类型,如图 4-13 所示。

第 4 章 城市轨道交通网络化运营组织理论与方法

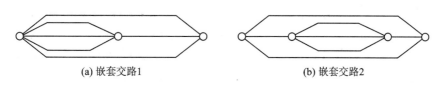

图 4-13 嵌套交路示意图

其中,图 4-13(a)所示为最基本的多交路组织形式,法国巴黎 RER-B 线北段高峰时段的列车交路即采用了这种交路形式。图 4-13(b)往往出现于某个时段,如日本东京营团城市轨道交通丸之内线,在早高峰即采用了这种交路形式,嵌套层数甚至达到了 3 层。

采用嵌套交路可以有效提高各交路的列车装载率,并加快短交路列车的周转。

2. 衔接交路

衔接交路是若干长短交路的组合衔接(或交错)。列车只在线路的某一区段内运行,在指定的中间站折返。采用衔接交路可以灵活制定各交路的列车时刻表,从而提高各交路的列车装载率,并加快列车的周转。

根据衔接的交路是否同站折返,还可以进一步分为同站衔接和交错衔接两种类型,如图 4-14 所示。同站衔接是长短交路在同一个车站衔接并折返,交错衔接是长短交路在某一区段重叠设置,并在对方的交路内折返。

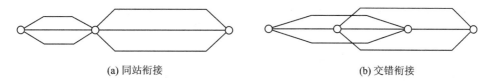

图 4-14 衔接交路示意图

4.5.1.2 按交路是否同车辆段始发划分

交路的设置必须适应线路的车辆段和折返站的设置情况。对于嵌套交路、衔接交路等多交路组织形式,有一个很明显的异同点,即短交路是否和长交路在同车辆段折返,亦即短交路是否起始于所在交路的车辆段。

1. 同车辆段始发

显然,图 4-13(a)与同站衔接这两种多交路形式均属于同车辆段始发。

2. 不同车辆段始发

图 4-13(b)与交错衔接这两种多交路形式均属于不同车辆段始发。

图 4-13(b)的列车从车辆段出发后,在短交路两端的折返站之间运行。交错衔接交路的列车,分别从线路两端的车辆段出发。这种多交路形式要求较长的线路两端均设有车辆段,其中一个规模较小,仅需配备停车和列检设施即可。

4.5.2 多交路运营适用性分析

4.5.2.1 客流空间分布特征

符合轨道交通沿线客流的空间分布特征是列车运行交路设置的基本要求。多交路运营组织只有在轨道交通线路各区段断面客流分布不均衡程度较大时,才有必要研究设置;否则,采用单交路即可。

一般而言,当线路断面客流分布呈单向递减趋势时,可选用图 4-13(a)或图 4-14(a);当线路断面客流分布呈先增后减趋势(凸形)时,可选用图 4-13(b)或图 4-14(b)。

当然,线路各区段断面客流分布不均衡,仅仅是多交路运营组织的必要条件而非充分条件,除此以外,还需从乘客服务水平和运营经济性两个主要方面,进一步确定交路组合方案的适用性。

4.5.2.2 经济性

与多交路运营的经济效益相关的要素主要包括以下 3 个方面:

1. 投资、运营成本经济性

一方面,与单一交路相比,采用多交路运营组织能提高列车装载率、加快列车周转、减少运用车数,从而提高车辆运用经济性,降低运营成本。

另一方面,采用短交路的线路,必须在相应中间站铺设折返线、道岔,安装信号设备、换乘设施,从而增加了建设投资和设备购置费用以及日常运营管理和维护费用,其中折返站台的设置是主要的投资成本。

站后折返是最常见的折返车站设置方式,如图 4-15 所示。其中,图 4-15(a)所示为单向折返,图 4-15(b)所示为双向折返。一般而言,增加折返线是设置折返车站的主要追加成本,其中,单向折返站约为 300 万元(地下)或 200 万元(高架),双向折返站约为 600 万元(地下)或 300 万元(高架)。

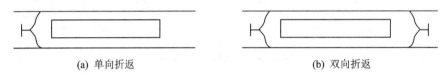

(a) 单向折返　　　　　　　　　　　　(b) 双向折返

图 4-15　折返车站(站后折返)基本站线设置示意图

因此,必须做好线路多交路运营前后投资与运营成本分析,使其满足经济性要求。

2. 交路作业经济性

列车运行时间一般由 3 部分组成,分别是区间运行时间、停站时间和折返时间。其中,区间运行时间通过线路情况和牵引计算总结的经验公式得出;折返时间定义为,从列车停站下客开始,折返到另外一个方向的线路上停站上客的时间。其中,最为常见的是站后折返方式。

与普通交路相比,嵌套交路需要设置中间折返站。在单向折返时,短交路列车的折返作业与长交路列车的到发作业有可能产生进路干扰。

与嵌套交路相比,同站衔接交路需要设置的中间折返站是双向折返,折返作业复杂性更高。在双向折返时,两个方向的短交路列车的折返作业有可能产生进路干扰。

在干扰条件下,线路折返能力、最终通过能力均有不同程度的降低。因此,必须计算多交路运营造成的线路通过能力损失,确定因此可能导致的区段运能不足而造成的运营效益损失。

3. 运营组织经济性

采用多交路的运营组织方案的复杂性,集中体现在短交路中间折返站的选择上。一般而言,中间折返站应选择在断面客流出现明显落差的车站。其计算公式如下:

$$D = [(100\% - P_1) + (200\% - P_2)]/2 \qquad (4-3)$$

式中,P_1 为车站下行方向两端区间断面客流比(单位:%);P_2 为车站上行方向两端区间断面客流比(单位:%)。

D 与 P_1、P_2 的函数关系如图 4-16 所示。显然,D 值越大,对应车站的断面客流落差也越大。根据东京城市轨道交通银座线的经验数据,当 $D \geqslant 75\%$ 时,可考虑以该站为中间折返站设置短交路,从而提高短交路的运能,提高经济效益。

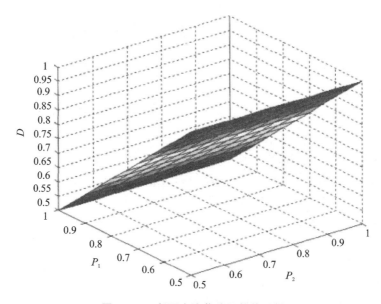

图 4-16 断面客流落差函数关系图

然而,D 值的增大往往伴随着该站乘降客流量的增大。这类车站往往是沿线最主要的乘客集散点,到发客流量巨大(远超过上游和下游的各站),设为中间折返将加剧该站的负荷,容易造成乘客上下车、进出站的延误,进而与列车站停时间互相影响,甚至导致到发晚点,降低了运营效益和社会经济效益。因此,当 D 值超过 100% 时,可以考虑将折返站设于该站的下游车站。

此外,列车进入折返线作业是不允许带客的,因此,在选择中间折返站的位置时,必须考虑站停清客时间对列车开行方案的影响。一般可以考虑将其选择在断面客流出现明显落差的前方车站,以降低车站的负荷程度,同时缩短站停清客时间和折返出发时间间隔。

4.5.2.3 服务水平

与普通交路相比,采用嵌套交路由于短交路占用的列车数和运行区间,在开行列车对数总量不变(列车追踪时间固定)的情况下,部分乘坐长交路列车的乘客的候车时间将增加。

与嵌套交路相比,采用衔接交路,则跨交路(区段)出行的乘客需要换乘,由此增加全程的旅行时间。

总之,从乘客服务水平的角度看,无论是嵌套交路还是衔接交路,都会从不同方面增加乘客的出行时间,从而引起服务水平的降低。对于采用短交路的线路而言,服务水平降低的程度,取决于乘坐长交路列车或跨区段出行乘客的数量及其占全线乘客的比例。因此,必须做好开行全线各区间分断点的客流分析与预测,确保长交路或跨区段乘客的比例在合理的范围内。

此外，从运营组织的角度，对该问题的辅助解决方法有以下两种：

① 针对长交路列车的乘客候车时间延长和跨交路的乘客增加换乘时间的情况，往往在长交路开行快车，以缩短长距离区间的运行时间；而在短交路则仍开行慢车，适应沿线客流集散需求。

② 针对跨交路出行的乘客换乘时间增加的情况，往往通过优化设计换乘组织，最大幅度地缩短乘客的换乘走行时间和候车时间。

4.6 快慢列车结合运行组织

快慢列车结合，是从运输组织适应客流特征的角度出发，根据线路的长、短途客流特点和通过能力利用状况，在开行站站停慢车（以下简称慢车）的基础上，同时开行越站、直达快车（以下简称快车）的列车开行方案。快车停靠车站选择是确定城市轨道交通快慢车结合开行方案时需解决的首要问题之一。

从轨道交通线路适应运输需求特征的角度出发，位于市区范围内的轨道交通线路，各站的乘客乘降量大且分布较为均衡，通常采用站站停的开行方案；而在市域快轨一类的长线路上，各区段断面客流分布常为阶梯形或凸字形，断面客流不均衡程度较大，单一的站站停的开行方案难以满足乘客的出行需求。

从提高轨道交通线路的运输供给能力角度出发，一方面，为了充分发挥轨道交通的作用，要求设置足够数量的车站，一般城市轨道交通的站间距为 1 公里左右（巴黎、东京市区最小站间距甚至不足 0.5 公里）；另一方面，列车频繁的停站降低了旅行速度，也延长了乘客出行时间，同时其运行效率以及对线路的客流吸引力降低。因此，增设车站与缩短旅行时间是一对矛盾，这种矛盾随着线路增长而加剧。

开行快慢车可以有效减小轨道交通线路不同区间客流特征及列车频繁停站对线路运输的影响。

此外，长短交路的组合会带来部分乘客旅行时间的延长：长交路列车部分乘客的候车时间延长，跨交路出行的乘客需要换乘。针对这一情况，存在多交路运营的线路，往往配合开行快慢车的运营组织形式，在高峰时段和非高峰时段编制不同的列车时刻表，在一条线路上开行快车和慢车：在长交路开行快车，以缩短长距离区间的乘客旅行时间；而在短交路则仍开行慢车，适应沿线客流集散需求。

多交路运营和快慢车结合的网络化运营的一般形式如图 4-17 所示。

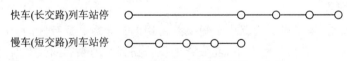

图 4-17 多交路运营和快慢车结合示意图

市域轨道交通线开行快车后，能提高列车的旅行速度，缩短旅行时间，为长距离乘客提供更高水平的服务；同时可提高列车的运营效率，减少运营车辆数。但也会带来一定的负面影响，如由于列车越站运行，被越行车站的客运服务水平将有所下降，平均候车时间增加；在列车密度较高的情况下，快慢列车间将发生越行，降低了线路的通过能力。此外，过多的越行站会导致工程难度与工程造价的增加；而过少的越行站必然会影响线路的通过能力及列车的始发均衡性。因此,需要研究在满足一定的通过能力条件下,快慢列车的开行方案、合理的发车间隔组合、越行站的数量以及越行地点选择等相关问题。

4.6.1 快慢列车结合运营类型

快慢车结合的运营组织,根据快车越行方式的不同,可以分为站间越行和车站越行两种。

4.6.1.1 站间越行

此类越行方式,一般要求越行区段为3线(双向共用越行线)或4线,快慢列车在线路的部分区段追踪运行,快车通过越行线越行慢车。

4.6.1.2 车站越行

此类越行方式,要求越行车站配备侧线。越行车站股道的一般设置方式如图4-18所示,包含2条正线(股道Ⅰ、Ⅱ)和2条侧线(股道3、4)。

图4-18 越行车站基本站线设置示意图

根据快车是否通过侧向道岔进入侧线(股道3、4)越行,还可以进一步分为两种类型:正线越行和侧线越行。从便于运营组织和保障快车运行速度的角度考虑,一般采用正线越行。

一般而言,在城市轨道交通系统中,由于受工程难度和造价的影响,很难做到在每一个可能发生越行的车站设置越行线。因此,可以通过调整列车在始发站的间隔来改变列车的越行地点。这种方法可以在既保证通过能力的同时,又能保证列车在合适的车站越行。另外,列车在上下行区间需要设置的越行站不一定是同一车站,可以根据需要考虑在某些车站设置单方向的越行线。

4.6.2 快慢列车结合运营适用性分析

4.6.2.1 客流空间分布特征

符合客流的空间分布特征是快慢车开行方案适应性的基本依据。越站、直通快车只有在线路较长、存在长距离出行需求(如远郊通勤、跨城出行等)时,才有必要研究设置。

4.6.2.2 经济性

快慢车结合的运营组织模式下,运营公司的经济效益主要体现为运营成本的降低,主要包括两个方面:一方面,可以优化车辆运用,与一般开行方案相比,采用快慢车结合的运营组织方式提高了列车装载率,从而提高车辆运用经济性,降低运营成本;同时,随着城市轨道交通列车性能的提高,开行快车更能充分发挥列车的技术速度优势,经济效益更加明显。另一方面,就运营成本中的能耗而言,与慢车相比,由于快车的牵引与制动工况大大减少,从而极大地降低了运行能耗。

采用快慢车结合的线路,必须为3线或4线区段,或者在车站配备侧线。一般而言,与普通岛式单站台车站相比,增加越行线和一个站台是设置折返车站的主要追加成本,约为 1400 万元(地下)或 1100 万元(高架)。

因此,必须做好线路在开行多交路前后的投资与运营成本、收益分析,使其符合经济性要求。

4.6.3 快慢列车开行方案确定方法

采用快慢车结合的运营组织方法,关键在于快车越行车站的选择,主要依据线路客流特性、乘客时间效益、运营成本收益以及线路固定设施设备等决定因素。

适应客流特性是采用任何网络化运营组织方法的基本前提;开行快车后乘客的时间效益和运营公司的成本与收益的变化,是评价开行方案的主要指标;轨道交通线路的站线设置等固定设施设备是列车越行的基础条件。

在运营成本收益方面,如前分析,开行越站快车总体上有助于降低运营与管理费用,可以认为适应客流特性的快慢车开行方案对于降低运营成本是有益的。可能产生的负面作用是:快慢列车的非平行运行导致线路通过能力降低,当运能供不应求时将降低运营收益和社会经济效益。一般观点认为,快慢车同线运行的区间首先应该通过能力有富余,对于市区线路采用快慢车结合,应持谨慎态度。在国外城市轨道交通线网的网络化运营中,快慢车结合也往往应用于非高峰时段的市郊线路或区段。

对于站线设置等固定设施设备,需要从线路工程技术的层面研究区间或车站是否具备越行条件。本小节以提高乘客总体时间效益为目的研究快慢车开行方案,默认线路或区间的通过能力富裕,且线路各站均有充分的越行条件。

从客流特性和乘客时间效益的角度,探讨快车越行车站的确定方法,主要考虑以下两个方面:

1. 适应客流特性,提高时间效益

依据线路的断面客流与车站的乘客乘降量,快车越行车站应选择线路中集散人数较少的车站。开行方案的首要目标是服务快车客流,提高快车乘客的旅行速度,缩短旅行时间;其次还要考虑由此造成的慢车乘客候车时间的延长。因此,越行车站的选择应保证两者达到均衡,即全线乘客总体时间效益的最大化。

2. 快车越行慢车对铺画运行图的要求

原则上,越行车站只是快车直接通过而不停靠的车站,与快车是否越行慢车无关。然而,由于快慢车在同一条线路上追踪运行,尤其是该方法主要应用于较长线路上,往往存在快车越行慢车的需要,因此,铺画运行图时必须满足快车在越行站越行慢车的要求。

目前对快车越站方案研究,主要集中在列车开行方案的层面,以建成后的轨道交通线路为研究(假想)背景,更多地着眼于快车服务客流的特征,设计快车越站方案以适应快车客流需求。在这种情况下,越行车站在线路中位置确定,通过分析列车追踪特性,调整快慢车组合方式和发车间隔来铺画运行图,实现快车在目标车站通过车站和越行慢车。

快慢车开行方案确定方法流程如图 4-19 所示。

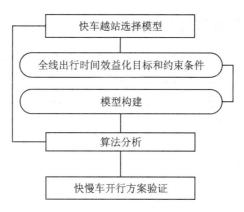

图 4-19 快慢车开行方案确定方法流程

4.7 可变编组运营组织

可变编组指列车在车站或者线路区间进行拆解重新编组,形成多列列车的运营组织方式,最终到达不同车站。可变编组运营组织模式可以适应客流在时间、空间上的差异性。

4.7.1 可变编组运营组织的类型

1. 根据拆分地点

根据拆分地点的不同,可变编组又可以分为以下两类:

(1) 在站台的可变编组

在站台的可变编组指列车摘挂、重联作业集中发生在城轨线路车站上。此种模式要求需要进行改变作业的车站能力要富足,既要满足正线列车正常运行又要保证拆改作业的快速完成。拆解的列车会一部分进入正线继续运营,另一部分则停留在车站或者进入车辆基地进行检修。

(2) 在线路上的可变编组

在线路上的可变编组指列车在线路支线直接进行拆解,该编组模式对线路选线设计要求极高,同时对运营组织及拆解技术要求较高,拆解时间不能过长,不能影响正线的运输组织及运营。

2. 根据车内乘客数量

城轨列车拆解作业过程中会涉及到车内是否存在乘客,根据车内乘客数量情况将可变编组分为以下几类:

(1) 带客拆改

带客拆改指列车进行拆解作业时,车厢内有乘客继续停留无须离开。该种编组方式对线路客流量、列车拆解作业时间有一定的限制要求,在客流比较大,或者拆改时间过长情况下,会使乘客等待时间增大。同时,在拆改情况下,相关工作人员应该提前告知列车拆解运行方向,以免造成乘客坐错车的情况。

(2) 不带客拆改

不带客拆改指列车拆解过程中,列车内无乘客,拆分列车根据实际客流情况合理地进行二次编组。

4.7.2 可变编组运营适应性分析

城市轨道交通列车根据不同的线路客流分布情况,采取适宜的可变编组方案类型,对运营组织优化、线路实际设计等具有指导性作用。可变编组的优缺点及其适应性如表4-2所列。

表4-2 可变编组优缺点及其适应性

优 点	缺 点	适用性
1. 充分利用列车车底; 2. 提高各区段的运能利用率; 3. 满足不同空间的客流差异性,实现客流需求与能力之间更大程度的匹配	1. 拆改作业成本高; 2. 容易造成乘客延误; 3. 容易影响支线运营,造成车站、线路能力损失; 4. 对线路要求较高	客流空间不均衡性大,线路较长的线路

只有充分考虑旅客服务水平、运营企业成本,综合考虑合理、科学的运输组织方案,才能使运力和客流需求达到最优匹配。

4.7.3 编组方案确定

根据城市轨道交通预测规划年度高峰小时最大断面客流可得到编组方案,其计算公式为

$$m \geqslant \frac{P_{max}}{f_{高峰} \cdot C} \quad (4-4)$$

式中,m 为编组辆数(单位:辆);P_{max} 为预测年度高峰小时最大断面客流量(单位:人);$f_{高峰}$ 为预测年度高峰小时发车对数(单位:列/车);C 为车辆定员(单位:人)。

通过上述公式可知,列车编组方案主要与列车发车频率、规划年度客流、车辆类型等有关。在实际编组中,根据既有的车辆库选取合适的车型,然后根据计算公式确定不同编组方案。最后,通过在技术、经济等方面对方案进行比选,使得客流需求与运能合理匹配。

4.7.4 可变编组运营模式实例分析

案例一:维也纳地铁

维也纳地铁位于奥地利首都维也纳,现阶段共有5条路线,运营由维也纳路线网公司承担。

维也纳地铁线路采用了灵活编组,其编组长度可以根据实际情况快速调节,一般情况下,其线路运营采用的是6节编组,当客流不均衡时可以快速调节改编至4节编组。改编过程如图4-20所示。

改编过程:首先,原始列车为4动2拖的6节列车编组模式,其中2号车与3号车,4号车和5号车均可摘钩;然后,将3、4号车移走,重联2号车和5号车,最后形成2动2拖的4节编组列车模式。其中列车的编组形式属于对称方式,易于解编和重联。同时,为了不影响列车的功率,有时候也会采用3拖3的模式,改编重联后为2动2拖。

维也纳地铁的列车快速调节编组工作相对容易,其摘挂重联工作大约需要5分钟,设备调节至完成连接过程共计约1小时。该编组模式合理地适应了旅客客流分布不均的特性,使得运营能力与客流需求相对较优的匹配,是多编组运营中的较好实践。

第4章 城市轨道交通网络化运营组织理论与方法

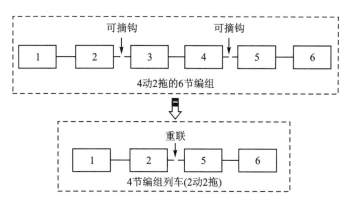

图 4-20 改编过程示意图

案例二：日本 JR 线大月站

日本 JR 线大月站位于 JR 东中央本线与富士急行线的交会处，是大月市的中央车站。该车站处于 Y 形线路的交汇处，属于典型的可变编组运营案例。大月站所处线路位置及改编过程如图 4-21 所示。

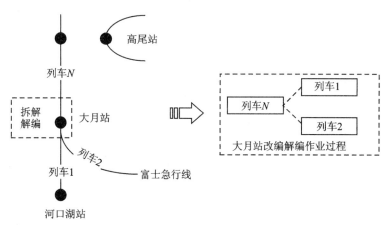

图 4-21 大月站所处线路位置及改编过程

改编过程：列车 N 在大月站进行改编，由一列列车拆解解编为两列列车，列车 1 继续前行驶入中央本线，而列车 2 驶入富士急行线。大月站根据客流分布特征，对驶向该站的列车进行拆解重联，以期满足旅客运输需求，属于可变编组类型。

复习思考题

1. 城市轨道交通网络化运营条件下，如何实现各类资源的共享？
2. 换乘客流组织方式有哪几种？举例说明。
3. 简述列车过轨运输组织方式的特点。
4. 简述如何制定共线运营方案。
5. 多交路运营时，客流空间分布特征是怎样的？
6. 如何确定快慢车开行方案？

第5章 城市轨道交通系统网络服务可靠性评估

本章主要分析轨道交通网络系统可靠性的内涵,研究影响交通网络可靠性的内部因素和外部因素,从连通可靠性、行程时间可靠性、服务质量可靠性等几个方面提出轨道交通网络可靠性测度指标;并分别采取最大连通子图相对大小、网络局部连通效率、网络全局连通效率三个指标对轨道交通网络的连通可靠性进行分析与评估。

5.1 城市交通出行时间波动性的描述与评价

5.1.1 出行时间波动性的定义与分类

出行时间可靠性可以定义为一个给定行程的一致性出行时间。更确切地讲,是出行时间的一致性和可靠性。出行时间的波动性则可以定义为与一个给定出行时间的不一致性,作为衡量不同天数和/或一天当中的不同时间的出行时间的差别。出行时间波动性可以用来判断交通系统的运行质量,如果出行时间波动很大,则会给交通系统使用者带来出行的不确定性,影响出行者对交通系统的使用与出行方案的选择。

由于出行时间波动产生的原因不同,出行时间波动也可以分为不同的类型,一般可以分为三类:

① 日常波动,是指不同天数相似行程之间的出行时间波动,主要是由季节的变化、交通需求变化、突发事件等原因引起的。

② 时段波动,由于出发时刻不同,道路中可能产生拥堵等引发的变化。

③ 车辆间波动,主要取决于驾驶风格、与行人发生冲突、交通指示灯等的影响,产生了不同车辆在同一时间经历相同行程的出行时间波动。

本书主要从日常波动和时段波动两个方面讨论出行时间波动,并对其进行描述。

5.1.2 出行时间波动性的影响因素分析

在城市道路上,出行时间波动性的产生主要有以下几个因素:

(1) 交通需求量的变化

在选择交通方式或交通线路时,出行者将会根据交通信息等,选择对自己最有利的方式或线路,这样会导致道路网上交通需求量的分布不同,而交通需求量不同往往会带来出行时间的波动。

(2) 路网通行能力的改变

不同道路等级拥有不同的通行能力,而通行能力又反映了对交通量的分担量,当路段的通行能力不能满足交通需求时,出行者在该道路的出行时间会变长,同时产生出行时间波动。

(3) 道路状况的变化

信号灯的等待、与行人发生冲突、路边活动总量变化等原因,影响交通的运行状况与道路的通行时间,造成出行时间的延误,产生出行时间波动。

(4) 出行者个人因素

由于出行者的差异,出行者对出发时间、出行路线及出行方式的选择不同,同时对于驾驶员来说驾驶风格存在差异等原因,都会使出行时间具有波动性。

(5) 突发事件的发生

突发性事件是指道路上发生交通事故、恶劣天气影响出行、道路设施损坏等。这些突发事件会对交通产生很大影响,导致发生突发事件的路段交通拥挤,出行者的出行时间变长,同样会造成相当大的出行时间波动。

可以看出,出行时间波动本质上是随机的,各种原因微妙、复杂,出行者无法预期。由于出行者出行行为的不同,对出行时间波动的感知也不同。

城市交通系统是交通运输系统的一个重要组成部分。它具有以下特点:功能多样,交通集散点分布广;交通流构成复杂,各种交通流在道路上混行;人流和车流之间交叉多,互相干扰;道路结构复杂;拥有多种交通工具;不同道路的交通量差别很大;拥挤现象比较普遍。由于城市交通系统复杂多样,其运行过程中不可避免会产生交通需求量变化、道路通行能力改变、道路状况变化等;同时城市交通系统的使用者差异很大,其出行行为也不同,不可抗力导致的突发事件也随时都可能发生,所以,城市交通系统可能会产生很大的出行时间波动,造成整个交通系统的不确定性。

5.1.3 出行时间波动性的表征指标分析

出行时间波动在重复出行过程中表征为出行时间的随机性、不可预测性。出行时间波动可以从历史数据中分析得到,依据出行时间分布的研究性报告或一些出行时间的具体统计数据,如均值、中位数、方差、标准差等。不同时间的出行时间分布情况可以间接反映出行时间的波动,如图 5-1 所示。

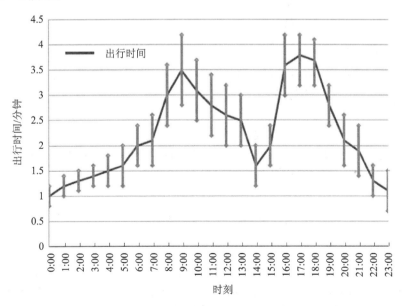

图 5-1 出行时间分布图

用于量化出行时间波动的指标有很多,包括缓冲时间类指标和统计类指标。缓冲类指标如出行时间指数、缓冲指数、计划时间指数等。统计类指标中应用最广的是用出行时间方差来表征出行时间波动。

1. 缓冲时间类指标

① 计划出行时间　90%或95%的出行时间小于或等于这个值,是出行者对从始发点到目的地的出行时间的估计;

② 缓冲时间指数　出行者在出行前,根据出行经验会预留一定的活动时间,用计划出行时间减去平均时间,并求绝对值来计算;

③ 缓冲指数　该指数是在缓冲时间指数的基础上提出来的,用缓冲时间指数除以平均出行时间来计算,也等于计划出行时间与平均时间的差的绝对值除以平均出行时间;

④ 出行时间指数　表征与道路畅通的自由流时间相比,平均出行时间的大小,用平均出行时间除以自由流时间来计算;

⑤ 计划出行时间指数　用计划出行时间除以自由流时间来计算,是指有90%或95%的概率能准时到达目的地,根据计划出行时间指数,可以计算计划出行时间,也是对从始发地到目的地的出行时间的总估计。

例如,在南京测得从孝陵卫地铁站到安德门地铁站驾车的出行时间,根据出行时间参数来评估其出行时间波动性。自由流时间是23.5分钟,平均出行时间是27.3分钟,计划时间是41分钟,则可以计算出出行时间指数等于1.16,计划出行时间指数等于1.74,缓冲指数等于0.5。出行时间参数示意图如图5-2所示。根据三个指数的分布情况,用来评价出行时间波动,其分布情况如图5-3所示。

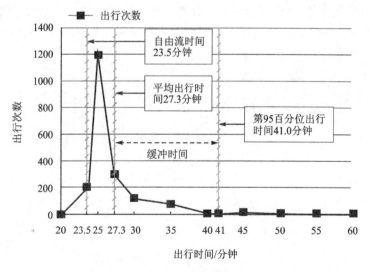

图5-2　出行时间参数图

2. 统计类指标

为了量化出行时间波动,如果有多个出行时间的数据,可以根据统计方法来量化和表示出行时间波动,其中最直观的方法是用出行时间的方差来表示,这种方法可以反映出累计的出行时间的离散水平,更方便出行者感受出行时间的波动性,了解交通道路的变化情况。

方差计算是比较常用的方法,能表示出行时间的离散程度,是通过对单位距离出行时间的方差、标准差或者方差百分数的统计分析来表示出行时间波动。出行时间方差和标准差的计

第 5 章　城市轨道交通系统网络服务可靠性评估

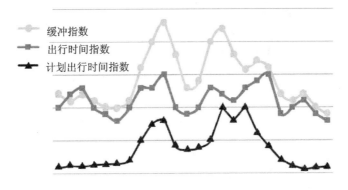

图 5-3　出行时间波动指数分布图

算公式如下：

$$V(t) = \frac{1}{n} \sum_{i=1}^{n} (t_i - \bar{t})^2 \quad (5-1)$$

$$\text{SD}(t) = [V(t)]^{\frac{1}{2}} \quad (5-2)$$

式中，t_i 为第 i 次出行所花费的出行时间；n 为出行次数；$\bar{t}$ 为出行时间均值；$V(t)$ 为出行时间方差；$\text{SD}(t)$ 为出行时间标准差。

方差百分数是 1998 年加利福尼亚州交通规划时开发的一种评价出行时间波动的方法。先用出行时间标准差除以出行时间均值得到 $\text{CV}(t)$，称为变异系数，变异系数乘以 100% 即得方差百分数，公式如下：

$$\text{CV}(t) = \frac{\text{SD}(t)}{\bar{t}} \quad (5-3)$$

$$\text{PV}(t) = \text{CV}(t) \times 100\% \quad (5-4)$$

式中，$\text{PV}(t)$ 为出行时间的方差百分数。

以方差百分数来评价出行时间的波动性，相对于方差或标准差而言，能够更加清楚地分析出行时间的变化特征、对比不同出行路径的交通运行状态。基于统计类指标的出行时间波动的表征方法具有更加直观形象的特点，它能够方便地与平均出行时间、平均速度等相结合，又可以避免出行线路的长度对出行时间的影响，能够有效地评价路网的运行状况。

同一路段的调查，其出行时间标准差随平均出行时间的变化如图 5-4 所示，从此图不仅可以看出出行时间标准差随平均出行时间的变化，还可以看出不同的出发时间，其平均出行时间及出行时间波动（出行时间标准差）也是不同的。大体趋势上来看，平均出行时间越长，出行时间标准差越大；平均出行时间越短，出行时间标准差越小。在早高峰时段出发的车辆，在该路段运行的平均出行时间和出行时间标准差都很大；而在平峰时段出发的车辆，在该路段运行的平均出行时间和出行时间标准差较小。同样可以反映出在高峰时段，出行时间的波动性较大，在平峰时段出行时间的波动性比较小。

从图 5-4 和图 5-5 中曲线形状的变化情况可以直观地感受出行时间波动的情况。

但是出行时间波动是随机变化的，针对不同天数，出行时间波动值是变化的。根据其统计学特征和为了更加形象地描述出行时间波动，使得普通出行者对这个概念的感受更加直观，采用适当的定性概念及表示来对出行时间波动进行描述。

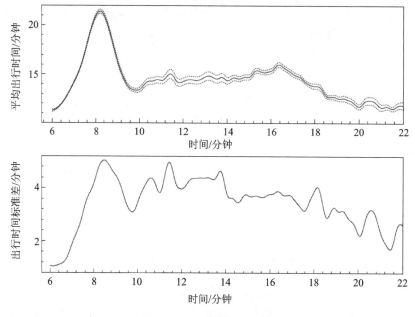

图 5-4 出行时间波动变化图

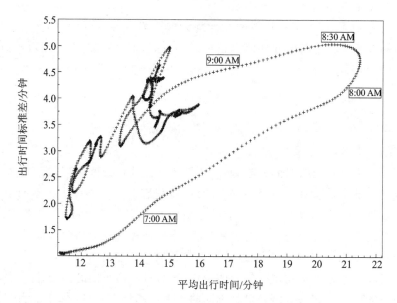

图 5-5 出行时间波动描述图

5.1.4 基于云模型的出行时间波动性表征方法

5.1.4.1 云模型表征出行时间波动的原理

定性评价在生活中有着广泛的应用,从简单的质量好坏评定,到复杂工程的综合评定都需要准确明了的定性评价。但现有的定性评价主要是主观的定性评价,缺乏客观性和定量分析;有的则是对定量数据进行硬性划分,如学生成绩等于90分就是优,等于80分就是良,定量数据的硬性划分不够全面深刻。

为了更好地描述出行时间波动的不确定性,尤其是随机性和模糊性,需要建立定性描述的基本语言值和定量表示的数值之间的互换模型。在统计数学和模糊数学的基础上,提出了云模型,期望值 Ex、熵 En 和超熵 He 三个数值用来表示云的三个数字特征。它可以用来统一刻画语言和数值之间的不确定性,实现定性与定量的转换。在出行时间波动的定性描述中,定性是指用语言值描述出行时间波动,定量是指将出行时间波动的大小用数值表示出来。

1. 云的定义

假设 C 是定量论域 U 上的定性概念,对一个定量值 x,且 $x \in U$,x 对定性概念 C 的确定度 $\mu(x) \in [0,1]$,μ 代表有稳定倾向的随机数,当 $U \rightarrow [0,1]$,$x \in U$ 时,$x \rightarrow \mu(x)$ 在论域 U 上的分布称为云,每一个 x 称为一个云滴。大量的云滴构成整个云,其形状特征定性地反映了某种变量的特征。

云滴所在位置的坐标值定量地表示了概念的值,云滴的分布状态和所构成云的整体形态定性地描述了该概念的特点,其产生的过程就是定性与定量转换的过程。云模型图的坐标中,横坐标表示概念值的论域,纵坐标代表值的隶属度,对于云中云滴的隶属度是不断变化的,所以不会影响到隶属云的整体特征。

2. 云的数字特征

云的数字特征运用期望值 Ex、熵 En 和超熵 He 三个数值来表征。图 5-6 示意了云的数字特征值。

期望值 Ex——云滴在云模型图中横坐标上论域空间分布的期望值。表示其中最具代表性的点,也是定量化所最具代表性的值。等于概念在论域的中心值,它的隶属度为 1,即 100% 的隶属于这个定性概念。

熵 En(方差)——定性概念的不确定度量。分别从随机性和模糊性角度衡量定性概念,坐标中在数值上反映了概念在论域中的数值范围。

超熵 He——从离散度上表现隶属度的随机性,云越厚,隶属度随机性越大。云曲线上的方差值沿着云模型曲线的下降趋势呈半正态分布,从 He 降为 0。

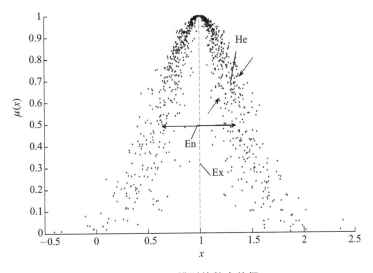

图 5-6 云模型的数字特征

对于存在双边约束 $[C_{\min}, C_{\max}]$ 的指标,根据指标的随机性确定 k 的值,则 3 个特征值的近似计算如下：

$$Ex = (C_{min} + C_{max})/2 \quad (5-5)$$

$$En = (C_{max} - C_{min})/6 \quad (5-6)$$

$$He = k \quad (5-7)$$

3. 云模型的分类

云模型是云的具体实现方法，根据概念的表示将云模型分为正向云与逆向云。

（1）正向云模型

图 5-7 表示了生成正向云的算法步骤流程。生成算法为输入三个数字特征值 Ex、En 和 He；云滴数 N；输出 N 个云滴的定量值，以及每个云滴代表概念的确定度 y。

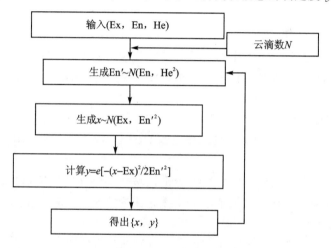

图 5-7 正向云生成算法步骤流程图

（2）逆向云模型

基于云滴 X 信息的一维逆向云算法为输入 N 个云滴 x_i，则输出这 N 个云滴表示的定性概念的期望值 Ex、熵 En 和超熵 He。图 5-8 表示生成逆向云的算法步骤流程。

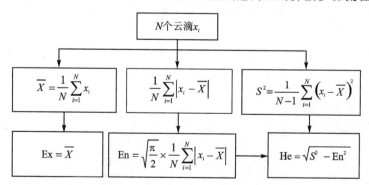

图 5-8 逆向云生成算法步骤流程图

① 正向云发生器。由云的数字特征产生云滴（drop），称为正向云发生器，如图 5-9 所示，即实现定性向定量转换的过程。

② 逆向云发生器。把云滴 (x_i, μ_i) 作为样本，产生云的三个数字特征（Ex，En，He），为逆向云算法，通过逆向云发生器实现定量到定性的转换，逆向云发生器如图 5-10 所示。

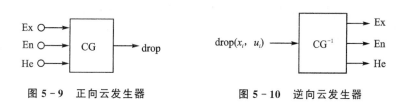

图 5-9 正向云发生器　　　　图 5-10 逆向云发生器

5.1.4.2 基于云模型的出行时间波动的描述

通过逆向云算法,可以实现从定量值到定性概念的转换,将一组定量数据转换为数字特征(Ex,En,He)来表示的定性概念。

将逆向云算法应用到出行时间波动的描述中,不仅可以形象表现出行时间波动大小,而且输出出行时间波动量的三个数字特征值。其中,期望值 Ex 是最能代表出行时间波动概念的值,它隶属度为 1;熵 En 不仅反映了云滴的离散程度,同时反映了在论域中出行时间波动大小可接受的数值范围,值越大,出行时间波动可接受范围越大。超熵 He 反映了云滴的厚度,其值越大,隶属度的随机性越大。

使用逆向云算法对出行时间波动大小进行描述,每个出行时间波动大小的值为数据,生成一个个云滴,利用逆向云发生器得到几个概念云模型及其三个数字特征。

例如,根据调查得到一组出行时间波动的数据,将数据从 Excel 表中链接到数据库,利用逆向云算法,根据特征值的计算方法,用 VB 编程实现数据的转换,将一系列出行时间波动数据转换为云的三个数字特征值。生成的三个数字特征值为(10,0.4,0.15),云模型示意图如图 5-11 所示。通过云可以形象描述出行时间波动的特征,期望值等于 10 分钟,表示出行时间波动 10 分钟的隶属度为 1,期望值 10 最能代表这组数据的出行时间波动;熵等于 0.4,反映了出行时间波动可接受的数值范围在 9.6 和 10.4 之间,如果熵的值为 0.5,表明后者可接受

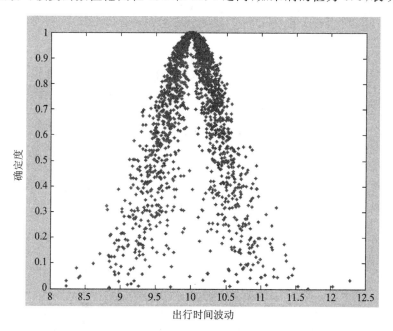

图 5-11 云模型示意图

的数值范围比前者大;超熵的数值等于 0.15,表示出行时间波动值隶属度的随机性,如果超熵等于 0.3,则表明后者的出行时间波动值隶属度随机性比这组数据的要大,云的厚度也越厚。

通过基于云模型的出行时间波动的描述,以定性概念表述出行时间波动,进而建立基于定性表述的出行时间波动价值评估模型。

5.1.5 基于云模型的出行时间波动性评价

出行时间波动评价是出行者进行出行决策的前提和依据,因此对其研究是非常必要的。

由于出行时间波动性具有模糊性和随机性,传统的指标评价方法不能合理地评价出行时间波动问题。云模型很好地解决模糊性与随机性共存问题,通过云发生器,实现定性与定量之间的转换。因此,将云模型理论引入到出行时间波动评价当中,可得出客观的评价结果。

出行时间波动评价流程如图 5-12 所示。

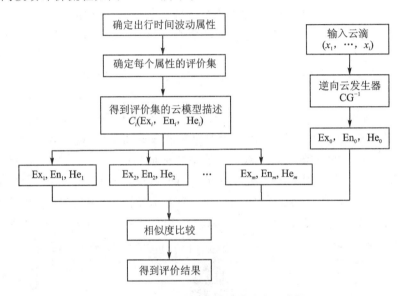

图 5-12 出行时间波动评价流程示意图

出行时间波动评价的具体步骤如下:

① 首先确定出行时间波动评价系统的关键属性。

② 确定出行时间波动的评语,形成各个属性的评价集,评价集是由"大、中、小"这类模糊概念组成,用云的三个特征值来表示每个评语,对存在双边约束(C_{min}, C_{max})的属性评语,用期望值为约束中值,主要作用区域为双边约束区域的云来近似这个评语。云参数根据式(5-5)~式(5-7)计算,从而可以得到评价集的云模型描述,如表 5-1 所列。

表 5-1 评价集的云模型描述

属 性	评价集		
出行时间波动	大(Ex_1, En_1, He_1)	中(Ex_2, En_2, He_2)	小(Ex_3, En_3, He_3)

③ 利用逆向云算法,对于实际采集到的数据进行计算,得到三个数字特征(Ex, En, He)。

④ 相似性的比较。将第②步得到的实际云模型和标准云模型进行比较,得出评价结果。

出行时间波动评价的算法步骤如下:

① 在实际云 C_0 中生成 $E'x_0 \sim (Ex_0, He_0)$。
② 在实际云 C_0 中生成 $x_i \sim (Ex_0, E'x_0)$。
③ 在标准云 C_1 中生成 $E'x_1 \sim (Ex_1, He_1)$。
④ 根据 $\mu_i = \exp[-(x_i - Ex_1)^2 / 2(E'x_1)^2]$ 进行计算。
⑤ 反复进行以上步骤直至产生 n 个 μ_i，计算 $\text{SIM}(I) = \dfrac{1}{n}\sum_{i=1}^{n}\mu_i$。

根据计算得到的多个 SIM，比较它们的值，其中最大的 $\text{SIM}(i)$ 所对应的云 C_i 就是与 C_0 最相似的云，则这个属性的评语为第 i 个云所对应的评语。

例如给定出行时间波动的评价集"大""小"，评价标准为 $(2,0.6,0.06)$、$(1,0.33,0.1)$。实际云的数字特征为 $(1.5,0.4,0.07)$，进行实际云与评价集的相似度比较，得到评价结果。依据云相似度度量算法，得到 $\text{SIM2}=0.6427$，$\text{SIM1}=0.3918$，$\text{SIM2}>\text{SIM1}$，实际云和第二个评价云相似度较高，证明出行时间波动较小。出行时间波动评价云与实际云如图 5-13 所示。

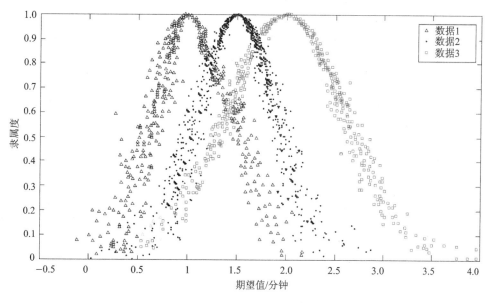

图 5-13 出行时间波动评价云与实际云示意图

城市交通出行时间的波动性评价主要研究的是出行时间的日常波动，以城市交通中不同天数同一行程为研究对象，评价其出行时间波动情况。调查数据来源于对南京市 5 路公交车出行时间的统计，起始站为孝陵卫站，终点站为新街口东站。在工作日，对上午 8:00 出发的公交车和上午 10:00 出发的公交车，分别进行随车调查，记录其行驶时间，并对其波动性进行评价。分别得到两个不同出发时间的 30 份出行时间数据，共 60 份数据。

分别计算平均出行时间及出行时间标准差，作为传统出行时间波动评价方法数据，如表 5-2 所列。

表 5-2 出行时间波动评价数据

出发时间	平均出行时间/分钟	出行时间标准差/分钟
08:00	45	4.2
10:00	34	3.8

传统评价方法中,根据平均出行时间及出行时间标准差的不同,呈现出如图5-14所示的形状。

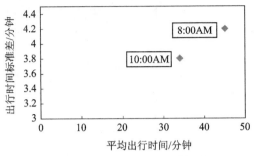

图5-14 传统出行时间波动评价图

按照云模型评价方法,具体评价步骤如下:

① 对出行时间数据进行统计,出行时间不等于平均值的为出行波动时间。出行时间与出行时间平均值差值的绝对值设为出行波动时间。从实验数据中可以看出出行时间波动的定义域可以划分为五部分:小于3分钟、3~6分钟、6~9分钟、9~12分钟、12~15分钟。大部分集中在3~6分钟,其次为小于3分钟。根据出行时间波动定义域将其分为"很小""较小""中等""较大""很大"五个等级,其评价等级及其对应区间分别为:"很小"[0,3)分钟、"较小"[3,6)分钟、"中等"[6,9)分钟、"较大"[9,12)分钟、"很大"[12,15)分钟。根据式(5-5)~式(5-7)计算云模型的三个特征值,得到评价集的云模型描述如表5-3所列。

表5-3 评价集的云模型描述

属　性	评价集/分钟				
	很小	较小	中等	较大	很大
出行时间波动	(1.5,0.5,0.3)	(4.5,0.5,0.3)	(7.5,0.5,0.3)	(10.5,0.5,0.3)	(13.5,0.5,0.3)

② 利用对上午8:00和10:00出发的公交车进行数据采集,得到出行时间的60份数据,通过计算出行时间与平均出行时间差的绝对值作为该道路的出行时间波动数据,对该道路的出行时间波动进行评价。等待评价的数据如表5-4所列,1~30为8:00出发的出行波动时间,31~60为10:00出发的出行波动时间。

表5-4 出行时间波动评价数据

序　号	出行波动时间/分钟	序　号	出行波动时间/分钟
1	7.6	⋮	⋮
2	6.3	59	5.2
⋮	⋮	60	4.1
30	8.3		

按照逆向云算法,计算出行时间波动的云特征值分别为(7.283,2.821,0.754)和(3.941,2.339,0.629)。

③ 根据算法进行相似度比较,比较结果如表5-5所列。出行时间波动的标准云及实际云图如图5-15及图5-16所示。

④ 得出最终评价结果。从表5-5的数据我们可以得出,8:00出发时,该路段的出行时间波动中等;10:00出发时,该路段的出行时间波动较小。

表 5-5　相似性比较结果

属性集	评价集及相应的相似度				
出行时间波动	很小	较小	中等	较大	很大
	0	0.0209	0.3045	0.0014	0
出行时间波动	很小	较小	中等	较大	很大
	0.1260	0.2173	0.0652	0.0086	0

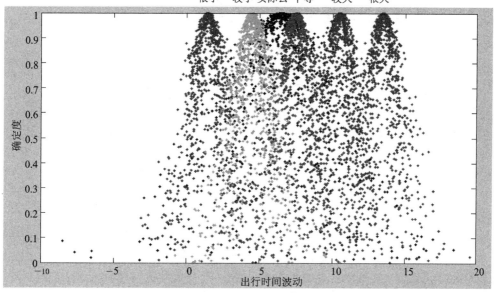

图 5-15　8:00 出发的出行时间波动标准云及实际云图

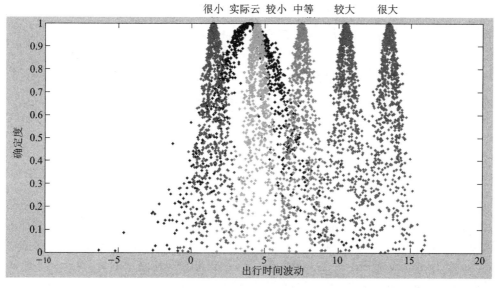

图 5-16　10:00 出发的出行时间波动标准云及实际云图

从传统评价方法与云模型评价方法的对比中,可以看出,传统的评价方法是通过对出行时间波动指标的计算,在评价图中表示为一个点,反映为单一值,不能直观感觉其值的大小。而出行时间波动具有模糊性、随机性等不确定特征,用期望值、熵、超熵三个数值表征云的特征,用多个云滴构成云的整体形状反映出行时间波动的定性概念。从实际例子中看出,基于云模型的理论能够更加客观、真实地对出行时间波动进行评价。

5.2 轨道交通网络服务可靠性

5.2.1 轨道交通网络服务可靠性的定义

可靠性是指产品在规定的条件下和规定时间内,完成规定功能的能力,是系统在规划、设计和执行过程中的主要考虑因素。

对于城市轨道交通网络系统,由于其本身的特性,系统供求有诸多特殊之处。

从轨道交通设施供给来说,主要表现在以下两个方面:

① 由于交通发生吸引源的分布较为广泛,使得轨道交通网络的拓扑结构非常复杂,为典型的复杂网络结构。

② 要充分保证轨道交通服务质量,需构建多层次的城市轨道交通网络体系。

从轨道交通客流需求来看,除了对客流量大小有要求外,还对出行时间和服务质量有更高的要求。

因此,本书将城市轨道交通网络系统可靠性定义为,城市轨道交通网络系统在一定的运营条件下,在规定的时间内,轨道交通网络能将每位乘客安全、舒适、快速地送到目的地的概率。这里规定的时间是指乘客可以接受的正常运行速度下,从出发地到目的地所耗费的时间,包括步行到站时间、乘车时间和步行离站时间。

5.2.2 轨道交通网络服务可靠性的内涵

轨道交通可靠性影响因素分为内部因素和外部因素。

(1) 内部因素

内部因素是指城市交通网络自身特点和由此决定的其他特征,主要包括以下几方面:

➢ 网络结构,包括市域快线、城区干线和局域线规模、轨道交通站点布局等。
➢ 网络性能,包括线网密度、站点覆盖等。
➢ 客运能力,包括客运周转量、运营速度等。
➢ 服务水平,包括换乘次数、车辆拥挤度、出行时耗等。
➢ 乘客满意度,包括步行到站时间、候车时间、安全性、舒适性等。

(2) 外部因素

影响城市轨道交通设施供给的外部因素可以分为偶发性事件和常发性事件两种。其中,偶发性事件是指自然灾害(如地震、洪水、泥石流)、交通事故等偶然发生的事件。这些事件发生时,影响较大,往往造成部分轨道交通线路或整个轨道交通网络中断,严重影响了轨道交通网络的可靠性。常发性事件是指交通需求增加等日常交通运行中经常发生的事件。这些事件发生较为频繁,但是影响范围较小,持续时间较短,其后果是造成轨道交通站点或弧段的拥堵。

无论是常发性事件还是偶发性事件,都会造成城市轨道交通网络容量的衰退,使得轨道交通网络的供需状况发生变化,从而影响到轨道交通网络的运行状况,如 OD 点对之间的连通性、路径或 OD 对之间的出行时间等,继而使得轨道交通网络可靠性发生变化。此外,调查事件的规模、影响范围等数据比较困难,因此难以计算事件发生的概率,这也给轨道交通网络可靠性测度带来了困难。

影响轨道交通网络系统可靠性的原因较为复杂,但最终均通过供需矛盾反映出来,表现形式一般为节点或区段的功能失效或能力下降。在系统可靠性工程中,通常用"故障"来描述系统或单元丧失功能的状态。下面引入故障树分析发研究轨道交通网络系统的可靠性。

1. 故障树分析法

故障树分析是用于大型复杂系统可靠性、安全性分析和风险评价的一种方法。在故障树分析中,对于所研究的各类故障状态或不正常工作状态皆称为故障事件,各种完好状态或正常工作状态皆称为成功事件。故障分析中的结果事件为顶事件,即为故障树分析的目标。仅导致其他事件发生的事件为底事件,位于故障树的底端。位于顶事件和底事件中间的事件称为中间事件。用各种事件的代表符号和描述事件逻辑关系的逻辑门符号组成的倒立树状逻辑因果关系图称为故障树。以故障树为工具对系统故障进行分析的方法称为故障树分析法。

2. 城市轨道交通网络故障树分析

可靠的城市轨道交通网络应能保证各节点之间弧段都可畅通到达,并且能够提供乘客乐意接受的服务水平,否则称为网络失效。

城市轨道交通网络失效不是指网络功能的整体丧失,而是包含了 OD 对之间由于不连通、换乘次数增加而导致部分轨道交通客流流失等诸多含义,是弧段失效、节点失效共同作用的结果。城市轨道交通网络失效描述的是全局或者局部线路交通状态相对于正常状态的随机偏离,是客观的交通参数变化和出行者心理变化的综合。

(1) 城市轨道交通网络弧段失效

轨道交通网络的弧段指节点之间的轨道交通运行区段,它作为城市轨道交通网络的连通单元,具有联通状态、通行方向两项基本属性。弧段失效是指弧属性的突变,使其满足不了出行者的要求。

自然因素中的地震灾害、泥石流等,常引起轨道交通线路阻断;此外,交通事故等也常引起弧段被迫关闭,从而导致通行方向的改变。值得注意的是,弧段的失效在一定程度上可以近似看作组成弧段的节点对的失效。

(2) 城市轨道交通网络节点失效

节点即为城市轨道交通换乘站点及一般站点,是城市轨道交通换乘和运行的基础,具有客流转换的特性。当弧段上的站点因为网络结构、需求突增问题引起节点交通堵塞,使节点不能满足上下客流的正常转换,称为节点失效。

通过以上分析不难看出,城市轨道交通网络可靠性影响因素通过对弧段、节点属性的改变造成网络功能的变化;这些功能主要包括联通可靠性、行程时间可靠性、服务质量可靠性等,其导致轨道交通网络结构参数的变化和出行者心理状态的变化,进而影响整个轨道交通网络的可靠性。根据影响因素与作用结果之间的逻辑关系,可以得到城市轨道交通网络失效的故障树,如图 5-17 所示。各影响因素对城市轨道交通网络可靠性的作用情况如表 5-6 所列。

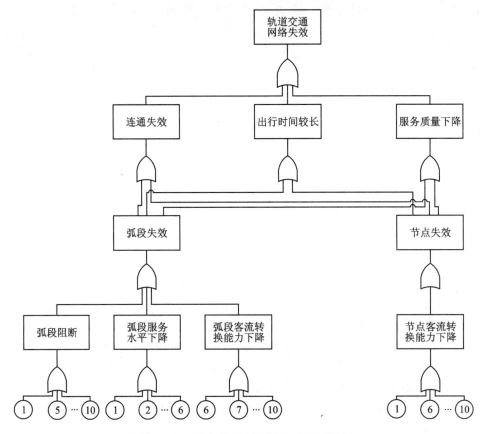

图 5－17　城市轨道交通网络系统故障树

表 5－6　城市轨道交通网络可靠性影响因素

影响因素		编号	作用结果			
			弧段阻断	弧段服务水平下降	弧段通行方向改变	节点客流转换能力下降
内部因素	网络结构	1	★	★		★
	网络性能	2		★		
	客运能力	3		★		
	乘客满意度	4				
外部因素	地震灾害	5	★			
	洪水灾害	6	★	★	★	★
	塌方事件	7	★		★	★
	恐怖活动	8	★			
	交通事故	9	★			★
	信号失效	10	★		★	★

注：★表示某类影响因素所造成的作用结果。

5.3 轨道交通网络服务可靠性测度指标

对于一个复杂的网络系统,要评价它的可靠性,首先就要确立一个符合它的可靠性指标体系,城市轨道网络也不例外。城市轨道交通系统是城市公交系统的重要组成部分,是城市居民从事生产、生活的纽带。城市轨道交通网络结构是决定城市轨道交通系统综合性能的重要因素,其性能好坏直接影响城市的发展,如何对城市轨道交通网络系统的可靠性进行测度显得尤为重要。

5.3.1 指标选取原则

分析城市轨道交通网络功能和轨道交通客流特性,按照指标选取原则选取指标,原则如下:

① 简单性。评价指标选取应遵循简单原则,在基本保证轨道交通服务水平客观性和全面性的条件下,指标体系应适当简化。

② 可测性。选取的评价指标可以进行直接或间接的测量,并在采用相对合理的测定方法后可以比较容易得到。

③ 可靠性。选取的评价指标基本概念明确,保证所选评价指标具有相对的可靠性,从而保证城市轨道交通服务水平评价的准确性。

④ 时效性。所选择的评价指标应该在相当一段时间内对城市轨道交通服务水平的评价具有有效性,以建立长期有效的评价体系。

5.3.2 指标具体含义

对于一个复杂的网络系统,要评价它的可靠性,首先就要确立一个符合它的可靠性指标,城市轨道网络也不例外。本书从城市轨道交通网络角度研究其可靠性,主要是以网络的连通可靠性、行程时间可靠性以及服务质量可靠性三个指标来评价。

1. 连通可靠性

连通可靠性是最早研究的可靠性指标,它反映的是城市轨道交通网络节点两两连通的概率。连通可靠度是衡量城市轨道交通网络系统连通可靠性的指标,其求解过程中一般只研究路段的 0、1 两种状态,即具有最大通行能力或通行能力为零。当路段通行能力为 0 时,表示路段连通;反之,则表示路段不连通。

用轨道交通弧段连通与否作为测度标准来度量轨道交通网络系统或单元的可靠性。轨道交通连通可靠度定义:轨道交通网络系统或单元在一定时期或一定条件下,节点两两连通的概率,可用下式表示为

$$x_a = \begin{cases} 0, & \text{路段 } a \text{ 连通} \\ 1, & \text{路段 } a \text{ 不连通} \end{cases} \tag{5-8}$$

$$r_a = E[x_a] = 1 \times \Pr\{x_a = 1\} + 0 \times \Pr\{x_a = 0\} \tag{5-9}$$

网络连通可靠度是最简单、最基础的轨道交通网络可靠性评价指标,它是城市轨道交通网络可靠性研究的基础,可以直观反映轨道交通网络拓扑结构的优劣。

2. 行程时间可靠性

行程时间可靠性指在给定的运行条件和服务水平下,城市轨道交通网络能在给定的出行时间内完成出行的能力,主要反映时间的波动对城市轨道交通网络可靠性的影响。现在,人们出行最在意的就是时间。在大城市,尤其是北京这样的城市,一般的交通运输很难做到"准时",城市轨道交通的"准时"往往是人们选择轨道交通作为市内出行交通方式的重要因素,行程时间可靠性正是轨道交通"准时"特性的重要保障。

用轨道交通行程时间可靠度作为测度标准来度量轨道交通网络系统单元的可靠性。轨道交通时间可靠度定义:城市轨道交通网络系统或单元在一定时期或一定条件下,将乘客从节点 i 送至节点 j 的时间满足乘客期望时间的概率,可表示为

$$R(t) = P(T < t) \tag{5-10}$$

式中,$R(t)$ 为轨道交通网络系统或单元的行程时间可靠度;T 为从出发地到目的地的行程时间;t 为乘客对于行程时间的最低期望要求。

要求的时间越长,能及时到达的可能性越大;要求的时间越短,能及时到达的可能性及越小。可见,行程时间可靠度 $R(t)$ 是乘客期望要求的出行时间 t 的函数,描述了 $(0,t)$ 时间段内能够到达的概率,且 $R(0)=0, R(+\infty)=1$。

如果已知行程时间 T 的概率分布,则式(5-10)可表示为

$$R(t) = F_T(t) \tag{5-11}$$

式中,$F_T(t)$ 为出行时间 T 的分布函数。

如果已知从出发地到目的地的轨道交通车辆速度的分布函数 F_v、轨道交通起终点的距离 d 以及除乘坐时间外的其他花费时间 t',则式(5-10)可表示为

$$R(t) = P(d/v + t' < t) = 1 - F_v(d/(t-t')) \tag{5-12}$$

城市轨道交通网络行程时间的可靠度主要取决于轨道交通车辆运行时间、轨道交通站点上的下车时间的可靠度等因素,如果一条轨道交通线路在其中任何弧段发生时间的延误,都将可能影响整个线路的行程时间可靠度。城市轨道交通网络行程时间可靠度是保证轨道交通正常运营调度的前提和基础,是测度轨道交通运营服务水平的重要指标。

3. 服务质量可靠性

出行的方便性、快速性、舒适性和经济性是衡量城市轨道交通服务质量的重要指标,由于上述因素与等待时间、换乘次数、车内拥挤程度等因素密切相关,须通过建立出行服务质量评估模型来研究轨道交通出行的可能性,其更能综合反映轨道交通网络系统和单元的总体性能。

采用出行服务质量作为测度标准来考察轨道出行服务是否能满足乘客对出行服务的要求,定义轨道交通网络系统或单元在一定的时期和一定的条件下,满足乘客对出行服务质量要求的概率为轨道交通网络的服务质量可靠度,其中出行服务主要包括出行方便性、快速性、舒适性及经济性。

由于轨道交通网络系统的服务质量本身具有随机性也具有模糊性,因此,轨道交通网络系统的服务质量可靠度也是一个模糊随机变量。

(1) 服务质量随机性

城市轨道交通服务质量与出行时间、换乘次数、车内拥挤程度等因素有关,在出行过程中,有多种因素会引起这些因素的随机变化,如轨道交通网络的运营状况、轨道交通站点的运送能力、设施和设备故障、人员的操作失误等。城市轨道交通服务质量必然也是一个随机变量,可

以用正态分布随机变量来近似描述该随机变化。

用 X 表示服务质量指标的取值,其概率密度函数为

$$f(x)=\frac{1}{\sigma\sqrt{2\pi}}\exp\left[\frac{(x-u)^2}{2\sigma^2}\right],\quad 0<x<+\infty \tag{5-13}$$

式中,u 为 x 的均值;σ 为 x 的标准差。

(2) 服务质量模糊性

由于不同出行者对于服务质量要求的差异性,对轨道交通服务质量的测度和分级标准也是不相同的,其描述较为模糊,常用模糊变量表达他们对轨道交通服务质量的满意程度,如{很不满意,不满意,一般,比较满意,非常满意}。在测度轨道交通服务的失效时,以"不满意"作为测度依据具有模糊性,这种模糊性可以用以影响服务质量的相关指标作为参数的隶属函数来描述。

用 A 表示城市轨道交通服务的失效时间,以出行质量 X 为论域,X 对 A 的隶属函数 $u_A(x)$ 通常可以表示成分布函数,具体为

$$u_A(x)=\begin{cases}1, & 0<x<a\\ \dfrac{b-x}{b-a}, & a<x<b\\ 0, & x<b\end{cases} \tag{5-14}$$

参数 a 和 b 的取值是失效域的模糊边界。当服务质量指标值小于等于 a 时,$u_A(x)$ 取值为 1,表示轨道交通服务完全失效;当服务质量指标大于 b 时,$u_A(x)$ 取值为 0,表示轨道交通服务完全可靠;a 和 b 之间的区域属于中介区。也就是说,从失效到可靠,两个状态的转换需要经过一个中间过渡阶段,其长度为 $b-a$。

参数 a 和 b 的取值与乘客的需求密切相关,对不同类型的乘客,参数的取值存在较大差异性,可以根据实际情况分类选取。

(3) 服务质量随机模糊性

所谓模糊随机变量,就是从概率空间到模糊变量构成的集类可测函数,其实质是取值为模糊变量的随机变量,是一个从概率空间 (A,Pr) 到模糊变量集合的函数。如果对于 R 上的任何 Borel 集 B,$Pos(\varepsilon(\omega)\in B)$ 是 ω 的可测函数,则称为一个模糊随机变量。

由上述分析可知,以乘客对服务质量的认知为评判标准,其城市轨道交通服务的失效既是一个模糊事件,又是一个随机事件,其发生的概率为

$$P(A)=\int_{-\infty}^{+\infty}u_A(x)f(x)\mathrm{d}x \tag{5-15}$$

将式(5-13)和式(5-14)代入式(5-15)可得

$$P(A)=\int_0^a u_A(x)f(x)\mathrm{d}x+\int_a^b u_A(x)f(x)\mathrm{d}x+\int_b^{+\infty}u_A(x)f(x)\mathrm{d}x \tag{5-16}$$

$$P(A)=\frac{1}{\sigma\sqrt{2\pi}}\int_0^a\exp\left[-\frac{(x-u)^2}{2\sigma^2}\right]\mathrm{d}x+\frac{1}{\sigma\sqrt{2\pi}}\int_a^b\frac{b-x}{a-x}\exp\left[-\frac{(x-u)^2}{2\sigma^2}\right]\mathrm{d}x \tag{5-17}$$

城市轨道交通网络服务质量可靠度计算公式为

$$R_x=1-P(A) \tag{5-18}$$

$$R_x = 1 - \int_{-\infty}^{+\infty} u_A(x) f(x) \mathrm{d}x \tag{5-19}$$

$$R_x = 1 - \frac{1}{\sigma\sqrt{2\pi}} \int_0^a \exp\left[-\frac{(x-u)^2}{2\sigma^2}\right] \mathrm{d}x + \frac{1}{\sigma\sqrt{2\pi}} \int_a^b \frac{b-x}{a-x} \exp\left[-\frac{(x-u)^2}{2\sigma^2}\right] \mathrm{d}x \tag{5-20}$$

城市轨道交通网络服务质量可靠度等于服务质量对模糊有效域的隶属度的数学度期望，其大小与轨道交通服务失效域的模糊边界以及服务质量的均值和方差密切相关。

5.4 轨道交通网络服务可靠性分析与评估

5.4.1 网络服务可靠性算法

一般网络可靠性的求解方法主要有解析法和模拟法两种。解析法包括状态枚举、概率图法、全概率分解法、最小路法等，其计算精度较高，但由于其计算量随网络规模的扩大而呈指数扩张，因此，只适合于网络规模较小的情况。模拟法主要是借助计算机仿真工具进行网络可靠度估计，当网络较为庞大、结构复杂时，可采用构造随机数的方法，通过大量的计算机模拟实验进行统计分析来计算相应的网络可靠度，在研究城市道路网及公交网络可靠性时，主要采用蒙特卡洛(Monte Carlo，MC)模拟法。并且基于不同的可靠性模型，也有学者提出独到的算法，如 DNA 算法、基于 Hamacher 算子的可靠度算法等。

蒙特卡洛法是以概率和统计的理论、方法为基础的一种计算方法，将所求解的问题同一定的概率模型相联系，用电子计算机实现统计模拟或抽样，模拟现实问题以获得问题的近似解，故又称统计模拟法或统计试验法，由于蒙特卡洛模拟方法比较简单，并且能够保证结果依概率收敛，所以适合用于网络可靠度的计算。

近些年，蒙特卡洛法在路网可靠性研究中得到了广泛的应用，它可以计算多种路网可靠性指标的计算，而随着研究的不断深入，蒙特卡洛方法必将会在交通领域得到更广泛的应用，在计算公交网络可靠性各种指标时蒙特卡洛法也是不错的选择。因此，本书也正是运用蒙特卡洛模拟方法的基本原理，进行多模式公交网络路径行程时间的可靠度估计。

蒙特卡洛法作为一种计算方法，由 S·M·乌拉姆和 J·冯·诺依曼在 20 世纪 40 年代中叶首先提出，其基本思想是：首先构造一个概率空间，然后在该概率空间中确定一个依赖于随机变量 x（任意维）的统计量 $g(x)$，其数学期望 $E(g) = \int g(x) \mathrm{d}F(x)$，恰好等于所要计算求得的目标值 G，其中，$F(x)$ 为 x 变量的概率分布函数。

然后产生随机变量的简单样本量 $X = (x_1, x_2, x_3, \cdots, x_n)$ 用其相应的统计量 $g(x_1)$，$g(x_2), g(x_3), \cdots, g(x_n)$ 的算术平均值 $\hat{G}_N$ 作为 G 的近似估计，如下：

$$\hat{G}_N = \frac{1}{N} \sum_{i=1}^{N} g(x_i) \tag{5-21}$$

由以上过程可以看出，蒙特卡洛方法求解问题的近似解最关键的一步是确定相应的统计量或构造统计函数，使其数学期望正好等于所要求的问题解。更为通俗的说法是在用蒙特卡洛法求解某一事件发生概率时，可通过重复抽样实验得到该事件出现的频率并将其作为问题的概率解,例如:若假定所求解问题即事件 A 发生的概率为 P_f,在 N 次独立实验后,事件 A 发生的频数为 n,频率为 $f(A)=n/N$,当 N 足够大时,频率 n/N 以概率 1 逼近于事件 A 的发生概率 P_f,$P_f \approx f(A)=n/N$,P_f 即可近似为该问题相应的解。这就是蒙特卡洛方法的理论基础。

蒙特卡洛算法的基本流程如图 5-18 所示。

从理论上看,蒙特卡洛方法的应用基本没有限制,而通常为保证算法的精度,往往采取增加模拟实验次数 N 的方式,迭代实验次数 N 越大,精度越高。因此,要达到一定的精度,N 必须取得足够大。一般来说,N 的取值应满足如下要求:

$$N \geqslant \frac{100}{p_0} \quad (5-22)$$

式中,p_0 为初步估计的概率值。

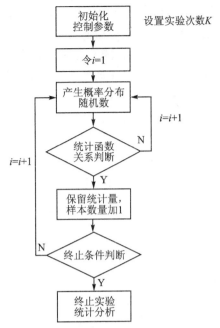

图 5-18 蒙特卡洛算法的基本流程

5.4.2 网络服务可靠性评价

网络结构作为城市轨道交通系统的基础,首先应具备良好的连通可靠性。根据突发事件发生情况的不同,可以从网络规模、网络整体效率及网络局部效率 3 方面对网络连通可靠性进行评估分析,分别采取最大连通子图相对大小、网络全局连通效率及网络局部连通效率 3 个指标对城市轨道交通网络连通可靠性进行评估。

1. 最大连通子图相对大小

若 (V',E') 为 (V,E) 的连通子图,$\forall v_i \in V'$,对于 $\forall v_j \in V$,若有 $\{v_i,v_j\} \in E$,则必有 $v_j \in V'$,且 $\{v_i,v_j\} \in E'$,则称 (V',E') 为 (V,E) 的极大连通子图,也称 (V',E') 为 (V,E) 的最大连通子图。

最大连通子图的相对大小说明的是网络遭到攻击前后网络连通子图的相对大小能够直观地反映遭到破坏和攻击的情况。最大连通子图的相对大小的计算如下:

$$S = N'/N \quad (5-23)$$

式中,S 为最大连通子图相对大小;N' 为遭到攻击后城市轨道交通网络的最大子连通图包含节点数;N 为遭到攻击前城市轨道交通网络的最大连通子图包含节点数。

2. 网络全局连通效率

假设网络中每一节点都同时向邻接节点传递信息,距离越短传递越快,说明节点间的连通性越强,则可以定义 i 点到 j 点的连通效率为

$$E_{ij} = 1/d_{ij} \quad (5-24)$$

式中,d_{ij} 为 i 点到 j 点的最短距离,由关联矩阵和邻接距离矩阵得到网络 G 的全局连通效率为

$$E(G) = \frac{1}{N(N-1)} \sum \frac{1}{d_{ij}} \quad (5-25)$$

式中，N 为网络的节点数，$0 < E(G) < 1$。

就城市轨道交通网络而言，$E(G)$ 表示整个网络所有节点(车站)处于正常畅通状态下的连通效率，它是网络连通性能评估的重要标准。考虑到计算的复杂性，有时可用网络特征路径长度的指标代替全局连通效率对网络整体效率进行评估。

3. 网络局部连通效率

在城市轨道交通运营过程中，网络并不是时时都能保持畅通无阻的状态，由于各种突发事件，某条轨道交通线路运行延误和轨道交通车站的关闭都有可能发生。此时，可以通过网络局部效率来描述网络在部分线路失效后的运行状态。局部连通效率表示网络 G 中 i 节点去除后剩余子网络的全局连通效率，即

$$E^i_{\text{loc}} = \frac{1}{N} \sum E^i(G_i) \tag{5-26}$$

在评价非正常情况下的网络连通可靠性时，是以正常状态的连通效率为标准。定义相对连通效率为局部连通效率与网络全局连通效率的比值，即

$$R(E)^i = E^i_{\text{loc}} / E_{\text{glob}} \tag{5-27}$$

若相对连通效率值接近1，则说明网络具有较好的容错性能，在部分节点发生故障的情况下，剩余网络的运行仍然能够保持较为平稳的水平。考虑到计算的复杂性，有时可用网络直径的指标代替局部连通效率对网络局部效率进行评估。

复习思考题

1. 简述交通网络服务可靠性的概念。
2. 交通网络可靠性影响因素有哪些？
3. 交通网络服务可靠性测度指标选取原则有哪些？
4. 轨道交通网络连通可靠性分析与评估有哪些指标？描述其含义。
5. 什么是出行时间波动性？
6. 出行时间波动性的因素有哪些？
7. 出行波动性的指标有哪些？

第6章 城市轨道交通网络化运营的票务政策及决策

城市轨道交通网络化运营的票务政策包括票款的清分、票价以及票制的制定,在网络化运营条件下,票务的决策相对于单线又有了许多不同的影响因素,本章从城市轨道交通网络化收入分配方法、清分清算技术以及票价制定和票价听证入手介绍轨道交通的票务政策。

6.1 城市轨道交通网络收入分配方法

城市轨道交通在实现网络化后,乘客对于不同线路的路径选择会直接影响轨道交通不同线路的收入分配,清分方法的确定正是将运营业收益按照公平合理的原则分配的问题。

6.1.1 国内外主要城市的清分方式

城市轨道交通网络收入分配方法与所在城市采用的轨道交通网络运营模式关系密切。目前,国内外轨道交通网络的运营模式总体上分两种:

① 无障碍换乘模式,即一票到目的地,乘客经由不同运营商经营的线路时,在付费区换乘,不再刷卡。

② 有障碍换乘模式,即站外换乘,这种模式可以通过辅助手段准确记录乘客的乘车路径,整个乘车路径中所涉及的所有换乘站点都被准确地记录下来,不同的运营线路之间独立收费。

第一种模式,提高了乘客出行的方便程度,节约了换乘时消耗的时间,如果整个轨道交通系统是由同一家地铁运营公司管理与运营,如伦敦,则不存在不同经营主体之间的收益分配问题,收入的分配属于内部分配,公司内部可按照运营线路里程来对不同的线路进行收益的分配;但是,如果在城市轨道交通系统中存在不同运营公司管理和运营不同的地铁线路,则城市轨道交通在实现网络化运营之后,乘客换乘的具体信息难以准确获取,不能明确界定相关运营主体做出的经济贡献,而清分正是为了解决将运营收益按照各运营实体的贡献进行公平合理分配的问题。

第二种模式,乘客需要多次购票,增加乘客的不便,降低了整个轨道交通系统的吸引力。但该模式可以准确记录乘客的乘车路径,所有换乘点都能被准确地记录下来,不同的运营线路之间独立收费,因此在这种模式下,城市轨道交通不存在清分问题。

国外城市轨道交通清分方式如表6-1所列。

表6-1 国外城市轨道交通清分方式

城市	联网状况	投资和换乘方式	清分方式
伦敦	全部联网	多元投资,付费区换乘	内部结算
首尔	全部联网	同一个财团投资下的线路可以一票在付费区内换乘,不同财团下属的线路不可换乘	跨财团线路换乘清晰
东京	全部联网	同一个财团投资下的线路可以一票在付费区内换乘,不同财团下属的线路不可换乘	跨财团线路换乘清晰

续表 6-1

城 市	联网状况	投资和换乘方式	清分方式
巴黎	全部联网	国家投资全部线路建设,实现付费区换乘	内部结算
纽约	全部联网	同一个财团投资下的线路可以一票在付费区内换乘,不同财团下属的线路不可换乘	跨财团线路换乘清晰
芝加哥	全部联网	不同财团投资,红线地铁与其他4条线路付费区换乘时要求乘客使用CTA换乘卡	换乘留有标记,路径清晰

6.1.2 影响清分的主要因素

影响城市轨道交通收入分配的因素多而复杂,其中最为重要的因素是客流在路径上的分配比例,而路径流量的分配比例与乘客的路径选择行为直接相关。因此,影响乘客路径选择等行为的主要因素就构成了影响清分的主要因素。根据研究,这类因素主要可以分为四类,即乘客社会经济因素、乘客出行特征因素、轨道交通网络因素和运营商管理因素。

6.1.2.1 社会经济因素

乘客的社会经济因素主要包括:乘客的年龄、职业、收入水平以及性别等。

(1) 年 龄

通常,年龄较大的乘客由于身体原因,在路径的选择过程中,更希望选择换乘次数少的路径。出行距离越长,则换乘对乘客的路径选择影响越大。一般来说,对于长途出行,倾向于不换乘的比例随着年龄增长而增加。对于短距离出行,换乘的可能性较小,而且通过换乘对于总的出行时间的节省并不明显,因此,换乘因素在乘客路径选择中的影响并不明显。各个年龄段的人群都希望选择时间更短的路径。

(2) 职 业

职业因素对乘客路径的选择具有一定影响,一般情况下,第一产业工作人员更希望选择换乘次数少的路径,第二、三产业工作人员更倾向于出行时间最小的路径。

(3) 收入水平

通常,随着收入水平的提高,乘客对于方便、舒适和安全等方面的要求更高。因此,对于收入较高的乘客来说,在其路径选择中,更希望选择换乘次数少,且方便的路径。

(4) 性 别

女乘客对于不同距离的换乘意向相对来说没有男乘客明显,其在路径选择中更希望选择方便、舒适的路径。

6.1.2.2 出行特征因素

出行特征因素主要包括:出行距离、出行目的、出行时段、出行次数以及付费方式等。

(1) 出行距离

出行距离是指乘客一次轨道交通出行中,由起点到终点的距离。通常,不同的出行距离对乘客选择路径具有一定的影响。对于长途出行,乘客更希望通过换乘而减少总的出行时间;对于短途出行,乘客则不希望选择换乘次数较多的路径。

(2) 出行目的

不同的出行目的,乘客对路径的选择也是不同的,以探亲访友为目的的乘客一般不会太在意出行时间的长短,更在意出行过程中的方便舒适因素。上班或公务的出行则对时间比较敏感,此类出行更希望能够通过换乘来节省总的出行时间。

(3) 出行时段

出行时段包括高峰和平峰时段。在高峰时段,由于上下车的人数很多,车厢内和车站的乘客也很多,每次换乘都要上下车和步行一段距离,消耗一定体力。因此,乘客希望能选择换乘次数少的路径,对于时间的敏感度不是很高。

(4) 付费方式

目前,城市轨道交通的付费方式有月票、一卡通、现金和乘车证等形式。上班和上学的居民使用月票和一卡通的较多,偶尔出行的居民多采用现金付费方式,乘车证为地铁员工的乘车证明。通常,付费方式对于乘客的路径选择没有影响。

6.1.2.3 轨道交通网络因素

轨道交通网络因素主要包括:路网结构、换乘方便性、运营模式、运营时间以及出行时间等。

(1) 路网结构

在城市轨道交通网络中,各条线路之间相互交叉连接,构成了相当多的环形结构,使得路网的连通度大大提高,也将为乘客在两站之间出行路径决策提供更多的选择。这就要求在确定清分规则的时候充分考虑乘客出行路径选择多样性的特点,采用切实有效,接近实际的清分方法确保运费在做出经济贡献的各运营主体之间进行合理的分配。

(2) 换乘方便性

换乘方便性是指轨道交通乘客在换乘距离、时间等方面的便利程度。基本内容主要包括:发车间隔、有无自动扶梯、自动扶梯可使用程度、自动售检票系统可靠性、换乘步行距离、站内导向指引等。乘客更希望选择换乘方便的路径。

(3) 运营模式

运营模式主要包括以下几种:

① 单路径单运营商。若有效路径只涉及一家运营商。在单路径单运营商的情况下,收入分配较为简单,乘客此次出行的运费按照清分规则应全部规划为唯一的路径所涉及的唯一的运营商所有。

② 单路径多运营商。单一有效路径涉及多家运营商。单路径多运营商的情况下,由于担当运输任务的是多家运营商,因此,可以按照各自承担的运距比例分配收入。

③ 多路径单运营商。多条有效路径只涉及一家运营商。多路径单运营商的情况下,首先应该将运费在多条路径之间分配,然后每条路径所得的运费再分配给所涉及的唯一运营商。

④ 多路径多运营商。多条有效路径涉及多家运营商。多路径多运营商的情况下的收入分配较为复杂,要分为两步计算。首先,把该 O-D(Origin-Destination,起点到终点)的运费在多条可选路径之间分配;然后,针对每条路径,根据所涉及的各运营商的运距比例分配该路径的运费收入。

(4) 运营时间

运营时间对于收入分配的影响较为容易判断。路网中的各条线路的运营时间可能不完全一致,有的可能一天运营 18 小时,有的可能一天运营 16 小时。因此,O-D 之间的路径的运营时间就是在该路径涉及线路的运营时间的共同部分。运营时间对于收入分配的影响主要体现在,当某 O-D 之间存在多条乘客的可能选择路径时,每条路径的运营时间可能不一致,因此,根据各条路径的运营时间,可以得到一天当中的不同时段由不同路径参与该 O-D 的收入分配流程。

(5) 出行时间

出行时间是指乘客从轨道交通起始点至轨道交通出行终点所需的全部时间,包括乘车时间、换乘时间等。当乘客从出发地至目的地有多条路径可供选择时,一般来说,出行时间越短的路线被选择的概率越大。出行时间与里程一般是正相关的。但在实际路网中,可能存在这种情况:两条出行路径中,里程较短的路径出行时间较长;里程较长的路径出行时间较短。

6.1.2.4 运营商管理因素

运营商管理因素是指由于运营商提供的差别化服务,而导致乘客出行需求中质量需求的变化,它体现了乘客对不同运营商的服务差异度的理解,以及由此产生的路径选择偏好。

(1) 票 价

一般情况下,乘客会选择票价较低的路径。但在目前国内各大城市的轨道交通中,一旦O-D 点确定,则该 O-D 点之间的票价就是确定的,也就是说,不同路径上的乘客所支付的票价都是一样的,因此,票价对乘客的路径选择没有影响。

(2) 安全性

安全性是指运营商保证乘客使用其轨道交通线路的安全程度。目前,这一因素对乘客的路径选择也没有显著影响。

(3) 方便舒适性

舒适性和方便性参数是指乘客在使用轨道时能享受到的一些舒适功能。基本内容包括:是否拥挤、是否有空调、车内座椅的舒适程度、站内设施的布局合理程度等。通常,在其他条件不变的情况下,乘客更愿意选择更方便、更舒适的线路出行。

(4) 正点率

正点率是指在运营商的运输组织时,提供给乘客出行的客运产品,即运行列车的准时程度。高的正点率会节约乘客的时间,满足乘客出行对于时间的需求。目前,由于不同的线路在正点率上没有明显区别,可以忽略该因素对乘客路径选择的影响。

6.1.3 清分原则

城市轨道交通在实现网络化运营之后,乘客在不同线路车站之间的出行可能存在多条路径的选择,在"一票换乘"条件下,乘客换乘的具体信息难以准确获取,这也就使得相关的运营主体对其做出的经济贡献不能明确界定,而清分正是为了解决将运费收益按照各运营实体的贡献进行公平合理分配的问题。清分方法应基于一定的路网结构、运营模式、票价政策、客流特性等,体现其有效性、全面性、整体性和可扩展性,具体的原则应包括以下几个方面:

① 适应轨道交通线网发展趋势,满足线网规划要求,同时适应线网运营调整的需要。

② 清分方法应以影响清分的路网结构因素为主,理论分析与实际调查相结合。清分模型中相关参数应反映乘客出行特征,通过分析调查数据计算拟合。

③ 与票价政策相关,满足票价政策调整要求。

④ 按照全路网中独立的经营核算实体(目前按线路)清分,利益分配应与其经济贡献合理

地匹配。

6.1.4 有障碍换乘条件下的清分方法

采用统一的符号 q 来表示某个 O-D 之间实际的车票票面金额,某一路径用站点序列 $S_0,S_1,\cdots,S_i$ 表示,用 $L_i=|S_i-S_{i-1}|$ 表示从 S_{i-1} 到 S_i 的运营里程数。随着城市轨道交通网络的发展,每条线路可能会由多个运营商投资和管理,各运营商参与线路投资的比例可用矩阵 $\boldsymbol{A}$ 表示,即

$$\boldsymbol{A} = \begin{bmatrix} a_{11} & a_{12} & \cdots & a_{1k} & \cdots & a_{1n} \\ a_{21} & a_{22} & \cdots & a_{2k} & \cdots & a_{2n} \\ \vdots & \vdots & & \vdots & & \vdots \\ a_{j1} & a_{j2} & \cdots & a_{jk} & \cdots & a_{jn} \\ \vdots & \vdots & & \vdots & & \vdots \\ a_{m1} & a_{m2} & \cdots & a_{mk} & \cdots & a_{mn} \end{bmatrix} \tag{6-1}$$

式中,a_{jk} 表示第 j 条线路上第 k 个运营商参与投资和管理的比例,显然

$$\sum_{k=1}^{n} a_{jk} = 1 \quad \text{且} \quad 0 \leqslant a_{jk} \leqslant 1 \tag{6-2}$$

轨道交通网络中的路径确定是清分过程中的关键问题。有障碍换乘条件下,每个换乘站点均设有专用的读卡仪器,乘客换乘一次,就刷卡一次,这样就可以确定乘客的出行路径,然后根据此路径上所涉及的营运线路,按照营运里程,得到精确的清分比例。

设 n 个营运商在某条路径上的收益为 $\boldsymbol{c}=\begin{bmatrix} c_1 & c_2 & \cdots & c_n \end{bmatrix}$,则每条线路得到的收益 Q_j 为

$$Q_j = q \cdot \frac{\sum\limits_i L_i b_j}{\sum\limits_i L_i} \tag{6-3}$$

式中,$b_j = \begin{cases} 1, & L_i \in \text{线路 } j \\ 0, & L_i \notin \text{线路 } j \end{cases}$,则运营商的清分收入为

$$\boldsymbol{c} = \boldsymbol{QA} = \begin{bmatrix} Q_1 & Q_2 & \cdots & Q_m \end{bmatrix} \begin{bmatrix} a_{11} & a_{12} & \cdots & a_{1n} \\ a_{21} & a_{22} & \cdots & a_{2n} \\ \vdots & \vdots & & \vdots \\ a_{m1} & a_{m2} & \cdots & a_{mn} \end{bmatrix} \tag{6-4}$$

例 6-1 假设城市轨道交通网络如图 6-1 所示。

其中,{(0,1),(1,4)}为线路 1,{(0,2),(2,3)}为线路 2,{(1,2),(1,3),(3,4),(2,4)}为线路 3,{(3,5),(4,5)}为线路 4,则对于从站点 0 到站点 5 发生的换乘,如果某位乘客选择 0→2→1→4→5 的换乘路径,假设有 3 个运营商,则他们在 4 条线路上的投资比例为

$$\boldsymbol{A} = \begin{bmatrix} 0.5 & 0.2 & 0.3 \\ 0.1 & 0 & 0.9 \\ 0 & 0.4 & 0.6 \\ 0.7 & 0.2 & 0.1 \end{bmatrix}$$

线路以距离作为清分的参数,则 0→2→1→4→5 线路的总长度为 61,假设此次换乘票价

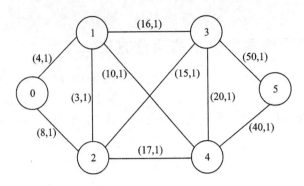

图 6-1 轨道交通网络图

为 5 元,则根据公式(6-3)有 $Q=[0.820\ \ 0.656\ \ 0.246\ \ 3.277]$,则该次换乘各个运营商分别收到的利益为

$$c=[0.820\ \ 0.656\ \ 0.246\ \ 3.277]\begin{bmatrix} 0.5 & 0.2 & 0.3 \\ 0.1 & 0 & 0.9 \\ 0 & 0.4 & 0.6 \\ 0.7 & 0.2 & 0.1 \end{bmatrix}=[2.7695\ \ 0.9178\ \ 1.3117]$$

6.1.5 无障碍换乘条件下的清分方法

1. 不考虑流量分配的清分方法

此理论模型的基础是对形成网络连线的每条轨道交通运营线路进行资产评估,评估指标为运营里程数、线路走向、投资额度、线路质量、服务质量等,评估后针对每一对换乘线路中各运营线路参与投资情况,给出一个清分比例,据此清分比例进行分账。

设 n 个运营商在此换乘线路上的本次收益记为 $c=[c_1\ \ c_2\ \ \cdots\ \ c_n]$,此路径评估后的清分比例用向量 d 表示,则清分的数学公式为

$$c=q \cdot [d_1\ \ d_2\ \ \cdots\ \ d_n] \qquad (6-5)$$

例 6-2 假设从站点 A 到站点 B 的换乘线路共有三家运营公司,经过各运营公司之间的评估与协商,最终以 0.3、0.4、0.3 的比例对收益进行划分,假设此换乘线路的票价收入 q 为 5 元,则三家公司该次换乘收益为 1.5 元、2 元、1.5 元。

2. 基于最短路径的清分方法

最短路径是指任何两站之间的乘客全部选择最短路径,将运费收益分配给最短路径上做出贡献的运营商。

假定某个 O-D 之间的最短路径为 j,则 n 个运营商在此 O-D 之间的收益为

$$c=q \cdot [a_{j1}\ \ a_{j2}\ \ \cdots\ \ a_{jn}] \qquad (6-6)$$

该方法较为简单,在路网规模不大,结构简单,清分精度要求不是很高的条件下,最短路径算法可以作为确定收入分配比例的可行方案。但其不足之处在于只根据时间要素进行路径选择分析,忽略了影响乘客出行路径选择的其他主、客观因素,同时,一个 O-D 对只选用唯一的路径进行清分计算,不能体现乘客选择的多样性,不能真实反映实际情况。

以图 6-1 所示为例,从站点 0 到站点 5,不管乘客实际选择的换乘路径如何,该理论模型总是按照最短路径对收益进行划分。从 0 到 5 的最短路径为 0→1→4→5,总长度为 54,换乘

票价为 5 元,则根据式(6-3)有 $\boldsymbol{Q}=[1.296\ \ 0\ \ 0\ \ 3.704]$,三个运营商在本次换乘中得到的收益为

$$c=[1.296\ \ 0\ \ 0\ \ 3.704]\begin{bmatrix}0.5 & 0.2 & 0.3\\ 0.1 & 0 & 0.9\\ 0 & 0.4 & 0.6\\ 0.7 & 0.2 & 0.1\end{bmatrix}=[3.2408\ \ 1\ \ 0.7592]$$

3. 基于多路径选择概率的清分方法

在网络化运营以及一票换乘条件下,路网中异线站点之间换乘可能存在多条路径,只选取最短路径不能真实反映乘客出行路线,进而在清分过程中造成利益分配不均。多路径选择概率法考虑了乘客出行路径的多样性,确定几条乘客可能选择的理性路径,根据一定的方法确定每条路径的客流分配比例,进而结合各线路承担的运输里程计算出清分比例。

该方法的基本思路可以概括为:在网络中任意 O-D 站点之间客流量和票款收入已知的情况下,将与某条运行线路有关的 O-D 量按照一定原则合理地分配到 O-D 对之间的各条有效路径上,得到不同路径分担比例,求得 O-D 之间线路应得收入所占的清分比例,最终计算出线路票款收入。

该方法实际上包含了最短路径法,更切合实际地反映了乘客的出行情况,充分照顾到路网运营中做出贡献的运营商利益,其目标是更加科学、准确的分配运费收益。

假定在城市轨道交通网络中共有 W 个 O-D 对,在第 ω 个 O-D 对之间总的出行需求量为 d^ω,票价为 q^ω,则此 O-D 之间的票价收入 R^ω 为

$$R^\omega = d^\omega \cdot q^\omega \tag{6-7}$$

再假定第 ω 个 O-D 对之间存在 K 条有效路径供乘客自由选择,并假定第 k 条路径的选择概率为 p_k^ω,用向量 $\boldsymbol{A}_n^\omega = [a_{1n}^\omega\ \ a_{2n}^\omega\ \ \cdots\ \ a_{Kn}^\omega]^{\mathrm{T}}$ 表示第 ω 个 O-D 对之间 K 条路径上线路 n 所占的里程比例,则在第 ω 个 O-D 对之间第 n 条线路运营商所占的清分比例 Q_n^ω 为

$$\boldsymbol{Q}_n^\omega = [p_1^\omega\ \ p_2^\omega\ \ \cdots\ \ p_K^\omega]\begin{bmatrix}a_{1n}^\omega\\ a_{2n}^\omega\\ \vdots\\ a_{Kn}^\omega\end{bmatrix} \tag{6-8}$$

第 n 条线路在 W 个 O-D 对之间所占的清分比例可用向量 $\boldsymbol{Q}_n = [Q_n^1\ \ Q_n^2\ \ \cdots\ \ Q_n^W]^{\mathrm{T}}$ 表示,则第 n 条线路运营商应得到的清分收入 C_n 为

$$C_n = [R^1\ \ R^2\ \ \cdots\ \ R^W]\boldsymbol{Q}_n = [R^1\ \ R^2\ \ \cdots\ \ R^W]\begin{bmatrix}Q_n^1\\ Q_n^2\\ \vdots\\ Q_n^W\end{bmatrix} \tag{6-9}$$

具体的计算步骤如下:

⓪ 初始化,并置 $\omega=1$。

① 寻找第 ω 个 O-D 对之间的有效路径。

② 判断这些有效路径是否经过第 n 条线路的运营区间,如果存在有效路径经过第 n 条线路的运营区间,则进行下一步,否则令 $\omega=\omega+1$,转移到步骤①。

③ 计算第 ω 个 O-D 对之间的所有有效路径的路径配流比例。
④ 计算第 n 条线路在第 ω 个 O-D 对之间的所有有效路径中的里程比。
⑤ 计算第 n 条线路在第 ω 个 O-D 对之间的清分比例。
⑥ 如果 $\omega=W$，进行下一步，否则令 $\omega=\omega+1$，转到步骤①。
⑦ 计算第 n 条线路的清分总额。

4. 考虑不同乘客类型的清分方法

如果考虑乘客本身的选择偏好对于运费清算的影响，那么在上述算法中应该首先将 O-D 量按照不同的乘客类型和出行特点进行分类，然后针对不同的乘客以及不同的出行特点构造相应的路径广义费用函数，再根据 O-D 量的分布特点将不同 O-D 量分配到相应的有效路径上，从而得到不同类型的 O-D 量在不同有效路径上的分担比例，并根据不同线路在每条路径中所占里程比例，计算出 O-D 之间各条线路的票价收入所占的清分比例。

同样，假定在城市轨道交通网络中共有 W 个 O-D 对，在第 ω 个 O-D 对之间总的出行需求量为 d^ω，票价为 q^ω，则此 O-D 之间的票价收入 R^ω 的计算方法同式(6-7)。

假定在所有的地铁出行中，共有 L 类乘客和 M 类不同性质的出行，其中第 l 类乘客进行第 m 类出行的分布为 f_{lm}，有

$$0 \leqslant f_{lm} \leqslant 1 \quad 且 \quad \sum_{l=1}^{L}\sum_{m=1}^{M} f_{lm} = 1 \tag{6-10}$$

如果第 ω 个 O-D 对之间存在 K 条有效路径供乘客自由的选择，并假定第 l 类乘客进行第 m 类出行时选择第 k 条有效路径的选择概率 p_{lmk}^w，则在第 ω 个 O-D 对之间第 n 条线路的选择概率 p_n^w 为

$$p_n^w = \sum_{l=1}^{L}\sum_{m=1}^{M} f_{lm} p_{lmk}^w \tag{6-11}$$

我们用向量 $\boldsymbol{A}_n^w = [a_{1n} \quad a_{2n} \quad \cdots \quad a_{Kn}]^T$ 表示第 n 条线路运营商在每条路径上所占的里程比例，则在第 ω 个 O-D 对之间第 n 条线路运营商所占的清分比例 Q_n^w 的计算方法同式(6-11)。

将第 n 条线路运营商在第 ω 个 O-D 对之间所占的清分比例用向量 $\boldsymbol{Q}_n = [Q_n^1 \quad Q_n^2 \quad \cdots \quad Q_n^W]^T$ 表示，则第 n 条线路运营商应得到的清分收入 C_n 的计算公式如式(6-9)。

具体的算法步骤如下：
⓪ 初始化，并置 $\omega=1$。
① 寻找第 ω 个 O-D 对之间的有效路径。
② 判断这些有效路径是否经过第 n 条线路的运营区间，如果存在有效路径经过第 n 条线路的运营区间，则进行下一步，否则令 $\omega=\omega+1$，转移到步骤①。
③ 把不同类型乘客，不同出行类型的 O-D 量按照一定比例分配到第 ω 个 O-D 对之间的所有有效路径上，得到路径配流比例。
④ 计算第 n 条线路在第 ω 个 O-D 对之间的所有有效路径中的里程比。
⑤ 计算第 n 条线路在第 ω 个 O-D 对之间的清分比例。
⑥ 如果没有剩余的 O-D 对，进行下一步；否则令 $\omega=\omega+1$，转到步骤①。
⑦ 计算第 n 条线路运营商的清分总额。

从以上算法中可以看出，清分比例由里程比例和配流比例共同决定。对于既有线，不同线路在每条出行路线中所占的里程比例很容易确定，而在无障碍换乘条件下，O-D 之间的乘客

路径信息却无法准确地获得,因此,在城市轨道交通网络运营清分算法中,最为困难,同时也是最为关键的部分在于乘客路径的选择的预测。

6.2 网络化运营的票务清分清算技术

世界城市轨道交通系统建设的经验表明,随着线网规模的扩大,线路的运营管理主体将逐渐趋于多元化。运营商有可能是单线运营商也可能是多线运营商。为了给乘客提供方便快捷高效的服务,不同运营商一般会采取先由乘客出行起点站(或终点站),或由预售票机构、交通卡预存储机构先行收费,再在各运营商之间按照承担运输的实际贡献进行清算的办法为乘客提供优质的服务。由此设立统一的票务清算系统以整合线网中的客票数据,公正地实行票款清算与分配是城市轨道交通网络化运营得以成功实施的必要条件。特别是票务清分技术对于合理确定网络中各线路区段各运营商所承担的工作量具有重要意义。

6.2.1 网络化票务清分清算的 AFC 系统

自动售检票(Auto Fare Collection,AFC)系统在地铁运营过程中在发挥着重要的作用。AFC 系统扮演着售票员、检票员、会计员的角色,实现了票务管理的高度自动化,是地铁运营收益管理的重要手段。

6.2.1.1 国内地铁 AFC 系统的发展

我国轨道交通 AFC 事业从无到有,从小到大,经历了启蒙、实践、调整三个阶段。

1. 启蒙阶段

20 世纪 80 年代末,上海地铁凭借国外集成商的经验和资料,开始 AFC 系统和设备的研制。当时城市轨道交通 AFC 系统在中国仍然是空白。在此阶段,AFC 系统的功能主要是借鉴国外成功经验配置。我国城市轨道交通首个 AFC 系统供货合同于 20 世纪 90 年代中期签订,当时国际上的磁卡 AFC 系统技术已成熟,IC 卡技术在交通收费方面的应用研究刚刚起步,巴黎地铁和香港地铁收费系统考虑采用非接触 IC 卡技术,而我国对公交 IC 卡应用仅处于接触式 IC 卡水平(在磁卡、IC 卡、条形码等多种媒介之间,由于 IC 卡成本高,所以这一阶段国内 AFC 系统票卡通常采用磁卡介质)。

2. 实践阶段

自 1998 年底开始,AFC 系统在国内城市轨道交通领域相继投入使用,并发挥了重要作用。AFC 系统能为乘客提供便捷服务,使票务管理水平和客流处理能力逐步得到提高,实现地铁票务收益管理低投入、高效率运行。这个阶段,国内轨道交通 AFC 系统通过摸索和总结,整理和归纳了许多适用于轨道交通票务管理需要的新功能,使 AFC 系统的功能更为完善。轨道交通 AFC 系统的优越性体现在以下几个方面:

① AFC 系统为客流和票务统计提供了准确的分析数据,为运营调控、市场营销、新线建设提供了科学的决策依据,同时也为提高地铁服务质量和信息处理能力创造了条件。

② 先进、高效的 AFC 系统设备可使乘客快速、有序地出入车站,同时可减少逃票现象的发生,保障了地铁的票务收益。

③ AFC 系统可减少现金交易、人工记账及统计的工作量,保证工作的准确性和高效性。

④ AFC 系统维修管理系统使维修资源可以得到较好的利用,保证系统设备维修的及

时性。

3. 调整阶段

短短几年时间,轨道交通 AFC 系统 IC 卡技术的应用由研究摸索阶段发展到大规模的实际应用阶段。由于非接触式 IC 卡具有储存量大、保密性强、可实现一卡多用等优点,逐步取代了磁卡,如今已成为各城市轨道交通收费系统的首选票卡媒介。非接触式 IC 卡技术在轨道交通 AFC 系统大规模的应用,降低 AFC 系统的成本,使系统结构更为简单、高效,推动了新建线路 AFC 系统的功能扩展和性能提高。

6.2.1.2 AFC 系统的架构层次及其功能

地铁 AFC 系统一般采用五层架构,从底层到上层分别为:车票、车站终端设备(SLE)层、车站计算机(SC)层、线路中央计算机(LCC)层、清分中心(ACC)层。AFC 系统的五层架构主要依据功能划分,通过分层,AFC 系统的功能结构更加清晰。各层间通过以太网连接,实现数据的采集和处理。

其中:

① 第一层车票层由非接触式 IC 车票和公交交通卡等组成,是乘客所持的车费支付媒介。

② 第二层车站终端机层由自动售检票设备组成,直接为乘客提供售检票服务。这些设备包括自动售票机、半自动售票机、进/出站检票机等。

③ 第三层由车站计算机系统组成,主要功能是监控第二层的终端设备及收集本站产生的交易和审计数据。该层一般包括车站计算机、操作终端、票务工作站、打印机、不间断稳压电源和网络链接设备等,与本站终端设备通过局域网互联。

④ 第四层为线路中央(Line Central Computer,LCC)计算机系统,其主要功能是对本线路 AFC 系统产生的交易和审计数据进行采集,并将此数据传送给 ACC 清分系统,以及与其进行对账。该层一般包括:处理主机、通信前置机、设备监控、客流监视、报表、财务结算、网管和系统维护工作站、数据备份恢复设备、网络链接设备、不间断稳压电源、IC 车票清洗设备、加密机和编码/分拣机等;

⑤ 第五层为 ACC 系统,主要功能是接收各线路发送来的原始交易记录,制定并根据票务清分规则为各线路运营商提供票务收益清分的服务,同时负责连接 AFC 系统和城市一卡通清分系统,规定了对车票管理、票务管理、运营管理和系统维护管理的技术要求。该层一般由处理主机、通信前置机、应用主机、客流监视平台、安全管理平台、IC 车票编码/分拣系统、运行监控系统、网络链接设备、网络管理平台、不间断稳压电源和存储、备份/恢复设备等组成。

各级子系统共同合作完成票卡的制票、销售、检验与票款的清分清算工作。其中,票卡的制作、销售、检验和回收由各车站的终端设备完成;票款的清分清算则由各级计算机配合完成。

假设乘客从线网中 a 线某点到 c 线某点,根据 AFC 记录的票据信息,可以得到该乘客在线网内的起始站(O 点)、终点站(D 点)和全程票款,换乘站(T 站)数据可以通过推算得到。如图 6-2 所示。

6.2.2 网络化票款清算流程

城市轨道交通系统的票款收入存入线网中某一站(以乘客出行的起点车站为主),而后进入各个运营公司。传统的票款清分方法是将网络化运营的所有票款作为整体进行统一分配,在线网建设初期线路数量较少时,操作难度不大;然而随着线网规模扩大到一定程度,如果要

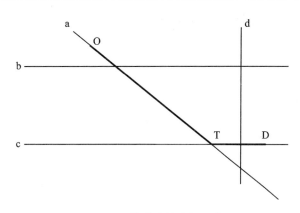

图 6-2 票款清分的路径示意图

将全部票款定期汇总,再根据票款清分方案进行分配,在实际工作中存在较大困难。解决方法是将某一时期内各个公司的应得收入和已得收入进行轧差,计算出净额清算方式。

无论在任何网络化运营环境下(包括共线运营环境),从经营核算实体的角度看,网络化运营都是线路运营公司之间的合作,票款收入的所在方必然为起讫车站所属的某一个或两个线路运营公司。由于车站、线路、线路运营公司的一致性,因此,理清票款收入的车站,即可确定各公司的已收票款,结合票款清分算法得到的各公司赢得票款,即可实施票款的清算。

6.2.2.1 票款去向

按照乘客购票行为的各种可能性,票款的去向有以下几种情况:

① 从起点站 S_o 购票上车,任意车站下车无补票,全程票款存在于 S_o 所在线路的运营公司。

② 从起点站 S_o 购票上车,在本线的终点站 S_d 下车并补票,全程票款存在于 S_o 所在线路的运营公司。

③ 从起点站 S_o 无票上车,在本线的终点站 S_d 下车并补票,全程票款存在于 S_o 所在线路的运营公司。

④ 从起点站 S_o 购票上车,在非本线的终点站 S_d 下车并补票,全程票款分别存在于 S_o、S_d 所在的两条线路的运营公司。

⑤ 从起点站 S_o 无票上车,在非本线的终点站 S_d 下车并补票,全程票款存在于 S_d 所在线路的运营公司。

可以看出,对于乘客的一次出行,线路 j 的运营公司上获得票款的情况有:线路 j 有车站作为起点站时,在①~③三种情况下获得全部票款,在④情况下获得部分票款;线路 j 无车站作为起点站,有车站作为终点站时,在④情况下获得部分票款,在⑤情况下获得全部票款。

6.2.2.2 流程设计

据上述分析,设计确认票款所在地及其相应票款额的流程。流程的相关参数设定如下:

假设 L 家线路运营公司,分别运营 m 条线路。k 表示线路运营公司($k=1,2,\cdots,L$);j 表示线路($j=1,2,\cdots,m$)。由于线路对应唯一的线路运营公司,在通过线路上的车站判断票款所在运营公司的思路下,不妨令 $k=j$。

假设 W 表示乘客的出行路径总数;w 表示第 w 个出行路径。

S_o、S_d 分别表示乘客出行路径的起讫车站;由于票款只存在于起讫车站,此处可简化站点序列为(S_o,S_d)表示某一出行路径。

E_j 表示线路 j 的已收票款。

E_o、E_d 表示乘客在起讫车站的购票补票款额。

设计流程的具体步骤如下:

⓪ 初始化,输入线网信息、检票验票及票款信息,并置 $j=1$。

① 置 $w=1$,$E_j=0$。

② 提取第 w 个(S_o,S_d)的出行路径并记录。

③ 判断出行路径中的起点站 S_o 是否属于线路 j,如果是,则进行④;否则,转到⑦。

④ 提取此次路径的起点站验票信息中的购票款额 E_o。

⑤ 判断 E_o 是否为零,如果是,则转到⑦;否则,进行⑥。

⑥ 计算该出行中起点站所在的线路运营公司 k 的收入,$E_j=E_j+E_o$。

⑦ 判断出行路径中的终点站 S_d 是否属于线路 j,如果是,则进行⑧;否则,转到⑪。

⑧ 提取此次路径的终点站验票信息中的补票款额 E_d。

⑨ 判断 E_d 是否为零,如果是,则转到⑪;否则,进行⑩。

⑩ 计算该出行中终点站所在的线路运营公司 k 的收入,$E_j=E_j+E_d$。

⑪ 判断是否所有的出行路径已被处理,如果是,则输出运营公司 k 的已收票款,并进行⑫;否则,令 $w=w+1$,转到②。

⑫ 判断是否所有的线路已被处理,如果是,则结束;否则,令 $j=j+1$,转到①。

确认票款所在公司及其相应票款额的算法流程如图 6-3 所示。

根据 k 公司的应得票款和已收票款,计算两者的差额,即线路运营公司 k 与其他公司之间的最终票款给付或提取值。

6.2.3 网络化运营环境下的票款清算

一般网络化运营环境是指列车仅在其配属的本线运行,相互衔接的不同线路之间依靠乘客在换乘站的自行换乘实现路径接续,列车不进入其他公司线路运营。目前国内所有城市都属于这种情况。

对于某乘客的某次出行,AFC 系统可以读取终端设备内记录的票据信息,确定乘客在线网内的起讫车站和换乘车站,进而确定其出行路径及其所涉及的运营线路,按照运营里程,得到各线路在出行中的运营比例。

线路与线路运营公司的对应关系是固定的,无论一对一还是多对一关系,都可通过线路确定唯一的线路运营公司。因此,当经营核算实体为线路运营公司时,可通过线路确定唯一的经营核算实体。

由于网络化运营环境下,一条线路仅开行本线线路运营公司的列车,经营核算实体为本线线路运营公司。因此,可以将线路与经营核算实体一一对应。以此出行中的各线路的运营比例及各运营公司的贡献比例,结合票款收入,即可得到公司的应得票款。

利用 AFC 系统的基础数据,一般网络化运营环境下的票款清分可以采用有障碍换乘条件下的清分方法。假设某乘客的出行路径由 m 条线路、$n+1$ 个站组成。采用统一的符号 q 表示某个 O-D 之间实际的车票票面金额;采用站点序列 $S_0,S_1,\cdots,S_i,\cdots,S_n$ 表示某一出行路

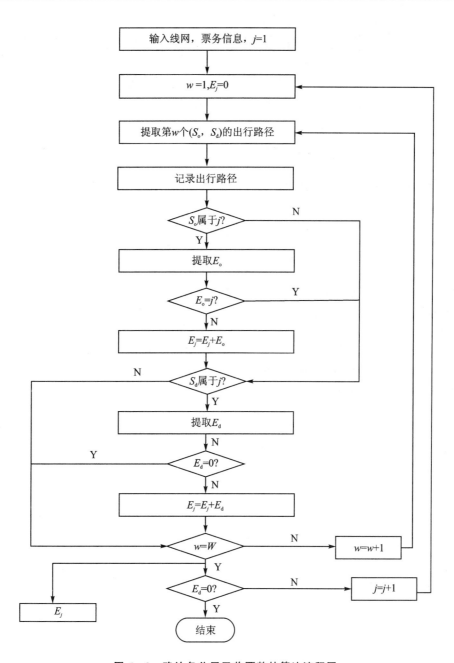

图 6-3 确认各公司已收票款的算法流程图

径；以 $L_i = |S_{i-1} - S_i|$ 表示从 S_{i-1} 到 S_i 的运营里程数。

对于线路 j，其分到的票款收入可以用式(6-3)进行计算。

当线路与经营核算实体是一对一关系时，线路的计算值即为经营核算实体的应得票款；当两者是多对一的关系时，将同一线路运营公司的线路款数值之和作为其经营核算实体的应得票款。

6.3 网络化运营票价票制的制定及票价听证

兼顾乘客、企业(地铁运营公司)、政府三者的利益,是制定城市地铁票价的基本原则。在网络化运营条件下,要综合考虑各方利益,兼顾各条线路的各自情况,制定合理的票制以及票价。

6.3.1 网络化运营票价研究

6.3.1.1 票价制定需考虑的因素

1. 企业运营成本及效益

地铁企业虽然具有一定经营性,但因其具有投资大、运营成本高、财务周期长、政府定价、公益性强等特点,国内外大多数城市都将地铁定位为"准公共产品",因此,其定价不能单纯依据全成本来制定,要充分考虑其公益性,可以通过政府在财政及政策上的支持,以低于或等于运输成本的票价,向乘客提供以社会效益最大化为目标的客运服务,在社会效益最大化的前提下兼顾企业的经济效益。

2. 乘客承受能力

承受能力与当地人均可支配收入有直接关系,通常需要对居民的消费结构进行统计分析,按交通费用占居民收入平均比例推算乘客的承受能力。另外,也可采用针对性的抽样调查方式,通过问卷等直接了解乘客的承受能力。

3. 其他城市公共交通工具的比价关系

地铁作为城市公共交通中的一员,其价格要与公交车、出租车建立合理的比价关系,通常认为,地铁票价应高于公交车,同时低于出租车。

4. 其他城市地铁票价水平

我国已有多个城市开通地铁,各城市根据当地政府的财力情况和经济发展水平,采用了具有本地城市特色的地铁票价方案,在制定票价时不能盲从其他城市,要从当地实际情况出发,实事求是地定价。

6.3.1.2 定价策略

定价策略主要是研究票价在不同的约束条件下为达到定价目标应采取何种对策,也即要寻求实现目标的最佳途径。目前,运输企业在遵循定价原则前提下,主要根据客运市场的运输需求价格弹性、运输需求的交叉价格弹性和运输弹性等因素采取具体的行为准则。

1. 运输需求的价格弹性

运输需求的价格弹性是定价策略制定的最直接、最重要的影响因素。运输需求受到各种因素的影响,但影响的作用程度是不同的,即当某个因素发生一定程度的变化后,运输需求究竟能发生多大程度的变化,这就需要对运输需求的弹性大小做定量分析。运输需求的价格弹性是指运输需求的影响因素价格发生一定幅度的变动后,运输需求对其反应的灵敏程度。可根据微观经济学理论,一般的需求价格弹性计算公式如下:

$$E_d = \frac{\frac{\Delta Q}{Q}}{\frac{\Delta P}{P}} \qquad (6-12)$$

式中，E_d 为运输需求对价格的弹性系数值；Q 和 ΔQ 分别为需求量及相应的变动量；P 和 ΔP 分别为票价及相应的变动量。

当 $E_d < 1$ 时，客运需求量变化的百分比小于票价变化的百分比，表示为客运需求缺乏弹性的情况；当 $E_d > 1$ 时，客运需求量变化的百分比大于票价变化的百分比，表示为需求富有弹性的情况；当 $E_d = 1$ 时，需求量变化的百分比等于票价变化的百分比，表示为需求具有单位弹性的情况。值得注意的是，出行者对城市的交通需求呈现多样性，因而对票价敏感度是不同的。因此，应该从几个不同层面对客运需求价格弹性进行分类分析，如从不同出行目的、不同费用支付方式、出行时间（高峰期与非高峰期）、长途出行与短途出行以及长期与短期、出行者的收入水平等方面进行需求弹性分析。一般地，对于需求缺乏弹性的客运市场，票价的上升会引起总收益的增加；反之，若需求富有弹性，则票价上升会引起总收益减少；在需求价格弹性等于 1 的特殊情况下，票价的变动不会影响总收益。因此，在制定票价时，针对不同弹性水平的客运需求应采取不同的定价策略。

2. 运输需求的交叉价格弹性

运输需求的交叉价格弹性是分析某种交通方式的客运需求受其他交通方式价格影响程度的有效工具。分析不同交通方式之间的需求交叉价格弹性，对轨道交通运营企业的策略制定具有十分重要的实用价值和现实意义，其计算公式如下：

$$E_{AB} = \frac{\dfrac{\Delta Q_B}{Q_B}}{\dfrac{\Delta P_A}{P_A}} \tag{6-13}$$

式中，E_{AB} 为 A 与 B 两种交通方式之间的交叉价格弹性，即 A 交通方式票价的升降对 B 交通方式运量需求增减的影响程度；Q_B 和 ΔQ_B 分别为 B 交通方式客运需求量及相应的变动量；P_A 和 ΔP_A 分别为 A 交通票价及相应的变动量。

当 $E_{AB} < 0$ 时，即交通方式 A 的票价提高引起了交通方式 B 的需求量下降，表示交通方式 A 与交通方式 B 之间是互补关系；当 $E_{AB} > 0$ 时，表示交通方式 A 与交通方式 B 之间是替代关系；当 $E_{AB} = 0$ 时，即交通方式 B 的需求量并不随着交通方式 A 的价格变动而发生变动，表示交通方式 A 与交通方式 B 之间既不是互补关系，也不是替代关系。

3. 运输弹性

国民经济增长速度与运输需求增长速度之间的弹性关系称为运输弹性，用公式表示为

$$E_n = \frac{N}{M} \tag{6-14}$$

式中，E_n 为运输弹性系数；N 为运输需求增长速度；M 为国民经济增长速度。

运输弹性的发展规律是：在经济发展初期，由于基础设施建设的大量兴起和劳动密集型经济所占比重较大，交通运输量急速增长，其增长速度高于经济增长速度，运输弹性系数大 1；当经济发展水平达到一定程度后，交通运输的增长速度减缓，与经济几乎同步增长，运输弹性系数接近 1；之后，交通运输的增长速度将低于经济增长速度，运输弹性系数小于 1。

6.3.1.3 分区段计程票价制方案研究

采用计程票价制方案的本意是遵循市场经济规律，按实际乘距的大小收取和支付不同的费用。在一定程度上，这是运营部门和乘客都可接受的方案，是合情合理的计价方案。根据我

国城市轨道交通的发展趋势,分段计程票价方案将是未来国内大多数轨道交通企业将会采用的计价方法,因此,对分区段计程制票价的研究势在必行。

采用分区段计程票价,是固定一个基本票价,然后按照乘距的递增而增加票价。其计算式如下:

$$F = P + R_1 \times D_1 + R_2 \times D_2 + \cdots + R_n \times D_n \qquad (6-15)$$

式中,F 为票价;P 为基本票价;$D_1, D_2, \cdots, D_n$ 为乘距;$R_1, R_2, \cdots, R_n$ 为随乘距增加而递减的票价率。根据这一思路,计程票价方案制定可分为4步执行。

1. 确定平均票价水平

不论是采用何种票制,其票价方案的确定均是以按人次或人·公里确定的平均票价水平为基础。平均票价水平的概念是以一定时间内轨道交通所承担的客运总量或周转量为基础,平均到承担每1人次或每1人·公里所应收取的费用。

2. 确定票价率和收费区段

这里所指的票价率是扣除基本票价后的折算平均票价率。其计算式可表示为

$$票价率 = \frac{平均票价 - 基本票价}{平均运距} \qquad (6-16)$$

在实际的收费操作中,考虑到找零的方便性以及费进制取整为原则,即计程票价根据乘距远近在基本票价的基础上以1元为加价标准,则每一个计程区段长度可以表示为:计程区段长度=1/票价率。确定出每一个计程区段长度以后,根据平均站间距把计程区段长度换算为乘车区间数,以此确定几个乘车区间为一收费区段。

3. 确定计程区段

收费区间过多,对客运管理、票务管理等压力较大,特别是对售、检票设备的要求较高,故计费区间数量的确定关系到客运企业的运营效率,意义重大。现暂定3种方案,以供比较。

(1) 按实际乘距确定,不确定最高限

按乘客的乘距确定收费标准,乘距越长收费越高,随着乘客的1次可乘车距离的延长,收费区间数量逐渐增加。

此种方案符合市场价值规律,乘距长交费多,对长短途乘客都比较合理。但根据多年的运营经验:可乘车距离越长,实际乘车距离最长的乘客占总乘客的比例就越小。也就是说增设这个档次的计费区间,对票款收入的影响并不大,但是对设备的要求就要增加很多,管理难度也会加大。

(2) 按实际乘距确定,但确定最高限

在一定范围路网内,根据乘客不同乘距的划分,将乘距相对集中区域划分等级,对乘距较长,所占较小比例的范围划分1个档次,确定为最高限,降低收费区间数,以便于客运、票务等日常管理。

此种方案对乘距集中的乘客按乘距计费,而对于乘距过长的乘客,则确定一个最高限,超出界限的乘距属于优惠,这样便于吸引长距离乘客,由于其占总量的比例较小,则对票款收入的影响并不大。同时减少了设备,降低了运营成本。

(3) 按实际乘距,逐渐增加优惠

轨道交通运输,具有大容量、快捷、舒适的特点,对乘客出行具有较大吸引力。从轨道交通、公交乘客的对比资料看,轨道交通乘客的乘距相对公交乘客而言要长得多。显然轨道交通

运输对长距离乘客有较强的吸引力。而对于短途乘客而言，轨道交通运输快捷、舒适的优势与进出站、换乘及相对票价的劣势相比并不占优，所以轨道交通的吸引力也就相对减弱，这是客观规律。所以在制定计程票制时，应该考虑尽可能多的吸引中长途乘客，对短途乘客只要把握相对合理的角度，使其可接受就不会失去太多短途乘客。

此种方案既照顾了短途，也照顾了长途，对于乘距不长，从距离上感觉乘坐地铁、公交均可的乘客，确定最低票价以尽可能吸引；对于长途出行，从时间上感觉乘坐地铁、出租车均可的乘客，以价格优势最大可能地吸引这部分乘客。最大限度发挥轨道交通的运输能力，也就是最大额度地获得运输收益。

综合比较分析以上3种方法，认为第3种方法较合理，它充分体现了轨道交通运输中长距离运输的功能。因此，推荐第3种方法作为制定计费区间的方法。

4. 计程票价制方案的确定

根据以上的分析，计程票价是基本票价与里程票价的总和。采用计程票制，是轨道交通运输企业适应市场经济发展、提高企业管理水平、实现自我价值体现的必要举措，同时也是企业利用市场经济规律来达到降低运营成本、增加运营收入、减少政府补贴，努力通过提高企业自身"造血"机能，使轨道交通事业的发展步入良性循环的关键一步。

6.3.1.4 分时段票价制可行性分析

轨道交通的客流是动态变化的，但在一定的时间与范围内，其变化总具有某些规律性，这种变化归根结底是通过该地区的社会经济活动、生活方式以及轨道交通系统本身的特点来反映。客流的基本特征在于它沿时间和空间分布的不均衡性。

分时段票价制通过不同时段的不同票价来引导交通需求，以实现社会经济效益的优化。实行分时段票价制的前提条件是，在轨道交通运营的高峰时段与非高峰时段，乘客需求的价格弹性是不同的。从目前国内已运营的轨道交通线路客流的分布特征来看，客流的高峰期一般都出现在居民的上下班时间，在此时段里乘客更关注于时间的紧迫性，对于票价的敏感程度较低，因此，在此时段发行较高价位的高峰票，不但不会造成客流的大量损失，反而会使客运收入大幅增加；在客运的非高峰时段，乘客对票价的敏感程度明显大于高峰时段，在此时段通过发行优惠折扣价票，可以吸引乘客，减少线路运能的虚糜。即高峰时段的价格需求弹性小于非高峰时段的价格需求弹性。

研究表明，行程越远受票价影响越小，长距离出行客流量相对于轨道交通较为稳定，因而分时段票价制的确定应尽可能多地吸引中短途客流。轨道交通线路建成运营后，为了使轨道交通和常规公交能各自发挥其运输优势，与轨道交通线路走向一致的常规公交线路应进行调整，一般经调整后轨道交通车站与常规公交站点相重叠的以2~3个区间居多。这段区间内的客流中包括了一部分因轨道交通票价高，而选乘价廉公共汽车的中短途乘客，也是分时段优惠票价所能吸引的对象。

分时段票价方案具有一定的可行性。当然在具体的操作中，还要进行广泛宣传，每个车站公布高峰与非高峰两张票价表（分时票价），既有利于提高轨道交通的吸引力，又使广大市民享受到更多公共交通的实惠、快速和便利。总体而言，在非高峰期实行分时段票价制作为一种策略会使消费者进一步得益，提高了轨道交通的效用，因此，我国城市轨道交通的发展应积极探索分时段票价制方案实施的可能性。

6.3.1.5 票制与票种

票制是指票价的结构。目前国内外轨道交通现行的票制大体上可分为两大类，即：基本票制和辅助票制，其中应用较为广泛的是单一票制和计程票制。票制分类示意图如图6-4所示。

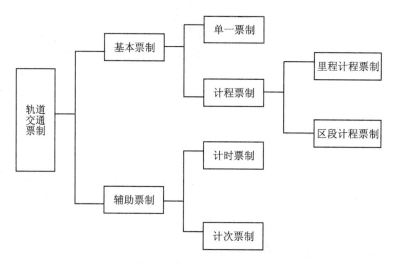

图6-4 票制分类示意图

单一票制是不论乘车距离的远近都支付相同的票价。单一票制一般适用于小范围的交通网络，在运营里程较短、运营线路单一的情况下，乘客乘距在较小范围内波动，制定单一票价基本上能反映价值与价格的关系。同时，在单一票制情况下乘客使用方便，运营企业票务管理和实际操作简便，优势较为明显。但是在运营规模较大的网络中，单一票制无法同时兼顾长途和短途乘客的需求，必将造成轨道交通票价与运输价值的长期背离，导致实际客运量与运输能力之间的矛盾。

计程票制又可分为里程计程票制和区段计程票制。

里程计程票制是以1公里作为基本计价单位，累计加价的计程票制。里程计程票制的优点是收费标准精确合理，在规模较大的交通网络中能够精确反映价值与价格的关系，有效地兼顾长、短途乘客需求，实现客运量与运输能力之间的平衡。但是要保证收费标准精确合理，必然要制定多个收费等级，同时计费难以取整。因此，此种票制的系统复杂程度很高，必须依托高效的自动化设备。在实际应用中，轨道交通运营企业的票务管理和实际操作繁琐，乘客使用十分不便。

区段计程票制是以规定里程作为基本计价单位，累计加价的计程票制。区段计程票制有效地弥补了单一票制和里程计程票制的缺陷。这种票制基本上能够反映价值与价格的关系，兼顾长、短途乘客需求。同时，设置的收费等级相对较少，计费易于取整。在运用中，既减轻了运营企业票务管理和实际操作的复杂程度，又能够方便乘客使用。鉴于区段计程票制的多种优势，在各国城市轨道交通网络规模不断扩大基础上，这种票制逐渐被各运营企业广泛应用。

城市轨道交通车票从运营管理的角度出发，按乘行次数的不同，可将票种分为单程票、储值票、定值票等；按使用期限的不同，可分为日票、周票、月票、季度票、年票等；按持有人的不同，可分为学生票、老人票、福利票、员工票等；按优惠幅度的不同，可分为全额票、优惠票等。

第6章 城市轨道交通网络化运营的票务政策及决策

为更好地分析车票流转过程,一票通车票根据管理方式可划分为回收类车票与非回收类车票两类。

从发行机构及应用范围来分,有一卡通和一票通两种。一卡通由城市公共交通行业指定部门来发行,适应整个城市所有的公共交通行业;一票通由轨道交通行业指定部门来发行,用以实现轨道交通线路间无障碍换乘。对于一票通车票,根据票种属性的不同,常分为两类。第一类,单程类车票,仅单程有效使用,一般包括普通单程票、纪念单程票、出站票、往返票及带行李单程票等;第二类,储值类车票,可多程有效使用,根据需要可充值再使用,一般包括储值票、计次票、限期票、区域票、员工票等。

1. 回收类车票

回收类车票主要指除纪念单程票外的单程类车票,包括普通单程票、出站票、往返票及带行李单程票。回收类车票在轨道交通中代币使用,由自动售票机、半自动售票机发售,当日有效,票款在购票时写入,出站时根据进出站信息判断购买的票款是否足够,以决定是否合法放行,不能充值。回收类车票中的往返票,首次出站时乘客可以带出,但是回程到达目的地时由出站闸机回收。在轨道交通常用的单程类车票中,除纪念票外均属于回收类车票,这类车票可以在地铁系统内循环使用。

2. 非回收类车票

非回收类车票是指可以存储金额或乘坐次数的IC介质车票,轨道交通中的纪念单程票和储值类车票属于该类车票。储值类车票允许乘客一次购买充值,多次使用,乘客购买时交付押金。储值类车票在进站闸机上写入进站信息,出站时根据进出站信息扣除乘资,车票不回收;超时出站,则根据运营规定追加乘车费用;票内余额不足时,需在补票亭对储值票进行充值再扣费出站。

回收类及非回收类车票的流转过程与票务的运作模式有关,在对其分析前需要对票务的运作模式进行讨论。城市轨道交通在建设初期往往处于单线运营阶段,车票的流转过程为二级管理体系,但随着城市的发展,轨道交通将由单线运营进入到网络化运营阶段,AFC票务管理系统必将在网络化运营环境下运作,以往的二级管理体系已不能满足以后轨道交通网络化发展的需要,因此需对网络化运营环境下车票的运作模式重新进行探讨。

(1) 模式一

车票运作管理是采取线网集中的方式,配票层次为中央—车站,适用于各线路隶属同一个运营公司的情况或线路运营初期,如图6-5所示。第一部分是清分结算中心(AFC Clearing Center,ACC),主要负责中央票库的管理,包括车票的采购、制作以及车票的整体流通业务。第二部分是车站票务管理部门(Station Computer,SC),主要负责车票在车站的使用及管理,包括车票发售、充值等业务服务工作,以及车站内部车票的流通。

(2) 模式二

车票运作采取集中和分布相结合的方式,适用于线路分属不同的运营公司,如图6-6所示。第一部分是清分结算中心(制票中心),主要负责中央票库的管理,包括车票的采购、制作以及车票的整体流通业务。第二部分是线路票务管理部门(Line Central,LC),主要负责线路票库的管理及本线路各车站间的车票流通管理。第三部分是车站票务管理部门,主要负责车票在车站的使用及管理,包括车票发售、充值等业务服务工作,以及车站内部车票的流通。

图 6-5 票务运行模式一

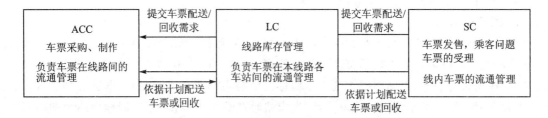

图 6-6 票务运行模式二

（3）模式三

车票运作管理采取线网集中的方式，配票层次为中央—车站，设专门的车票配送部门。如图 6-7 所示。第一部分是清分结算中心（制票中心），主要负责中央票库的管理，包括车票的采购、制作、库存管理以及车票的整体流通业务。第二部分是车站票务管理部门，主要负责车票在车站的使用及管理，包括车票发售、充值等业务服务工作，以及车站内部车票的流通。第三部分是专门的配送部门，主要是根据车站管理部门和制票中心提交的车票配送/回收需求制订计划，根据配票计划将车票配送到指定车站，将车站设备产生的废票及可循环使用的车票统一回收送制票中心处理。

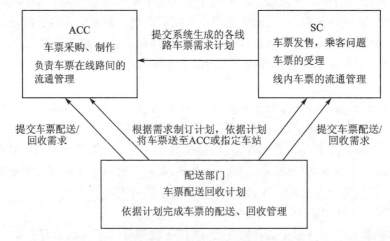

图 6-7 票务运行模式三

6.3.2 网络化运营票价定价模型研究

由于不同交通方式之间运营成本、运载率均存在较大差别，要实现多种方式的优势互补，提高整个城市客运系统的运行效率,合理的定价模型显得至关重要。目前,国内外的大部分定价理论认为轨道交通的票价(客运商品价格)与客流量(客运商品的需求量)是以需求曲线为依据同时变化,根据不完全市场竞争理论,客运量 Q 是票价 P 的函数,即 $Q = Q(P)$。传统上,典型的需求函数描述的客运需求与票价是线性关系,即

$$Q = a - bP \tag{6-17}$$

式中,a、b 是待定参数,且 a、b 均大于 0。而从理论上讲,票价对客运需求的影响应该不是常数,因此,需求函数应该是非线性的,为此,通常采用如下的指数需求函数,即

$$Q = aP^\tau \tag{6-18}$$

式中,a 为常数;τ 为价格弹性系数,$\tau < 0$。

应当指出,出行者对交通方式的选择具有多样性。在多模式的交通系统中,某一种交通方式的票价水平会影响到出行者对其的选择,进而导致该方式的客流量的变化。式(6-15)、式(6-16)的需求函数模型未考虑多种交通方式竞争下票价的变化对客流量的影响,而是孤立地从运输经济学的角度研究它们之间的关系,针对这种不足,应该结合出行者的方式选择行为建立了基于 Logit 概率选择的分担率定价模型。然而,Logit 模型的 IIA 特性使得其结果可能出现"红蓝公交车"类似问题。当选择支之间存在相似性而仍然直接使用 Logit 模型时,就会过高评价具有相似性的选择支群,而不能很好地准确把握各交通方式客流量之间的关系。同时,城市公共交通发展至今,已成为一个集常规公交、快速公交、轨道交通等多种模式于一体的综合系统,轨道交通在其网络化过程中与其他交通方式之间的匹配关系越来越紧密,容易造成出行者在进行交通方式选择会考虑到的因素,但在研究时却观测不到。为此,提出如下基于 NL 概率选择的分担率定价模型。

1. Nested Logit(NL)模型基本原理

作为行为决策的个人在一个可以选择的选择分支相互独立的集合中,会选择认为对自己效用最大的选择分支,这一假定称为效用最大化行为假说。如果令 U_{in} 为个人 n 选择分支 i 时的效用,C_n 是与个人对应的选择集合,那么当 $U_{in} > U_{jn}, \forall j \neq i \in C_n$ 时,认为个人 n 将选择 i。

一般来说,个人 n 对选择支 i 的效用 U_{in} 会随着选择支特性和个人的社会经济特性的不同而改变,可表示为

$$U_{in} = U_{in}(SE_n, A_{in}) \tag{6-19}$$

式中,SE_n 为个人 n 的社会经济特征向量;A_{in} 为对个人 n 来说选择支 i 的特征向量。

根据以随机效用理论为基础的离散选择模型,公式(6-17)可以表示为

$$U_{in} = V_{in} + \varepsilon_{in} \tag{6-20}$$

式中,V_{in} 为与可观测的要素向量 X_{in} 相对应的效用的确定项,$V_{in} = V_i(X_{in})$;ε_{in} 为由不能观测的要素向量 $\overline{X_{in}}$ 以及个人特有的不可观测的喜好造成的效用概率变动项。$\varepsilon_{in} = U_{in}(\overline{X_{in}}) + \Delta U_{in}(X_{in})$;$\Delta U_{in}$ 为反映个人 n 特有的喜好与平均的个人喜好的差函数。

当各选择支的效用按上式表达时,任意个人选择支集合 C_n 中的分支 i 的概率为

$$\begin{aligned}
P_{in} &= \text{prob}[U_{in} > U_{jn}, \forall j \neq i \in C_n] \\
&= \text{prob}[V_{in} + \varepsilon_{in} > V_{jn} + \varepsilon_{jn}, \forall j \neq i \in C_n] \\
&= \text{prob}[\varepsilon_{jn} < V_{in} + \varepsilon_{in} - V_{jn}, \forall j \neq i \in C_n]
\end{aligned}$$

多项 Logit 模型(Multinomial Logit Model, MNL)的选择概率为

$$P_{in} = \frac{\exp(\lambda V_{in})}{\sum_j \exp(\lambda V_{in})} \tag{6-21}$$

针对传统 MNL 模型中存在的 IIA 特性,即两个不同选择支的选择概率的比值与其他选择支的效用函数不相关,Ben Aliva 等人用选择支按树状结构分层表示的 NL 模型来增强相似选项之间的联系和相关性,以及解决传统的 IIA 特性。NL 模型先根据相关性把 MNL 模型中的选项分为几个大类,作为 1 层,然后再把各类细分为几个小类,以此类推形成多层模型,每一层都是 1 个 MNL 模型。1 个 NL 模型是由多个 MNL 模型分层组成的系统。处于上层的模型通过条件概率约束下层模型,而下层模型的 Logsum 作为上层模型的 1 个变量。由于本研究用到 2 层的 NL 模型,下面对图 6-8 所示的 NL 模型选择支树状加以介绍。

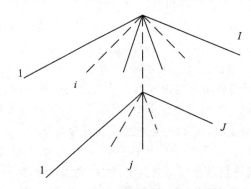

图 6-8 NL 模型的选择支树状

设 i 是上层的选择支,j 是下层的选择支,P_{ijn} 是选择支 i 和 j 的同时选择概率,$P_{j/in}$ 是在上层选择 i 的条件下,在下层选择 j 的条件概率,P_{in} 是在上层选择 i 的概率,$V_{j/in}$ 是在上层选择 i 的条件下,在下层选择 j 的确定项效用,V_{in} 是在上层选择 i 的效用的确定项。λ_1 和 λ_2 分别是与只同下层有关的效用的概率项的方差相对应的参数,以及与同时考虑上、下层的效用的概率项的方差相对应的参数。为了保证模型满足效用最大化理论,λ_1 和 λ_2 应满足关系 $1 \geqslant \frac{\lambda_1}{\lambda_2} > 0$(当 $\lambda_1 = \lambda_2$ 时,模型即为通常的 MNL 模型),且在实际计算过程中,通常令 $\lambda_1 = 1$,则由随机效用理论及条件概率得各选择支的选择概率,即

$$P_{jin} = P_{j/in} \cdot P_{in} = \frac{\exp(\lambda_1 V_{j/in})}{\sum_j \exp(\lambda_1 V_{j/in})} \cdot \frac{\exp[\lambda_2(V_{in} + V_{in}^*)]}{\sum_i \exp[\lambda_2(V_{in} + V_{in}^*)]} \tag{6-22}$$

式中,V_{in}^* 是 NL 模型的核心概念,一般称为合成效用项,$V_{in}^* = \frac{1}{\lambda_1} \ln \sum_j \exp(\lambda_1 V_{j/in})$。

效用函数可以用各种函数形式来表达,但通常考虑结果分析的容易性及系数标定上的方便,目前广泛采用下面的线性函数形式,即

$$V_{in} = \sum_{k=1}^{K} \beta_k x_{kin} \tag{6-23}$$

式中,x_{kin} 是个人 n 选择支 i 的第 k 个变量值;β_k 是待定系数,其标定将根据调查统计数据进行。

2. 定价模型

交通方式的划分,依照不同的划分原则会有不同的划分结果。现研究按照不同交通方式

在系统中的定位不同及所服务的对象不同,将可供乘客选择的交通方式分为常规公交、轨道交通、私人小汽车及出租车4种。这4种交通方式按照所服务的对象不同可分为公共交通和私人交通2种。其中,在研究中视为私人交通方式的私人小汽车和出租车是针对个体的服务方式,具备无须等待、无须衔接,直接提供站到站的服务优势。而公共交通针对的服务对象是群体,具备大容量、人均占用道路资源少的特点,在研究中可将承担绝大部分客流的常规交通和轨道交通视为公共交通。

因此,按交通方式划分的2层NL模型选择树的示意图如图6-9所示。

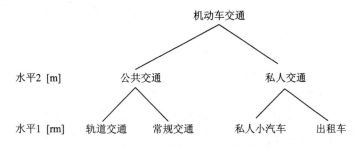

图 6-9 按交通方式划分的 NL 模型示意图

由式(6-20)可知,按图6-9交通方式划分的城市轨道交通网络的分担率为

$$P_{11} = \frac{1}{1+\exp(V_{2/1}-V_{1/1})} \cdot \frac{1}{1+\exp[\lambda_2(V_2-V_1+V_2^*-V_1^*)]} \quad (6-24)$$

式中,$V_1^* = \ln[\exp(V_{1/1}) + \exp(V_{2/1})]$;$V_2^* = \ln[\exp(V_{1/2}) + \exp(V_{2/2})]$。

城市轨道交通在居民交通总出行量中的分担率在其网络化过程会随之发生变化。因此,在已知城市轨道交通网络的分担率及其他交通方式的效用函数的情况下,根据式(6-22)即可得出轨道交通的平均票价。

6.3.3 网络化运营票价听证研究

价格听证会由政府价格主管部门主持,是消费者直接参与定价的重要形式。进行票价听证有利于沟通经营者与消费者之间的联系,加深相互理解,促使经营者加强经营管理,提高消费者心理承受能力,使价格决策形成多方制约的格局,提高政府制定价格的科学性、全面性,减少盲目性、片面性。作为价格听证制度的一种,我国轨道交通收费实施价格听证制度属于狭义的听证范畴。轨道交通收费价格听证是依法必须进行的听证,轨道交通收费关系到广大人民的切身利益,对日常工作与生活影响重大。因此有关部门在制定相关的政府调节价、政府定价时应当举行听证会。

1. 票价听证的意义

(1) 提高收费服务质量的需要

实行价格听证,使社会净福利和消费者剩余有所增加。在近两年的居民消费价格中唯有垄断性服务业的价格水平非但居高不下,且还不断上涨。轨道交通收费价格听证的实行有望改变这一现象,使消费者得到服务好、价格低的实惠。

(2) 消除乘客与轨道交通经营者之间矛盾的需要

在轨道交通收费听证会上,通过经营者与乘客之间面对面的质疑和解答,彼此之间加深理解,使经营者、乘客和社会各方面的利益得以维护,矛盾得以消除。听证会吸纳了调价的承受方——乘客,乘客的意见成为政府定价的一项重要参考内容,政府价格决策部门综合社会各方面意见后再制定最终价格,易为乘客接受。

(3) 制约轨道交通行业垄断经营的需要

听证制度建立起政府决策部门、经营者和利益相关人共同参与、相互制约的新的价格决策机制,使价格决策的结果更加民主、科学和公正。轨道交通行业垄断因其经济技术优势,形成与社会公众、管制部门之间严重的信息不对称。听证会的好处是将轨道交通行业垄断的价格决定由过去面对政府改为直接面对消费者、面对全社会的公众。这样,一是可以使行业垄断面向群众,直接与消费者沟通,增强群众观念;二是可以增加行业垄断的市场意识,避免垄断经营者在制定营销策略时"闭门造车",与实际情况脱节。

(4) 提高政府定价的科学性、公正性、民主性的需要

轨道交通收费价格听证会制度是价格决策民主化和科学化的体现,是让消费者直接参与定价的重要措施。它遵循"发扬民主、广开言路、实事求是、集思广益"的原则,参加听证会的各方代表,可以对调定价的必要性、可行性发表意见,不仅便于消费者与经营者之间面对面地质疑、答辩,还可以通过新闻媒介的宣传与报道,使定价过程公开化,从而提高政府价格的科学性、合理性,使定价更加切合实际。

2. 轨道交通收费价格听证存在的问题

(1) 听证会代表的遴选不够科学

在轨道交通收费价格听证会代表中沿线人员、乘客占听证代表比例不高且处于谈判弱势地位,有的甚至暗箱或灰箱操作。轨道交通收费价格听证会的代表应该具有足够的广泛性、代表性,听证会才能在政策的制定中真正成为沟通政府民众的"桥梁"。如何确保其代表性、公正性,却缺乏严格的操作规程,难以保证利益相关人的声音都能带到会上。

(2) 会前准备时间不足

听证会材料送交听证会代表的时间太短,准备时间不够。根据《价格听证办法》的规定,材料送至听证会代表的时间是至少在举行听证会 10 日前。这些听证资料信息量大、数据复杂、专业性强。短短 10 天内,与会代表甚至很难将资料看完看懂,更难以进行调查研究、收集整理群众意见。准备时间与准备工作量不匹配,造成了听证会信息集纳渠道不畅,必然制约听证代表的听证能力,对其参与听证会的效果产生不利影响。

(3) 听证会各方的信息不对称

由于决策制定者在制定每个方案时必然会搜集各方面的资料,对制度方案的背景了如指掌,而参加听证的人对此都知之甚少,所以听证会各方的信息往往不对称。公众参与听证程序的过程就成了一种被动的防守。实际上,控制公司运营成本是遏制涨价要求的关键所在。但是,相关商品和服务的成本资料均由经营者提供,信息严重不对称,公众想建议、政府想监管无从谈起。

(4) 听证会结果不公开

一些听证会虽然参加代表大都反对原有方案,但最后既定方案仍能通过。听证会公布的结果往往是行政决定结果,而不公开听证结果,听证会成了"走过场",没有起到应有的作用。在这方面的问题在某些高速公路收费价格听证会中也存在,使听证会成了涨价会。

(5) 配套法规不健全,普法宣传力度不够

《价格法》对于价格听证制度只作了原则性的规定,没有具体加以规范。因此其操作性不

强,导致价格主管部门在实际操作过程中缺乏具体的规范指导。尤其对于违反听证程序,违反规定价格行为的法律责任的不明确,阻碍了听证制度的有效实施。同时,对现行《价格法》普法宣传力度不够,广大消费者对该法,尤其是价格听证制度知之不多,也影响了轨道交通收费价格听证会作用的发挥。

6.3.4 网络化票务运营与城市交通卡接口研究

交通卡在轨道交通的主要应用包括售卡、充值、消费、补票、锁卡、退卡、修复和查询等。

交通卡与轨道交通 AFC 系统的主要接口包括:与 AFC 清分中心的交易、运营数据及清分接口,与 AFC 系统的通过自动售票机和自动检票机完成的消费平台,通过充值设备完成的充值平台,以及密钥系统等安全平台。

1. 消费接口

交通卡的主要消费应用包括在自动售票机 TVM 上购单程票,以及直接刷卡通过自动检票机 AGM。交通卡管理公司作为发卡和结算单位收取一定比例的消费手续费。

2. 充值接口

交通卡在轨道交通的充值可考虑以下 4 种方式:

① 在 TVM 上加入储值票(交通卡)模块,利用原有的纸币模块进行现金充值。

② 考虑引入银联系统的 POS 机。可以在 TVM 或自助式充值机上加上 POS 机,通过银联卡对交通卡圈存充值。由于需在线认证,充值时间会较长,且银联要收取一定的转账手续费。该方式在国内较少应用。深圳开通了该功能,但使用率较低。香港、台湾等地区地铁内也采用了银联卡充值,但应用比率很低。

③ 设置自助式充值设备,可实现通过现金、充值卡等方式对交通卡进行充值。上海、广州都是这种方式。

④ 在票亭或客服中心配置一台半自动充值设备,可实现通过现金、充值卡等方式对一卡通进行充值。南京、上海采用这种方式。交通卡公司须按照充值金额向轨道交通公司交纳一定比例的交易佣金。

3. 清算接口

清算接口主要实现与交通卡管理中心进行对账清分,提供消费数据和黑名单数据功能。根据交通卡管理中心的技术要求,交通卡黑名单及脱机消费数据采用文本文件以 FTP 方式与 AFC 清算中心进行交换。锁卡通知文件用于每日将所有需锁定的黑名单 IC 卡通知 AFC 清算中心,便于 AFC 清算中心管理。在交换过程中,交通卡中心作为 SERVER(服务)端,轨道交通清分中心作为 CLIENT(客户)端。自动对账只针对正常消费记录,不对消费灰记录;灰记录定期手工对账;采用 TCP/IP 短连接方式,通过 WinSock 通信,交通卡管理中心作为服务器方,轨道交通作为客户端,连接后即可发送报文,对账结束后关闭连接。初期以人工对账为主。

4. 安全管理接口

由于交通卡管理公司掌握了建设事业 IC 卡城市密钥,所以应负责向轨道交通发行行业密钥,并提供交通卡相关消费密钥 PSAM 卡。同时,管理公司向轨道交通开放交通卡的数据结构,满足轨道交通运营以及与公交之间优惠换乘的需要。交通卡在公交领域的充值认证全部采用由交通卡管理公司的后台加密机集中认证方式,不采用加值密钥 ISAM 卡。

复习思考题

1. 简述影响轨道交通票务清分的影响因素。
2. 说明在有障碍换乘条件下的清分步骤。
3. 说明在无障碍条件下的清分步骤,熟悉最短路径票款清分方法。
4. 简述 AFC 系统的发展历史、架构层次及其功能。
5. 简述网络化运营条件下票价制定的影响因素、定价策略以及网络化交通环境下的票价定制模型。
6. 简述票价听证政策的优缺点以及所存在的问题。
7. 简述交通卡的接口种类以及各接口的功能。

第7章 城市轨道交通网络化运营设施设备 RAMS 规划设计

RAMS(国内通常称为系统保证管理),即在系统全寿命周期内针对可靠性(Reliability)、可用性(Availability)、维修性(Maintainability)、安全性(Safety)四种系统固有的特性进行管理。

7.1 城市轨道交通网络化运营设施设备 RAMS 控制策略

近年来,轨道交通工程安全形势日益严峻,一些轨道公司开始实践有别于传统管理方式的全寿命周期安全过程控制的理念。城市轨道全寿命周期安全过程控制的理念来源于欧盟的 RAMS(可靠性、可用性、可维修性、安全性)标准,它们之间的关系是密切的。

欧盟标准 EN 50126:2000 用于铁路的 RAMS 技术规范和论证(包括 EN 50128、EN 50129 等),对铁路和城市轨道交通基于系统安全的过程控制进行了很好的解读。按标准规定,系统被划分为 14 个阶段。

该标准为轨道交通主管部门及其支撑工业提供了系统安全过程控制的流程,具有以下 2 个特点:

① 这一流程主要是为城市轨道交通车辆和各种机电设备提供的,不包括土建系统(如车站、区间隧道、维修基地等)的安全。

② 这一流程是从系统概念出发,经过构思策划、可行性论证、设计、生产制造、试运转、正式运转、维修直到报废的全过程,是通用的、普遍适用的流程。

7.1.1 RAMS 的概念

RAMS 管理起源于 20 世纪 70 年代,首先应用于民航、核电、军工等领域。从 20 世纪 80 年代起,轨道交通行业引入了 RAMS 管理。

目前,RAMS 管理已在国外轨道交通行业获得广泛应用,并取得良好成效,但在我国还处于起步阶段。国内深圳 4 号线、北京 4 号线、成都 1 号线、上海 10 号线、苏州 1 号线等项目,在不同程度上运用了 RAMS 管理技术。深圳 3 号线借鉴先进地区的 RAMS 管理经验,在机电设备系统的规划、设计、制造、安装、调试和验收的建设全过程运用了 RAMS 管理。

1. 可靠性

可靠性指产品在规定条件下和规定时间内完成规定功能的能力。可靠性常用指标有故障率 $\lambda(t)$、平均故障间隔时间 MTBF、可靠度 $R(t)$ 等。从产品可靠性形成过程来看,可以将可靠性划分为固有可靠性和运用可靠性。通过设计、制造形成的可靠性称为固有可靠性,而产品在使用条件(包括保管、运输、操作和维修等)下,保证固有可靠性发挥的程度称为运用可靠性。在国际标准 IEC 62278—2002 和国家标准 GB/T 2156E—2008 中,列出了设备的可靠性指标,如表 7-1 所列。

表 7-1 轨道交通可靠性指标示例

指　标	符　号	量　纲
故障率	$Z(t), \lambda$	故障数,时间,距离,循环
平均能工作时间	MUT	时间,距离,循环
平均失效时间/距离	MTTF,MDTF	时间,距离,循环
平均故障时间/距离	MTBF,MDBF	时间,距离,循环
故障概率	$F(t)$	无量纲
可靠度	$R(t)$	无量纲

2. 维修性

根据国际标准 IEC 60050(191)的规定,维修性定义为:在规定的条件下和规定的时间间隔内,按规定的程序和资源进行维修时,能够完成规定维修工作的能力。

由上述定义可知,维修性具有如下特征:

① 维修性是通过设计而赋予产品的一种固有属性。由于维修性参数是随机变量,只具有统计上的意义,因此维修性要用概率表示,称为维修度。

② 规定的条件包括维修人员熟练程度,维修设备、工具、备件是否有保障,甚至还包括技术数据是否齐全,操作是否方便,维修规程、规范是否合理,维修后勤保障是否充分等。

③ 规定的时间是指维修时间。维修时间越长,所得到的维修度愈大。正常的产品维修时间与其寿命相比应该是短暂的,也就是说维修度具有快速性。只有这样,产品故障才能及时得到诊断和排除,尽快地投入使用。

④ 规定的程序和资源是指按照预先规定的程序和资源进行维修。这是十分必要的,不仅可以提高维修度,还可以降低维修费用,延长产品寿命,减少故障发生频率。否则维修后反而会降低其可靠性。因此制定详细的维修规程和规范,规定和明确维修性的技术要求,还要考虑使用的故障检测装置,设定检测部位,使检测程序标准化等。

在国际标准 IEC 62278—2002 中,列出了适用于轨道交通的维修性指标,如表 7-2 所列。

表 7-2 维修性指标

指　标	符　号	量　纲
平均停机时间	MDT	时间,距离,循环
平均维修时间间隔/距离	MTBM/MDBM	时间,距离,循环
MTBM/MDBM,修复性(c)或预防性(p)	MTBM(c)/MDBM(c), MTBM(p)/MDBM(p)	时间,距离,循环
平均维修前时间	MTTM	时间
MTTM,修复性或预防性	MTTM(c),MTTM(p)	时间
平均修复时间	MTTR	时间
误判率	FAR	时间$^{-1}$
故障范围	FC	无量纲
参照范围	RC	无量纲

第7章 城市轨道交通网络化运营设施设备RAMS规划设计

3. 可用性

可用性是反映产品效能的主要特征之一。可用性的定义是：可以维修的产品在某时刻具有或维持规定功能的能力(GB 3187—1994)。

由上述定义可知，可用性有如下特征：

① 可用性是产品可靠性和维修性的综合表征。对可修复产品而言，总是希望其工作时间要长，非工作时间要短。因此不仅要关心产品的可靠性，即不易出现故障的可能性如何，而且还要关心产品一旦出现故障应能尽快修复，使其早日投入正常运行。因此综合考虑可靠性和维修性的广义可靠性就是可用性。

② 和可靠性、维修性一样，可用性也可用概率表达，称为可用度，即在任意随机时刻，当任务需要时，产品可投入使用状态的概率。

③ 这里要强调的是，可用性定义是针对"某一时刻"的，而不是"某一时间间隔"，因此它表征某一特定时刻要进行该项工作的完好程度。

④ 可用性不但与工作有关，而且还是维修时间的函数，随着工作时间和维修时间的不同，可用性也不相同。

在 IEC 62278—2002(GB/T 21562—2008)中列出了适用于轨道交通的可用性指标，如表7-3所列。

表7-3 可用性指标

指　　标	符　　号	量　　纲
可用度	$A(.)=MUT/(MUT+MDT)$	无量纲
固有可用度	A_1	
达到可用度	A_a	
使用可用度	A_0	
车队可用度	$FA=$(可用的车数/车队)	无量纲
正点率	SA	无量纲

4. 安全性

安全性在国标 GB 3187—1982 中的定义为：在设计时为使产品失效不致引起人身物质等重大损失而采取的预防措施。

① 安全性研究的对象是人、物和环境，可以是硬件，例如机车车辆；也可以是软件，例如计算机程序等。

② 与安全性相对应的概念是危险性。所谓安全性评价就是对产品的危险性进行定性和定量分析，得出产品发生危险的可能性及其程度的评价，以寻求最低事故率，最少损失和最优的安全投资效益。

③ 安全性好坏要求对风险进行风险分析。风险的概念包括两个方面：一方面是导致危险的一个事件或多个组合事件出现的概率或频率；另一方面是事件导致危险的后果。

④ 安全性是指抵御损害风险的能力，常用概率来度量这一"能力"，轨道交通系统采用的评价指标主要是事故发生的概率。相应的评价方法是故障模式、影响分析(FMEA)和风险评估以及故障树分析(FTA)。

在国际标准 IEC 62278—2002 中,列出了适用于轨道交通的安全性指标,如表 7-4 所列。

表 7-4 安全性指标

指　　标	符　　号	量　　纲
平均危险故障间隔时间	MTBF(H)	时间,距离,循环
平均安全性故障间隔时间	MTBSF	时间,距离,循环
危险率	$H(t)$	故障数/时间,距离,循环
与安全性相关的故障概率	$F_s(t)$	无量纲
安全功能概率	$S_s(t)$	无量纲
恢复安全的时间	TTRS	时间

RAMS 由上述"四性"组成,它们之间是紧密相连的,如图 7-1 所示。对于可用性与可靠性、维修性关系来说,当可靠性越高时故障间隔时间越长,而且维修性越好时维修时间越少,总的使用时间越长,故可用性就越高。对于安全性来说,当可靠性越高,发生故障概率越低,故障导致的安全事故越少,而且维修性越好产品维修后状况越好,发生安全事故概率越低,故安全性越高。

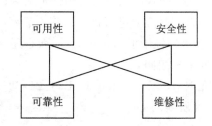

图 7-1 轨道交通 RAMS "四性"间的相互关系

7.1.2 引进 RAMS 的必要性

在城市轨道交通建设与运营工作中,往往存在以下情况:

① 因为工期紧张等因素,对运营阶段的要求考虑不够充分,从而最终影响了运营品质。

② 对运营阶段的表现虽然提出了具体指标要求,但这些指标尚未完全从整个寿命周期的设计、制造安装及运营阶段分摊,也就不能逐级保证这些指标的实现。

③ 对制造商及其分包商的产品质量、成本等的控制尚显不足。

④ 缺乏平衡城市轨道交通这样大型项目的安全风险与成本效益的必要措施。

⑤ 国内对城市轨道交通标准体系的建设还处于起步阶段,在当前的建设与运营中,可遵循的标准还不足够。

1. 确保城市轨道交通项目整体运作、增进效益的要求

RAMS 管理应用范围广泛,可以在城市轨道交通项目全寿命周期的各个参与单位、各个阶段中实施。通过实施 RAMS 管理,在城市轨道交通项目所涉及的各个阶段,遵循与实施拟定的 RAMS 指标,保证轨道交通系统在投入服务时已被充分整合,满足有关可用性、可靠性、可维护性、安全性等要求,确保最终交付的系统切合需要,能以最佳成本持续达到安全及运营表现等方面所需的标准,提高项目运作的效率与效益。

2. 确保城市轨道交通安全的要求

韩国大邱地铁和中国香港地铁的火灾同为人为纵火,但是由于安全管理水平差距明显,事态的结局大相径庭。2003 年 2 月 18 日的大邱地铁纵火案,造成 130 人死亡,140 人受伤,地面交通严重瘫痪,之后半年多才重新开始运营。而香港 2004 年 1 月 5 日发生的地铁纵火案,仅用4分钟就被扑灭,紧急疏散所有乘客约1200人,没有出现骚乱,仅轻伤14人。该方向列车服务在中断25分钟后即恢复正常。

我国城市轨道交通正处于建设高峰期,但工程项目管理和运营管理经验相对不足,项目参与各方经验参差不齐,工程风险和安全隐患不同程度地存在着,更需要系统的安全管理。它不仅有助于尽快地降低灾害的影响,最大限度地保障人民生命财产安全,也有助于在实现安全目标的同时,在安全、质量与成本之间获得平衡。RAMS管理是达到上述目的的有力工具。

3. 规范城市轨道交通行业管理的要求

国内城市轨道交通行业的状况显示,虽然在设计建造时采用了许多保障轨道交通系统安全高效运营的措施,但在实际运作过程中涉及的问题仍然非常多。对这些问题的解决,目前无论从理论研究层面,还是具体实践层面,尚未形成一个完整的体系。

因此,必须大力推进轨道交通的标准化研究和建设工作,同时加快国际标准等的引入工作,以提高我国城市轨道交通行业的国际竞争能力,解决城市轨道交通发展中积累的问题,促进国产化设备的发展。

7.1.3 ALARP及可容忍性风险

RAMS在安全管理中引进了"风险"概念,改变了传统安全管理的事后性,在危害发生前即进行前瞻性的风险管理;采用鉴别可能危害等级、监察/更新、控制、评估等一系列手段管理各个阶段的风险,从而保证系统安全。RAMS管理中同时引入了目前英国铁路安全管理中普遍应用的"低至合理可忍受程度原则",即ALARP(As Low As Reasonable Practicable)原则,如图7-2所示。

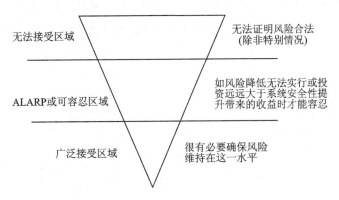

图7-2 ALARP原则示意图

将设施设备发生事故的频率和危险程度进行不同的分级,对不同的事件进行危险程度的分类,并套入ALARP原则之中,以此得到不同设备的维护等级和程度,如表7-5所列。

其中Ⅰ等级表示该事件处于无法接受的区域,Ⅱ和Ⅲ等级表示处于ALARP区域,而Ⅳ等级表示事件处于大体上可以接受的区域。

在城市轨道交通设备的安全管理中涉及三类风险:

第一类:足够大的风险(图7-2中"无法接受区")。这些风险是不允许的,不能以任何理由认为其是合理的。如果风险的等级不能降低至此界限以下,则不能进行此项目。

第二类:足够小的风险(图7-2中"广泛可接受区")。可忽略这些风险,即不需要采用任何方式或方法去减低它,当然必须将该区域的风险始终保持在该等级水平上。

表 7-5 不同事件的频率和危险程度分类

频率	结果			
	灾难性的	严重的	一般的	可忽略的
经常	Ⅰ	Ⅰ	Ⅰ	Ⅱ
很可能	Ⅰ	Ⅰ	Ⅱ	Ⅲ
偶尔	Ⅰ	Ⅱ	Ⅱ	Ⅲ
不可能	Ⅱ	Ⅱ	Ⅲ	Ⅳ
非常不可能	Ⅲ	Ⅲ	Ⅳ	Ⅳ
绝不可能	Ⅳ	Ⅳ	Ⅳ	Ⅳ

第三类:介于第一、二类之间的风险(图 7-2 中"ALARP 或可容忍区域")。必须采取适当的、可行的、合理成本下的方法将其降到可以接受的最低程度;同时,必须对风险降低而花费的代价进行评估,在风险和代价之间进行平衡。

为此,在安全管理过程中,可通过风险来平衡成本、表现、安全、客户服务和公众责任的不同要求。针对不同的风险,采用不同的处理方式,既保证系统的安全可靠,又界定了合理的成本,避免了过分追求系统的安全性能,或过分追求成本节约等问题;同时对风险的考虑贯穿系统的整个寿命周期,增强了安全管理的连续性和有效性。

7.1.4 RAMS 管理流程

RAMS 管理各阶段工作的关系如图 7-3 所示的 V 形结构,以"制造"阶段为分界点。左侧分支包含为规划、设计、制造过程,以制造为终点;右侧分支为安装、调试、验收、运营及停用处理的过程。

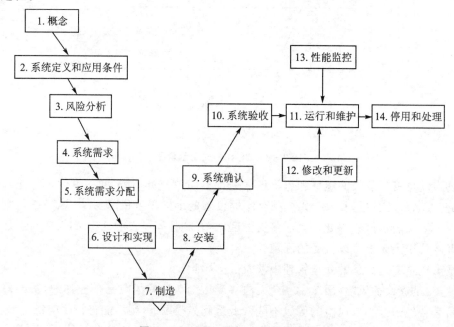

图 7-3 RAMS 设备 V 形管理流程

产品的 RAMS 特性是产品的固有特性,正如产品的功能参数一般,它是设计、制造、管理出来的。在左侧分支的各阶段,产品的 RAMS 特性就逐步形成,所以此阶段必须作为 RAMS 管理的核心阶段。右侧分支的安装、调试、验收作为 RAMS 特性验证阶段,如发现了不满足系统需求时,必须进行必要的设计变更。

RAMS 管理为循环的精进过程,可以通过如图 7-4 所示的验证和确认关系表示。验证与确认的区别在于所处阶段的不同。验证是指各阶段都要确定上一阶段的成果是否满足本阶段的要求;确认是指在最终系统验收阶段,需要确定系统在各阶段和安装调试后同样满足各方面的要求。

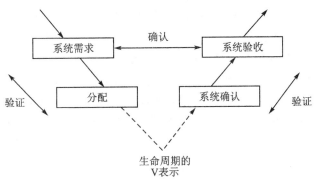

图 7-4 生命周期的确认与验证关系

7.2 城市轨道交通网络化运营设施设备全生命周期管理

"设备资产全寿命管理"(即全系统、全寿命、全费用)创新理念、方法和技术正逐渐成为设备资产现代化管理的主流方向,设备寿命周期费用(Life Cycle Cost,LCC)技术是其核心组成部分,该技术以 LCC 最小或最佳效/费比为决策判据,为设备资产一生管理科学决策提供有力的支撑,随着 LCC 理念的逐渐普及,许多研究人员、制造商和使用方都认识到从 LCC 的角度管控设备费用的重要性,既要关注一次性的研制费和购置费,更要重视多次重复性使用的保障费用,后者通常是前者的几倍。但是,如何管控,使 LCC 最小,投资回报率最大,仍在积极探讨和实践中。

7.2.1 城市轨道交通系统设施设备系统的组成

城市轨道交通运营设备的主体是车辆。正是因为车辆的产生、发展和演变,才导致了当前多种形式的城市轨道交通模型。对土建工程师来说,车辆类型的选定也就意味着结构断面的不确定。对于某时间段内的运量,可以采用大车、大长度、大的时间间隔的方式来解决,也可以选用小车、小长度、缩短发车的时间间隔来解决同一运量。表面上看,这是解决运输的理念不同,其实不同运输理念的背后,常常受许多技术因素的影响。例如要缩短发车的时间间隔,就需要许多先进的技术作支撑,否则是难以实现的。如前所述,现代社会对公共交通的要求非常高,所以就必须要有众多的先进设备作保证。

目前,就城市轨道交通中最为普遍的地铁与轻轨而言,除车辆系统之外,还必须包含以下设备系统:

① 供电系统 由变电所、接触网(或接触轨)、电力监控设备等组成。
② 通信系统 分有线通信和无线通信等。
③ 信号系统 由连锁装置和列车运行控制系统组成。
④ 防灾报警系统 目前主要是火灾自动报警系统,由火灾报警控制器和火灾探测器以及火灾联动控制装置组成。
⑤ 自动售检票系统 这是最近30年出现的技术,可以提高售票的效率,减少工作人员。
⑥ 通风空调系统 这又与换气方式以及隧道和站台的分割关系有关,目前有三种基本系统:开式系统、闭式系统、屏蔽门系统。
⑦ 给排水及消防系统 实际上这是完整地解决生活、生产、消防的用水和排水问题。除了这些设备系统之外,为了便于了解轨道交通的运行状态并及时处理各种突发事件,通常要设置控制中心,既可以一条线设置一个,也可以多条线共设一个。与控制中心相类似的还有车辆段和综合基地,这是保证轨道交通正常运行的后勤基地,可以按线单独设置,也可以多线共建。

上述设备有些是为了保证行车所必须设置的,如供电、信号、通信等;有的则是面向乘客的,如自动售检票、通风空调、防灾报警等;有的是既为车辆服务又为乘客服务的,如给排水与消防系统。显然,设备系统的技术水平主要取决于机电科学和电子科学。

7.2.2 轨道交通设施设备的生命周期

轨道设备 RAMS 寿命周期是按照车辆 RAMS 工作的需要,将设备寿命周期划分为不同的时间阶段。设备寿命周期按照国际标准(IEC 60300—2)划分为 6 个阶段:

① 论证阶段 粗估费用,获得费用可承受性的信息,作为项目能否立项的依据之一,初步明确费用的主要因素和确定费用设计的指标。
② 方案阶段 估算 LCC 并作为决策准则以权衡各备选方案,优选出在费用、进度、性能之间达到最佳平衡的设备、设计方案、生产方案、使用方案和保障方案等。
③ 研制阶段 进一步细化 LCC 的估算和分析,修正以前估算结果,LCC 从设计要素转化为项目控制要素,保证产品的性能和费用符合要求。
④ 生产阶段 精确估算出各项费用,开展生产工程、价值工程方面的工作,控制与降低 LCC。
⑤ 使用阶段 利用发生的费用信息,继续估算验证 LCC,提出设备更新、改造、延寿以及使用与维修的改进措施以降低 LCC。
⑥ 退役阶段 确定设备残值,控制处置费用。整理、积累各种费用资料,计算 LCC 实际值归档并反馈信息。

轨道列车设备 RAMS 寿命周期按照国际标准 IEC 62278—2002(GB/T 21562—2008)则划分为 14 个阶段,即概念、系统定义和应用条件、风险分析、系统技术要求、系统技术要求分配、设计和实现、制造、安装、系统确认、系统验收、运用与维修、性能监测、改进与改型、退役和处置阶段,如表 7-6 所列。本节根据国际标准 IEC 62278—2002(GB/T 21562—2008)中 RAMS 寿命周期各阶段 RAMS 工作的目的、技术要求、交付成果及其确认和验证活动,评估了轨道列车产品 RAMS 技术要求的使用范围和应用条件,将 RAMS 各阶段工作融入到产品寿命周期阶段,使之适合于所研究系统的技术要求。其中将 RAMS 拆分为 RAM 和安全性两个方面的工作。

第7章 城市轨道交通网络化运营设施设备 RAMS 规划设计

表 7-6 轨道列车设备 RAMS 寿命周期阶段

寿命周期阶段	该阶段常见的风险	该阶段 RAM 工作	该阶段安全性工作
1. 概念	确立轨道交通项目的范围和目的； 定义轨道交通项目概念； 进行费用分析和可行性研究； 建立管理机构	对以前获得的 RAM 进行评审； 考虑项目中 RAM 关系	对以前获得的安全性能进行评审； 考虑项目中安全性间关系； 评审安全性策略和安全指标
2. 系统定义和应用条件	建立系统任务剖面； 准备系统描述； 鉴定运行和维修策略； 鉴定运行条件； 鉴定维修条件； 鉴定现存结构约束的影响	评价以前的 RAM 经验数据； 完成基本 RAM 分析； 制定 RAM 策略； 鉴定长期的运用和维修条件； 鉴定现存结构约束对 RAM 的影响	评价以前的安全性经验数据； 完成基本危险分析； 制定全面的安全性计划； 定义安全性容忍准则； 鉴定现存结构约束对安全性的影响
3. 风险分析	开展风险分析相关项目	执行风险分析； 更新 RAM 计划	完成系统危险性和安全性风险分析； 建立危险日志； 完成风险评价
4. 系统技术要求	承担技术要求分析； 确定系统全面技术要求； 确定环境； 定义系统全面技术要求的验证和验收准则； 建立确认计划； 建立管理、质量和组织技术要求； 推行动态的控制方法	确定系统全面 RAM 要求； 定义全面的 RAM 验收准则； 定义系统功能结构； 建立 RAM 规划； 建立 RAM 管理	确定系统全面安全性要求； 定义全面的安全性验收准则； 定义安全性相关的功能要求； 建立安全性管理
5. 系统技术要求匹配	分配系统技术要求； 确定子系统和零部件技术要求； 定义子系统和零部件验收准则	分配系统 RAM 技术要求； 确定子系统和零部件 RAM 技术要求； 定义子系统和零部件 RAM 验收准则	分配系统安全性指标和要求； 确定子系统和零部件安全性技术要求； 定义子系统和零部件验收准则； 修订系统安全性计划
6. 设计和实现	编制计划； 设计和开发； 设计分析和试验； 设计验证； 实施和确认； 后勤保障资源的设计	通过评审、分析、测试和数据评估实现 RAM 方案，包括： 可靠性与可用性； 维修与维修性； 最优维修策略； 后勤保障。 承制方控制，包括： RAM 方案管理； 子合同商或供应商的控制	通过评审、分析、测试和数据评估实现安全性计划，包括： 危险日志； 危险分析和风险评价； 论证与安全性相关的设计决策。 开展方案控制，包括： 安全性大纲管理； 子合同商或供应商的控制； 准备通用安全性论证报告； 若可能，准备通用的应用安全性论证报告

续表 7-6

寿命周期阶段	该阶段常见的风险	该阶段 RAM 工作	该阶段安全性工作
7. 制造	编制生产计划； 制造； 零部件生产和试验； 准备文件； 建立培训	完成环境应力筛选； 完成 RAM 增长试验； 启动故障报告和纠正措施系统	通过评审、分析、试验和数据评估实施安全性计划； 使用危险日志
8. 安装	组装系统； 安装系统	开始维修人员培训； 建立备件和工具供应	建立安装程序； 实施安装方案
9. 系统确认	试运行； 完成运用试运行阶段； 承担培训	完成 RAM 验证	建立试运行计划； 制定试运行方案； 准备应用特定的安全性论证报告
10. 系统验收	根据验收准则实施验收程序； 编撰验收依据； 投入运用； 运用考核	评价 RAM 验证工作	评价应用特定安全性论证报告
11. 运行和维修	系统长期运行； 进行计划内维修； 完成计划内培训	备件与工具的计划内采购； 完成计划内以可靠性为中心维修与后勤保障	承担以安全性为中心的维修； 完成计划内安全性能检测与危险日志所要求的维修
12. 性能检测	收集运行性能统计资料； 数据的采集、分析和评估	性能及 RAM 统计资料的收集、分析、评估和应用	性能和安全性统计资料的收集、分析、评估和应用
13. 修改和更新	实施修改请求程序； 实施修改和更新程序	考虑修改和更新后 RAM 关系	考虑修改和更新后安全性关系
14. 退役和处置	制定退役和处置计划； 执行退役工作； 进行处置工作	无 RAM 活动	建立安全性计划； 进行危险分析和风险评价； 执行安全性计划

在寿命周期的每个阶段都有验证和确认的工作，它们与整个系统的验证工作是一个整体，每个阶段的验证和确认工作是整个系统 RAMS 工作的保证。

7.2.3 LCC 技术

设备寿命周期费用（Life Cycle Cost，LCC）指的是设备/项目从立项论证开始到退役报废所经历的全部时间内，为其论证、研制、生产、使用与保障以及退役处置所需的直接、间接、一次性、重复性和其他有关所有费用贴现累计的总和。不管资金的渠道与关系如何，所有相关的费用均应包括在内。其包括：

(1) 初投资(购置费)

用户为获得该产品和设备所需的初始保障而一次性投入的全部资金。(设备的购置费用、安装调试费和其他费用。)

(2) 运行费

设备在寿命周期内正常使用运行过程中发生的费用,包括:人员费、能源费(电、水、气、汽、燃料、油)、消耗品费、培训费、技改费用、诊断监测费用、各类数据与计算机资源所需费用等。

(3) 维修费用

设备投入使用后至退役前,对其进行维修与保障所发生的费用,包括:各种修理类别(大、中、小维修、临修等)所需的备件与修理零件、各种检测设备、维修和保障设施、维修保障管理、各种培训、人员、各类数据与计算机资源等方面发生的费用。

(4) 环保费用

为了消除由于设备制造、投入使用后造成对环境的污染,满足环保要求需要的额外投入的资金或支付的环保罚款等,包括:设备前期环保研究、采用环保材料、防护措施、环保设施等增加的投入,以及使用阶段各种废物、废料、废水、废气的处理等发生的费用及环保罚款。(系统/设备的环保费用含在各个阶段费用中。)

(5) 后果费用(不可用性费)

指因发生故障进行恢复性修理和预防性维修期间不能产生,不能正常使用,包括设备系统效率和性能下降(电压、频率不足)所造成的损失。除由于功能丧失的直接损失费用外,还包括公司形象、信誉的损害、收入的减少、服务的补充、保单的费用、责任费用等。

(6) 退役处置费用

设备处置阶段发生的费用。

从全生命周期的角度来看,采购以及研发的费用只占整个生命周期的一小部分,而包括使用、维护维修、后果费用(系统效能下降造成的费用)以及系统报废的费用占到了一大部分,其示意图如图 7-5 所示。

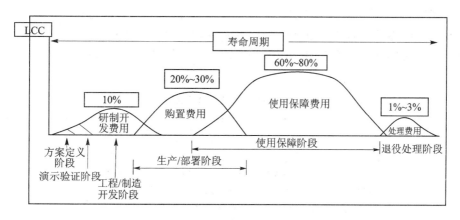

图 7-5 寿命周期各费用所占比例

影响 LCC 的最活跃因素是项目的可靠性(R)、维修性(M)、保障性(S),其强调的是性能、费用、进度、保障等的综合权衡,以取得最佳的匹配。可靠性、维修性、安全性越高,产品购置费越高,但是保证了今后运营中较低的故障率和维修成本,使运营费用降低,故根据实际情况选取合适的可靠度,可以有效降低寿命周期费用,如图7-6所示。

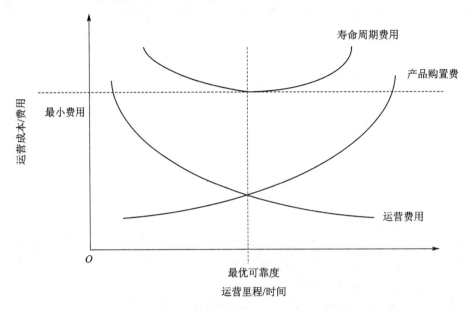

图7-6 寿命周期内费用与可靠度的关系曲线

7.3 城市轨道交通危险源识别与控制

7.3.1 城市轨道交通危险源识别

7.3.1.1 危险源的识别

危险源是指可能造成人员伤害、职业病、财产损失、作业环境破坏或这些情况组合的根源或状态。危险源识别是确认危险源的存在并确认其特性的过程,实质是找出组织中存在的人的不安全行为、物的不安全状态、作业环境中存在的危害因素及管理缺陷。

危险源主要包括物理性危险源、化学性危险源、生物性危险源、心理或生理性危险源和行为性危险源,如表7-7所列。

表7-7 危险源分类表

危险源	主要内容
物理性危险源	设备设施缺陷(强度不够,刚度不够,稳定性不良,外露运动件等); 防护缺陷(无防护,防护装置和设施缺陷,防护不当,防护距离不够等); 电危害(带电部位裸露,漏电,雷电,静电,电火花等); 噪声危害(机械性噪声,电磁性噪声,流体动力性噪声等); 振动危害(机械性振动,电磁性振动,流体动力性振动等); 电磁辐射(电离辐射,X射线,高能电子束等); 运动物危害(固体抛射物,液体飞溅物,反弹物,岩土滑动,气流卷动等); 明火

续表 7-7

危险源	主要内容
物理性危险源	能造成灼伤的高温物质； 能造成冻伤的低温物质； 粉尘与气溶胶； 作业环境不良(基础下沉,安全过道缺陷,有害光照,通风不良,缺氧,空气质量不良,给排水不良,气温过高,气温过低,自然灾害等)； 信号缺陷(无信号设施,信号选用不当,信号不清,信号表示不准等)； 标识缺陷(无标识,标识不准,标识不规范,标识位置缺陷等)
化学性危险源	易燃易爆性物质；自燃性物质；有毒物质；腐蚀性物质
生物性危险源	致病微生物；传染病媒介物；致害动物；致害植物
心理或生理性危险源	负荷超限(体力,听力,心理复合超限等)； 健康状况异常； 从事禁忌作业； 心理异常(情绪异常,冒险心理,过度紧张等)； 辨识功能缺陷； 其他心理、生理性危险源
行为性危险源	指挥错误；操作失误；监护失误

7.3.1.2 危险源识别方法

1. 应关注的三种状态

① 常规状态。正常生产过程中危险源的存在方式。

② 非常规状态。可以分成三种情况：

➢ 异于常规、周期性或临时性的作业活动；

➢ 偶尔出现、频率不固定、但可预计出现的状态；

➢ 由于外部的原因(如天气)导致的非常规状态,如启动、关闭、试车、停车、清洗、维修、保养等。

③ 潜在的紧急情况。具体分为两种：

➢ 往往不可预见其后果的情况；

➢ 后果是灾难性的、不可控制的情况,如火灾、爆炸、严重的泄漏、碰撞及事故。

2. 识别危险源的步骤

① 识别准备。主要包括三个内容：确定分工；收集识别范围内的资料；列出识别范围内的活动或流程涉及的所有方面。

② 分类识别危险源。可以从厂址和厂区平面布局、建(构)筑物、生产工艺过程、生产设备和装置、作业环境、管理措施 6 个方面进行分类识别。

③ 划分识别单元。识别单元是分类识别危险源的细化,可以按照工艺、设备、物料、过程来细化。同类的过程或设备可以划为一类识别对象,识别对象不宜过粗或过细。

④ 危险源的识别。先找出可能的事故伤害方式,再找出其原因。

⑤ 填写危险源登记表。

7.3.1.3 危险源识别的范围

城市轨道交通危险源的识别涉及员工的健康与安全、行车安全、设备安全、消防安全、交通安全、乘客及相关方安全、财产损失、列车延误等范畴。

危险源识别范围包括城市轨道交通覆盖区域及其他相关范围内的生产经营活动、人员、设施等。根据城市轨道交通管理及其他活动情况,可分成以下类别:

① 按地点划分:轨道交通沿线各车站、车辆段、OCC(控制中心)大楼、办公楼等。

② 按活动划分:常规活动、非常规活动、潜在的紧急情况。各活动所包含的主要内容如表7-8所列。

表7-8 各活动的主要内容

活动类别	主要内容
常规活动	运营服务活动:依据运营时刻表组织列车运营,客运服务过程,设备设施的设计、安装、调试、验收、接管、使用过程。 公共活动:相关部门均有的活动,包括办公、电梯、叉车、消防设施、空调、空压机、抽风机使用,化学物品搬运、储存、废弃等。 间接活动:为运营服务活动提供支持的活动,主要包括物资仓库管理、检验、物料采购、食堂管理等
非常规活动	设备设施维护保养、消防及行车疏散演习、因公外出、合同方在总部的活动(如工程施工、维修、清洁等)
潜在的紧急情况	如火灾、爆炸、化学物品泄露、中毒、台风、雷击、碰撞等事故事件

7.3.1.4 划分危险源事故类型

在进行危险源识别前必须把危险源事故类型确定下来,以防止危险源识别不清晰、不全面。通过借鉴国标《企业职工伤亡事故分类》(GB 6441—1986)及分析城市轨道交通运营过程可能产生的行车事故/事件、列车延误及财产损失等事故类别,确定了危险源事故类型表,如表7-9所列。

表中可能引发行车事件/事故的设备缺陷事件和行为事件及行车事件/事故这两个事故类型是一种从属的关系。即可能引发行车事件/事故的设备缺陷事件和行为事件类型的风险属于行车事件/事故事故类型风险的危险源。涉及这种从属关系的事故类型可把运营过程中可能发生的重要风险所涉及的危险源划归到相关部门进行控制。

7.3.1.5 划分危险源识别对象

在各部门列出识别范围内的活动或流程所涉及的所有方面后,选用合适的设备分析法、工艺流程分析法或其他划分方法,根据事故类型划分危害事件,并根据以下内容划分危险源识别对象。

① 对车辆设备大修的活动,可按照其工艺流程分析法划分识别对象。

② 对设备维护及保养的活动,可按照以设备分析法为依据划分的设备作为危险源识别对象,并结合活动实施过程划分。

③ 使用设备时可根据具体操作过程划分。

④ 根据采购、存放、检测设备的过程划分。

表 7-9 危险源事故类型

类别编号	事故类别名称	备注	类别编号	事故类别名称	备注
1	物体打击	伤害事故	15	噪声聋	职业病
2	车辆伤害		16	尘肺	
3	机械伤害		17	视力受损	
4	起重伤害		18	其他职业病	
5	触电		19	健康受损	健康危害
6	淹溺		20	财产损失（2000元以上）	无伤害事件/事故
7	灼伤		21	列车延误	无伤害列车延误事件
8	火灾		22	行车事件/事故	含人员伤亡的事件
9	高处坠落		23	可能引发行车事件/事故的设备缺陷	引发行为事件的危险源
10	坍塌				
11	容器爆炸		24	其他事件/事故	无伤害
12	其他爆炸				
13	中毒和窒息				
14	其他伤害				

⑤ 根据行车组织、客运组织过程划分。

⑥ 针对每一危险源辨识对象，参考危险源事故类型表，识别可能存在的事故/事件，并登记在危险源辨识及风险评价登记表中。

7.3.2 城市轨道交通主要危险因素及分析

城市轨道交通系统的运营事故受两大方面因素的影响，即内部因素和外部因素。内部因素主要是指设备设施故障、人为失误操作等；外部因素主要是指恐怖袭击、乘客携带违禁物品、自然灾害、外界事故（如停电，水、气管道破裂）等。

1. 火灾危险因素分析

① 内部火灾危险因素分析：车站、隧道以及列车内存在大量的电气设备等火灾危险因素；车站、列车内的建筑装饰材料、广告牌等为可燃材料，遇火可能会发生火灾危险；车辆、供电设备、机电设备等若处在超期服役状态，一旦发生故障，也可能导致城市轨道交通系统火灾事故。

② 外部火灾危险因素分析：乘客违章携带危险物品、吸烟和吸烟后烟蒂随处乱扔等不当处置引起的火灾危险；人为因素（如恐怖袭击、投毒、纵火等）、意外明火引起的火灾危险；地铁车站站厅乘客疏散区、站台和疏散通道内违规设置的商业网点存在发生火灾的危险，且可能会引起连锁火灾事故。

2. 列车脱轨危险因素分析

列车脱轨主要是由城市轨道交通系统内部危险因素导致的。

① 线路设计或铺设不合格，道岔伤损、轨枕伤损、道床伤损、接触扎伤损、钢轨断裂等均可能导致列车脱轨危险。

② 列车超速、列车走行部件发生故障，可能导致列车脱轨危险。

③ 地铁列车、线路设备等存在老化现象，均处在超期服役状态时，这些设备一旦发生故障，可能导致列车脱轨事故。此外，轨道周边物体侵入运营线路，如电缆伪装门坠落、抹灰层脱落等，异物侵限可引起列车损坏、列车倾覆、列车脱轨等重、特大安全事故。

3. 地铁拥挤踩踏危险因素分析

地铁发生拥挤踩踏事故有两方面原因：一是车站内人员负荷过大，车站疏散通道或疏散楼梯设置不合理，车站站台、集散厅及疏散通道内有妨碍疏散的设施或堆放物品，车站出入口存在缺陷或有突发事件发生时，都可能造成人员拥挤踩踏；二是其他原因，如地铁列车故障、火灾或其他危险状况等紧急情况发生时，也可能发生乘客挤伤、踩踏等危险。

4. 列车撞车危险因素分析

处于高速移动状态的列车，也伴随着高风险。一旦出现瞬间的设备异常或人员违章操作，可能造成撞车事故。撞车危险包括与第三方相撞、迎向相撞、迎面相撞等。

5. 地铁中毒和窒息危险因素分析

在火灾事故情况下，可能产生大量烟气，存在中毒和窒息的危险；地铁发生火灾后会产生大量的烟雾，如果通风设施故障，可能造成中毒和窒息的危险；人为恐怖袭击可能使用的有害气体等也能造成中毒和窒息。窒息包括缺氧性窒息和中毒性窒息。

6. 其他危险因素分析

城市轨道交通系统内部的电动车辆、变电所、配电室、电缆、第三轨以及风机、水泵等设备，由于设备缺陷、设计不周、防护不当等技术原因可能导致触电伤害危险。此外，由于人为的违章作业、违章操作，也可能造成触电伤害危险。乘客使用扶梯时，可能造成碰撞、夹击、卷入等伤害。扶梯正常运行状态下的乘客违章乘梯，可能造成严重的乘客摔伤。列车车厢内灯管爆裂、内侧玻璃意外脱落等均可能导致机械伤害。此外，列车在紧急启动、制动时具有很大的惯性，可能导致乘客摔伤危险。乘客手扶车门、上下车时机选择不当或地铁列车设备故障等可能导致车门夹人等机械伤害。

7.3.2.1 城市轨道交通系统事故影响危险度分析

1. 危险因素等级划分

城市轨道交通系统运营安全在世界上是非常突出且备受关注的问题，统计分析国内外城市轨道交通发生的各类事故，针对事故发生的次数、危害后果，可以对城市轨道交通存在的主要危险因素划分出等级——危险度。

$$危险度 = 严重性 \times 概率$$

危险度的计算要同时考虑严重度大小和造成某种损失或损害的难易程度，损害发生的难易性一般用某种损害发生的概率大小来描述。计算危险度的具体方法如下：

① 根据对国内外城市轨道交通事故发生情况的分析，确定严重度取值标准和危害概率取值标准。

② 按事故后果严重程度分析所得严重度分级赋值，按事故发生频次分析所得危害概率赋值。

③ 通过不完全统计，我们根据国内外事故的种类、发生的次数和后果损失情况，对影响城市轨道交通运营的危险因素等级情况进行了划分，如表 7-10 所列。

通过对城市轨道交通危险因素危险度分析可知，火灾事故的危险度值最高，人为纵火、恐怖袭击等意外事故在国外发生的次数相对较多。我国城市轨道交通历史虽然相对较短，但也不能排除其发生的可能性。

表 7-10 危险因素等级划分

事故种类	$S \times P = R$	等级序号	备注
火灾事故	$10 \times 8 = 80$	1	
人为纵火、恐怖袭击等意外事故	$10 \times 7 = 70$	2	
列车脱轨事故	$8 \times 8 = 64$	3	考虑二次事故后的窒息情况
中毒和窒息事故	$10 \times 5 = 50$	4	
拥挤踩踏事故	$8 \times 6 = 48$	5	
列车撞车事故	$6 \times 5 = 30$	6	
其他事故	$2 \times 9 = 18$	7	

2. 城市轨道交通系统过程危险分析（Process Hazard Analysis, PHA）

根据国内外城市轨道交通事故危险度分析结果，对城市轨道交通系统存在的主要危害因素进行 PHA。表 7-11 所列为火灾的 PHA。

表 7-11 城市轨道交通火灾危害 PHA 汇总

危险因素	可能发生位置	可能原因	事故后果
火灾	列车上	车辆电路短路等列车故障，车厢内可燃物着火，未熄灭的烟头，人为纵火	设备损失，中断运营，人员伤亡
	车辆段	维修段设备时违章作业，电气火灾	设备损失，人员伤亡
	车站	车站内的电气设备故障，乘客携带危险品，吸烟，吸烟后烟蒂随处乱扔等；人为纵火，站厅和通道内违规设置的商业网点发生火灾引起连锁火灾等	设备损失，中断运营，人员伤亡
	隧道	隧道电缆着火，隧道内电气设备故障起火，隧道内可燃物着火	设备损失，中断运营，人员伤亡

通过 PHA 可知城市轨道交通火灾、爆炸、列车脱轨、拥挤踩踏等危险因素均可能导致严重甚至灾难性的事故。

7.3.2.2 LEC 评价法

LEC 评价法是对具有潜在危险性作业环境中的危险源进行半定量安全评价的方法。该方法采用与系统风险率相关的 i 个方面指标值之积来评价系统中人员伤亡风险的大小。这三个方面分别是：发生事故的可能性大小 L（Likelihood，事故发生的可能性）；人体暴露在这种危险环境中的频繁程度 E（Exposure，人员暴露于危险环境中的频繁程度）；一旦发生事故会造成的损失后果 C（Consequence，一旦发生事故可能造成的后果）。风险分值 $D = L \times E \times C$。D 值越大，说明该系统危险性越大，需要增加安全措施。或改变发生事故的可能性，或减少人体暴露于危险环境中的频繁程度，或减轻事故损失，直至调整到允许范围内。

对上述几个方面分别进行客观的科学计算，得到准确的数据是相当烦琐的过程。为了简化评价过程，采取半定量计值法。即根据以往的经验和估计，分别对这三个方面划分不同的等级并赋值，如表 7-12～表 7-14 所列。

表 7-12 事故发生的可能性

L 值	事故发生的可能性
10	完全可以预料
6	相当可能
3	可能,但不经常
1	可能性小,完全意外
0.5	很不可能,可以设想
0.2	极不可能
0.1	实际不可能

表 7-13 暴露于危险环境的频繁程度

E 值	暴露于危险环境的频繁程度
10	连续暴露
6	每天工作时间内暴露
3	每周一次或偶然暴露
2	每月一次暴露
1	每年几次暴露
0.5	非常罕见暴露

根据公式 $D=L\times E\times C$,可以计算作业的危险程度,并判断评价危险性的大小。其中的关键还是如何确定各个分值,以及对乘积值的分析、评价和利用,如表 7-15 所列。

表 7-14 发生事故产生的后果

C 值	发生事故产生的后果
100	10 人以上死亡
40	3~9 人死亡
15	1~2 人死亡
7	严重
3	重大伤残
1	引人注意

表 7-15 风险域值对应表

D 值	危险程度
>320	极其危险,不能继续作业
160~320	高度危险,要立即整改
70~160	显著危险,需要整改
20~70	一般危险,需要注意
<20	稍有危险,可以接受

对于任何有人作业的具体系统,都可以按照实际情况选取三种因素的分数值,然后计算 D 值,根据 D 值大小,可以判定系统危险程度的高低。

例 7-1 某平交道口工作人员接车时,有时会被列车、汽车撞伤,或被列车坠落物件打伤。从以前 10 年的事故统计资料看,无一人死亡,轻伤仅发生两件。作业时间为每天工作 8 小时。为了评价该道口岗位作业条件的危险性,首先要确定每种因素的分数值。

① 事故发生的可能性(L):属于"可能性小,完全意外",$L=1$;
② 暴露于危险环境的频繁程度(E):道口工每天都在这样条件下操作,$E=6$;
③ 发生事故可能会造成的损失后果(C):轻伤,$C=1$。
于是有
$$D=L\times E\times C=6<20$$

可知,该道口岗位作业条件的危险性等级为"稍有危险,可以接受"。

这种评价方法的特点是简便、可操作性强,有利于掌握企业内部危险点的危险情况,有利于促进整改措施的实施。问题是三种因素中事故发生的可能性只有定性概念,没有定量标准。评价实施时很可能在取值上因人而异,影响评价结果的准确性。对此,可在评价开始之前确定定量的取值标准。如"完全可以预料"是平均多长时间发生一次,"相当可能"为多长时间一次等。这样,就可以按统一标准评价系统内各子系统的危险程度。

根据经验。总分在 20 以下被认为是低危险的,这样的危险比日常生活中骑自行车去上班还要安全些；如果危险分值在70~160之间，那就有显著的危险性，需要及时整改；如果危险分值在160~320之间，那么这是一种必须采取措施进行整改的高度危险环境；分值在320以上的高分值，则表示环境非常危险，应立即停止生产直到环境得到改善。值得注意的是，LEC风险评价法对危险等级的划分一定程度上凭经验判断，应用时需要考虑其局限性，根据实际情况予以修正。

7.3.2.3 城市轨道交通运营安全控制

各城市轨道交通运营企业可根据企业自身的运营特点和具体情况，制定适合自身安全运营管理的控制目标，建立安全运营管理体系。城市轨道交通安全运营管理体系可分为预先控制、过程控制及事后控制三部分。

1. 安全运营管理预先控制

（1）组织保障

① 建立健全安全运营管理网络。为了确保城市轨道交通运营企业安全管理工作始终处于可控状态，通过完善的组织管理措施，建立安全运营管理网络是一个必不可少的手段，同时在组织保障管理体系中，应体现安全运营工作"行政第一负责人为安全第一负责人"的原则，体现安全生产齐抓共管的管理理念。

② 建立专门负责安全工作的组织机构，体现安全运营管理主体。在组织机构设置中，城市轨道交通运营企业应建立专门负责安全生产的部门，各安全生产管理职能部门在赋予的职能下展开安全管理工作，从而使企业安全运营管理工作能规范有序地进行。同时为了保障安全运营管理控制体现的实施效果，可成立总公司安全生产委员会，由正、副总经理分别担任负责人的正、副组长，以其他各分公司领导为主要成员组成安全管理组织，该组织履行并负责安全工作重大决策的制定、总公司安全生产控制目标的制定、重大事件的考核和责任的追究，从组织上着手落实安全生产工作。

（2）安全运营目标管理

① 年度目标管理指标。明确的年度安全运营目标管理指标，是确保总公司安全运营始终处在可控状态的重要手段，也是提高运营生产质量的有力保障。年度安全运营目标管理指标应该总结上一年度安全运营的实际状况和本年度运营生产的特点，提出切实有效的年度安全运营控制指标，且根据总公司的主要特点和现阶段主要矛盾不断修改，逐步提高。指标的设定应体现"安全第一，确保畅通"的安全方针。

② 目标管理指标分解。在确定总公司本年度安全运营控制指标的基础上，通过责任划分，层层落实，确保年度安全运营指标的实现。遵照相应安全原则落实安全责任制，推行符合相应目标的安全管理理念，从总公司领导、分公司领导、部门领导、班组长直到每个员工，均应签订安全生产责任书，将安全责任和安全目标层层分解、步步落实，形成职责清晰、层次分明、衔接紧密、覆盖全面的安全生产责任制体系，并将安全生产责任书完成情况作为每层级领导和每位员工绩效考核、岗位晋升的考核标准之一。通过各级安全目标的实现来确保公司年度指标的实现。

③ 目标管理指标下达形式。确定公司、分公司的安全运营目标管理指标后，应结合公司年度安全生产责任书，通过与单位行政第一人签约的方式承诺下达。

（3）安全运营风险评价及预警

① 安全运营风险评估。城市轨道交通运营企业应定期地或者不定期地对运营情况进行

危险源辨识和安全评估,及时掌握当前的安全生产状况和签证的风险,做到安全管理心中有数。根据安全评价的结果,及时调整安全工作的重点,对潜在的风险,制定防范措施,变被动安全为主动安全。对影响安全营运的设施设备难点问题进行专题研究,不断提高设施设备完好率。同时应学习国内外运营安全风险评估体系的先进方法,建立切合本公司运营实际的评估体系,并将其作为长效管理手段。安全运营风险评估工作应确保每年展开一次,若遇年度新线运营,在其投入运营前,应进行开通前试运营风险评估。安全运营风险评估工作可采用专家组或评估小组的方式进行。

② 预警工作。城市轨道交通运营公司应建立反应灵敏的预警机制,通过危险源辨识,变事后补救为事先预防,通过建立设施设备的信息化管理手段,增强设施设备的状态监控;通过安全检查、业务考核等手段,增强从业人员的业务素质,并消除人为隐患;通过先进的监控技术,减少灾害天气下和突发事件对城市轨道交通运营的影响;公司应通过强化预警机制的功能,及早发现隐患,力争将事故消灭在初期阶段。

(4) 规范新线接管程序

在我国进入城市轨道交通建设的高潮阶段,顺畅高效的接管程序是确保新线顺利接管、按时开通的重要保障。因此,运营公司应建立和完善新线接管程序,规范建设、运营的接管点和职责,同时明确新线部与相关部室、分公司的各自职责,确保新线接管安全顺畅。为此要从设计、施工、设备调试、验收等环节介入,不断进行安全评估,并进行总联调。

2. 安全运营管理过程控制

安全运营管理过程控制就是围绕城市轨道交通生产运营工作流程的全过程进行过程控制,从生产计划和运行网的制定、调度指挥实施、车站客流组织和客运服务、设施设备的保障等各个环节进行全过程控制,通过各个环节有效的监控和正常运转,来实现城市轨道交通各个组成部分的联动有效运转。建立强化安全运营过程控制,采取积极有效的措施,将事后补救变事前预防,真正体现"安全第一,预防为主"的原则,同时,强化安全营运管理过程控制是实现公司安全运营目标的重要手段,也是确保公司运营安全的重要保证。

(1) 行车安全控制

城市轨道交通行车安全是运营安全生产工作的重点,因此必须强化行车安全控制,及时消除行车安全中的各种设备和人为隐患,严格执行行车岗位标准化、规范化操作。

① 确保运营安全规章的有效性、适应性、覆盖性。为了保障轨道交通安全运营工作,必须根据轨道交通行车工作的特点和设备设施的技术条件要求,建立安全管理制度,包括安全操作规程、事故处理规程、应急处理预案等在内的安全规章体系,以制度来规范安全管理的各个环节,以规范化保证安全,确保达到事事有章可循,严格落实安全生产规章制度才是运营安全的保证。各类安全规章制度包括:操作类安全规章,设备操作类安全规章,设备保障单位安全运营管理规章,事故预案,安全管理规章。

② 确保行车岗位人员操作的规范化、标准化。建立规范全面的安全运营规章后,要通过经常性的规章制度培训和学习,让员工清楚理解规章制度;通过经常性检查督促员工严格执行各种规章;通过经常分析事故苗头、事故隐患、事故后果,使员工认识到遵守规章制度的重要性。

(2) 设施设备保障

运营设施设备的好坏,直接关系到列车运行安全与否。因此必须采用先进的检查手段,及时发现设备的隐患,建立维修管理信息化系统,不断提高保证设备质量的措施。按照设备管理体系的要求。科学地进行设备管理工作,提高设备完好率和运营保障力度。

① 完善设备科学化、信息化管理。设施设备的维修不仅要保证质量,还要保证速度。采用先进的设备检测技术和工具,快速检测到设备状态,查找故障点,及时、准确地掌握设备质量状态,为处理设备故障提供保障。设施设备维修管理要采用维修管理信息化系统,对维修过程中维修人员、工时、物料、检修规程等进行全面的监控,保证维修计划的落实,提高设备设施维修管理及维修水平。对设备的维修管理要做到精检细修、突出重点。在日常设备维修保养中,特别抓好车辆、接触网、螺栓等设备的巡视、检测、加油、清洁等工作。以小放大杜绝大故障、大事故的发生。同时,集中技术力量解决运营生产过程中出现的技术难题,组织专业的技术人员进行攻关,从设备设施运营质量的角度为确保运营安全奠定坚实的基础。

② 完善设施设备规程。标准与规程是实施设备管理工作开展的依据。由于城市轨道交通设备种类繁多,且不断更新升级,因此要求规章规程也要不断修改完善,每隔一段时间,企业应组织力量更新规章规程的版本,以适应实际生产的需要,同时将这些标准、规章规程作为企业职工技术培训和班组学习的主要内容,加强职工的标准化意识,规范日常工作行为,提高整体技术水平,确保设施设备的高质量。

(3) 完善监控手段

① 进一步加强运营时段现场管理,使之成为确保轨道交通运营始终处在可控状态的重要手段,深入运营一线,靠前指挥,抓小防大,安全观前移,提高现场处置能力。

② 加强信息管理手段,提高突发信息传递速度。为提高应对突发事故处置能力,减少事故发生对运营的影响,应规范信息传递制度,理顺信息传递渠道。同时,城市轨道交通运营企业发挥快速有效的信息传递系统的作用,提高短信群发系统的稳定性,使各层级领导、技术骨干在第一时间掌握各类运营生产信息。

③ 坚持和完善运营管理交接班会议制度。利用运营交接班制度,能及时将前一日的运营情况进行分析,协调解决运营生产中的实际问题,并能随时掌握运营安全动态,做到运营安全天天受控。

④ 坚持和完善月度运营例会制度,有利于及时分析安全运营状况和形势,把握安全动态,制定有效应对措施。

(4) 开展岗前培训和演练

① 制定安全教育制度,明确安全教育内容和要求,通过各种途径和手段加强宣传教育和培训,增强员工安全防范意识,提高安全技能。对新员工落实"三级"安全教育制度,使员工在上岗前符合岗位安全知识、技能、等级的要求。其次,根据安全生产的实际需要,评定运营生产系统中各个岗位的安全等级,制定各个等级的安全知识和安全技能要求,对员工进行分层培训、考核。实现安全关键岗位持证上岗,同时运用国内外同行业的事故事件,通过编制"事故案例"等手段教育员工,不断强化员工的安全意识。

② 在以上事故预案处置的基础上,组织制订公司演练计划,定期和不定期地组织各层级切实有效地开展各种演练,不断提高各级员工对预案的熟练程度以及应急应变的能力。

③ 定期开展"城市轨道交通安全宣传周",并结合国家安全生产月的活动,充分发挥车站和列车广播等宣传方式,进行广泛的安全教育,提高市民对城市轨道交通的安全意识。

④ 安全检查是落实安全工作的重要一环。通过查隐患、查整改、查落实,控制人的不安全

行为、车辆的不安全状态和环境的不良因素对城市轨道交通运营的影响。同时,各单位仍要坚持日常检查和定期检查相结合,专项检查和综合检查相结合,及时发现各类隐患,并认真抓好整改工作。

3. 安全运营管理事后控制

(1) 完善抢险救援中心运转机制

为了能快速、有效地处置运营突发事件,城市轨道交通运营企业需成立抢险救援中心,负责整个城市轨道交通系统设施设备紧急抢修和抢险等救援工作,实行准军事化管理,全天候待命。抢险救援中心应设立多个抢险车辆备勤点,进一步完善抢险救援中心的运转机制,特别是应考虑如何在网络化运营的高度来合理设置抢修点,以增强应急救援的反应能力。

(2) 建立事故处理规范程序

针对城市轨道交通发生的事故,对事故源头和安全隐患进行分析和处理,坚持从管理上找原因、查漏洞、定措施,通过事故分析查找原因,整改隐患,完善规章,改进管理措施,杜绝同类事故再次发生。落实贯彻预防为主的方针,在管理人员中树立高度的安全责任意识,切实做到事事都有人负责。

(3) 安全整改

对日常运营生产中暴露的安全隐患,开展各种安全隐患整治活动,对城市轨道交通安全运营的各类隐患进行梳理排查,确保设施设备处于正常可控的运营状态。并针对运营过程中出现的设备系统问题,组织专业的技术力量进行攻关。

(4) 完善考核和责任追究制度

① 制定职工手册作为职工考核的依据。

② 制定月度经济责任制考核制度。

③ 制定领导干部安全责任追究制度。

④ 制定运营业主单位安全责任风险抵押金制度。

复习思考题

1. 简述 RAMS 概念,以及其所涵盖的内涵。
2. RAMS 各属性的评价指标有哪些?
3. ALARP 原则指的是什么?如何对其进行分类?
4. RAMS 的管理流程是怎样的?其管理的核心阶段是什么?
5. 轨道交通设备的全生命周期包括哪些过程?每个过程所需要做的工作有哪些?
6. LCC 指的是什么?其包括哪些组成部分?
7. 城市轨道交通的危险源有哪些?如何评价?

第8章 城市轨道交通网络化车辆维修模式创新与实践

目前,城市轨道交通网络化车辆维修的决策支持理论与方法有很多,最常用的是市场化维保战略决策理论与方法和车辆可靠性分析、预测与分配理论与方法。本章将通过车辆状态预警模型的构建与车辆安全寿命预测模型的构建,了解城市轨道交通网络化车辆维修模型的构建。同时,通过本章的学习理解城市轨道交通网络化车辆维修决策优化理论与方法。

8.1 城市轨道交通网络化车辆维修模式发展趋势分析

8.1.1 国内外城市轨道交通车辆维保发展历程与现状

8.1.1.1 国外城市轨道交通车辆维保发展历程与现状

车辆维修在长期实践中形成了定期维修、事后维修和状态维修三种方式。从其特点看,定期维修和状态维修属于预防性维修,事后维修则属于非预防性维修。在车辆维修制度中,三种维修方式可以根据具体情况配合选用。对故障发生与工作时间有密切关系且无法监控的零部件,一般常采用定期维修;对故障发生能以参数或标准进行状态检查的零部件,一般常采用状态维修;对故障发生不危及安全,且通过连续监控可以在故障发生后进行维修的零部件,或者发生事故后的修理,一般常采用事后维修。

目前,车辆检修制度一般分为预防性计划检修制度和技术状态检修制度两种。预防性计划检修制度是目前国外城市轨道交通车辆普遍采用的一种按车辆运行周期进行计划检修的车辆检修制度。随着RCM维修等理论的运用,国外车辆的维修制度呈现由计划检修向状态检修过渡的趋势,状态检修的比例不断增加。

1. 巴 黎

法国巴黎地铁是一个拥有100多年历史和经验的地铁公司,采用"计划性"维修,利用非营运时间和运营非高峰时间来做列车维修,在满足运营用车的前提下,找到列车的维修机会(也称维修窗)。维修组织体现在如下三个方面:

① 在每个车厂做现场维修。一个车厂下设一个轻型维修车间和一个现场维修车间。维修的对象为整列车,内容是小于3小时的短时间修理。如:日检、双周检、三月检、半年检、一年检、二年检。维修采用普通的方法:在列车上利用维修机会(维修窗),在非营运时间和运营非高峰时间进行较小修程的计划性维修以及通过驻站维修和轮值维修的故障性维修,从而确保地铁车辆的技术状态和地铁运营,并做到在高峰时间将每个车厂配属的列车全部上线。

② 在大修工厂做强化维修。一个大修工厂可设X线和Y线。维修的对象为整列车,内容是全面的长时间维修,如三年检、小修、大修。维修的方法是在整列车上进行,并用装备进行必要的部件更换。

③ 在大修工厂或委外的专业工厂做部件维修。维修的对象为部件,内容是部件的大修或改进。维修的方法是在专业班组或工厂进行大修或改进。

巴黎地铁公司经过不断优化,将车辆维修分为5级,如表8-1所列。

表8-1 巴黎地铁计划修维修制度

级别	列车	装置	部件	任务	内容
1	✓			操作的实用性与维修质量	短时间的修理(＜3小时),在非运营时间,在列车上进行,只需普通的维修方法
2	✓				
3	✓	✓		使用性,维修质量与潜在的寿命	全面的长时间维修,在列车或承载装置上进行,要求适当的技术方法、组织手段和人力资源
4		✓	✓	部件寿命	每个部件进行总体大修
5		✓	✓	部件更新	工艺技术的现代化或改进

注:1、2级为现场维修,在车厂做;3级为强化维修,在大修工厂做;4、5级为部件性能维修,在大修工厂或专业工厂进行。

2. 日 本

日本地铁根据预防性维修的原则,从走行公里与运行时间上考虑,对车辆的各部件进行修理,并以专业分工为原则,设有车辆部,下辖工厂、检车区、车辆区,车辆工厂承担车辆的重要部位检查(相当于国内定修)、全面修(相当于国内架修)。检车区承担日检、月检、清扫洗刷、停放管理。

日本地铁检修制度如表8-2所列。

表8-2 日本地铁检修制度

检修等级	检修周期		停修时间	场 所
	东京营团	东瀛都营、名古屋		
日检查	≤6天	≤3天	0.25天	检车区
月检查	≤3个月	≤3个月	1.0天	
重要部位检查	≤60万公里	≤40万公里	12~15天	车辆工厂
全面检查	≤8年	≤6年	18~25天	

车辆检修的主要方式为部件互换修。重要部位检查是对重要部位进行分解后作详细检查,并根据需要对其进行更换或修理。全面检查是对车辆所有部位进行分解后作详细检查,并根据需要对其进行更换或修理。对于车体修理及车辆设备的更新改造则统一集中在所属车辆修理工厂进行。

3. 莫斯科

俄罗斯的莫斯科地铁维修采用大修与段修分修制,车辆大修厂集中承担地铁全系统车辆的大修任务。车辆段承担本线车辆的定期修理(架修和定修)、日常维修(月修、技术检查、列检、清扫洗刷)和列车停放任务。

莫斯科地铁车辆段的设置根据线路长短而定,一般每条线路设一个车辆段,当线路长度超过30公里时,一般设两个车辆段。

8.1.1.2 国内城市轨道交通车辆维保发展历程与现状

我国轨道交通建设起步较晚,我国地铁车辆的维修制度基本上沿用了传统的轨道交通车辆的检修经验,虽然随着车辆及车辆检修新技术的应用,车辆检修周期不断延长,但采用的基本车辆检修制度仍然是按运行里程和时间进行预防性"计划维修"和列车发生故障的事后"故障维修"。

1. 深圳地铁 4 号线

深圳地铁 4 号线(现名龙华线)全长约 20 公里,配 24 列车,每列车 4 节编组,高峰上线 23 列。发车间隔为高峰时段 3.75 分钟,平峰时段 6 分钟。

深四线车辆维修模式为 A、B、C 三级检修机制。

- ➢ A 修间隔 5000 公里(15 天);
- ➢ B 修间隔 15000 公里(45 天);
- ➢ C 修为定修,一年一次,大约 12.5 万公里。

三级修程的划分和周期的设定都是依据浦镇车辆厂提供的检修维护手册中提供的维护要求。其中 A 修分为 A1 和 A2 两种,B 修分四种:B1、B2、B3、B4,每个修程的工作内容和工时数都不一样。其中 B1 列车停时 36 工时,B2 停时 40 工时,B3 停时 44 工时,B4 停时 48 工时。

除了上述的三级修程外,在车辆运营初期,每隔 5 天会做一个走行部的检查,主要包括紧固件和电机壳温等,这项检修内容在车辆运营平稳后取消。

实际维修周期以里程数和日历数先到为准,按照三级维修机制来算,2 个 A 修后做 1 个 B 修,全年共计 8 个 A 修、4 个 B 修和 1 个 C 修。C 修需 8 人,共 194 小时。

2. 京港地铁

京港地铁目前在北京负责运营地铁四号线及大兴线,四号线是北京市道路交通网络中一条贯穿市区南北的轨道交通主干线。四号线于 2009 年 9 月 28 日以 ATO 模式 3 分钟行车间隔高水平开通试运营,目前早高峰行车间隔为 2 分钟。四号线最高日客运量达 114 万人次,日均约 87 万人次。京港地铁检修制度如表 8-3 所列。

表 8-3 京港地铁检修制度

检修类型	检修周期	停修时间
A 列检	5000 公里(约 15 天)	2 小时
B 列检	15000 公里(约 45 天)	6 小时
C 列检(架修)	40 万公里(约 40 个月)	14 天
半寿命翻新	160 万公里(约 14 年)	45 天

利用高峰期结束后列车回段的维修机会窗口时间进行 A/B 检预防性维护,可以最大限度地利用列车正常停库时间,提高列车利用率。

京港地铁电客车的架修定义为 C 检,每列电客车需要在 3 年(±6 个月)或 40 万公里(±6 万公里)之内完成一次 C 检。具体 C 检内容根据维护手册、设备运营情况来确定,同时确保 C 检工作内容的均衡性,避免某个项目过于集中。

根据架修内容确定的原则,电客车 C 检分以下几类,每类架修的内容不尽相同:

- ➢ C1 3 年或 40 万公里;
- ➢ C2 6 年或 80 万公里;
- ➢ C3 9 年或 120 万公里;

➢ C4　12年或160万公里。

3. 天津滨海快速轨道

天津滨海快速轨道交通于2004年3月28日开通,线长45公里,拥有车辆29列,全部为四节编组,高峰上线14列,高峰间隔为5分钟左右,几乎没有供车压力。每天的客流在4万人左右,最大客流为8万。天津快轨为城区和滨海新区的主要交通方式,客流集中在上下班时间,客流很大,运力不足,造成了全国地铁特有的有客流不愿承担的特殊局面。

天津滨海快速轨道交通隶属于滨海管委会的泰达公司。公司下设运营事业总部,车辆部目前设六室,有部长1名、副部长2名,下辖DCC(三班一运)、检修室、综合室、安技室(技术人员8人)、运用室(乘务司机150人,双人驾驶)、设备室,共317人。

天津滨海快速轨道交通的修程修制为双日检、月检(2万公里)、定修(20万公里)、架修(40万公里)。修程和修制基本上比较传统,除隔日检外,修程和修制基本和供应商推荐的维修间隔一致。天津地铁维修体系为传统的修制,不再介绍。

天津滨海架修间隔为40万公里。天津滨海架修库和转向架维修库设计合理。由于供车压力十分小,他们目前实行流水作业同时进行4列车的架修。天津滨海把原来的定修(20万公里)班拆分为4个班组,车门、机械、机电、制动直接做架修。这样的方式和修程设置有关,定修20万公里,架修40万公里,做完一轮定修,下面就是架修,没有必要保留定修班组。

4. 重庆地铁

重庆地铁2号线为目前国内唯一的单轨跨座式的车辆,四节编组。车辆共20列,高峰上线15列。日均客流13万,节假日15万。由于车辆使用橡胶轮,维修十分不方便,每天基本扣修3列车,所以用车同样非常紧张。

重庆地铁目前也是事业部制,运营方面有4个部门,车辆部、运调中心、线路部、运输部。重庆地铁结构类似于日本,车辆部下设专业课,有安技室、维修课、设备课(同时负责重检)、乘务课、综合办公室,各课(不是科)室负责人都叫课长,总人数为460人。

重庆地铁2号线使用的修制和制造商一致,分别为三日检、月修(三月)、重检(30万公里)、大修(60万公里)。除此以外,由于使用橡胶轮,所以换轮工作基本上是常规检修的一部分,每天都有车辆在换轮。

重庆地铁是单轨跨座式的车辆,与一般地铁车辆构造不同,转向架外部有裙板,所有设备都在裙板内,且受电方式特殊。由于构造的特殊性和复杂性,车辆一般都是采用供应商推荐的三日检。实际工作量很大,不亚于做一个双周检。另外重庆地铁有特殊的地勤司机,专门负责库内的车辆调车、检查、倒闸等工作。每天车辆回库后,地勤司机检查各车辆的故障情况。

重庆目前最大修程为重检(30万公里)。重庆的重检库设计很大,维修能力比较全面,基本上所有的工作都由自己完成。重检大约35天,50多人完成。如果不计人工成本,则维修材料费用约40万。

8.1.2 维保观念变革

8.1.2.1 维保的基本概念

维保是对设备进行保养和修理的简称。这里所说的保养是指为保持设备完好工作状态所做的一切工作,包括清洗擦拭、润滑涂油、检查调校,以及补充能源等消耗品;修理是指恢复设备完好状态所做的一切工作,包括检查、判断故障,排除故障,排除故障后的测试,以及全面翻修等。由此可见,维保是为了保持和恢复装备或设备完好工作状态而进行的活动。

8.1.2.2 维保观念的深化

1. 维保是事后对故障和损坏的修复活动

18世纪末,西方国家在工业生产中使用蒸汽机、车床等机器设备,设备一旦发生故障和损坏,被迫停产维保。最初,设备的维保工作是由操作人员兼任,后来操作与维保分离,出现了维保技师与技工。在故障和损坏尚未出现之前,是不会把生产停顿下来专门进行维保的,只有在故障和损坏出现之后,生产无法继续下去的时候,才被动地实施维保。这种设备"不坏不修,坏了才修"的做法,是一种被动地排除故障的维保观念,是把维保看成事后对故障和损坏的修复活动。

2. 维保是事前对故障主动预防的积极措施

20世纪初,随着生产流水线的出现,设备自动化水平的提高,在工业生产中一旦某一工序出现故障,迫使全线停工,造成生产损失;有的还会危及设备、环境和人身安全、造成严重的后果。故障后维保,对事故损失已经无能为力,事故损失费用以及维保费用,往往难以估价和控制。为了事先预防故障的出现,避免事故的发生,1925年前后,美国工业界出现了"预防为主"的维保观念。对影响设备正常运转的故障,事先采取一些"防患于未然"的措施。

3. 维保是企业竞争的有力手段

激烈的市场竞争迫使企业必须改进产品的质量,降低生产成本,提高企业信誉,以增强竞争力。维保是企业竞争的有力手段,具体体现在如下几个方面:

① 维保保证设备正常运转,维持稳定生产,从根本上保证了所投入的设备资金能够在生产中体现出效益;

② 在许多情况下,维保提高了设备的使用强度,从而增强了单位时间的生产能力;

③ 有时维保能够延长设备的寿命。使得其运转时间超出原先购买时预计的期限,并提高精度,扩大能力,从而增加了产品数量,提高产品质量;

④ 维保售后服务,不仅可以保证产品的使用质量,维护用户利益,还可以提高企业信誉,扩大销售市场,并能反馈信息来进一步改进产品质量,增强企业竞争力。

随着生产自动化程度不断提高,维保在现代企业中的地位也日益明显。据统计,现代企业中,故障维保及其停产损失已占其生产成本的30%~40%。有些行业,维保费用也跃居生产成本的第二位,甚至更高。所以,维保是企业竞争的有力手段。

4. 维保是投资的一种选择方式

1990年10月欧洲国家维保团体联盟第10次学术会议提出维保是投资的一种选择方式,认为维保可以替代投资。

维保投资是使固定资产的生产力得以维持下去的那一部分投资。与投资购买固定资产形成生产力相似,维保投资则能维持其生产力。在一定的周期内,不仅可以收回维保投资成本,而且还能增值。如果以固定资产投资为一次性投资的话,那么,维保投资则是重复性的投资。例如一台具有某种功能的设备,会因为使用操作和维保不当而迅速报废,使得人们不得不重新购买;反之,认真操作和恰当的维保,能够使设备具有相当长的使用寿命。显而易见,维保能够延长设备的更新周期,通过维保替代了设备的投资。

按传统习惯,把维保看成是一种资源和资金的消耗。资源和资金被消耗掉以后,是收不回来的,着重强调维保费用的节省,认为维保是一种消耗性的消极的手段,是一种额外的累赘,只是因为日常生产中不能没有维保，不得不容许它作为一种辅助功能而存在罢了。事实上，维保投资是生产性的，在创造企业效益过程中是个积极因素，维保投资像一次性固定投资一样也是可以回收的，而且维保投资的回收，比节约维保费用，减少维保消耗更加重要，更为积极，是企业的生存、发展、增强竞争力的一种投资选择方式。

5. 维保是实行全系统、全寿命管理的有机环节

设备的管理，既要重视设计、制造阶段的"优生"，又要重视使用、维保阶段的"优生"，需要实行全系统、全寿命的管理。使用、维保是设计、制造的出发点和落脚点。任何产品都是依据用户的使用、维保的需求而设计、制造的，产品自身投入使用、维保后才能衡量其优劣，评价其好坏，体现其价值；只是通过使用维保实践的检验，才能发现问题，提供信息，不断地改进，实现设计、制造的"优生"。所以，维保是实行全系统、全寿命管理的有机环节。

6. 维保已从技艺到科学

传统观念认为维保是一种维保行业，是一门操作技艺，缺乏系统的理论。早先的机器大多是皮带、齿轮传动，由于设备简单，可以通过眼睛看、耳朵听和手摸等直观判断或通过师傅带徒弟传授经验的办法来排除故障。认为维保是一门技艺，这是符合当时的客观实际的。随着生产日益机械化、电气化、自动化和智能化，设备故障的查找、定位和排除也复杂化，有时故障由多种因素（如机械的、液压的、气动的、电子的，计算机硬件或软件的）综合引起的，例如电子器件处理器的故障，可能是硬件芯片的问题，也可能软件差错的问题，也可能是多种因素交织在一起的问题，仅凭直观判断或经验是难以发现问题的。而且现代维保，不仅是出现故障后才排除，更加重视出故障前的预防。故障前的预防，常常出现不是"维保过度"，就是"维保不足"，如何避免维保实践中的盲目性，做到"维保适度"，提高预防性维保的针对性和使用性，对科学维保产生了客观的需求。而20世纪60年代以来，现代科学技术的新进展，特别是可靠性、维保性、测试性、保障性、安全性等新兴学科的相继出现，概率统计、故障物理、断裂力学和诊断技术的不断发展，以及多年维保实践数据资料的积累，为研究维保理论提供了实际的可能。这种客观需要和实际可能的结合，使维保这一事物不再是一些操作技艺的简单组合，而是建立在现代科学技术基础上的一门新兴学科，使维保从分散的、定性的、经验的判断进入到系统的、定量的、科学的阶段，现代维保理论就此应运而生。当今，维保已从技艺到科学。

8.1.3 全生命、全过程、全员维保模式发展趋势

关注车辆的维护、保养、维修等售后服务内容，车辆（尤其是重要装备）的竞争策略已经转移到如何提供更好的售后服务方面。维护、维修和大修（Maintenance，Repair and Overhaul/Operations，MRO）是车辆在使用和维护阶段所进行的各种维护、修理、大修和操作等工业车辆服务活动的总称，是现代制造服务的重要组成部分。复杂装备的良好运行对企业生产至关重要，一旦停机将会产生重要影响。同时，通过实施MRO服务，可以给用户提供更完善的服务，促进制造企业向车辆服务领域延伸价值链，因此研究和开发MRO技术，对于复杂装备的安全运行和制造服务业的发展具有重要意义。

伴随着车辆设计制造的出现，设备的维护维修技术相应诞生。由于第二次工业革命最先在发达国家展开，国外的车辆维修技术起步较早，理念和技术领先，大致可以分为五个阶段：

第一阶段是在事后维修阶段（或排除故障维修，1950年以前）。

第二阶段是预防性维修阶段（1950—1960年），通过对车辆定期的检查和检测，发现故障

征兆并采取维修措施,它又分为计划维修和预防维修两类。

第三阶段是生产维修阶段(1960—1970年),以预防性维修为主,同时集成其他形式的维修方法,主要是维修预防,提高设备的可靠性设计水平(如可靠性维修),它是根据检测设备运行中的故障征兆和故障发展规律而采取的预防性措施,把主动维修、预防维修和预测维修结合起来。

第四阶段是并行设备维护阶段(1970—1995年),典型的维护形式有设备综合管理、系统工程学和全员生产维护,以利用率为中心,全面计划质量维修。

第五阶段是在1995年以后,随着互联网和信息技术的快速应用,出现了基于信息技术的全生命周期车辆维护,该阶段通过采用最新的信息技术,集成MRO系统与车辆全生命周期中的其他系统,实现车辆运行质量的实时、远程和全生命周期监控与服务。典型形式如设备远程监控、再制造服务、e-维护、在线故障预测与诊断、个性化定制维护、面向全生命周期的MRO等。

与普通产品相比,复杂装备生产数量相对较少,但车辆行业性区别很大,技术复杂度高,一旦车辆运行中出现较大的故障,普通服务商很难从技术上解决问题,需要制造商参加维护和维修;另外,不同的运营业务模式完成同样功能的服务商可能不同。这些因素使得复杂装备的MRO业务对象多而复杂,需要建立一个能支持多种运营模式、多业务对象的通用系统体系结构。

复杂装备MRO系统体系结构主要分为数据层、基础平台层、系统管理层、技术支撑层、应用层和系统入口层6个层次,如图8-1所示。数据管理层主要管理基础数据库、标准库、知识库、规则库和实例库等,为系统提供基础数据保障;基础平台层是系统的基础配置管理系统,如操作系统、数据库管理系统等;系统管理层担负着MRO系统的基本管理职责,通过用户管理、权限管理、安全管理、结构管理、运行监控等功能保障系统的稳定运行;技术支撑层的关键技术可以支撑应用层的业务流程,为业务流准确、快速的执行提供技术支持。面向全生命周期的MRO支持系统需要和产品设计、生产、销售、售后和回收等阶段的部分信息系统相互集成,实现信息的全生命周期实时共享。因此,系统入口层不仅有服务人员和产品用户,还包括其他软件系统,如产品数据管理(Product Data Management,PDM)、企业资源计划(Enterprise

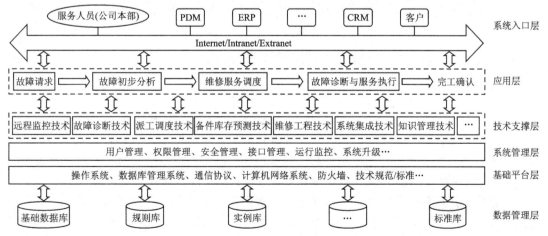

图8-1 面向全生命周期的复杂装备MRO系统体系结构图

Resource Planning,ERP)、供应链管理(Supply Chain Management,SCM)和客户关系管理(Customer Relationship Management,CRM)等系统使用人员。

复杂装备 MRO 支持系统的模块功能主要分布在销售、运行、故障维修与执行、报废回收等阶段,具体模块如图 8-2 所示。系统的主要功能模块包括基础信息管理、产品管理、用户管理、服务人员管理、安装调试管理、设备在线监控、故障诊断与预警、维修需求与计划、主动服务管理、服务动态调度、故障维修过程管理、服务成本管理、备件管理、补供及赔偿件管理、维护评价、维修工具管理、维修知识管理、回收、再制造和统计分析等。有些模块在不同阶段多次出现,表示在这些阶段的产品服务会用到这个功能,这些功能模块保障了装备 MRO 的管理和运行,支持系统与全生命周期其他系统的业务集成与信息共享。

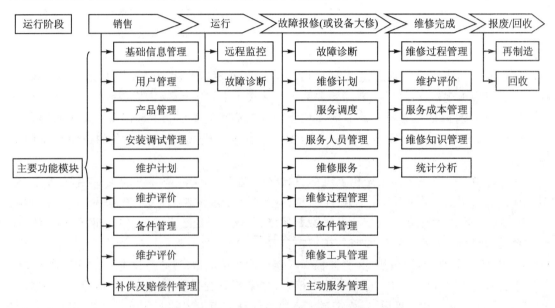

图 8-2 复杂装备 MRO 支持系统的功能模块

8.2 城市轨道交通网络化车辆维修决策支持理论与方法

8.2.1 市场化维保战略决策理论与方法

8.2.1.1 市场化维保模式的优越性

市场化维保模式与传统维保模式相比有许多优越性,主要表现在以下几个方面:

① 使地铁运营成本及设备维修保养质量得到最优控制。竞争是市场化达成交易的必由之路,维修保养市场也不例外。竞争机制的引入,对维修保养来说必然会带来成本、服务质量等方面的最优控制,这也正是现代城市地铁设备维修保养工作所要追求的目标。

② 促使地铁运营管理功能的有机分化。维修保养市场化并不是简单的运营成本控制的追求,更重要的是运营机制的创新,突出主要矛盾(旅客运输),弱化次要矛盾(设备维修保养等),实现系统功能的有机分化。

③ 加快国内企业探索地铁设备国产化进程。设备国产化是我国地铁迫切需要解决的问

第8章 城市轨道交通网络化车辆维修模式创新与实践

题,市场化方式所选的承包商很多是相关设备的国内集成商和生产商,他们参与维修保养在一定程度上有助于促进自身的技术进步,实现产品和配件国产化。

④ 实现社会资源的最优配置。可以充分运用市场上发育成熟的维修保养单位对地铁各系统设备进行维保。不仅可以发挥维保单位的技术、资金优势,使检修质量得到保证,而且也可以使运营企业从规模经营上降低维保费用,丰富资源与共享资源,促进资源的优化配置。

目前,轨道交通设备维保行业共有独立维保、联合维保和完全委外维保三类维保模式,其中完全委外维保根据维保技术不同又可分为项目委外维保、劳务外包维保。轨道交通涉及多专业系统,其国产化程度不同,维保时效性要求不同,维保的社会资源条件不同,维保的人力资源成本也不同,因而选择的维保模式也不尽相同。企业选择相对合适的维保模式,采取有效管理措施,对节约运营成本、规避安全风险、提高企业服务水平都有着促进作用。

8.2.1.2 轨道交通维保市场化趋势

轨道交通运营管理作为一项系统工程,其要素层次关系复杂。如何通过系统整合达到资源的优化配置,实现系统的高效运行,是轨道交通运营管理工作值得研究的重要课题。根据国内外经验,市场化运作是轨道交通可持续发展的重要方面,利用市场调节作用进行物质、人力、信息等资源的优化配置是实现其高效运行的必然途径,也是体制创新的最有效的手段。

从国内情况看,轨道交通的早期线路几乎都采用单一的自行维保模式。随着市场经济的发展,目前深圳地铁1号线开通至今委外的系统项目有屏蔽门系统、电扶梯系统和AFC(自动售检票)系统的硬件设备,其他多数系统的中修和大修也准备委外。广州地铁1号线,初期为了培养自己的维修人才队伍,维保以自修为主,委外维修为辅。随着开通线路的增加,目前委外的系统项目有:线路、房建、低压配电及动力照明、电扶梯、屏蔽门、气体灭火系统;正在招标实施委外的系统有:FAS(火灾报警系统)、BAS(环境与设备监控系统)、EMCS(机电设备监控系统)、给排水、AFC(自动售检票系统)、SCADA(电力监控系统);也有部分委外的,如车辆的轴承和齿轮箱等。

国内外轨道交通行业维保已明显体现出市场化趋势,我国香港、广州、上海等城市轨道交通企业,新建线路与老线路的维保模式表现出明显差异。有些新建成线路仅在几种关键岗位上保留了自行独立维保,香港机场快线则所有维保全部采取外包的模式。当然,因为全部外包维修需要建立在自己的员工具备维修能力、人力可供紧急调配和具有独立应对风险的基础上,以免受制于承包商。城市经济的发展使得社会维保资源不断丰富,维保外包可选择的余地越来越大。轨道交通行业的维保人员收入水平通常比社会相同专业人员平均收入水平高,传统的维保模式需要大量增加运营企业定员,使得运营企业在经营方面成本较大,因此使得轨道交通企业维保的市场化运作不断受到重视,外包范围越来越大,并成为一种趋势。

轨道交通设备系统共有车辆、供电、通信、信号、工务、电扶梯、环控、给排水、设备监控、防灾报警及消防、自动售检票、屏蔽门等几大类。其中电扶梯、空调、风机、水泵、照明等通用设备,社会的维护市场已非常成熟,一些大型公共场所,如酒店、商场等这类设备维护均委托给专业安装、维护公司。

以往,我国的供电、通信、信号、铁路车辆等都被垄断行业所控,市场不存在竞争。但近几年来,这些垄断行业的改革力度不断加大,电力和通信都已由一家分为几家,而且运用和维护也在逐渐分开运作,相互之间的竞争比较激烈。因此,愿意从事轨道交通相关设备维护保养工作的企业较多。另外,随着铁路不断提速,铁路维护机构出现了大规模的合并、精简、裁员和分流,这使得各铁路分局都在加大力度进入当地相关市场,以安排分流、转岗的人员。由于轨道交通与干线铁路有很大的相似性,因此轨道交通的维护业务成了各铁路分局设备维护部门最想进入的市场。

目前,在国内为数不多的几个拥有轨道交通的城市中,当地的铁路部门以及相关的铁路工程局已承担了部分工务维护、牵引变电站维护等擅长的业务。随着我国经济的迅猛发展、科技的不断进步、市场秩序的逐步规范,越来越多的技术过硬和信誉、服务质量俱佳的企事业单位涌现出来,为地铁设备维修保养市场化创造了良好的市场竞争环境。

8.2.1.3 轨道交通维保市场化的必要性

轨道交通维保市场化作为城市轨道交通运营管理维保模式研究的一种创新性尝试,其必要性主要体现在:

1. 有利于破除僵化体制,保障轨道交通运营商的经济效益

在市场充分竞争条件下,轨道交通运营商可以通过市场化战略运作,立足于核心竞争力的培养,通过更新思路,合理选择技术或项目委外、劳务或人力资源委外等,消除原有管理体制下的人员冗余、人浮于事等不良现象,实现减员增效、按需设岗、按岗定编,努力降低人力成本,提高工作效率,保障自身的经济效益。

2. 有利于消除行业间的藩篱

传统的维保模式对维保工作的范围划分过细,往往产生两种不良后果:
① 由于维保工作量及收益太小,对维保商从事该项维保工作的吸引力大为削弱;
② 导致维保工作中管理成本和协调性费用大幅度上升。

面临全球化及创新力的竞争时代,轨道交通维保模式市场化战略不仅仅局限于"成本降低""人力资源"等简单的"点"上委外服务的考量,更应该掌握维保模式市场化战略中更高层次的效益及潜在价值,甚至将其转化为企业变革或决策的关键,即让轨道交通企业能结合外部资源,与专业维保伙伴策略联盟合作,在委外过程中创造新的价值与商机。因此,企业的市场化策略目标不但要清晰,而且必须确认委外服务供应商能够提供必要的新技术与开发能力,甚至能主动提供企业建议,建立符合企业整体策略目标的维保服务内容。

3. 有利于体现公开、公正、公平,实现综合效益最优化

在市场竞争机制下,通过对维保市场全面调研,得到具有较强实力的潜在维保商;通过综合评估和公开招标,使优秀的维保商得以脱颖而出,实现维保商之间的公平竞争,体现市场机制的公正法则,有效避免暗箱操作等对维保工作产生的不利影响。

8.2.1.4 市场化维保战略的实施步骤

轨道交通维保市场化战略涵盖了城市轨道交通运营管理的各个系统,是一个复杂的系统工程。维保市场化战略主要实施步骤如图 8-3 所示。

图 8-3 主要实施步骤

第8章 城市轨道交通网络化车辆维修模式创新与实践

1. 维保市场的调研

维保市场的调研是一项基础性工作,通过分析各系统的维保市场竞争态势,提交《轨道交通各子系统维保市场综合评估报告》。

2. 潜在维保商的综合评估

潜在维保商的综合评估是指在全面考虑市场维保商的经营状况、管理体制、区位特征、行业资质、发展前景等因素的基础上,建立相应的指标体系,利用合理的分析方法展开评价,得到潜在维保商的优劣排序,优选排名前三名的潜在维保商为推荐维保商。

3. 推荐维保商的实地考察

在得到推荐维保商名单后,通过实地考察、走访、座谈,就维保工作的实施内容、要求、不同市场化战略相应的报价等内容与推荐维保商展开谈判,或公开招标或邀请招标,并签署相应的合同文本。

8.2.2 车辆可靠性分析、预测以及分配理论与方法

8.2.2.1 可靠性基本概念与指标

可靠性是指车辆在规定的条件下和规定的时间内,完成规定功能的能力。车辆不能完成规定功能,称为故障(或失效)。规定的条件指维护条件、使用条件、环境条件等,规定的时间是可靠性定义的核心,规定时间的长短随着对象车辆不同和使用目的不同而不同。

系统按可修复与否分为不可修复系统和可修复系统两类。如果系统一旦出现故障,不可再修复,作为报废处理,就是不可修复系统;如果系统出现故障,通过维修活动,将其恢复到正常工作状态,就是可修复系统。

可靠性综合反映了一个车辆的耐久性、无故障性、维修性、有效性和使用经济性等特点,可用各种定量指标表示。可靠性特征量是用来表示车辆总体可靠性高低的各种可靠性数量指标的总称,是衡量系统可靠性的定量化指标。对于不可修复的车辆常用可靠度、故障率、平均寿命和可靠寿命等可靠性指标进行描述;对于可修复车辆常用维修度、可用度、平均修复时间等指标进行描述。

8.2.2.2 车辆可靠性预测

可靠性指标分配后,就要把这些要求贯彻到每个子系统中,并应体现在采购技术文件和各子系统的设计中。同时,可靠性工程师也应不断跟踪各子系统可靠性完成情况,进行相应的可靠性分析,并不断调整,以满足合同需求,具体要求如下:

① 在整个设计阶段,城轨车辆的运行可靠性预测应及时更新,以保证设计符合合同规定的可靠性要求。

② 利用可靠性模型进行可靠性预测,尽可能多地使用反馈数据,否则应使用可靠性数据手册发表的数据(如标准 MIL-HDBK-217F,GJB/Z 299B 等)。

③ 如果预测结果显示与合同规定的可靠性目标不符,就需要采取适当的方法进行改进。

④ 依据各子系统的可靠性和产品的革新程度,采用诸如 FMEA 或者 FMECA(故障模式影响及危害度分析)方法,进行 FMEA 或 FMECA 分析,研究不同子系统故障后果及其发生概率。这可以区分、确立城轨车辆发生故障的不同种类,提出相应的建议,从而防止或减少故障的发生。

⑤ 为评估城轨车辆运行可靠性,可利用 FTA（故障树分析法）、RBD（可靠性方框图）等方法分析来确认每个子系统失效模式。

8.2.2.3 可靠性分配

1. 可靠性分配原则

① 技术水平。对能够保证实现较高可靠性的技术成熟的子系统,或预期投入使用时有较高可靠性的子系统,则可分配给较高的可靠度。

② 复杂程度。对较简单的、零部件数量少、组装质量容易保证或故障后易于修复的子系统,则可分配给较高的可靠度。

③ 重要程度。对重要的子系统或单元,若子系统或单元失效后将产生严重的后果,或其失效常会导致车辆系统失效,则应分配较高的可靠度。

④ 任务情况。对整个任务期间内均需连续工作以及工作条件严酷,难以保证很高可靠性的子系统或单元,则应分配给较低的可靠度。

此外,可靠性分配一般还要受费用、重量、尺寸等条件的约束。总之,最终力求以最小的代价来达到车辆系统可靠性的要求。

2. 可靠性分配方法

可靠性分配方法有多种,随着掌握可靠性资料的多少、设计的不同阶段以及目标和限制条件等不同而不同,主要有如下几种方法:

① 等分配法。在设计初期,由于对子系统可靠性资料掌握很少,故假定各子系统的条件相同,分配给各子系统以相同的可靠性指标。

② 比例分配法。该方法用于新设计的车辆系统与原有车辆系统基本相同,原油各子系统的可靠度或失效率已知,但尚未满足资料可以预测新设计的车辆系统可靠性要求,这时新系统中各子系统的失效率可与原子系统的失效率成比例进行可靠性分配。

③ 综合评分分配法。该方法是按经验对各子系统进行综合评分,根据各子系统得分多少分配相应的可靠性指标。

除以上方法外,还有动态规划分配法、再分配法等。车辆制造厂如果已拥有车辆可靠性数据或经验,可借鉴已有的数据或经验,结合项目的特点和配置,依据上面可靠性分配方法进行可靠性分配。车辆制造厂如果是第一次进行可靠性分配,且没有经验数据,则可借鉴国外车辆供应商的数据并加强与各供应商联系取得子系统所能达到的可靠性。借助上面可靠性分配方法,合理确定各子系统的可靠性指标,这些可靠性指标应符合合同技术规格书的要求。

8.2.3 车辆状态预警模型构建

8.2.3.1 RCM 基本概念

以可靠性为中心的维修(RCM)是一种按照以最少的资源消耗保持设备固有可靠性和安全性的原则,应用逻辑决断的方法确定设备预防性维修要求的过程或方法,是目前国际上通用的、用以确定资产预防性维修需求、优化维修制度的一种系统工程方法。

RCM 是按照以最少的资源消耗保持装备固有可靠性和安全性的原则,应用逻辑决断的方法确定装备预防性维修要求的过程或方法,基本思路是:对系统进行功能与故障分析,明确系统内各故障的后果;用规范化的逻辑决断方法,确定出各故障后果的预防性对策;通过现场故障数据统计、专家评估、定量化建模等手段在保证安全性和完好性的前提下,以维修损失最小为目标优化系统的维修策略。

实施RCM的七步作业法如图8-4所示。这些步骤构成了一个反复迭代的过程,这一系列步骤均是基于风险分析和有明显职责对象和需求而形成的。

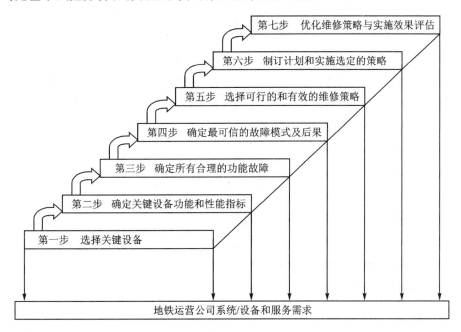

图8-4 实施RCM的七步作业法

8.2.3.2 RCM理论

在RCM中,需要回答以下7个基本问题。一是功能:在现行的使用环境下,设备的功能及相关的性能标准是什么?二是功能故障:什么情况下设备无法实现其功能?三是故障模式:引起各功能故障的原因是什么?四是故障影响:故障发生时,会出现什么情况?五是故障后果:什么情况下各故障至关重要?六是故障预防:做什么工作才能预防各故障?七是找不到适当的预防性工作怎么办?

作为故障预防的基础,RCM将故障后果分为以下4类:

① 隐蔽性故障后果。目前对设备运行没有直接的影响,但有可能引发其他具有严重的,甚至是灾难性故障后果的继发性故障或称第二位故障。

② 安全和环境后果。如果故障会使人致伤或致死,就具有安全性后果;如果故障会导致违反国家的环境标准,就具有环境性后果。即使无法完全排除故障,也应把这两类故障所带来的风险降到非常低的水平,这是RCM的一条基本原则。

③ 运行后果。除维修费用外还影响生产运行的故障(影响产量、产品质量,或除直接维修费用以外的运行费用)。

④ 非运行后果。既不影响安全也不影响生产,只需要直接维修费用的故障。

RCM过程以上述后果分类作为维修决策的基础,通过将每种故障模式的后果按上述分类标准去归类,从而将维持设备的运行、环境和安全目标集合在一起,使预防维修的重点放在后果最严重的可能故障上。

RCM 的分析思路为:首先对设备功能、功能故障、故障模式进行分析,在此基础上对故障影响和故障后果进行评价、分析,并以安全、运行经济性和维修费用的综合目标制定维修策略。因此,RCM 是一种以可靠性为中心,综合了故障后果和故障模式的有关信息,以运行经济性为出发点的维修管理模式。

8.2.4 车辆安全寿命预测模型构建

当前,车辆新产品的抗疲劳设计通常是给定设计求疲劳寿命。这样,当根据设计结构计算出的寿命不满足设计寿命要求时,则需要修改设计,直至满意。这是一项不断修改设计的过程。那么,能否在规定的设计寿命下来确认结构的设计细节呢?——这就是疲劳评估反问题。很多情况下,如果在给定寿命条件下来设计结构是等寿命设计的一种模式。从疲劳寿命评估技术路线中可以看出:计算流程中数据流动存在唯一性,从数学的角度看,基于寿命要求的结构应力反求是成立的。

由疲劳寿命评估正问题模式知,单载荷作用下的寿命里程 L_f 为

$$L_f = \frac{N_e b^{\frac{1}{k}}}{\beta \sum_{R \in [-1,1]} \alpha_i \left[S_{\max}(1-mR) \right]^{\frac{1}{k}}} \tag{8-1}$$

式中,β 是每英里谱历程上循环数;α_i 表示第 i 级占总循环数的百分数;N_e 为载荷;b 为截距。其中每一应力级为

$$\left. \begin{array}{l} S_{\max} = \sigma \cdot \dfrac{F_{\max}}{F} \quad (-1 < R \leqslant 1) \\[6pt] S_{\max} = \dfrac{0.5\sigma(F_{\max} - F_{\text{分钟}})}{F} \quad (R = -1) \end{array} \right\} \tag{8-2}$$

式中,σ 为在标称外载荷 F 作用下评估点的当量应力;$F_{\max}$ 和 $F_{\text{分钟}}$ 分别为载荷谱中一应力级的最大载荷和最小载荷。于是,单载荷谱作用下部件的寿命可重新表示为

$$\left. \begin{array}{l} L_f = \dfrac{N_e}{\beta} \left(\dfrac{bF}{\sigma} \right)^{\frac{1}{k}} \dfrac{1}{\sum\limits_{R \in [-1,1]} \alpha_i A_i^{\frac{1}{k}}} \\[10pt] \left(A_i > \dfrac{bF}{\sigma} \right) \end{array} \right\} \tag{8-3}$$

式中,$A_i = F_{\max} - mF_{\text{分钟}}(-1 < R \leqslant 1)$;$A_i = 0.5(m+1)(F_{\max} - F_{\text{分钟}})(R = -1)$。

若以 L_{fj} 表示部件评估点在第 j 个单载荷谱作用下寿命里程,则 n 种载荷谱下部件评估点的寿命里程 L 为

$$\left. \begin{array}{l} \dfrac{1}{L} = \dfrac{1}{\left(\sum\limits_{j=1}^{n} \dfrac{1}{L_{fj}} \right)} = \sum\limits_{j=1}^{n} \left[\left(\dfrac{\beta_j \sigma_j^{\frac{1}{k}}}{N_e b^{\frac{1}{k}} F_j} \right) \sum\limits_{R \in [-1,1]} \alpha_{ij} A_{ij}^{\frac{1}{k}} \right] \\[10pt] (A_{ij} > bF_j/\sigma_j) \end{array} \right\} \tag{8-4}$$

式中,$A_{ij} = F_{\max j} - mF_{\text{分钟}j}(-1 < R \leqslant 1)$;$A_{ij} = 0.5(m+1)(F_{\max j} - F_{\text{分钟}j})(R = -1)$。$\beta_j$ 是第 j 种载荷谱每英里谱总循环数;σ_j 为第 j 种载荷谱的标称外载荷 F_j 作用下评估点的当量应力;α_{ij} 表示第 j 载荷谱中某一应力级占总循环的分数;$F_{\max j}$ 和 $F_{\text{分钟}j}$ 分别表示第 j 种载荷谱

中第 i 个应力级的最大载荷和最小载荷。

只要将每一种载荷谱的 A_{ij} 求出，并由大到小排序，记做 $N_{1j}, N_{2j}, \cdots, N_{kj}, \cdots$，其对应的概率为 $\alpha_{1j}, \alpha_{2j}, \cdots, \alpha_{kj}, \cdots$，若 $N_{1j}, N_{2j}, \cdots, N_{kj} > bF_j/\sigma_j$，而 $N_{k+1j} < bF_j/\sigma_j$，则判断即可终止。取这之前的 k 项参加寿命 L 的计算。

值得注意的是：当部件评估点的应力状态为双向应力状态时，应推导疲劳当量的单向应力循环。在 AAR 标准中明确规定，主应力符号相同的双向应力状态，具有较大绝对值或范围的应力可以用作疲劳当量应力。当主应力的符号相反时，等于主应力数值之和的值可近似地作为疲劳当量应力使用。

8.3 城市轨道交通网络化车辆维修决策优化理论与方法

8.3.1 车辆维修修程优化理论与方法

8.3.1.1 RCM 在车辆维修修程优化中的适用性分析

全生命周期维保维修模式能否合理应用，关键在于全生命周期维保维修规程是否满足实际维修需要，并且其维修组织能否在保障车辆运营安全可靠的同时降低维修成本，提升维修价值。从以上现状分析知道，目前地铁全生命周期维保在维修规程、修程组织及维修成本等方面仍存在较大的可优化空间，且单凭主观的规程拆分重组不仅达不到全方面提高效率的维修目标，也无法很好地保障车辆的安全可靠运营，亟须借助一定的理论方法更新现有的维修规程、更新优化维修策略、优化调整维修周期以提高地铁车辆设备可靠性降低维修成本。

"安全、高效、经济"是地铁运营管理的基本目标，车辆维修同样要体现安全经济高效原则，而 RCM 就是通过一系列的手段回答了"为什么修""修什么""如何修""何时修"等问题，全面覆盖车辆维修的整个过程，并且在回答各问题时始终以车辆安全可靠为中心，保证维修可靠性，并且通过分析结果进行选择性维修，避免维修浪费从而降低维修成本。因此，通过 RCM 分析，可以对全生命周期维保现有修程进行科学的规程更新，形成规范的维修决策体系更新维修策略，调整最佳的维修周期以满足设备实际维修需要。基于 RCM 的全生命周期维保规程优化主要体现在以下 4 个方面：

① 通过地铁车辆设备关键性评估矩阵对设备关键程度进行排序，使管理人员能有效区分设备的重要程度并掌握车辆关键设备分布状态，指导维修侧重点任务分配使得全生命周期维保工作能持续关注实际需要关注的设备状态。

② 仅对于关键程度较高的设备引入 RCM 分析，提高分析效率。通过关键设备的功能分析、故障分析及后果分析，促使维修人员进一步明确故障机理及相应的补偿措施，提高维修人员维修技能水平和维修效率。

③ 通过 RCM 一系列分析方法，筛选危害性较大的故障模式，借助规范化逻辑决断方法对维修策略进行优选，并结合分析对象数据收集处理把握故障规律，进一步明确分析对象最佳维修周期。

④ 明确车辆实际维修需求，避免过度维修或维修不足，对于系统稳定、关键程度不高或故障风险较低的设备除正常保养外，可适当减少维修工作量，降低维修成本，保证全生命周期维保修程在列车运营窗口时间完成。

8.3.1.2 RCM 在车辆维修修程优化中的应用流程

基于图 8-4 所示的 RCM 七步作业步骤，设计车辆维修修程 RCM 优化技术路线并引入闭环反馈技术以持续优化，推行技术路线如图 8-5 所示。

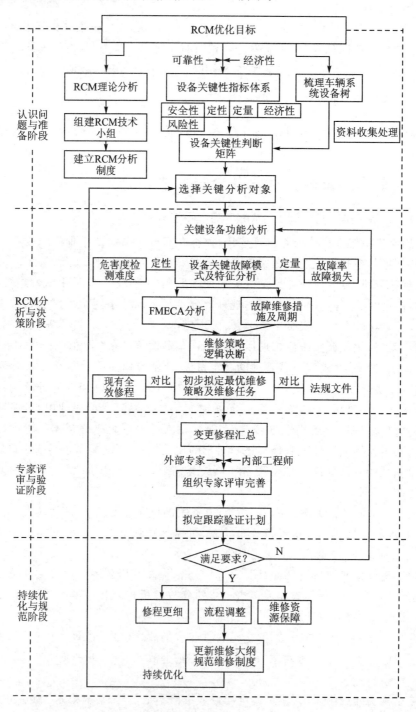

图 8-5 车辆维修修程 RCM 优化技术路线

1. 认识问题与准备阶段

明确车辆维修规程现状及 RCM 基本理论,初步确定 RCM 规程优化目标,梳理车辆系统设备树,根据所筛选的设备关键性指标构建设备树关键性判断矩阵,依照关键程度排序选择分析对象。同时,组建 RCM 技术小组及相关保障制度。

2. RCM 分析与决策阶段

对所选择关键分析对象进行功能分析,把握关键故障及其维修措施,通过数据收集处理明确其故障特征及维修周期,同时,利用规范化逻辑决断优选维修策略并与现行文件进行比对分析。

3. 专家评审与验证阶段

组织内外部专家对 RCM 分析成果进行汇总评审并进行修缮,初步确定维修工作任务并拟定跟踪验证计划进行定期跟踪,及时对反馈情况进行分析调整。

4. 持续优化与规范阶段

根据分析所得的维修规程及维修周期,调整现有车辆维修规程中对应的维修组织,分析并调整车辆维修流程实现流程再造,并在维修资源供应及制度保障上进行规范化,保证分析成果得到落实。

8.3.2 车辆维修流程优化理论与方法

8.3.2.1 基于模块化的维修流程优化再造

流程再造(Process Reengineering, PR)是通过对企业内部和外部各级各类流程进行逐步系统梳理、诊断,不断优化,在达到一定临界条件时,完成从量变到质变的过程。流程再造可以看作是业务运行模式的变革,目的是要整合与企业相关和可能相关的一切资源,构建流程通畅的价值链,建设资源高效共享的结构体系,尽一切可能最及时最全面最准确地满足功能需求,实现最佳效益。一项业务能否持续发展,很关键的一条标准,就是看它能否创造应有的价值,满足实际需求,而流程再造就是针对不满足这一标准的情况进行根本性变革。结合 20 世纪 90 年代初迈克尔·哈默和詹姆斯·钱皮提出的流程再造一般步骤以及国内外研究情况,流程再造的一般步骤包括 PRSD 四个阶段:

第一阶段,再造策划(Plan)。分为 7 个子步骤:识别客户及其需求;树立愿景;明确再造战略;确定再造领导人;营造再造环境;组建再造小组,指定流程主持人;制定再造实施计划。

第二阶段,重新设计流程(Reengineering/Redesign)。分为 4 个子步骤:翻新流程;新流程试验;新流程完善;新流程检验。

第三阶段,流程规范化(Systematize)。分为 4 个子步骤:对新流程规范化、制度化;设计新的组织结构;构建新的岗位系列,指导和培训员工;建设新的信息管理系统。

第四阶段,再造实施(Do)。分为 2 个子步骤:新旧流程切换;评估新流程。

按照闭环反馈机制确定流程再造步骤如图 8-6 所示。

模块化设计是近几年比较流行的设计方法之一。模块化大约是 20 世纪中期发展起来的一种标准化形式,首先实现应用到产品的制造上,随后在计算机、汽车、金融产品等设计领域中都有广泛应用,现在也有人把它扩展到经营管理、组织结构设计等领域。所以说模块化设计中的模块不是实体,而是一个单位概念。维修模块化指的是将各个维修内容所需要的维修工器具、备品备件材料、维修作业人力资源以及相关制度规范等包络在各个规程模块中,从而形成单独的维修作业元胞,形成较小的维修模块以便于保证作业的灵活性和管理控制有效性,这种方式主要借鉴F1赛车的抢修模式PIT-STOP,明确地铁车辆PIT-STOP作业流程(如图8-7所示),通过维修模块的分工合作,实现高效保质维修操作。

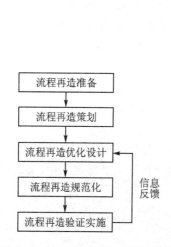

图8-6 闭环机制的流程再造步骤

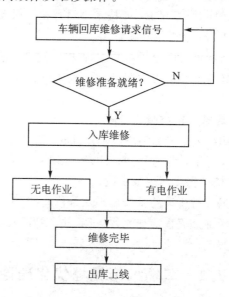

图8-7 地铁车辆PIT-STOP流程示意图

8.3.2.2 基于模块化的维修流程再造总体方案设计

引鉴流程再造管理理念,消除流程中的不增值、冗余环节,强化维修过程组织与控制、维修作业计划编排,使维修过程贴近实际维修环境,保证维修流程顺畅,缩短维修耗时,进一步提升维修流程效率并降低维修成本。

对车辆系统管理部门来说,地铁车辆维修是一项持续的工程,对车辆维修的流程再造需要将其看成一个独立的项目,且生产流程的所有缓解全部由一个团队的成员完成,全面掌握维修过程所包含的所有内容和环节并加以梳理。车辆维修流程再造受到F1赛车抢修PIT-STOP模式启发,从整个维修需求出发,将维修任务及所涉及环节进行重组再造并合理划分模块,形成维修模块如规程模块、工器具模块、人力资源模块,其工作过程彻底改变并重新架构组织内各模块间关系,因此,基于模块化的维修流程再造技术路线如图8-8所示。

① **流程再造准备**:尽可能收集地铁车辆系统维修过程中的各个环节信息,包括原有维修模式存在的不足,对流程再造有直接作用关系的内外部环境因素分析(企业需求压力和支持力度等),另外,还需要深入掌握车辆技术状态及对应的实际维修需求,如各维修作业量、维修工时消耗成本、维修所需工器具、维修人力资源、维修作业顺序,明确流程再造目标,确定再造组织架构及组建再造维修工班小组,重新确立维修流程及控制过程。

② **流程再造设计优化**:根据所掌握的资料,合理将维修规程、维修工时消耗、维修工器具、维修人力资源等进行模块划分,并将其一一对应,使之形成在确定目标下的多个资源及活动的组合,下一步的工作即是将各种不同的组合进行统筹,运用运筹学基本原理合理安排组织,寻找各种组合活动所产生的效益,以效益最佳为导向,结合车辆实际维修需求特征和部件可靠性要求条件等确定最佳的模块组合。

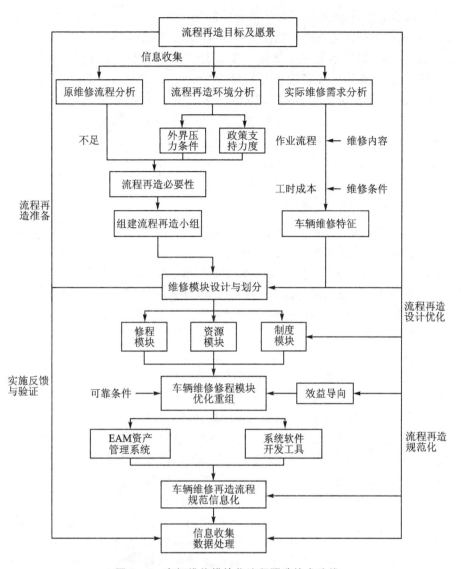

图 8-8　车辆维修模块化流程再造技术路线

③ 流程再造实施：确立的新流程应通过培训员工使之熟悉新的流程，保证再造流程能实施，并且应注意新旧流程切换以及评估新流程，实时信息反馈调整流程。

④ 流程再造规范化：通过验证实施的再造流程若已能满足既定目标，则需要将新流程进行规范化、制度化，设计新的组织结构，并尽可能地依靠将所形成的成果信息化，如与现有资产管理系统 EAM 结合，考虑并开发有针对性的车辆维修模块流程再造信息化管理软件，以便于数据信息的统计分析及维修管理。

8.3.3　车辆维修周期优化理论与方法

在对设备维修策略选择和决策时从故障影响和故障后果出发，以减少故障影响和避免重大故障后果出现为宗旨，引入逻辑决断图定性分析选择维修策略，同时建立灰色局势决策从量化的角度依据多个目标做出评价，结合二者首创逻辑决断与灰色局势法共决机制，使得定性分析和定量计算结合起来,决策的结果能尽可能接近现实情况,减少主观因素影响,避免出现严重的偏差,优选的结果选择适合南京地铁设备特点的最佳维修策略。

对于预防性维修策略,我们还需要进一步掌握预防性维修周期,避免出现"维修不足"或"维修过剩"情况,研究预防性维修任务优化,确定预防性维修周期,对于做出正确的决策,指导维修工程的实践具有深刻的现实意义。作为城市公共交通服务的提供者,城市轨道交通首要任务是保障运营安全,同时也必须要解决居高不下的设备维护保养成本,所以必须要在保障安全和降低维护成本之间寻求一个平衡点。因此提出了费用模型和风险模型相结合的预防性维修周期优化决策模型,并利用蒙特卡罗模拟仿真的方法进行模型求解确定最大似然维修周期值,指导实际的维修作业。

8.3.3.1 逻辑决断图选择法

逻辑决断图采用图表操作,是 RCM 分析方法、流程、理念的具体实现。RCM 维修方式决策模型的适用对象可以是整套机组,也可以是某一个子系统,甚至是子系统的某一个子系统,也就是说,维修方式的决策对象可以是所有的机械设备,也可以是机组中的一种设备,甚至是主机的某一个零部件。不论是哪一级的维修对象,使用决策模型都是一样的逻辑决断图,是在 FMECA 完成的基础上进行的,是 RCM 七大问题后三个问题的回答结果的图示和逻辑梳理的过程。后三个问题是:

> 什么情况下各故障至关重要?
> 做什么能够预防各故障?
> 如果找不到适当的预防性工作,该干些什么?

从目前国内外研究情况来看,逻辑决断图的设计和表现形式上虽然不同,但设计的根本理念是一致的:对于有严重故障后果的关键设备首选状态检测维修,技术不可行时也必须采用定期计划维修策略;对于故障后果一般或较重的主要设备,除故障突发特殊情况下,都应采用定期计划维修;对于故障后果较小的次要设备,采用事后维修的策略。

MSG 和莫布雷在《以可靠性为中心的维修》中所提出的经典的逻辑决断图综合考虑技术可行性和经济可行性综合做出决断。经典的逻辑决断图广为使用,但在使用中也出现了一些实际的问题,由于决策人员经验和专业素质的差异,在回到"是否技术可行"和"是否经济可行"时往往较难做出判断。其主要的原因是这种提问方式不够直接明了,还需要回答者做很多的思考和衡量之后才能判断,故不能体现出定性判别简洁易懂的初衷。因而在南京地铁进行 RCM 推行时,结合地铁设备故障管理现状和工程技术人员普遍容易接受的方式在经典逻辑决断图的基础上设计了更为简洁的逻辑决断图(如图 8-9 所示),该逻辑决断图的设计主要围绕故障后果和技术可行性出发。

针对图 8-9 中的各节点数字及其判断依据说明如下:

> 0 故障模式。按照规范化的故障模式的表达直接填入即可。
> 1 是否为隐性故障。此项为故障后果的判断。故障后果从性质上共分为两大类:隐性故障和显性故障。隐性故障是指如果由该故障模式本身所引起的设备或系统功能的丧失对操作者来说是不明显的,那么该故障就是隐性故障;显性故障是指若故障模式本身所引起的设备或系统功能的丧失对维修操作者来说是显而易见的,那么该故障就属于显性故障。
> 2 是否为关键故障模式。需要综合考虑故障后果的严重程度和故障的发生频率,主

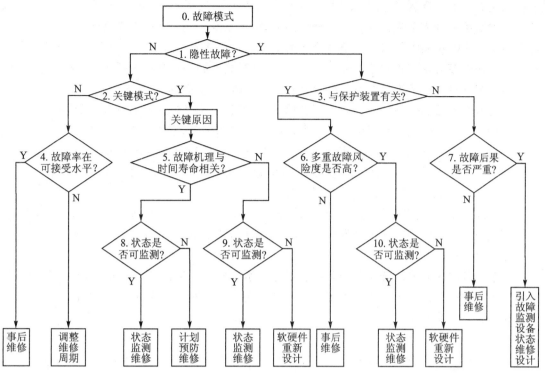

图8-9 逻辑决断图

要考虑故障后果的严重程度来作出判断。

- 3 是否与保护装置有关。此处主要是隐性故障中的情况之一。通常将隐性故障分为与保护装置有关的故障和目前的技术和检测手段尚未能检测的两种。
- 4 故障率是否在可接受水平。历史故障数据的统计中得出的故障率与设定的可接受故障率进行比较得出。在判断的时候若没有确定一个定量的值,可以综合考虑维修成本、维修的人工、时耗等进行定量的判断。
- 5 故障机理是否与时间寿命相关。主要是通过对故障数据的统计分析得出,需要判断故障是否随时间呈现特定的变化规律。若是随机的,不能明确看出或根据经验得出其与时间的关系,则判断为与时间寿命无关。
- 6 多重故障风险度是否高。多重故障即为此故障引发的相关联的其他故障叫作多重故障,判断其引发多重故障的可能性和多重故障的故障后果严重程度。
- 7 故障后果是否严重。主要从三个层次判断,一是是否引起环境与安全性后果,此项最为严重;二是是否影响运营,此项为一般严重;三是对环境、安全和运营都不产生影响只是产生直接的维修费用。
- 8 状态是否可监测。判断故障是否有明显的P-F间隔,是否存在潜在故障,即是否能根据一些现象或征兆来提前发现故障。

8.3.3.2 灰色局势决策法

灰色系统(Grey System)是邓聚龙在20世纪70年代末80年代初提出的。灰色决策是对事件与决策的灰色关系,在数据的统一测度空间,按照目标进行量化,或灰关联化,以找出对付事件的满意对策。自然界中的系统大多数为灰色系统,在工程技术、社会、经济、农业、生态、环境等各种系统中经常会遇到信息不完全的情况,灰色系统理论就是利用系统中信息完全确知的白色信息来解决其中信息不完全或信息完全不确知的部分。因此,运用灰色系统理论使评价各种方案的多方面因素的相互间互补的、不可比的技术经济指标成为可比的、可量化的。特别是对于多评价指标的系统方案选择,灰色理论提供了一个简单可行的方法。

设备维修策略的决策受到多方面因素的影响,其评价信息包括模糊和灰色2种,需定性与定量分析相结合。采用灰色局势决策法实现维修策略的优选,主要基于以下的原因:

① 由于评价中存在定性和定量因素,各因素间不具有数量上的确定关系,信息的可知性差,具有灰色性。这是一类"部分信息已知,部分信息未知""小样本""贫信息"的问题,使得对特定故障如何选取维修策略的评价变得困难。

② 灰色系统理论着重研究概率统计、模糊数学所难以解决的"小样本""贫信息"的不确定性问题,依据信息覆盖,通过序列算子的作用探索事物运动的现实规律,正是解决此类问题的一条有效途径。

灰色局势决策是专门解决灰色系统多目标决策问题的一种方法。是根据某些准则对各个局势所产生的实际效果规定效果测度。然后计算每一方案综合效果测度,据此进行方案的排序优选。其具体步骤如下:

(1) 给出事件和对策

$a_1, a_2, a_3, \cdots, a_i (i=1,2,3,\cdots,m)$ 为事件;$b_1, b_2, b_3, \cdots, b_j (j=1,2,3,\cdots,m)$ 为对策。

(2) 构造局势

事件和对策的二元组合,局势={事件,对策}。

(3) 给出目标

目标是评价局势好坏的依据,一般包括经济目标、技术目标、效果目标、环保目标等。一般分为三种,对于效益目标,效益越大越好,这是极大值目标;对于损耗目标,损耗越小越好,这是极小值目标;对于适中值目标,既不能太大也不能太小。

(4) 给出不同目标的效果白化值

对每个目标、每个局势有一个效果白化值,如下:

$$u_{ij}^k = \begin{pmatrix} u_{11}^k & \cdots & u_{1m}^k \\ \vdots & & \vdots \\ u_{n1}^k & \cdots & u_{nm}^k \end{pmatrix} \tag{8-5}$$

(5) 计算不同目标的效果测度

由于量纲和要求不同,需要统一量纲和要求,即一个多目标局势决策,在局势效果进行量化之前,将局势效果白化值(样本)转化成各种可以比较的效果测度。

① 对于"越大越好"的目标采用上限效果测度,如下:

$$r_{ij}^k = \frac{u_{ij}^k}{u_{\max}^k}, \quad u_{\max}^k \geqslant u_{ij}^k, \quad 0 \leqslant r_{ij}^k \leqslant 1 \tag{8-6}$$

式中,u_{ij}^k 为目标 k 下局势 S_{ij} 的实际效果;$u_{\max}^k$ 为所有局势实际效果的最大值。

② 对于"越小越好"的目标采用下限效果测度,如下:

$$r_{ij}^k = \frac{u_{\min}^k}{u_{ij}^k}, \quad u_{\min}^k \leqslant u_{ij}^k, \quad 0 \leqslant r_{ij}^k \leqslant 1 \tag{8-7}$$

式中,$u_{\min}^k$ 为目标 k 下所有局势实际效果的最小值。

③ 对于要求"适中"的目标采用适中效果测度,如下:

$$r_{ij}^k = \frac{\min\{u_{ij}^k, u_0\}}{\max\{u_{ij}^k, u_0\}}, \quad 0 \leqslant r_{ij}^k \leqslant 1 \tag{8-8}$$

(6) 计算多目标综合效果测度

由于局势有 $k(k>1)$ 个目标,根据各种目标的权重,求取综合效果测度,如下:

$$r_{ij} = \sum_{k=1}^{n} w_k \cdot r_{ij}^k \tag{8-9}$$

式中,$w_k(k=1,2,\cdots,n)$ 是第 k 个目标的权重,且 $\sum_{k=1}^{n} w_k = 1$,所得综合测度值的大小即反映各局势的优劣关系。

(7) 选择最优局势

挑选综合测度值最大即效果最好的局势。

8.3.4 车辆维修资源配置与优化

城市轨道交通由于具有大运量、快速、准时、舒适、安全、环保的特点,目前在世界范围内得到了迅猛发展。然而,建设安全、高效、经济的轨道交通这一可持续发展战略目标,也使轨道交通管理部门面临车辆维护与管理的巨大挑战。一方面,作为大运量的公共客运载体,城市轨道交通对车辆安全性、可靠性提出了更高的要求;另一方面,车辆维修费用已经不再是一项辅助性投入,而是构成企业成本的重要部分。因此,如何在保障车辆技术状态稳定的基础上实现维修周期结构优化,提高设备维修管理经济效益,已成为轨道交通设备维修管理领域急待研究的重要课题。

车辆的寿命估计是确定其最佳维修周期的基础,而寿命数据的收集则直接关系到设备的寿命评估。由于轨道交通车辆主体部件仍未实现国产化,故进行设备寿命试验以获得准确的寿命数据,其代价是昂贵的;另外,考虑到车辆在实际运行中出现的故障实际上也是一种寿命状态数据。因此,本书充分利用已有车辆的故障数据,通过统计分析确定相应的故障分布类型及分布参数,并结合多目标优化决策方法,在可靠性和经济性二者之间寻找维修周期的最佳平衡点,以期能建立起轨道交通车辆设备维修周期优化模型。

8.3.4.1 车辆故障数据分析

1. 故障数据收集

设备寿命指的是设备从投入使用至出现故障的时间跨度。考虑到轨道交通车辆并非全天候运行,故较为精确的寿命数据统计单位应为行走的里程数。因此,在收集故障寿命数据时,应记录设备投入运行时的里程和因故障终止运行时的里程。在利用这些寿命数据进行统计分析时,要保证数据的充足有效,即样本容量充足,以确保数据统计分析的精度。

仅当所分析设备的寿命里程数据量满足最少样本容量要求时,数据的统计分析以及维修周期的优化决策才具有合理性。而对于故障数据量不满足该限制条件的设备,可通过寿命预测或插值手段获得更多的数据量。

2. 数据处理与分布检验

在工程上,设备的寿命都是服从一定统计规律的随机变量,一般用寿命的分布函数来描述。掌握了设备的寿命分布,就可依据其规律预测设备的故障趋势,这对指导设备的维修决策具有重要意义。对轨道交通车辆具体设备而言,根据不同的故障机理,有两种主要的分布类型:指数分布和威布尔分布。指数分布主要应用于电子设备的寿命和复杂系统的故障时间统计。威布尔分布最早在1939年由瑞典物理学家威布尔提出。由于威布尔分布因参数的不同而同时涵盖不同的分布形式,这就使得其迅速发展成可靠性工程中重要的分布类型。二者的概率密度函数如下:

(1) 指数分布的概率密度函数为

$$f(t) = \frac{1}{\theta} \exp\left(-\frac{t}{\theta}\right) \quad (\theta > 0) \tag{8-10}$$

(2) 威布尔分布的概率密度函数为

$$f(t) = \frac{m}{\eta} \left(\frac{t}{\eta}\right)^{(m-1)} \exp\left[-\left(\frac{t}{\eta}\right)^m\right] \tag{8-11}$$

式中,m 为形状参数;η 为尺度参数。

对于指数分布类型的检验,可采用多种检验统计量,常用的为英国统计学家K·皮尔逊(K. Pearson)于1900年提出的 χ^2 检验;而对于威布尔分布类型的检验,则更多地采用由夏皮诺(Shapiro)和维尔克(Wilk)在1965年提出的 W 检验方法。

8.3.4.2 维修周期优化模型

1. 影响因素分析

维修被描述为"为确保设备(包括设施和装备)能履行其期望功能或恢复其期望功能所进行的所有活动",简单地说,就是指为保持"对象"完好工作状态所进行的一切工作。显然,维修的首要目的是保障城市轨道交通车辆技术状态的稳定性和可靠性,故不同的维修周期影响着车体设备的可靠程度。

另外,随着设备经济技术的发展,设备复杂化、精细化程度也越来越高。越来越多的企业意识到在总体生产经营成本中,维修成本所占的比重正在不断上涨,降低了维修费用也就节约了维修成本,故维修已成为了企业潜在的利润源泉。同时,由于维修周期间隔直接影响着维修成本,维修周期越短,维修成本投入越大。因此,合理的维修周期间隔对车辆设备状态的可靠性以及维修成本具有直接的相互影响关系。本书将二者作为轨道交通车辆维修周期的优化目标。

2. 周期优化模型

假设通过故障数据的收集处理,能在一定程度上把握车辆技术状态及寿命分布规律,维修成本仅考虑故障修复成本 c_1 和周期维护成本 c_2,且二者相对固定。通过以上的影响因素分析可知,车辆维修周期优化属于多目标决策问题,即满足可靠性的同时也期望其维修成本最低,因此,利用多目标决策方法可构建优化模型,如下:

$$\left.\begin{array}{l}\text{Minfun}(T) = \alpha \times \dfrac{1-R(t)}{T} + \beta \times \dfrac{\dfrac{c_1 + c_2 \times F(t)}{c_1 + c_2}}{T} \\ \text{s.t.} \quad R(t) \geq R_r\end{array}\right\} \tag{8-12}$$

式中,α、β 分别表示设备可靠性与维修经济性的权重,二者之和为1;$R(t)$ 为设备可靠度函数;$F(t)$ 为设备不可靠度函数;R_r 为期望的可靠度,如0.8;T 为维修周期变量;$\dfrac{c_1 + c_2 \times F(t)}{c_1 + c_2}$ 是为使得可靠度与经济性评价在数量级上有可比性而构造的维修成本系数,即实际可能的维修总成本与周期内1次故障的维修成本的比值。

目标函数表示单位周期内设备不可靠度和维修成本系数的加权最小。结合可靠度条件约束,通过模型求解可得到最佳的维修周期 T,使得在该维修周期下,设备可靠性和维修经济性达到合理的优化平衡。

3. 模型参数的选择

要进行以上车辆维修周期优化模型的求解,首先需要确定相应的模型参数,如可靠度分布函数等。如上文中所述的方法,可对城市轨道交通车辆关键设备的故障数据进行统计分析,并借助相应的统计检验方法确定其寿命分布类型及主要的分布参数,包括 $f(t)$、$R(t)$、$F(t)$ 等。除此之外,模型中还包含权重系数参数以及期望可靠度参数,可根据实际设备对车辆运行安全以及成本的影响程度来确定。如对于影响行车安全的关键设备,则需要在权重和可靠度约束上给予一定的倾斜,可令 $\alpha=0.7, \beta=0.3, R_r=0.9$ 等。

8.3.4.3 辅助信息系统开发

为便于设备故障记录与统计分析,开发了轨道交通车辆设备维修辅助决策与管理信息系统,其功能结构如图 8-10 所示。

在故障分布统计与周期优化模块中,通过寿命数据的分布拟合可获得该设备寿命分布类型的参数及相应的可靠度曲线、不可靠度曲线等分布规律。输入周期优化模型中的其他参数,如期望可靠度以及维修成本等,系统会自动给出最佳的维修周期,操作界面如图 8-11 所示。

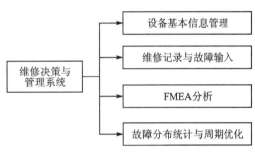

图 8-10 维修决策软件功能组成

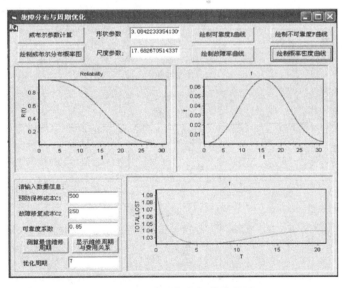

图 8-11 维修周期优化软件界面

图 8-11 中上半部分分别为可靠度函数曲线、概率密度函数曲线,右下部分为模型目标函数与周期 T 的变化关系。

8.4 城市轨道交通网络化车辆维修决策评估理论与方法

8.4.1 价值工程评估方法

1. 价值工程的定义

价值工程是有组织地进行功能分析活动,以求用最低的寿命周期成本,切实可靠地实现产品或作业的必要功能。价值工程的特点是:以提高价值为目的,以功能分析为核心,以集体自有组织地进行改革和创新为基础。

价值工程的目的是提高产品、作业工作或服务的价值。既不单纯强调产品的功能,也不片面要求降低成本,而要致力于功能与成本的正确结合,以提高二者的比值,即价值。

价值工程的核心是功能分析。其内容有:功能定义、功能分类、排列功能系统、计量功能大小和进行功能评价。进行功能分析的作用有:① 确定产品或作业必须具备的功能,排除不必要的功能;② 从实现必要功能的多个方式中,选择最经济的方式;③ 不断寻找实现产品或作业必要功能的最新方式,开发新产品。总之,价值工程是围绕功能分析开展活动,寻找功能与成本间的最佳关系,达到提高价值的目的。

价值工程是以集体智慧进行改革和创新为基础。价值工程是一项复杂的工作,提高产品价值,涉及产品的研究设计、生产制造、销售储运、维护使用的全过程,涉及原材料、设备的选择和使用,涉及各项管理工作,既需要技术、经济知识,又需广泛的管理知识,还需要有良好的改革创造精神,必须集中各方面的人才,依靠集体智慧,有组织地进行。

2. 价值工程评估方法

价值工程的活动程序一般分为3个基本步骤和12个详细步骤,如表8-4所列。

表8-4 价值工程的活动程序

构思的一般工程	价值工程活动程序		应对问题
	基本步骤	详细步骤	
分析	功能定义	选择对象 搜集情报	这是什么
		功能定义 功能整理	这是干什么用的
	功能评价	功能成本分析	它的成本
		功能评价 确定对象范围	它的价值
综合评价	制定改进方案	创造	有其他方案实现这种功能吗
		概略评价 具体化调查 详细评价 提案	新方案的成本多少 新方案能满足功能要求吗

价值工程活动,实际上就是发现问题、分析问题和解决问题的过程。

(1) 选择对象

开展价值工程活动的第一步就是要选择对象产品(项目),从企业诸产品中选出关键的产品作为对象。选择的原则一般有两点:一是选择在生产、经营上迫切需要改进的产品,二是选择功能改进、成本降低的潜力比较大的产品。

(2) 搜集情报

在价值工程每个阶段,都必须围绕所选择的对象产品(项目),有计划地不断搜集有关情报资料。搜集情报的目的是取得进行价值工程活动的依据、标准和对比对象等,并从中得到有益的启示,开拓改进思路。情报资料的搜集要系统、准确、及时,并对已搜集到的资料进行分类、整理、加工,作出必要的分析判断。

(3) 功能分析

① 定义功能。在分析产品功能时,首先要对产品及其零部件的各种功能,用简明准确的语言,下一个确切的定义,以加深对产品功能的理解,抓住问题的本质,作为整个工作的依据。

② 整理功能。在产品和零件的功能确定以后,要按一定的逻辑关系,把各构成要素的功能相互连结起来,排除不必要的功能,补充不足的功能,使之系统化。

③ 评价功能。在功能系统明确以后,进行功能成本分析,把目前成本和必要(最低)成本计算出来。再求出功能价值系数和成本降低幅度,成本降低额是由目前成本减去必要(最低)成本而得。通过评价功能明确了目标成本和对象范围。把那些功能价值系数小于或大于1且功能很弱的产品或零件确定为开展价值工程活动的正式对象。

(4) 改进设想,制定方案

在正式确定了对象范围后,要根据规定的功能和目标成本,组织管理人员、工程技术人员、生产人员、销售人员等各方面有不同知识、不同经验的人参加,互相启发,交流设想,研究提出改进方案。同时在技术上,经济上进行可行性论证,使方案不断具体、完整、优化。

(5) 分析与估价方案

分析与估价方案主要是考虑方案能否满足各方面提出的要求,从企业外部看,是否符合国家有关方针、政策和标准等,是否与社会上其他事业有矛盾,是否适应市场需要和具有竞争力等。从企业内部看,产品功能是否符合用户要求,是否达到预定水平;产品成本是否达到目标成本,降低成本的程度如何;技术上实现方案的条件如何等。这个阶段应尽量作出定量的答案,以选择正式方案。

(6) 试验与定案

对改进方案中采用的新技术、新工艺、新材料、新设备、新设计等未知因素,都应进行必要的试验,并做出相应的评价,为方案审定提供可靠的有说服力的依据。在完成上述分析、评定和试验后,即可制定正式提案,连同有关数据资料,报请主管部门审查定案。

(7) 组织实施和评价成果

在方案批准后,就要指定方案(项目)负责人,编制实施计划,明确分工进度和质量要求,制定验收标准,确定记录内容,具体组织实施,作好记录,进行详细成本核算。价值工程活动的成果,要在保证质量、性能,即产品功能的前提下,用全年净节约额、成本节约率、投资效率和目标达到率等几个指标来评价。其计算方法如下:

$$全年净节约额 = (改进前成本 - 改进后成本) \times 年产量 - 价值工程活动费 \qquad (8-13)$$

$$成本节约率 = \frac{改进前成本 - 改进后成本}{改进前成本} \times 100\% \qquad (8-14)$$

$$投资效率 = \frac{全年净节约额}{价值工程活动费} \times 100\% \qquad (8-15)$$

$$目标达到率 = \frac{改进后成本}{成本降低额} \times 100\% \quad (8-16)$$

3. 价值工程方法评估流程

设备状态评估模型选用价值工程评价模型，该模型构建及实施过程遵守如图 8-12 所示的步骤。

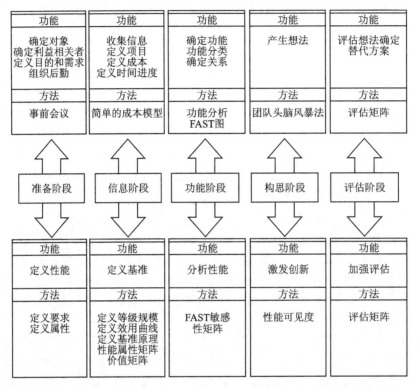

图 8-12 价值工程方法评估流程

设备中大修评估建立过程中的总体思路如图 8-13 所示，针对成本指标体系中定量指标和定性指标，分别采用不同的方法进行。其中定量评价指标采用最低全寿命周期成本评判模型(LCC)进行；定性指标对系统中大修状态影响因素运用修正系数对模型进行修正，修正系数的确定方法采用层次分析法与综合评价法相结合，并结合专家评判意见得到。

设备状态评估体系构建过程中，将设备、人员、管理制度三者视为紧密联系的整体，本着高效率推行和全面管理的思路进行一体化系统设计工作，着重于项目规划设计、组织实施、方案设计、推行技术、效果评估与品牌经营的一体化设计。下面以车辆为例来说明：车辆维修模式优化过程中，构建的评估体系核心目的在于通过优化维修模式，降低维修成本、提高维修质量。

评估过程中，首先基于"人—机—料—法—环"一体化优化流程的各个环节建立评价指标体系，并针对每一个评价指标进行功能与成本评价分析，最后针对系统采用价值工程(VE)方法进行系统评价，针对关键设备的维修周期优化采用可拓优度法进行，二者优化评价的目的在于如何以尽可能少的成本实现其必要的功能。另外，通过对维修实施过程中的维修价值评判分析，可以找出需要改进的功能点从而指导相关单位采取有针对性的改善措施，进一步提升维修效率。

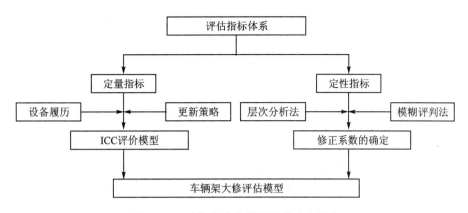

图 8-13 车辆架大修模型评估建立思路

8.4.2 满意准则模型评估方法

车辆在维修决策时,总会选择满足一定条件的且能和维修效果最接近的一种维修方式。假设 B_j 为车辆维修效果的满意度,那么,选择维修方式 j 的不满意度 S_j,显然是 $F(X)$ 和 B_j 的函数,即

$$S_j = S_j(F(X), B_j) \tag{8-17}$$

维修决策评估时,因为各个体属性对于模糊评判集 U 中各因素的影响关系较为复杂,期望通过求解不满意度最小值的精确解的难度非常大;而通常情况下,选择的维修方式的不满意度只需位于其可以承受的范围内。从而可将式(8-17)简化为下述模型,即

$$|F(X) - B_j| \leqslant \delta_j \tag{8-18}$$

式中,X 为维修属性的 m 维特征向量,$X = (x_1, x_2, \cdots, x_m)^T$,$m$ 为车辆维修属性的数目;δ_j 为满意精度。

$$B_j = \sum_{i=1}^{n} A_i k_j \tag{8-19}$$

式中,$A_i (i=1,2,\cdots,n)$ 为各指标权重,可以通过专家调查法进行统计计算,n 为指标的个数;$k_j (j=1,2,\cdots,n)$ 为采用模糊综合评判法得到的上述指标在不同条件下的综合评判值,计算公式为

$$k_j = \frac{\sum_{i=1}^{p} b_i k_j}{\sum_{i=1}^{p} b_i} \tag{8-20}$$

$$b_i = \sum_{i=1}^{p} a_i r_{sl} \quad (s=1,2,\cdots,q)$$

式中,b_i 为综合考虑指标影响因素的作用时,评判对象(专家或学者)评定的对评价集中第 l 个元素的隶属度;k_j 为元素 l 的各种可能的总评判结果;a_i 为指标 $i(i=1,2,\cdots,n)$ 的影响因素 s 的权数;r_{sl} 则反映了因素 s 影响评判对象取第 l 个备择元素的程度。

从式(8-18)~式(8-20)的推导过程来看,为了计算属性变量 X,需要求解模型(8-17)。采用常规的数学方法计算该不等式时,需要知道 S_j 的一些限制性条件,如可微、连续或单峰

等,而这些数学条件的确定,往往会因为非确定性而显得比较困难,因此,为求解该不等式,引入提出的满意准则模型,即

$$\left.\begin{array}{r} f(X) \leqslant \bar{f} \\ \text{s. t.} \quad g(X) \leqslant 0 \end{array}\right\} \quad (8-21)$$

式中,$g(X)=(g(x_1),g(x_2),\cdots,g(x_m))^T$ 且 $X \in R^m$。$g(X)$ 为 m 维约束函数向量,$f(X)$ 为 m 维目标函数向量,$\bar{f}$ 为 m 维目标函数的满意值向量。

令

$$f_j(X) = |F(X) - B_j|\bar{f} = \delta_j \quad (8-22)$$

则模型(8-21)可以转化为下述目标函数,见式(8-23)。

$$S_j = \begin{cases} f_i(X), & X \text{ 不属于} \varphi_j \\ \bar{f}, & X \text{ 属于} \varphi_j \end{cases} \quad (8-23)$$

$$S(X) = (S_1(X), S_2(X), \cdots, S_m(X))^T \quad (8-24)$$

式中,φ_j 为满意准则模型式(8-21)中属性的满意解集合。如果满足 $E(F_j(X)) \in \varphi_j$,则选择方式 j。

8.4.3 车辆 RAMS 综合评估方法

可靠性(Reliability)、可用性(Availability)、可维护性(Maintainability)和安全性(Safety),简称为 RAMS。RAMS 是长期工作的特性,它是在系统的寿命周期内,通过对工程概念、方法、工具和技术的应用获得的。系统的 RAMS 可用质量和数值来表示系统、子系统或组成系统部件的性能程度,它是系统可靠性、可用性、可维护性及安全性的组合。

将 RAMS 引入车辆系统项目管理中,在构思策划、招标、设计、制造/安装、设备调试、运营维护等各阶段就制定具体的实施细则和控制目标,则会有效提高车辆的整体性能。

1. 基本 RAM 计算方法

(1) 平均无故障时间(MTBF)

任何需要运营或维护人员提供特别协助(即非正常模式)以维持或恢复系统/设备运作的故障,包括所有引至行车延误之假警报或指示错误,均需纳入平均无故障时间的计算之内。若外来因素引起事故,如外来电力中断、水淹或员工错误等,则不需纳入计算。计算公式如下:

$$\text{MTBF} = \frac{\text{全部列车总使用时间}}{\text{故障总次数}} \quad (8-25)$$

(2) 平均修复时间(MTTR)

在计算矫正维护 MTTR 时,包括诊断时间、组件修理及替换时间,以及在现场的调整及测试时间在内。运营或维护员工到达现场前的反应时间及运营员工在现场的诊断时间则不包括在内。

(3) 平均停机时间(MDT)

将 MTTR 的定义扩展至包括运营或维护员工到达现场前的反应时间及运营员工在现场的诊断时间。

(4) 可用性计算

可用性计算公式如下:

第8章 城市轨道交通网络化车辆维修模式创新与实践

$$可用性 = \frac{1 - DT(RE) + DT(OPM) + DT(CM)}{运作时间总量} \qquad (8-26)$$

式中,运作时间总量 = 评估期时间(小时) × 按合同提供的列车数量;DT(RE)为停工检修时间,指评估期内在合同项目下提供的所有装置上进行例行检测导致的总停工时间,单位为小时;DT(OPM)为其他预防性维护引起的停工检修时间,指评估期内在合同项目下提供的所有列车上进行的各次(例行检测除外)预防性维护引起的总停工时间,车辆大修的停工检修时间也须按大修频率及可用性证明期的比例计算在内,单位为小时;DT(CM)为修正性维护引起的停工检修时间,指评估期内在合同项目下提供的所有列车上进行的各次修正性维护引起的总停工时间,由修正性维护引起的列车重组而进行列车完整性检测所花费的时间应包括在内。

上述停工检修时间从检修工作在某一装置或列车上开始进行之时算起,在该装置或列车恢复运行状态时终止。时间涵盖相关维护作业的全部内容,包括:执行安全预防措施、检测、维护、设备更换、缺陷(或故障)探测和修正、试验、恢复运行状态。

(5) 可靠性计算

每100万车公里(car-公里)2分钟或以上延误次数,公式如下:

$$\frac{指定时期内的延迟总次数 \times 10^6}{该时期内所有车辆行走总行程} \leqslant 1.46 \qquad (8-27)$$

每100万车公里(car-公里)未能出车次数,公式如下:

$$每100万车公里未能出车次数 = \frac{指定时期内未能出车总次数 \times 10^6}{该时期内所有车辆行走总次数} \qquad (8-28)$$

车公里指车辆所行走的公里,如一列6辆编组的列车行走100公里,车公里为600 car-公里。

2. RAM目标

① 表8-5所列为可靠性目标,并不包括因车载信号系统之故障所引起的延误或不适合继续服务/未能发送事故。

表8-5 可靠性目标

类型	说明	目标
可靠性 (故障次数)	2分钟或以上之初始延误	≤1.46件/car-公里
	不适合继续服务/未能发送	≤0.41件/car-公里
可维护性	可更换组件	≤0.5小时
	矫正维护(不须起车作业)	≤4小时
	矫正维护(须起车作业)	≤6小时
可用性		≥98%

② 每列车平均无故障时间(MTBF)如表8-6所列。

表8-6 平均无故障时间

说明	每列车平均无故障时间/小时
2分钟或以上之初始延误	3085
未能发送	10987

3. 系统保证计划

车辆供货商在设计阶段初期提交系统保证计划,计划中应说明如何计划、管理及监控整体系统 RAMS 的要求。计划应包括:

① 负责实施系统保证计划的组织、人员、职责及沟通方式;

② 负责实施系统保证计划的主要人员的适任说明;

③ 供货商/分包商在系统保证任务的监控过程及相关程序;

④ 系统保证任务、安全分析方法及证明系统安全方法,及能达到可靠性、可用性及可维护性目标的方法;

⑤ 系统保证任务及提交文件的时程表。

4. 安全原则及规范要求的符合性评估(DSA)

车辆供货商应根据系统的设计特点或安全要求,识别相关的安全隐患,并列举将会被采用的设计、运营安全原则、工业守则或法规,以评估系统设计是否符合相关的安全要求或设计特点。依照表 8-7 所列的标准样板完成 DSA 及递交报告。DSA 报告是安全分析报告的一部分。对已识别的安全要求或功能进行安全验证,以证明系统/设备的设计符合所需的安全功能/特色要求或标准。安全验证包括于安全关键设备的型式试验和调试试验中。在试运营前,车辆供货商完成全部安全验证工作,并确认完全符合所需的安全功能/特色要求或标准。

表 8-7 DSA 及递交报告

序号	系统	子系统	设计特点	参考章节	相关潜在安全隐患	相关设计运营安全原则/工业守则/法规	现在符合情况	验证方法	设计符合类别	相关隐患编号

5. 建立隐患登记册

车辆供货商针对系统潜在危险进行分析,在工程项目的适当阶段应用,作为安全评估技术,有助于优化安全的变更;检查业主提供的隐患记录,针对成都地铁 1 号线工程的适用性作适当的修改;进行正式的隐患分析(如:隐患及操作性研究),识别其他隐患及相关的预防/减轻措施;在进行设计、开发、生产及测试时,考虑有关隐患及减轻措施,将减轻措施纳入设计、开发生产及测试内。

6. 风险管理及风险等级评估

车辆承包商应对最初风险处于"不可忍受的"或"应避免的"级别的安全隐患进行量化风险评估,并在考虑缓解措施后制定最终的风险等级。量化风险评估报告应包含但不局限于故障树模型的输出、所录入的数据、置顶事件、中间门的总结/结果、最小割集表、事件数模型以及每个故障树分析(FAT)置顶事件的风险计算。风险管理流程图如图 8-14 所示。

7. RAM 分析方法

故障模式、影响及重要性分析(FMECA)运用归纳法,首先确定潜在的问题,继而进行分析,最后计算出可能造成的影响及严重性。车辆供货商使用故障模式、影响及重要性分析或其他认可的分析方法时,除涵盖其本身的系统外,亦包括与其他系统的接口。故障模式、影响及重要性分析包括每一个系统全部潜在故障模式。特别是故障后果导致列车延迟超过 2 分钟,这些故障模式必须在 RAM 分析中考虑。

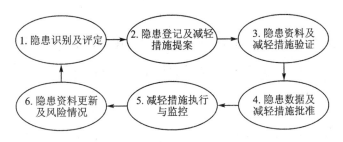

图 8-14 风险管理流程图

分析至可更换组件(Line Replacement Unit)层面。分析采用由下而上的方式找出低层设备对整个运营系统的影响,软件及人为因素故障模式等也包括在内。不同的组件故障模式,其影响传达到系统或设备的下一级。这一过程将一直持续,直到能确定对系统功能的总体影响时为止。冗余设备的影响纳入分析结果内。

其他分析方法,如可靠性方块图、故障树分析等皆可用于评估特定之故障模式。车辆供货商将针对特别需求选择合适之分析工具。

复习思考题

1. 什么是车辆可靠性?
2. 简述实施 RCM 的七步作业法。
3. 简述基于 RCM 的全生命周期维保规程的优化。
4. 流程再造的概念是什么?流程再造的一般步骤是什么?
5. 城市轨道交通网络化车辆维修决策优化理论与方法有哪些?城市轨道交通网络化车辆维修决策评估理论与方法有哪些?
6. 试述价值工程方法评估流程图。

第9章 城市轨道交通网络化列车运行调整理论与方法

9.1 城市轨道交通网络化列车运行调整技术

9.1.1 列车运行调整问题分析

城市轨道交通系统是一个由各种基础设施设备和软件子系统构成的复杂大系统,列车在运行过程中容易受到随机干扰因素的影响,对正常运行的列车造成干扰,引发列车发生晚点,即列车实际运行图在一定程度上偏离计划运行图。列车行车过程中的干扰因素总体上划分为三类:人为因素、设备故障和环境因素,具体干扰因素如图9-1所示。

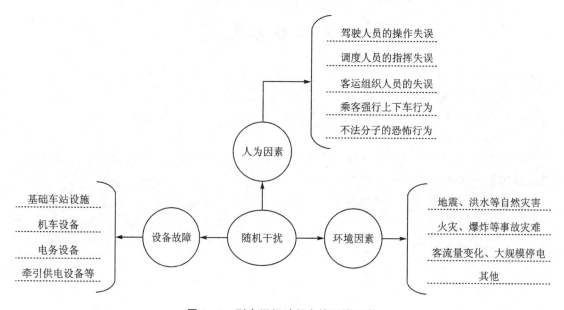

图9-1 列车运行过程中的干扰因素

在随机干扰因素的影响下,列车发生初始晚点的时间和地点具有一定的随机性和不确定性,而且同一线路上的列车之间也会相互干扰,因此初始晚点列车也可能成为导致其他列车晚点的干扰源,即发生晚点传播,此时会对城市轨道交通运输效率以及乘客的出行体验带来较大影响,应及时采取适当的调整策略,抑制乃至消除晚点传播。

9.1.2 列车运行调整发展历程与现状

列车运行调整是晚点情况下常见的调整措施,它受列车晚点程度、列车安全因素和乘客的影响,同时调整效果又能影响到列车的运营效率以及乘客的出行体验。国内外学者大多从构建模型的角度出发,将列车调整问题抽象为具体的数学模型,并采用相应的算法对模型进行

第9章 城市轨道交通网络化列车运行调整理论与方法

求解。

1. 普通铁路

列车运行调整问题研究最早来源于干线铁路网中单线铁路运营管理,学者们对于普通铁路的列车运行调整理论研究和实际应用起步都较早,已积累了较为丰富的运营管理经验。Kanai S等人以整个铁路网中所有乘客的不满最小化为准则,提出了一种列车延误管理的优化算法。该算法包含模拟和优化两个部分:模拟部分由列车交通模拟器和客流模拟器组成;优化部分采用禁忌搜索算法,并使用真实数据对算法进行验证。Espinosa-Aranda J L等人提出了一种基于需求的加权铁路列车延误新方法,该方法基于可替代图的概念来重新安排旅客乘车服务,通过最小化乘客总延误来最大化旅客满意度,并提出了一种启发式方法来求解模型。Keiji K等人考虑了铁路系统列车之间的交互作用,再现了列车运行的行为,建立了包含每个车站的乘客上车模型的列车运行仿真模型,重现了在连锁延迟条件下列车运行的情况,并提出了一种实用的方法来恢复连锁延迟。An Y等人根据铁路列车运行的实时性和动态性的特点,结合适应度函数,针对列车运行的约束条件,以延迟时间和延迟次数最小为目标函数,建立了列车运行调整模型,引入协同方法对粒子群算法进行改进,对模型进行求解。马齐飞扬按照铁路上列车晚点的严重程度将其分为三类,通过专家打分法与层次分析法对影响列车晚点程度的因素进行分析并计算出相应权重,建立列车晚点分级情景模型。对于不同情景下的列车运行调整,建立相应的调整模型,并引入遗传算子与信息熵相结合的方法进行求解。Binder S等人从宏观角度着眼于在发生大干扰的情况下的铁路时刻表重新安排问题,采用ε约束法整合乘客满意度、运营成本和偏离计划运行图的程度等三个目标生成调整时刻表。将后两个优化目标作为ε约束优化第一个目标,根据ε取值的不同,通过求解得到的三维帕累托边界直观展示出三个目标函数之间的权衡关系,并通过荷兰铁路网的实际案例进行了验证。Altazin E等人基于巴黎地区的法国铁路系统,建立了以恢复时间、乘客服务质量和决策数量为目标函数的多目标优化模型,其中决策手段包含取消或转弯列车以及车站跳停,并提出了两种贪婪启发式算法作为求解算法,并通过决策支持工具得以成功应用。Shakibayifar M等人首先提供以铁路列车总旅行时间最小为目标的基本调度模型,随后提出了作为基本模型的扩展的重新调度模型,基本调度模型提供的原始调度将用作重新调度模型的输入。集成的重新调度模型采用了不同的恢复措施,以更好地减少干扰对原运行计划的负面影响,并提出了一种启发式方法来在合理的时间内设计新计划。

2. 高速铁路

在我国高速铁路路网规模不断扩大与路网结构愈加复杂的现实条件下,国内学者对高铁列车运行调整问题做了大量研究,也取得了丰富的研究成果。Wen C等人将高铁列车运行调整的过程分为两步,即列车路径自恢复和列车运行冲突解决,给出了列车运行冲突解决的过程和基于冲突解决的列车运行调整。庄河等人构建了高速铁路列车运行调整的马氏决策过程模型,给出了采取列车顺晚开行和越行调整等行动的最优策略条件,采用极大加代数和矩阵推算列车到发时刻,并据此设计模型求解的策略优化方法。雷明等人建立以加权后总晚点时间最小为优化目标的高速铁路运行调整模型,应用协同进化遗传算法的思想,将决策解和惩罚因子作为2个进化子种群,分别采用合适的编码方式、适应度函数以及交叉变异规则进行求解。周晓昭综合考虑基于车流特征和追求旅客满意度为高速铁路单调度区段的列车运行调整问题设计总优化目标,设计了基于逻辑自映射的表尺度萤火虫算法求解模型。段少楠考虑高速列车

· 215 ·

等级的不同,以列车总加权到达晚点时间最小为优化目标,建立列车运行调整模型,从距离计算、移动方式和扰动机制三方面对标准萤火虫算法进行离散化处理,应用离散萤火虫算法进行模型求解。牛晋财将人工鱼群算法应用到高速铁路列车的列车运行调整中,并提出一种将模拟退火算法与人工鱼群算法相结合的混合鱼群算法,缩短了仿真求解时间。汪臻以高速列车运行调整为研究对象,以区段总加权到达晚点时间最小为优化目标进行建模,设计并实现了遗传模拟退火算法进行模型求解。李晓娟等人将高速铁路列车运行过程作为离散事件动态系统进行分析,以总延误时间最小为优化目标建立模型,并设计了基于分阶段多叉树的动态优化调整算法以实现列车运行调整。Zhang Y 等人研究了高速铁路在列车晚点情况下的实时调整和优化,提出了一种将火车时间表、站台和路线这三个子模型组合在一起的方法,以产生一种协调调整算法,得到列车运行调整的总体计划。向文武以高速铁路列车运行调整为研究对象,分析了基于随机森林的辅助决策引擎的自变量以及因变量因素,当列车发生晚点时,通过随机森林算法能有效预测辅助决策建议,并采用 C♯编程设计高速铁路列车运行调整辅助决策引擎。

3. 城市轨道交通

随着城市轨道交通的蓬勃发展,学者们对于轨道交通列车运行调整的分析研究较多,并取得了较好的效果。Zhang S 等人提出了一种新的能够较好地模拟列车故障的发生,再现列车在轨道交通系统中的复杂运动行为的元胞自动机模型,并提出了两种列车运行调整策略。Yin J 等人提出了一种将地铁列车运行与实时重新调度相结合的综合模型,所提出的模型着重于通过智能决策支持将总时间延迟和能源消耗最小化,基于 Q 学习开发了智能列车运行调整算法,以计算最佳决策。柏赟等人以减少列车总晚点和提高列车到发均衡性为优化目标建立列车运行调整模型,并可通过调整隶属度函数中的权重系数,实现列车总晚点时间和到发均衡性的平衡。夏一鸣等人建立了以列车总延误时间和延误恢复时间最小为优化目标的城轨列车运行调整模型,并采用遗传算法对模型进行求解。项奕凡依据城市轨道交通初始延误程度与列车缓冲时间的比较结果,将延误分为轻微延误和重大延误,进行模型匹配,采用适应于不同情况下的调整模型和调整模式。

由于轨道交通具有客流量大、环境封闭的特点,近年来越来越多的学者将乘客因素考虑在内,江志彬等人以城市轨道交通列车运行调整为研究对象,从满足乘客需求和列车运行的需求出发,以降低延误对客流的影响为优化目标,分析了压缩时分、列车跳站停车、扣车、备车利用、小交路运行等调整策略。乔珂等人从乘客角度出发,提出了"首站控制"和"多站协调控制"两类列车运行调整策略,以受突发事件影响的全部乘客等待时间最小为目标函数,基于两类调整策略建立了列车运行调整模型。徐瑞华等人提出了基于线路间换乘运力协调的衔接调整策略和分流调整策略,结合相邻线路连接关系,考虑客流需求和站台能力约束,给出了换乘运力协调方案的求解算法,并分析了策略的适用情况。Xu W 等人以最大化接驳乘客数量和最小化换乘乘客的平均等待时间为优化目标建立了城市轨道交通网络末班车延误管理模型,设计了一种有效的遗传算法作为求解算法。刘峰博等人提出了协同调整城市轨道交通初始延误列车前行列车的策略,以包含车内、站台乘客的全部乘客总旅行时间最小为目标函数建立整数规划模型,并提出了多列车、多车站时刻调整的组合动态规划求解算法,协同调整延误列车。另外,遗传算法、微粒群算法、蚁群算法、蝙蝠算法等智能优化算法为求解城市轨道交通列车运行调整问题提供了良好的思路,能够在满足实时性要求的前提下,更加迅速地寻找到最优解。

9.1.3 列车运行调整实现过程

在 CBTC 系统下,当城市轨道交通列车在运行过程中由于偏离列车计划图而出现早晚点情况时,ATS 系统与列车自动运行系统(Automatic Train Operation,ATO)共同实现列车运行调整功能,保证列车运行的安全、正点。ATS 系统不断将列车到发车站的实际时刻与计划时刻相比较,当列车偏离计划运行图时,根据列车当前的运行状况,及时采取相应的调整措施对列车运行图重新绘制,列车将按照调整运行图的进行到发车作业,让列车尽快恢复到图定到发时刻。当偏离程度不大时,主要通过 ATR 模块进行列车运行调整,舒缓随机干扰对列车运行的影响。当列车偏离程度较大时,需要人工介入调整。列车运行调整的实现过程如图 9-2 所示。

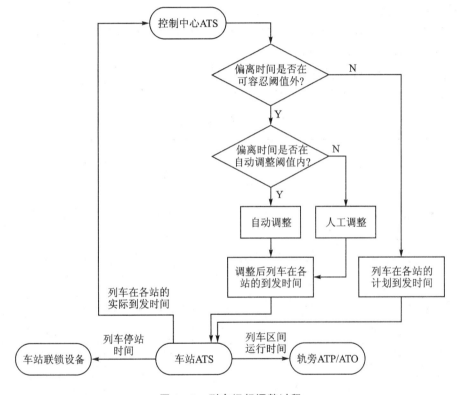

图 9-2 列车运行调整过程

ATS 系统对于偏离计划运行图的列车的调整功能是通过 ATR 模块和 ATO 系统的共同作用实现的,ATR 通过比较列车在各车站的实际到发时间与计划运行图的偏差情况,在系统自动调整的范围内,根据列车的偏离程度,适当缩短/延长晚点传播范围内列车的停站时间和区间运行时间,生成列车调整时刻表。由 ATO 系统通过控制列车开关车门时间和区间运行速度等级来实现列车按照调整运行图到发车站,保障列车正常有序运行。

9.2 城市轨道交通网络化列车运行调整模型

9.2.1 模型基本假设

城市轨道交通列车 $L=\{l_1,l_2,\cdots,l_M\}$ 通常按照列车计划运行图的到发时分在各车站 $S=\{s_1,s_2,\cdots,s_N\}$ 进行有序的运行和停靠。在实际运行过程中,受到各种随机干扰因素的影响,列车 l_i 在站点 s_j 的实际到达时分 d_i^j 或者实际发车时分 f_i^j 不等于列车运行图的到达时分 D_i^j 或者发车时分 F_i^j,此时列车运行图偏离列车计划运行图,需要对列车计划运行图重新铺画。

在构建城市轨道交通列车运行调整模型时,本文给出以下假设:
① 列车晚点不包括改变列车运行次序、增加/取消列车车次以及发生设备故障的情况;
② 所有列车均不在区间停车;
③ 晚点只对发生初始晚点的后续列车有影响。

列车运行调整过程中的基本参数定义如表 9-1 所列。

表 9-1 基本参数定义

参数名称	参数符号	参数定义
计划到站时间	D_i^j	列车 i 到达车站 j 的计划时刻
计划出发时间	F_i^j	列车 i 从车站 j 出发的计划时刻
实际到站时间	d_i^j	列车 i 实际到达车站 j 的时刻
实际出发时间	f_i^j	列车 i 从车站 j 出发的实际时刻
最小停站时间	T_{smini}^j	列车 i 在车站 j 的最小停留时间
最大停站时间	T_{smaxi}^j	列车 i 在车站 j 的最大停留时间
最小区间运行时间	$T_{rmini}^{j,j+1}$	列车 i 在车站 j 和车站 $j+1$ 的最小区间运行时间
最大区间运行时间	$T_{rmaxi}^{j,j+1}$	列车 i 在车站 j 和车站 $j+1$ 的最大区间运行时间
最小追踪间隔时间	T_{gmin}	相邻列车间的最小追踪间隔时间
区间运行冗余时间	T_{yr}	列车计划区间运行时间与最小区间运行时间的差值
停站时间冗余时间	T_{ys}	列车计划停站时间与最小停站时间的差值
追踪间隔冗余时间	T_{yz}	列车计划追踪间隔时间与最小追踪间隔时间的差值
线路车站总数	N	一条线路所开设的所有车站数
列车总数	M	在特定的时间段内开行的列车总数

9.2.2 优化目标分析

列车运行调整模型中优化目标的选取对于调整方案的生成至关重要,其基本目标是保障列车的正点率和运行图的兑现率,尽快恢复按图行车。在调整过程中需综合考虑多种因素的影响,主要包括列车的运输效率、乘客的出行需求以及运营服务水平等。目标函数是根据列车运行调整的相关指标来建立的，调整指标不同，优化目标也有所不同。一般而言，列车运行调整有以下几个目标，如图 9-3 所示。

图 9-3 列车运行调整优化目标

由上可知，列车运行调整问题是一个多目标非线性优化问题，难以在满足所有列车运行约束的条件下求解出使所有目标达到最优的解，因此调整目标的选择一般根据调整目的有所取舍和侧重，从而建立出适应于实际情况的调整模型，提高模型的有效性和实用性。

9.2.3 列车运行调整模型

在城市轨道交通列车运行调整建模分析过程时，需要在尽可能提高列车的正点率和运行图的兑现率的基础上，将作为轨道交通系统运营服务主体的乘客的主观感受考虑其中，保障乘客的正常乘降作业。

9.2.3.1 目标函数

以力求全面有效为目的，从综合考虑企业和乘客双方需求的角度出发，建立多目标列车运行调整模型。依据初始晚点时间 t_{delay} 计算受晚点影响的列车数 N_1 和到发时间线数 N_s 的改进公式如下：

$$N_1 = \begin{cases} \min\left\{\text{floor}\left(\dfrac{t_{\text{delay}}}{T_{\text{yz}}}\right)+1, M-m+1\right\}, & t_{\text{delay}} < T_{\text{yz}} \\ \min\left\{\text{ceil}\left(\dfrac{t_{\text{delay}}}{T_{\text{yz}}}\right)+k_1, M-m+1\right\}, & t_{\text{delay}} \geqslant T_{\text{yz}} \end{cases} \quad (9-1)$$

$$N_s = \begin{cases} \min\left\{\text{floor}\left(\dfrac{t_{\text{delay}}}{\min(T_{\text{ys}}, T_{\text{yr}})}\right)+1, 2\times N-2\times n+2-a\right\}, & t_{\text{delay}} < T_{\text{yz}} \\ \min\left\{\text{ceil}\left(\dfrac{t_{\text{delay}}}{\min(T_{\text{ys}}, T_{\text{yr}})}\right)+k_2, 2\times N-2\times n+2-a\right\}, & t_{\text{delay}} \geqslant T_{\text{yz}} \end{cases} \quad (9-2)$$

式中，t_{delay} 为列车初始晚点时间；m 和 n 分别表示发生初始晚点的列车和车站；a 为晚点类型标志，$a=0$ 表示列车到达晚点，$a=1$ 表示列车发车晚点；$\text{ceil}(x)$ 和 $\text{floor}(x)$ 分别表示向上取整、向下取整函数；k_1、k_2 为整数，取值视 t_{delay} 的大小而定。

1. 列车总晚点时间最小

列车的总晚点时间可以表示为各列车到达各车站的晚点时间和各列车从各车站出发的晚点时间之和。列车总晚点时间最小可表示为

$$F_1 = \min\left\{\sum_{i=0}^{M}\sum_{j=0}^{N}\left[|d_i^j - D_i^j| + |f_i^j - F_i^j|\right]\right\} \qquad (9-3)$$

由于本文仅对列车发生晚点进行研究,而且存在列车到发车时间约束,因此上述公式可以简化为

$$F_1 = \min\left\{\sum_{i=0}^{M}\sum_{j=0}^{N}\left[(d_i^j - D_i^j) + (f_i^j - F_i^j)\right]\right\} \qquad (9-4)$$

2. 晚点影响范围内乘客总等待时间最小

由于列车晚点仅对晚点影响范围内的列车运行产生影响,为简化运算,仅对晚点影响范围内乘客的总等待时间进行计算,保证其最小即可。根据对乘客候车过程的分析,晚点影响范围内在两列车发车间隔之间到站的乘客所需的总等待时间可数学表示为

$$T_{i1}^{j} = \int_{0}^{f_{m+i}^{n+j} - f_{m+i-1}^{n+j}} \delta_{n+j} \times (f_{m+i}^{n+j} - f_{m+i-1}^{n+j} - t)\,\mathrm{d}t \qquad (9-5)$$

式中,δ_{n+j} 表示乘客在站点 s_{n+j} 的进站速率,人/秒。

由于列车载客量的限制,当车站的客流量较大时,往往会导致乘客滞留在车站的情况,即原应乘坐上一列车的部分乘客滞留在车站,需等待下一列车。

各车站滞留乘客的总等待时间可表示为

$$T_{i2}^{j} = l_{m+i-1}^{n+j} \times (f_{m+i}^{n+j} - f_{m+i-1}^{n+j}) \qquad (9-6)$$

式中,l_{m+i-1}^{n+j} 表示列车 l_{m+i-1} 在站点 s_{n+j} 的滞留乘客人数。

$$l_{m+i-1}^{n+j} = \begin{cases} l_{m+i-2}^{n+j} + \delta_{n+j-1} \times (f_{m+i-1}^{n+j} - f_{m+i-2}^{n+j}) - C_{m+i-1}^{n+j}, & l_{m+i-1}^{n+j} > 0 \\ 0, & \text{其他} \end{cases} \qquad (9-7)$$

式中,C_{m+i-1}^{n+j} 表示列车 l_{m+i-1} 在车站 s_{n+j} 的最大容纳量,但为了简化运算,着重强调目标函数的制定思想,本文均取固定值。

晚点影响范围内乘客总等待时间最小可表示为

$$\begin{aligned}
T_i^j &= T_{i1}^j + T_{i2}^j \\
&= \int_0^{f_{m+i}^{n+j} - f_{m+i-1}^{n+j}} \delta_{n+j} \times (f_{m+i}^{n+j} - f_{m+i-1}^{n+j} - t)\,\mathrm{d}t + l_{m+i-1}^{n+j} \times (f_{m+i}^{n+j} - f_{m+i-1}^{n+j}) \\
&= \frac{1}{2} \times \delta_{n+j} \times (f_{m+i}^{n+j} - f_{m+i-1}^{n+j})^2 + l_{m+i-1}^{n+j} \times (f_{m+i}^{n+j} - f_{m+i-1}^{n+j})
\end{aligned} \qquad (9-8)$$

在城市轨道交通线路中换乘站的客流量大且客流情况复杂,为此,本文引入换乘站乘客等待时间放大系数 H_0,其中 h 为换乘站标志,$h=1$ 表示该车站为换乘站,$h=0$ 表示该车站为非换乘站。

晚点影响范围内乘客总等待时间最小可表示为

$$F_2 = \min\left\{\sum_{i=0}^{N_1-1}\sum_{j=0,h=0}^{\mathrm{ceil}[N_s/2]-1} T_i^j + H_0 \sum_{i=0}^{N_1-1}\sum_{j=0,h=1}^{\mathrm{ceil}[N_s/2]-1} T_i^j\right\} \qquad (9-9)$$

3. 晚点影响范围内列车在各车站的平均上车率最高

在城市轨道交通系统中,列车的满载率对于保障列车运输能力和运营服务水平起着重要的作用。因此,本小节将晚点影响范围内列车在各车站的平均上车率作为一个调整目标,并将晚点影响范围内列车在各车站的平均上车率表示为各列车在各车站的候车人数与该列车在该车站的最大容纳量的比值。晚点影响范围内列车 i 在车站 j 的候车人数 H_{m+i}^{n+j} 可表示为

$$H_{m+i}^{n+j} = [l_{m+i-1}^{n+j} + \delta_{n+j} \times (f_{m+i}^{n+j} - f_{m+i-1}^{n+j})] \tag{9-10}$$

晚点影响范围内列车 i 在车站 j 的上车率 L_i^j 可表示为

$$L_i^j = \begin{cases} \dfrac{H_{m+i}^{n+j}}{C_{m+i}^{n+j}}, & H_{m+i}^{n+j} \leqslant C_{m+i}^{n+j} \\ 1, & \text{其他} \end{cases} \tag{9-11}$$

式中，C_{m+i}^{n+j} 为列车 i 在车站 j 的最大容纳量，当候车人数大于列车在该站的最大容纳量时，L_i^j 的取值设为 1。

晚点影响范围内列车在各车站的平均上车率最高可表示为

$$F_3 = \max\left\{ \left[\left(\sum_{i=0}^{N_1-1} \sum_{j=0}^{\mathrm{ceil}[N_s/2]} L_i^j \right) \middle/ (\mathrm{ceil}[N_s/2] \cdot N_1) \right] \right\} \tag{9-12}$$

从综合考虑企业和乘客双方需求的角度出发，建立的多目标列车运行调整模型：

$$F = \begin{cases} \min\left\{ \sum_{i=0}^{M} \sum_{j=0}^{N} [(d_i^j - D_i^j) + (f_i^j - F_i^j)] \right\} \\ \min\left\{ \sum_{i=0}^{N_1-1} \sum_{j=0,h=0}^{\mathrm{ceil}[N_s/2]-1} T_i^j + H_0 \sum_{i=0}^{N_1-1} \sum_{j=0,h=1}^{\mathrm{ceil}[N_s/2]-1} T_i^j \right\} \\ \max\left\{ \left[\left(\sum_{i=0}^{N_1-1} \sum_{j=0}^{\mathrm{ceil}[N_s/2]-1} L_i^j \right) \middle/ (\mathrm{ceil}[N_s/2] \cdot N_1) \right] \right\} \end{cases} \tag{9-13}$$

为方便模型求解，将晚点影响范围内列车在各车站的平均上车率最高函数从求极大值问题转化为求极小值问题：

$$F_3 = \min\left\{ 1 \middle/ \left[\left(\sum_{i=0}^{N_1-1} \sum_{j=0}^{\mathrm{ceil}[N_s/2]-1} L_i^j \right) \middle/ (\mathrm{ceil}[N_s/2] \cdot N_1) \right] \right\} \tag{9-14}$$

因此，式(9-13)可转化为

$$F = \begin{cases} \min\left\{ \sum_{i=0}^{M} \sum_{j=0}^{N} [(d_i^j - D_i^j) + (f_i^j - F_i^j)] \right\} \\ \min\left\{ \sum_{i=0}^{N_1-1} \sum_{j=0,h=0}^{\mathrm{ceil}[N_s/2]-1} T_i^j + H_0 \sum_{i=0}^{N_1-1} \sum_{j=0,h=1}^{\mathrm{ceil}[N_s/2]-1} T_i^j \right\} \\ \min\left\{ 1 \middle/ \left[\left(\sum_{i=0}^{N_1-1} \sum_{j=0}^{\mathrm{ceil}[N_s/2]-1} L_i^j \right) \middle/ (\mathrm{ceil}[N_s/2] \cdot N_1) \right] \right\} \end{cases} \tag{9-15}$$

9.2.3.2 约束条件

城市轨道交通列车调整的约束条件是复杂且相对固定的，主要包括停站时间约束、区间运行时间约束、追踪间隔时间约束和到发车时间约束等 4 项约束。

1. 停站时间约束

列车的停站时间主要用于乘客的正常上下车作业，为满足乘客的基本乘降需求，停站时间约束可以表示为

$$T_{\mathrm{smin}} \leqslant f_i^j - d_i^j \leqslant T_{\mathrm{smax}} \tag{9-16}$$

2. 区间运行时间约束

为了保障乘客出行的安全性和舒适性，列车的运行时间约束不仅对最小运行时间进行约

束,也对最大运行时间进行了约束,具体表示如下:

$$T_{r\min} \leqslant d_i^{j+1} - f_i^j \leqslant T_{r\max} \tag{9-17}$$

3. 追踪间隔时间约束

为保障列车运行安全,防止相邻列车发生追尾事件,规定列车追踪间隔时间约束如下:

$$\begin{cases} d_{i+1}^j - d_i^j \geqslant T_{g\min} \\ f_{i+1}^j - f_i^j \geqslant T_{g\min} \end{cases} \tag{9-18}$$

4. 到发车时间约束

为防止发生晚点的列车对前面的列车产生影响,尽快实现"按图行车",提高调整效率,对列车到发车时间进行约束,保证不会出现早于计划时间到发车的情况:

$$d_i^j \geqslant D_i^j, \quad f_i^j \geqslant F_i^j \tag{9-19}$$

以上 4 个约束条件均为强约束,在城市轨道交通列车运行调整过程中必须严格遵循,对于保障轨道交通系统的运营服务水平以及乘客的出行安全起着重要的作用。

9.3 城市轨道交通网络化列车运行调整算法

9.3.1 基于遗传算法的列车运行调整方法

9.3.1.1 遗传算法

遗传算法是从种群开始的,种群由个体组成,而个体是将实际问题中的参数通过基因编码形成的带有特征的染色体。产生初代种群后,遗传算法将根据适者生存的遗传机制,对优秀的个体进行逐代的生成,在新的种群中保留优秀个体,淘汰劣质个体。在每一代中,选择出优秀的个体,并借助于自然遗传学的遗传算子进行组合交叉和变异,产生出新的个体。

遗传算法是一种模拟自然选择和遗传学机理的元启发式随机搜索算法,从问题的一个可行解集开始搜索,在每一次迭代中,通过选择、交叉、变异操作,产生更优秀的解集,直至求得最优解。遗传算法共有 7 种主要操作和基本术语,分别是编码、初始化、适应度函数、选择、交叉、变异和概率。

① 编码,遗传算法求解过程中并不直接操作问题可行解,需要通过编码,将可行解编码为染色体,常用的编码方式有二进制编码、Gary 编码、实数编码等。

② 初始化,求解开始,随机生成一组问题可行解,并编码形成初代种群,种群大小在求解过程中固定。

③ 适应函数,该函数的设计紧密结合目标函数,用于评价个体的优劣,是遗传操作的依据。适应度高的个体被选中的概率大,因此有更大的概率将其携带的信息遗传至子代,通过这种方式,引导算法的搜索方向。

④ 选择,以适应度函数为标准,随机选择初代种群中的个体,经过交叉、变异操作,生成子代种群。

⑤ 交叉,以适应度函数为标准,种群中的个体进行交叉操作。交叉产生的个体会携带父代的基因,因为父代具有较高的适应度,所以子代大概率具有更高的适应度,由此产生一种子代普遍强于父代的趋势,驱动种群向好发展。

⑥ 变异,变异是依概率随机改变个体的小段基因编码,其目的是增强种群多样性,扩大搜索范围,使遗传算法具有跳出局部最优解的能力。在求解过程中,可以依概率将当前种群中的优良个体不经过交叉和变异,直接复制至下一代种群中,以减少交叉、变异等操作对优良基因的破坏。

⑦ 概率,交叉和变异操作需要以一定的概率进行,若概率过大,则可能破坏种群中的优良个体;若概率过小,则每次迭代过程中交叉与变异次数减少,使算法收敛过慢。

9.3.1.2 遗传算法的特点

一般搜索算法的共同特征为:首先组成一组候选解;根据具体条件来计算候选解在每一代的适应度;根据适应度选择保留或放弃一些候选解,一般来说是保留适应值高的候选解,丢弃适应值低的;通过对保留下来的候选解进行操作,产生出新的满足条件的候选解。

不同于其他的搜索算法,遗传算法还有以下几个独特的性质:

① 不同于一般的优化算法,遗传算法是从由问题解组成的群体开始的,而不是从单个解开始进行搜索的。而其他传统的优化算法是从单个初始值开始迭代,进而求最优解的,这样就容易误入局部最优解。遗传算法从群体解集开始进行搜索,因此其搜索的覆盖面较大,比较利于进行全局择优。

② 遗传算法可以仅利用适应度的值来评估每个个体,而不需要其他辅助的信息,在这个基础上进行操作,使得遗传算法的应用范围得到很大的扩展。

③ 遗传算法具有良好的自适应。

遗传算法的这些特点使其在优化搜索问题上得到很好的应用,例如函数优化和组合优化问题。此外,遗传算法也在生产自动控制、图像处理、调度问题、机器学习和人工智能等方面获得了广泛的应用。采用遗传算法解决这些优化问题具有很好的收敛性、并行性,搜索过程较为简单,具有可扩展性,易与其他算法相结合。

9.3.1.3 遗传算法的步骤及其流程

遗传算法的流程如图 9-4 所示。

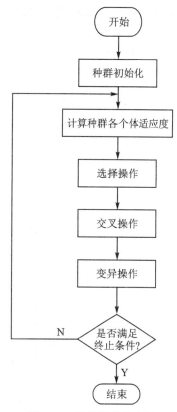

图 9-4 遗传算法流程图

9.3.2 基于粒子群算法的列车运行调整方法

9.3.2.1 粒子群算法

粒子群算法是群集智能启发式优化算法的一种,是一种通过仿造自然界中鸟群搜索食物的过程演变而来的随机搜索算法,具有结构简单、搜索速度快的特点。

粒子群算法的启发原理是在鸟群一定区域内觅食时能够感知到自身与食物的距离,但是无法获取食物的具体位置,鸟群中的个体通过搜索距离食物最近的个体不断缩短与食物的距离。粒子群算法就是利用这种个体粒子通过群体中的其他个体粒子信息持续更新自己位置和速度的思想寻求范围内的最优解。

在粒子群算法中,个体粒子的速率以及位置调整可通过以下公式体现:

$$v_{id}^m = \omega v_{id}^{m-1} + c_1 \cdot r_1(\text{pbest}_{id} - x_{id}^{m-1}) + c_2 \cdot r_2(\text{gbest}_{id} - x_{id}^{m-1}) \quad (9-20)$$

$$x_{id}^m = x_{id}^{m-1} + x_{id}^m \quad (9-21)$$

式中,i 表示粒子序号($1 < i < M$);d 表示维度序号($1 < d < D$);m 表示迭代次数;v_{id}^m 和 x_{id}^m 表示 D 维向量中第 i 个粒子在 d 维空间的速度和位置;ω 表示惯性权重参数的取值;c_1、c_2 表示学习因子,一般取值为:$c_1 = c_2 = 2$,c_1 为个体学习因子,c_2 为社会学习因子;r_1 和 r_2 分别为 rand_1 和 rand_2 的简写,均表示在 $[0,1]$ 区间内产生的随机数;pbest_{id} 表示微粒 i 在搜索区域内寻找到的最好的地方,称为个体极值;gbest_{id} 表示全部微粒在搜索区域内寻找到的最好的地方,称为全局极值。

9.3.2.2 粒子群算法流程

粒子群算法流程如图 9-5 所示。

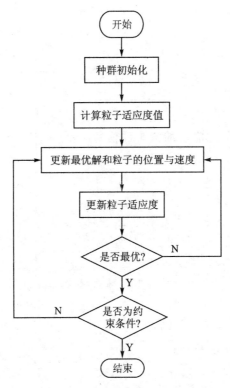

图 9-5 粒子群算法流程图

9.3.3 基于人工鱼群算法的列车运行调整方法

人工鱼群算法是 2002 年由李晓磊、钱积新提出的一种模拟自然鱼群行为的智能优化算法,通过以人工方式模仿自然鱼的行为更快地找到全局最优值,是一种自上而下的寻优结构。

9.3.3.1 人工鱼群算法

人工鱼群算法的基本思想:在一定的水域内,人工鱼个体通常能够通过自身或跟随同伴逐步聚集到食物浓度较高的地方,因此鱼群数目与食物浓度呈正相关。

鱼群的视觉极其复杂,能快速感知周围空间的大量事物,是任何仪器和程序都难以模拟的,为了简化其操作,应用如下方法对人工鱼的视觉进行模拟。

人工鱼的视觉概念表示如下:

$$x_i^v = x_i + \text{Visual} \cdot \text{rand}, \quad i = 1, 2, \cdots, n \quad (9-22)$$

$$X_{\text{next}} = X + \frac{X_v - X}{\|X_v - X\|} \cdot \text{Step} \cdot \text{rand} \quad (9-23)$$

式中,$x_i(i=1,2,\cdots,n)$ 为待优化的变量;rand 是 $[-1,1]$ 区间服从均匀分布的随机数;Step 为移动步长。

设一条人工鱼的当前位置为 $X=(x_1,x_2,\cdots,x_n)$,它的视野范围为 Visual,某时刻的视点位置 $X_v=(x_1^v,x_2^v,\cdots,x_n^v)$,若 X_v 的食物浓度高于当前位置,则向 X_v 方向在移动的最大步长 Step 内前进一步,更新到位置 X_{next};否则继续巡视 Visual 内的其他位置,如图 9-6 所示。随着巡视次数的增加,人工鱼对 Visual 内的状态了解越全面,对周围环境的认知也更为立体,便于做出准确的判断和决策。

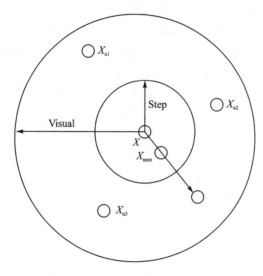

X_{n1}, X_{n2}, X_{n3} —视野范围内三条鱼的位置

图 9-6 人工鱼群算法原理

人工鱼群算法中的基本参数如表 9-2 所列。

表 9-2 鱼群算法基本参数及其含义

参数符号	含 义
fishnum	参与寻优计算的人工鱼总数
X_i	人工鱼个体 i 的状态位置
$Y_i = f(X_i)$	人工鱼个体 i 当前的食物浓度
$d_{ij} = \|X_i - X_j\|$	人工鱼个体之间的距离
Visual	人工鱼视野

续表 9-2

参数符号	含 义
Step	人工鱼移动的最大步长
δ	人工鱼拥挤度因子
try_number	最大尝试次数
Maxgen	最大迭代次数

9.3.3.2 人工鱼群算法的行为及其实现

人工鱼群算法的基本行为包括觅食、聚群、追尾和随机,通过这几种行为逐步聚集在食物浓度最高的地方,以人工方式模仿自然鱼的行为更快地找到全局最优值,实现优化问题的求解。

1. 觅食行为

这是鱼类的一种本能行为,每条人工鱼个体都有一定的搜索和视野范围,当它感知到某个位置的食物浓度更高,即目标函数值更优时,则会趋向这个位置。

假设人工鱼的当前状态为 X_i,在其人工鱼视野 Visual 范围内随机选择一个状态 X_j,以下均以求解极小值优化问题为例,若 X_j 的目标函数值 Y_j 小于 X_i 的目标函数值 Y_i,则人工鱼向该方向前进一步;反之,重新随机选择状态 X_j,继续判断 Y_j 是否小于 Y_i,在经过 try_number 次尝试后,若仍不能满足前进条件,则随机移动一步。觅食行为算法流程如图 9-7 所示。

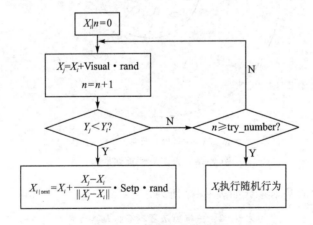

图 9-7 觅食行为算法图

2. 聚群行为

鱼类具有聚集成群的生活习性,通过聚群行为来集体觅食和躲避敌害。假设人工鱼的当前状态为 X_i,搜索当前邻域内(即 $d_{ij}<$ Visual)的人工鱼数目 n_f 和中心位置 X_c,若 $Y_c n_f < \delta Y_i$,表明鱼群中心位置 X_c 的食物浓度高于 X_i 的食物浓度且不太拥挤,则向 X_c 位置前进一步;否则执行觅食行为。聚群行为算法流程如图 9-8 所示。

3. 追尾行为

鱼类在觅食时,为了提高觅食效率,会尾随找到食物的同伴前行。假设人工鱼的当前状态

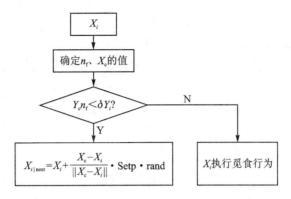

图 9-8 聚群行为算法图

为 X_i,搜索当前邻域内(即 $d_{ij}<$ Visual)的人工鱼数目 n_f 和鱼群中 Y_j 最小对应的人工鱼位置 X_j,若 $Y_j n_f<\delta Y_i$,表明 X_j 所处的状态较优且其周围拥挤度较低,则朝 X_j 的方向前进一步;否则执行觅食行为。追尾行为算法流程如图 9-9 所示。

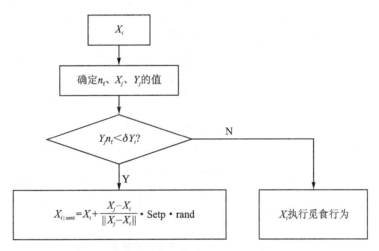

图 9-9 追尾行为算法图

4. 随机行为

为更大范围地寻找食物或同伴,人工鱼个体随机自由游动,可通过在人工鱼视野 Visual 中随机选择一个状态,随后向该方向移动,实质上是觅食行为的一个缺省行为。

$$X_{\text{next}} = X_i + \text{Visual} \cdot \text{rand} \quad (9-24)$$

以上是人工鱼的几种典型行为,通过鱼群在不同时刻对环境的感知来自主实现这些行为的相互转换,实现优化问题的求解。

通过行为评价来模拟人工鱼能够进行自主行为一般有两种简单的评价方式:一种是在当前状态下,对比选择各个行为中向优的方向前进最大的,选择最优行为执行;另一种是随机选择一种向优的方向前进的行为,选择较优行为执行。

9.3.3.3 人工鱼群算法流程

人工鱼群算法的流程如图 9-10 所示。

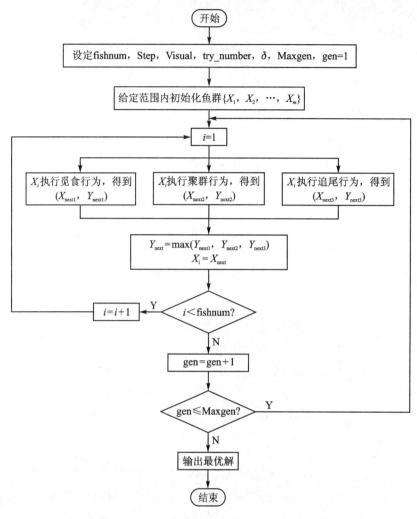

图 9-10 人工鱼群算法流程图

9.3.4 算例分析

下面以人工鱼群算法为例,进行仿真分析。人工鱼群算法各种参数的设置对于算法寻优和精度起着重要的作用,直接影响算法的收敛性。为此,本小节将对改进 AFSA 算法的各参数的不同取值分别进行仿真分析,根据仿真结果进行合理的参数设置。本小节实验仿真环境为 MATLAB R2017a,硬件环境为 Inter(R) Core(TM) i7-10875H CPU @ 2.30 GHz 16.0 GB RAM。选取南京地铁 3 号线胜太西路站—新庄站路段 7:15:48 至 8:24:07 期间运行的 8 列车,其中大行宫站和南京南站为换乘站,构造列车计划时刻表如表 9-3 所列。

南京地铁 3 号线采用 A 型车 6 节编组,定员载客量 AW2 为 1860 人/列车,$C=1860$ 人。列车区间运行参数 $T_{smin}=25s$、$T_{smax}=50s$、$T_{gmin}=280s$、$T_{rmin}=80s$、$T_{rmax}=140s$、$T_{ys}=10s$、$T_{yr}=10s$、$T_{yz}=60s$。列车 i 车站 j 的最大容纳量 $C_{ij}=220$ 人,乘客在车站 j 的进站速率 $\delta_j=0.6$,列车 i 车站 j 的滞留乘客人数 $L_1=30$ 人,换乘站乘客等待时间放大系数 $H_0=2$,晚点影响范围内列车平均上车率最低设定值 $\alpha=0.6$,目标函数的权重因子 $\omega=0.5$。

第9章 城市轨道交通网络化列车运行调整理论与方法

表9-3 列车计划时刻表

车 站	1	2	3	4	5	6	7	8
胜太西路	7:15:48 7:16:33	7:21:08 7:21:53	7:23:33 7:27:13	7:31:48 7:32:33	7:36:16 7:37:53	7:42:28 7:43:13	7:47:31 7:48:33	7:53:08 7:53:53
宏运大道	7:18:47 7:19:12	7:24:07 7:24:32	7:29:27 7:29:52	7:34:47 7:35:12	7:40:07 7:40:32	7:45:27 7:45:52	7:50:47 7:51:12	7:56:07 7:56:32
南京南站	7:20:48 7:21:43	7:26:08 7:27:03	7:31:28 7:32:23	7:36:48 7:37:43	7:42:08 7:43:03	7:47:28 7:48:23	7:52:48 7:53:43	7:58:08 7:59:03
明发广场	7:23:28 7:23:53	7:28:48 7:29:13	7:34:08 7:34:33	7:39:28 7:39:53	7:44:48 7:45:13	7:50:08 7:50:33	7:55:28 7:55:53	8:00:48 8:01:13
大明路	7:25:30 7:26:00	7:30:50 7:31:20	7:36:10 7:36:40	7:41:30 7:42:00	7:46:50 7:47:20	7:52:10 7:52:40	7:57:30 7:58:00	8:02:50 8:03:20
卡子门	7:27:39 7:28:09	7:32:59 7:33:29	7:38:19 7:38:49	7:43:39 7:44:09	7:48:59 7:49:29	7:54:19 7:54:49	7:59:39 8:00:09	8:04:59 8:05:29
雨花门	7:29:39 7:30:04	7:34:59 7:35:24	7:40:19 7:40:44	7:45:39 7:46:04	7:50:59 7:51:24	7:56:19 7:56:44	8:01:39 8:02:04	8:06:59 8:07:24
武定门	7:31:43 7:32:13	7:37:03 7:37:33	7:42:23 7:42:53	7:47:43 7:48:13	7:53:03 7:55:33	7:58:23 7:58:53	8:03:43 8:04:13	8:09:03 8:09:33
夫子庙	7:33:59 7:34:34	7:39:19 7:39:54	7:44:39 7:45:14	7:49:59 7:50:34	7:55:19 7:55:54	8:00:39 8:01:14	8:05:59 8:06:34	8:11:19 8:11:54
常府街	7:36:09 7:36:39	7:41:29 7:41:59	7:46:49 7:47:19	7:52:09 7:52:39	7:57:29 7:57:59	8:02:49 8:03:19	8:08:09 8:08:39	8:13:29 8:13:59
大行宫	7:38:05 7:39:00	7:43:25 7:44:20	7:48:45 7:49:40	7:54:05 7:55:00	7:59:25 8:00:20	8:04:45 8:05:40	8:10:05 8:11:00	8:15:25 8:16:20
浮桥站	7:40:23 7:40:53	7:45:43 7:46:13	7:51:03 7:51:33	7:56:23 7:56:53	8:01:43 8:02:13	8:07:03 8:07:33	8:12:23 8:12:53	8:17:43 8:18:13
鸡鸣寺	7:42:15 7:43:00	7:47:35 7:48:20	7:52:55 7:53:40	7:58:15 7:59:00	8:03:35 8:04:20	8:08:55 8:09:40	8:14:15 8:15:00	8:19:35 8:20:20
新庄	7:46:12 7:46:47	7:51:32 7:52:07	7:56:52 7:57:27	8:02:12 8:02:47	8:07:32 8:08:07	8:12:52 8:13:27	8:18:12 8:18:47	8:23:32 8:24:07

以改进 AFSA 算法用于第4列车在第6站晚点55s进行列车运行调整为例,即 $m=4$、$n=6$、$t_{delay}=55$、晚点类型 $a=0$,分析各参数的取值大小对算法收敛性能影响。为了便于比较,改进 AFSA 算法的标准参数设置为:$Visual_0=20, \delta=20, try\_number=20, Maxgen=50$。

9.3.4.1 人工鱼的个体总数

人工鱼群算法属于群智能优化算法,具有群体的概念和并行搜索的特点,因此人工鱼个体总数的设置不能过少,否则容易陷入局部振荡,收敛速度缓慢。但是,当 fishnum 增加时,算法每次迭代的计算量将随着增大,因此在求解具体问题时,在满足一定收敛要求的前提下,尽可能地减少个体总数。本文将 fishnum 分别设置为 30、50、80、100,不同 fishnum 的收敛情况如图 9-11 所示。

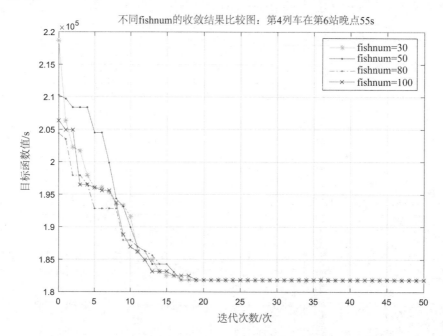

图 9-11　不同 fishnum 的算法收敛图

仿真结果表明,当 fishnum 取值不同时,对算法的收敛速度有一定的影响,但均在第 17~20 代左右收敛至同一个解,得到的 F_1、F_1'、F_2、F_3、F 的值分别为 222.0s、247752s、115950.8s、100%、181851.73s。当 fishnum 分别取值为 30、50、80、100 时,算法求解时间分别为 1.23s、3.07s、6.81s、10.36s,可以看出随着 fishnum 的增多,求解耗费时间将随之增大。fishnum 为 80、100 时,迭代 50 次用时均超过 5s,不满足城市轨道交通列车运行调整的实时性要求。fishnum 为 30、50 时,算法的收敛情况大致相同,均满足算法收敛要求,因此本文选取 fishnum=30。

9.3.4.2　视野范围

由于人工鱼个体的视野范围对其各行为都有比较大的影响,因此视野范围取值的变化对算法收敛性能的影响也相对较为复杂。一般而言,当视野范围比较小时,人工鱼的觅食行为和随机行为较为突出,但限制了人工鱼的聚群行为和追尾行为,收敛速度相对较慢。当视野范围扩大时,有利于人工鱼的追尾和聚群行为,人工鱼比较容易发现全局极值,收敛速度加快。但是当视野范围达到一定程度后,收敛速度将不会有明显提升。将 $Visual_0$ 分别设置为 20、30、40、50,不同 $Visual_0$ 的收敛情况如图 9-12 所示。

仿真结果表明,当 $Visual_0$ 取值不同时,对算法的收敛速度有较大影响,但均收敛至同一个解,得到的 F_1、F_1'、F_2、F_3、F 的值分别为 222.0s、247752s、115950.8s、100%、181851.73s。当 $Visual_0$ 分别取值为 20、30、40、50 时,算法分别在第 17 代、第 15 代、第 18 代、第 24 代左右稳定收敛。当 $Visual_0$ 分别取值为 30、50、80、100 时,算法求解时间分别为 1.23s、1.29s、1.28s、1.31s,$Visual_0$ 取值的变化对算法求解耗费时间的影响不大,迭代 50 次用时均在 1.4s

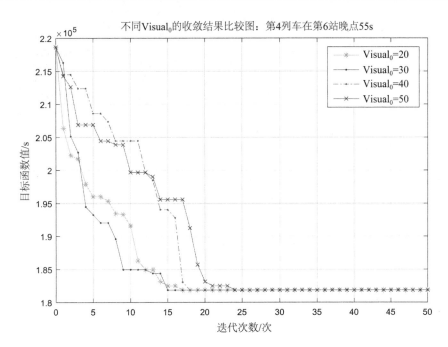

图 9-12　不同 $Visual_0$ 取值的算法收敛图

以内,满足城市轨道交通列车运行调整的实时性要求。因此在求解城轨列车运行调整问题时,$Visual_0$ 选取最先收敛至全局极值的值,$Visual_0 = 30$。

9.3.4.3　尝试次数

尝试次数主要在人工鱼个体的觅食行为中体现,当 try_number 较小时,利于算法跳出局部振荡,摆脱局部最优值的能力较强,但算法的收敛速度会比较慢。当 try_numbe 的次数较大时,算法的收敛速度会明显加快,但算法每次迭代的计算量也会相应增加。本文将 try_number 分别设置为 10、20、30、40,不同 try_number 的收敛情况如图 9-13 所示。

仿真结果表明,当 try_number 取值不同时,对算法的收敛速度有较大影响,但均收敛至同一个解,得到的 F_1、F_1'、F_2、F_3、F 的值分别为 222.0s、247752s、115950.8s、100%、181851.73s。当 try_number 分别取值为 10、20、30、40 时,算法分别在第 22 代、第 15 代、第 15 代、第 14 代左右稳定收敛,当 try_number 达到 20 次后,收敛速度不再有明显提升。当 try_number 分别取值为 10、20、30、40 时,算法求解时间分别为 1.20s、1.29s、1.25s、1.42s,try_number 取值的变化对算法求解耗费时间的影响不大,迭代 50 次用时均在 1.5s 以内,满足城市轨道交通列车运行调整的实时性要求。因此在求解城轨列车运行调整问题时,try_number=20。

9.3.4.4　拥挤度因子

拥挤度因子 δ 主要用来限制人工鱼群聚集的规模,使其避免由于人工鱼拥挤程度过大而陷入局部最优。δ 的选取一般有以下规则:在求解极小值问题时,$\delta = \gamma n_{max}$,其中 γ 为极值接近水平($0 < \gamma < 1$),n_{max} 为期望在邻域内聚集的人工鱼数目最大值。本文将 δ 分别设置为 10、15、20、30,不同 δ 的收敛情况如图 9-14 所示。

仿真结果表明,当 δ 取值不同时,对算法的收敛速度有极大影响,当 δ 为 10 时,在经过 38 代之后收敛曲线接近水平,得到的 F_1、F_1'、F_2、F_3、F 的值分别为 224s、249984s、116154.7s、

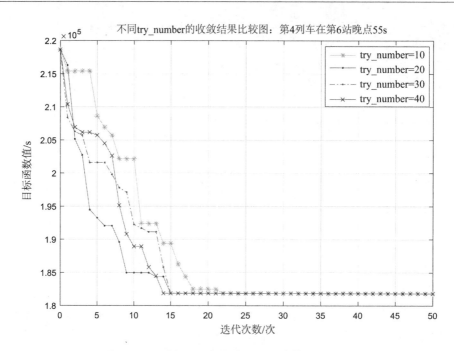

图 9-13 try_number 取值不同时的算法收敛图

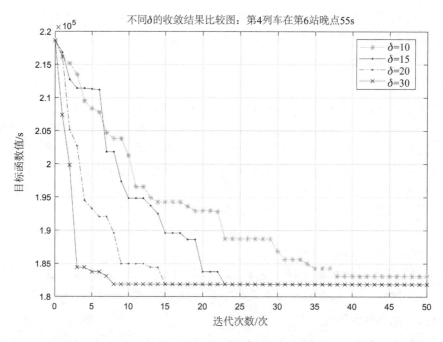

图 9-14 δ 取值不同时的算法收敛图

100%、183069.68s。当 δ 为 15、20、30 时,分别在第 23 代、第 15 代、第 8 代左右均收敛至同一个解,得到的 F_1、F_1'、F_2、F_3、F 的值分别为 222.0s、247752s、115950.8s、100%、181851.73s。当 δ 分别取值为 10、15、20、30 时,算法求解时间分别为 1.30s、1.23s、1.29s、1.30s,δ 取值的变化对算法求解耗费时间的影响不大,迭代 50 次用时均在 1.3s 以内,满足城市轨道交通列车

第9章 城市轨道交通网络化列车运行调整理论与方法

运行调整的实时性要求。因此在求解城轨列车运行调整问题时,$Visual_0$ 选取在第8代左右就收敛至全局最优的值,$\delta=30$。

9.3.4.5 不同算法的对比仿真分析

分别采用 PSO、AFSA 和改进 AFSA 算法对相同晚点场景进行列车运行调整,将列车运行调整仿真结果进行对比分析。本小节实验仿真环境为 MATLAB R2017a,硬件环境为 Inter(R) Core(TM) i7-10875H CPU @ 2.30 GHz 16.0 GB RAM。根据改进 AFSA 算法各种参数对算法收敛性能的分析结果,AFSA 算法以及改进 AFSA 算法的参数设置结果如表 9-4 所列。其中,改进 AFSA 算法的人工鱼视野范围是根据迭代次数而动态改变的,人工鱼的步长随着视野范围变化。PSO 算法相关参数的设置选取大部分论文所取数据。

表 9-4 三种算法参数设置

参数类别	参数名称	参数符号	参数取值
AFSA 算法及改进 AFSA 算法参数	鱼群个体数	fishnum	30
	最大迭代次数	Maxgen	50
	人工鱼视野范围	$Visual/Visual_0$	30
	AFSA 算法的人工鱼步长	Step	18
	尝试次数	try_number	20
	人工鱼拥挤度因子	δ	30
PSO 算法参数	种群规模	M	30
	最大迭代次数	t_{max}	50
	惯性权重最小值	ω_{min}	0.6
	惯性权重最大值	ω_{max}	0.9
	学习因子1初始值	c1(ini)	2.5
	学习因子1终值	c1(fin)	0.5
	学习因子2初始值	c2(ini)	0.5
	学习因子2终值	c2(fin)	2.5

下面以第4列车在第6站晚点 65s 的晚点场景为例。

根据式(9-1)和式(9-2)计算得到受到初始晚点影响的列车 $N_1=2$ 和到发时间线数 $N_s=8$,应用 PSO、AFSA 和改进 AFSA 算法得到的列车调整运行图和算法收敛图如图 9-15 所示。

从图 9-15(a)、(c)、(e)可知,在经过 PSO、AFSA 和改进 AFSA 分别调整后,发生初始晚点的列车以及晚点传播范围内的后一列车分别在常府街站、夫子庙站恢复到按计划运行图运行,有效抑制了晚点传播范围。为更加直观地比较 PSO、AFSA 和改进 AFSA 的算法收敛情况,将三种算法的收敛图在一幅图中进行对比,如图 9-16 所示。

仿真结果表明,在算法收敛方面,PSO、AFSA 和改进 AFSA 算法分别在第34代、第39代、第30代稳定收敛。在列车总晚点时间最小方面,基于 PSO、AFSA 和改进 AFSA 算法求解得到的 F_1 的值分别为 459s、456s、454s,统一化处理后的 F_1' 的值分别为 512244s、508896s、

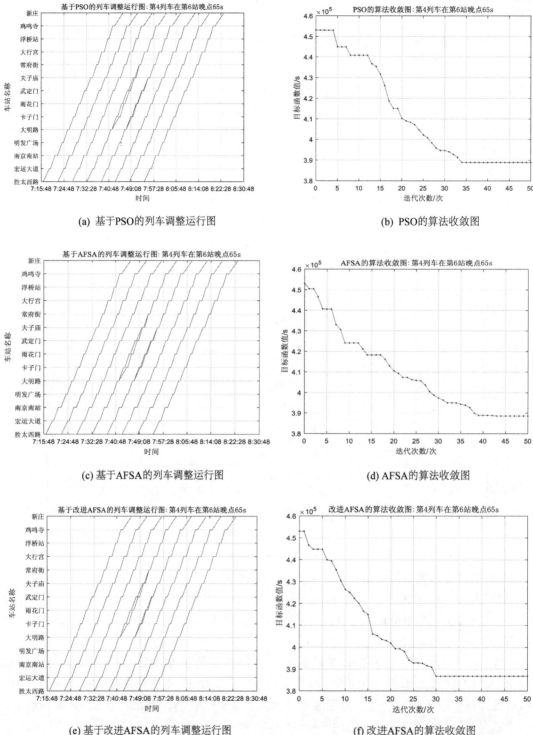

图 9-15 第 4 列车在第 6 站晚点 65s 时的调整结果(1)

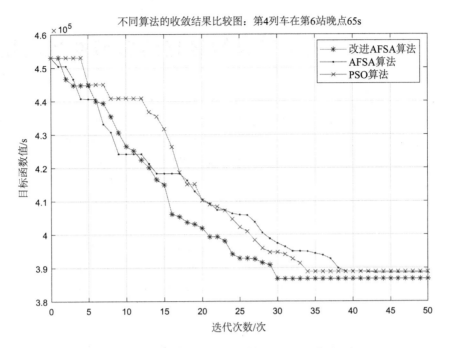

图 9-16 第 4 列车在第 6 站晚点 65s 时的调整结果(2)

506664s,改进 AFSA 算法相比于 PSO 算法统一化处理后的列车总晚点时间减少了 5580s,相比于 AFSA 算法减少了 2232s;在晚点影响范围内乘客等待总时间最小方面,基于 PSO、AFSA 和改进 AFSA 算法求解得到的 F_2 的值分别为 265544.1s、268306.3s、266869.8s,改进 AFSA 算法相比于 PSO 算法晚点影响范围内乘客等待总时间增加了 1325.7s,相比于 AFSA 算法减少了 1436.5s。在晚点影响范围内列车平均上车率最大方面,基于 PSO、AFSA 和改进 AFSA 算法求解得到的 F_3 的值分别为 95.69%、96.1%、95.86%,晚点影响范围内列车平均上车率均大于 95%,满足列车平均上车率的要求。

在总优化目标 F 方面,基于 PSO、AFSA 和改进 AFSA 算法求解得到的 F 的值分别为 388894.18s、388601.28s、386767.03s,改进 AFSA 算法相比于 PSO 算法总优化目标减少了 2127.15s,相比于 AFSA 算法总优化目标减少了 1834.25s。在算法求解时间方面,PSO、AFSA 和改进 AFSA 的求解时间分别为 0.36s、1.37s、1.38s,均满足调整的实时性要求。由此可见,三种不同算法在求解城市轨道交通列车运行调整问题中,能够较快地求解到符合列车运行调整要求的调整方案,具有良好的收敛性和稳定性。

复习思考题

1. 简述列车运行过程中的干扰因素。
2. 简述列车晚点传播的 4 个类型。
3. 列车晚点传播有什么特点?
4. 简述列车运行调整的整个过程。

第10章 城市轨道交通网络化运营节能控制技术

城市轨道交通与公路、航空等交通方式相比,具有运量大、定时、安全、环保、人均能耗低等显著优点。据统计,城市轨道交通每百公里人均能耗仅为小汽车的5%、公共汽车的60%。因此,轨道交通已越来越受到人们的重视,大力发展轨道交通已经成为世界各国的共识。

城市轨道交通在缓解拥堵、为市民出行带来极大便利的同时,也带来了电能消耗的迅速增加。北方以北京地铁为例,2008年北京轨道交通线网用电为6.5亿度,约占北京市用电总量的1%。到2015年,北京轨道交通线网规划用电为13.9亿度,约占北京市用电总量的1.2%,年耗电量增幅平均达12%,北京市政府每年给北京城市轨道交通的运营亏损补贴多达数亿元。南方以南京地铁为例,2013年南京轨道交通线网用电为2.5亿度。其中地铁1号线(包括南延线)用电1.4亿度,其中牵引用电8150万度,占比58%;2号线用电1.1万度,牵引用电4620万度,占比42%。可见,良好的地铁节能运行方案可以为地铁公司节省大量的能源成本,同时也为可持续发展提供驱动力。

10.1 轨道交通节能研究现状

从目前国内外发展情况来看,对再生制动能量的处理方式主要分为无源和有源两种。无源方式主要包括线路节能坡设计,有源方式主要包括能馈型及储能型两种。

(1) 节能坡方式

列车从车站起动后借助下坡将势能转化为列车动能,进站时则借助于上坡将动能转换势能,从而达到提高减小再生制动能量、节约牵引能耗的目的。由于节能坡的坡度在线路设计之初就已经决定了,因此该方案比较适合用于地铁线路建设设计期,对于既有线路无法应用。

(2) 能馈型方式

能馈型方式是利用逆变器将列车制动时产生的电能转换为与通风或照明供电系统电压同频同相且幅值相等的交流电,供给变电站其他负荷,欧洲国家采用这种方式。为了验证效果,研究人员从逆变回馈吸收装置的构成、工作原理出发,并与列车启动制动过程结合对其建模仿真计算。研究表明逆变回馈装置不仅可以有效吸收列车再生制动能量并将其送至供电网,而且有降低谐波含量、稳定网压的作用。使用该方案需要安装设备并对现有供电系统进行改造,影响列车运营。

(3) 储能装置方式

在直流母线上或车辆上接一个储能装置,列车制动时储能装置存储能量;列车启动时储能装置释放能量。按储能方式的不同可以分为:空气储能、液压储能、飞轮储能与电化学储能。超级电容凭借其效率高、寿命长、充放电电流大等优势,逐渐成为几种能量存储方式中的研究主流。研究人员从超级电容的原理、控制策略出发对其储能效果进行研究,结果表明,使用超级电容能有效提高能量利用率、抑制电压波动、减小峰值功率。目前成熟的超级电容系统有庞巴迪公司的MITRAC和西门子公司的SITRAS SES系统。Michael Steiner对庞巴迪公司的750VDC供电的MITRAC车载超级电容储能系统进行了实际对比测试,效果显著,系统平均能耗节约了36%,峰值功率最大降低50%。西门子公司的SITRAS SES超级电容能量回收系统,具有稳定电压和存储能量两大工作模式,西班牙试验线最高节能达30%,目前已成功应用于国外13条地铁线路,我国北京地铁5号线也使用了该系统。

超级电容储能系统存在以下两个问题:

① 系统安装问题。超级电容能量存储系统有两种安装方式,车载或地面安装,前者节能效果好但需要对车辆进行改装。后者优点是线路中安装数量较少,但线路损耗大。

② 系统成本问题。由于多种原因,目前超级电容储能系统的成本较高。

综上所述,节能坡对于既有线路无法应用,能馈型装置和超级电容储能系统安装相对复杂,成本较高,对地铁的安全运行也有一定的影响。因此目前迫切需要研究低成本、安全、高效、简便易行的地铁牵引节能技术。为了解决这些问题,一些研究者提出了"优化运行图节能方法"。

(4) 优化运行图节能方法

"优化运行图节能方法"的基本原理是通过合理调整整个线路中各列车的运行状态,将线路中列车再生制动能量尽量多地回馈给供电电网中正在牵引运行的其他列车,提高再生能量吸收效率。相对于其他节能方案具有以下优点:成本低廉,不增加任何设备,仅通过调整列车运行图,可以提高再生制动回馈效率,降低牵引耗能,减小变电站峰值功率;安全性高,对既有系统影响小;简便易行,该方案在轨道交通的建设、运营和升级改造阶段均可实施,经济和社会效益显著。

10.1.1 超级电容节能

在城市轨道交通工程中,直交变压变频的传动方式已经普遍采用,列车制动逐渐采用再生制动。列车在运行过程中,由于站间距较短,列车启动、制动频繁,制动能量是相当可观的。根据经验,列车再生制动产生的回馈能量一般为牵引能量的30%甚至更多。这些再生能量除了按一定比例(一般为20%~80%,根据列车运行密度和区间距离的不同而有差异)被其他相邻列车吸收利用外,剩余部分主要被列车或线路上的吸收电阻(装置)以发热的方式消耗吸收掉。据广州地铁1号线运行记录,其1500V直流供电电压在列车进站制动时可达到1800V以上,这是由于列车再生制动能量在直流电网上不能被相邻列车完全吸收所造成的。当列车发车密度较低时,再生能量被其他车辆吸收的概率将大大降低。有资料表明,当列车发车的间隔大于6分钟时,再生制动能量被吸收的概率几乎为零,这样,绝大部分制动能量将被车辆吸收电阻所吸收,变成热能并向四处散发。由于列车的制动主要发生在运行过程中,如果再生能量被车辆吸收电阻吸收,必将带来隧道和站台内的温升问题,同时也会增加站内环境控制装置的负担,造成大量的能源浪费,并使地铁的建设(冷却通风)费用和运行费用增加。因此,有效地利用再生制动能量并达到节能环保的目的,是地铁建设需要面对的重要问题之一。

针对这个问题,采用城市轨道交通再生制动能量储存利用装置,利用超级电容(或超性能电池组)储能技术,在地铁列车制动过程中,把再生制动能量储存起来,在用电高峰时释放出来再利用是一种有效的办法。

车载超级电容储能系统的装置主要由两部分组成:一是能量变换装置双向DC-DC变换器;二是超级电容组。双向DC-DC变换器的控制与列车牵引逆变器的控制是相互独立的,所以在不改变原有列车的控制策略基础上,超级电容储能装置就能装在现有的城轨列车上使用,其结构示意图如图 10-1 所示。

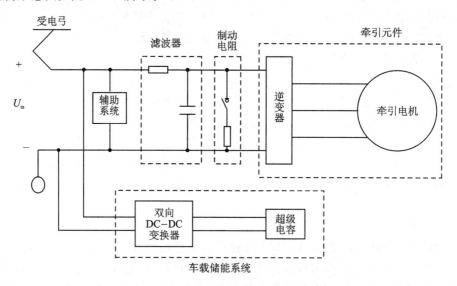

图 10-1　车载超级电容储能系统结构图

城市轨道车辆在再生制动时,牵引直流侧电压升高,在启动和加速时牵引直流侧电压降低,通过控制并接在直流侧的双向 DC-DC 变换器,对超级电容充电放电,可以实现削峰平谷、平衡直流侧电压和能量回收再利用的作用,实现节能的目的。

超级电容器使用过程中是没有任何的化学反应,也没有高速旋转等机械运动;对于环境没有污染,也没有任何的噪声;它的结构简单、体积小,是非常理想的储能设备。超级电容产品具有如下技术特性:

① 充电速度快。充满其额定容量的 95% 以上仅需 10 秒～10 分钟。

② 循环寿命长。深度充放电循环可达 50 万次,例如,北京合众汇能公司生产的 HCC250F 2.7V 的超级电容器和北京集星科技公司生产的系列电容的循环寿命均在 50 万次以上。

③ 能量转换效率高。大电流能量循环效率大于 90%。

④ 功率密度高。可达 300～50000W/kg,为蓄电池的 5～10 倍。

⑤ 原材料生产、使用、存储及拆解过程均无污染,是理想的绿色环保电源;安全系数高,长期使用免维护。

⑥ 高充放电效率。由于内阻很小,所以充放电损耗也很小,具有很高的充放电效率,可达 90% 以上。

⑦ 温度范围宽。-40～+70℃。超级电容器电极材料的反应速率受温度影响不大。

⑧ 检测控制方便。剩余电量可通过公式 $E=CU$ 直接算出,只需要检测端电压就可以确定所储存的能量,荷电状态(SOC)的计算简单准确,因此易于能量管理与控制。

超级电容应用在能量密度要求较高、工作周期较长的场合中,其存在的主要不足之处有以下几点:

① 比能量低。超级电容能量密度约为铅酸电池的 20%;如果储存相同的能量,超级电容的体积和重量要比蓄电池大很多。

② 耐压低。目前的超级电容耐压远低于普通电容，电压大约为 1～3V，如果采用串联方法来驱动，则储能系统的体积比较庞大，不利于驱动大功率设备。

③ 端电压波动严重。使用超级电容过程中，它的端电压是呈指数变化的，当超级电容释放掉 $\frac{3}{4}D$ 的能量后，它的端电压将下降到原来电压的 1/2。

④ 串联时电压均衡问题。超级电容在生产制造过程中，存在着工艺和材质的不均匀问题，同批次同规格的电容在内阻、容量等参数上存在着某些差异。因此，超级电容组件在使用时需要加有串联均压装置，来提高组件的能量利用率和安全性。

超级电容能量回收系统在北京的成功已经在最大程度上证明了超级电容系统在轨道交通系统中的应用的可行性。无论是从节能还是稳压角度都给我们证明了超级电容储能系统的作用。但是北京地铁 5 号线变电所的一套再生电能吸收装置设备采购费用为 510 余万元人民币，四套加起来造价高达 2000 余万元，这无疑会给地铁的设计成本带来很大的压力，所以我们有必要开发自己的超级电容能量回收系统。从长远角度看，超级电容的耐压在不断提高，容量在不断增大，单体的成本也在不断下降，在不远将来，随着国产超级电容技术的进一步成熟，超级电容能量回收系统在地铁领域的大面积应用，必将成为轨道交通牵引供电技术发展的方向。

10.1.2 逆变装置节能

为了减少制动能量在列车制动电阻上的耗散，抑制地铁隧道内温度的升高和减少车载设备，国外一般在牵引变电所的直流母线上设置再生制动能量吸收装置，所采用的吸收方案主要包括电阻耗能型、电容储能型、飞轮储能型和逆变回馈型四种方式。当处于再生制动工况下的列车产生的制动电流不能完全被其他车辆和本车的用电设备吸收时，线路上设置的再生制动能量吸收装置立即投入工作，吸收多余的再生电流，使车辆再生电流持续稳定，以最大限度地发挥电制动性能。如日本多摩、冲绳、东京、大阪的轻轨和地铁线路，加拿大多伦多轻轨及意大利米兰 3 号线等地铁均采用了再生制动能量吸收装置。

电阻耗能型再生制动能量吸收装置主要采用多相 IGBT 斩波器和吸收电阻配合的恒压吸收方式，根据再生制动时直流母线电压的变化状态调节斩波器的导通比，从而改变吸收功率，将直流电压恒定在某一设定值的范围内，并将制动能量消耗在吸收电阻上。该吸收装置的电气系统主要由 IGBT 斩波器、吸收电阻、续流二极管、滤波装置（滤波电容和滤波电抗器）、直流快速断路器、电动隔离开关、避雷器、电磁接触器、传感器和微机控制单元等组成。该装置的优点是控制简单，其主要缺点是再生制动能量消耗在吸收电阻上，未加以利用；而且电阻散热也导致环境温度上升，因此当该装置设置在地下变电所内时，电阻柜需单独放置，而且该房间需采取措施保证有足够的通风量，需要相应的通风动力装置，也增加了相应的电能消耗。

电容储能型或飞轮储能型再生制动能量吸收装置主要采用 IGBT 逆变器将列车的再生制动能量吸收到大容量电容器组或飞轮电机中，当供电区间内有列车起动或加速需要取流时，该装置将所储存的电能释放出去并进行再利用。该类吸收装置的电气系统主要包括储能电容器组或飞轮电机、IGBT 斩波器、直流快速断路器、电动隔离开关、传感器和微机控制单元等。该装置充分利用了列车再生制动能量，节能效果好，并可减少列车制动电阻的容量。其主要缺点是要设置体积庞大的电容器组和转动机械飞轮装置作为储能部件，因此应用实例较少。

再生制动能量逆变回馈系统采用能量回馈方式，该系统主要由隔离开关、回馈变流器、隔离变压器构成。其中,回馈变流器主要由电力电子功率模块、控制单元、滤波器等组成。

逆变回馈系统为三相电流型逆变电源,工作原理框图如图 10-2 所示。它的主要功能是将地铁车辆制动时产生的能量通过整流变压器反馈回交流 35kV 中压环网,供其他负载使用,起到节约能源的作用,同时稳定直流牵引网电压,保证地铁直流牵引供电系统安全可靠运行。

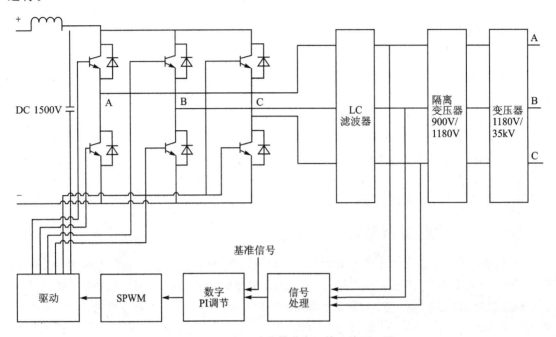

图 10-2 再生制动能量逆变回馈系统原理图

逆变回馈系统的工作原理描述如下:

(1) 系统回馈运行

逆变回馈装置启动后,装置首先按照启动时序将各断路器、接触器闭合,使装置进入待机状态。进入待机状态后,装置实时检测直流母线电压,当装置检测到直流母线电压高于设定值 DC 1750V(可调节)后,会立即开启 PWM 脉冲信号,控制功率器件 IGBT,使其工作,通过快速调节电流,使直流母线侧由地铁刹车制动时产生的能量快速回馈到电网中;同时稳定直流母线电压,将直流母线电压稳定在设定值 DC 1750V(可调节),确保地铁直流供电系统的安全稳定。此时由于直流母线电压值高于整流器不可控整流值,整流器一极便会自动停止工作。

(2) 系统待机运行

当装置检测到直流电流的方向发生改变时,回馈变流器为整流工作状态,即车辆处于牵引状态,因地铁牵引启动需要的能量大于回馈装置的容量,此时回馈装置即刻封锁 PWM 脉冲信号并退出运行,进入待机状态,地铁牵引所需能量完全由牵引整流机组提供,直流母线电压快速回落至 DC 1500V 附近。另外当回馈装置运行后,检测到回馈的能量接近于 0(0s 内平均值),装置会自动退出运行,进入待机运行,因此可避免电网电压 AC 1180V 侧较高时引起回馈装置误动作。

逆变回馈装置不仅可以有效吸收列车再生制动能量并将其送至供电网,而且有降低谐波含量、稳定网压的作用。

地铁站间距较短,列车启动、制动频繁,约40%的能量被浪费,可回收的制动能量可观。现有的电阻式再生制动吸收电能未被有效利用,能量被电阻以发热的形式消耗掉,存在一定的能源浪费,散发的热量会引起地铁隧道的温升,加重空调和通风设施的负担,进一步引起能源浪费,同时在地铁隧道的封闭系统中存在粉尘污染及车辆自重大等问题,这与节能环保的主题相悖。再生制动是利用电能转换的原理消耗机械能,将制动中产生的电能反馈到电网中去加以利用,因此再生制动能够节约电能,属于比较理想的制动方式。

随着国内关键技术的掌握和发展,开发逆变回馈型再生制动能量吸收装置无论从技术上还是造价上已具有可行性。例如国内一些公司在逆变回馈型再生制动能量吸收装置的自主创新上已进入样机研制阶段,因此开展自主研发或集成引进创新逆变回馈型再生制动能量吸收装置是十分必要的。从降低轨道交通运营成本和节约能源的角度出发,研究逆变回馈型再生制动能量吸收装置具有重要意义,符合国家节能减排、低碳环保政策。

10.2 列车优化运行节能

列车优化运行节能是在考虑一定的机车、车辆、线路等环境变量条件和列车运行图、列车编组计划等运营管理状况的条件下,通过优化列车在线运行加速、匀速、惰行及减速四种工况以实现列车节能运行。由于地铁列车运行是一多变量、非线性系统,所以优化需利用遗传算法等启发式算法进行程序仿真计算。

10.2.1 列车节能的操纵方法

列车运行过程分为启动加速、途中运行、停站制动3个阶段,各阶段节能操纵方法如下:

① 启动初期,机车主控手柄位应尽量低,缓慢拉伸列车,到尾部移动后,再逐渐提高主控手柄位;启动后期,以最大牵引力加速列车,对于有级牵引来说,在满足手柄位转换时间、持续时间的条件下尽快将手柄位上升为较大手柄位。

② 停车制动阶段,列车制动前惰行以降低制动前的运行速度并以适宜的制动力停车制动。

③ 途中运行阶段:平直道,锯齿形的操纵方法或匀速牵引;起伏坡道,在满足运行时分的前提下尽量可能提高惰行比例,减少列车行驶过程中的制动次数和制动时间。

列车节能操纵运行如图10-3所示。据相关研究表明,运行时分一定时,列车以匀速牵引运行克服的基本阻力功最小;列车以最大加速度加速可减小加速过程中的基本阻力功;列车以最大制动能力制动有利于节能。

10.2.2 惰行控制

列车在某一运行区间按照节时模式运行所需要的时间叫作该运行区间列车运行的最小运行时间,列车运行图中的某一运行区间的运行时间叫作该运行区间列车运行的计划运行时间。实际情况中,列车在某一运行区间的计划运行时间总是大于该区间列车运行的最小运行时间,即如果列车在某一运行区间采用非节时模式运行,可以采用很多种运行控制策略,不同的控制策略对应着不同的运行曲线与不同的能耗值,比如{牵引—匀速—惰行—牵引—制动}和{牵引—匀速—制动}。传统的列车运行过程节能优化就是以运行区间的定时、节能为目的,优化

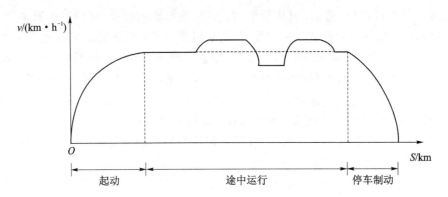

图 10-3 具有固定运行时分的列车运行速度—距离示意图

列车在该区间的速度运行曲线,即列车在每个运行区间的计划运行时间固定,通过惰行等运行方式优化列车运行速度曲线,使列车在该区间相同的运行时间内产生更少的能耗,但是列车运行能耗仍然受到该区间的列车计划运行时间的影响。

10.2.2.1 惰行控制基本原理

列车节能运行的核心是惰行控制,惰行控制主要是惰行开始和结束时机的选择,通过合理的惰行控制可以使列车耗能有效降低。惰行起始点的选择将会改变站间列车运行的速度曲线,从而产生不同的运行时分和能耗。图 10-4 给出了全速牵引时的速度曲线和可能的运行位置,从图中可以看出不同的惰行点都会明显地改变列车运行速度曲线,惰行曲线(2)还使列车再一次牵引加速度。

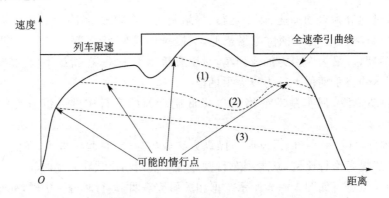

图 10-4 站间全速牵引速度曲线和可能的惰行速度曲线

惰行使牵引工况所占的比例减少了,从而带来能耗的降低,但是列车在站间的运行时分延长了,能耗的降低是以运行时分的增加为代价的。图 10-5 给出了三种惰行控制方案可能的运行时分,一般惰行开始的时间越早,其相应的站间运行时分就会长。

在车站之间,列车以接近最大限速全速牵引运行时,站间运行时分最短。地铁站间给定的运行时分一般都大于最小运行时间,因此在列车运行过程中可以选择合理的时机实施惰行,以降低列车能耗。

站间可以有单次或多次惰行,影响惰行点位置的因素包括站间距离、线路条件、区间限速和运行时间等。短站间距一般选择单次惰行;当站间距较大时,可以设置两个或两个以上的惰行区间点。

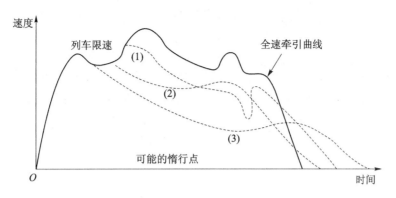

图 10-5 站间全速牵引时间和可能的惰行时间

10.2.2.2 优化模型

关于列车定时节能优化,国内外众多学者进行了尝试,定时节能优化的主要方式是在列车运行过程中采用惰行方式,以节能为优化目标,定时为约束条件,寻找最优的惰行点开始位置和结束位置,保证列车的区间定时、节能运行。

列车在某一运行区间的速度曲线如图 10-6 所示。该曲线采用惰行方式,图中列车共有牵引、匀速、惰行、制动四个运行阶段。列车首先牵引运行至最大速度,然后匀速运行至 D_1 开始惰行,运行至 D_2 停止惰行开始制动停车,图中所示情况列车只有一次惰行,实际中列车也可以进行多次{惰行—牵引—惰行}过程。列车定时节能优化的问题就是求解惰行点 D_i 的位置问题,即在计划运行时间不变的条件下寻找惰行点的开始位置和结束位置实现运行能耗最小。

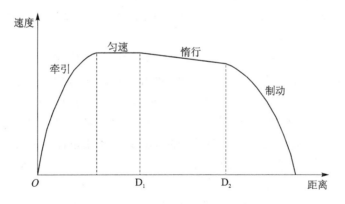

图 10-6 基于惰行的列车运行速度曲线

因此,优化模型的目标函数可以设置为

$$\min F = W_T \cdot \left| \frac{T_r - T_p}{T_p} \right| \cdot p_f + W_E \cdot \left(\frac{E_r - E_p}{E_p} \right) \tag{10-1}$$

式中,W_T 为时间权重系数;W_E 为能耗权重系数,$W_T + W_E = 1$,W_T 和 W_E 的取值根据准时和节能的权重确定;p_f 为时间惩罚因子,准时的权重确定;T_r 为实际运行时间;T_p 为计划运行时间;E_r 为实际运行能耗;E_p 为运行能耗期望值。

优化模型的约束条件设置如下:

$$T_r \leqslant T_p \quad (10-2)$$
$$D_1 \geqslant l_c \quad (10-3)$$
$$D_{i-1} \leqslant D_i \quad (10-4)$$

式(10-2)表示列车实际运行时间不能超过列车计划运行时间;式(10-3)中,l_c 表示列车从开始运行到开始惰行必须设置的最短距离,即首次惰行开始位置必须满足该要求;式(10-4)表示列车惰行点的约束条件,即惰行开始位置必须小于惰行结束位置。

于是,上述问题可以抽象为惰行位置与目标函数的组合优化问题,如下:

$$F = f(D_1, D_2, \cdots, D_i, \cdots, D_n) \quad (10-5)$$

10.2.2.3 模型求解

列车定时节能优化模型建立在列车运行计算的基础上。

遗传算法是一种通过模拟自然进化过程搜索最优解的方法,分析可知列车定时节能优化模型是一个大容量组合优化问题,对于此类问题采用遗传算法能有效地解决,故将其应用在定时节能优化模型中。

采用实数对惰行点位置编码。编码的对象为列车在每一个运行区间的惰行点位置 D_i,即每条染色体的基因为一串惰行点位置 $\{D_1 D_2 \cdots D_i \cdots D_n\}$,而且 $D_{i-1} < D_i$。区间的惰行次数对目标函数也有影响,同时也影响染色体中基因个数,若惰行次数过多列车的牵引次数也将相应增加,反而不利于节能,一般列车节能运行优化主要采用区间惰行1或2次的方式,本节将分别对区间惰行1次和2次进行优化,并比较惰行次数对目标函数的影响,若区间惰行2次,则染色体中基因个数为4个,惰行1次为2个,图10-7所示是对一个区间惰行1次的一条染色体编码。

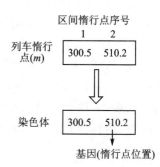

图 10-7 惰行点染色体编码

设置种群数量。初始种群随机生成,并遵循距离的约束条件,图10-7中的每一个串结构数据称为一个个体,种群数量就是个体的个数,种群数量影响遗传算法解的正确性和计算效率,种群数量太大需要太多的仿真计算时间,种群数量太小容易使算法局部收敛。

设置适应度函数。适应度函数采用式(10-1)中的目标函数。

设置交配、变异概率。染色体交配将从种群中选择两条染色体作为父辈,以交叉概率进行基因互换产生两个后代,基因以一定概率发生突变,基因突变帮助寻找新的基因,从而有机会发现更好的后代。

根据上述分析设计遗传算法求解流程如图10-8所示,首先随机生成第一代种群,然后将种群中的每个个体即惰行点位置代入列车运行模块进行计算,接着根据目标函数计算每个个体的适应度值并进行选择、交配、突变等操作后产生新一代种群,若未满足终止条件则重复上述步骤,否则计算结束。

10.2.2.4 算例分析

以南京地铁2号线为实例对优化模型进行仿真,相关参数如表10-1所列。

选取南京地铁2号线莫愁湖—汉中门区段分析列车定时节能优化,待优化区段长995m,考虑实际线路坡道和弯道,列车限速为70km/h,列车相关参数如表10-2所列。

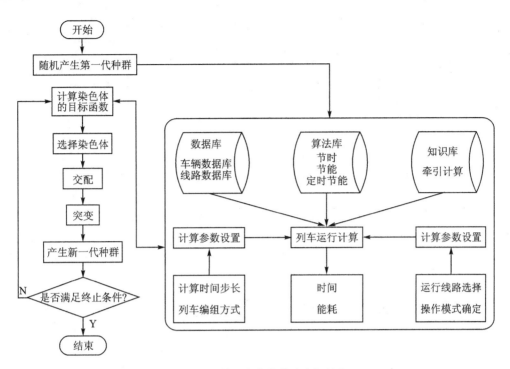

图 10-8 惰行点优化算法求解流程

表 10-1 仿真实例参数

时间权重系数	0.5
能耗权重系数	0.5
时间惩罚因子	5
种群数量	30
最大迭代次数	200
交叉概率	0.9
变异概率	0.005
惰行次数	1 或 2

表 10-2 仿真实例列车相关参数

正常仿真步长/s	0.1
变步长阶段仿真步长/s	0.001
动车个数	4
拖车个数	2
动车质量/t	39
拖车质量/t	35
单位质量启动阻力/(N·t^{-1})	39.2
最大牵引力/kN	260
轮径/m	0.805
牵引最大粘着系数/(N/kN)	0.165
制动最大粘着系数/(N/kN)	0.151

列车莫愁湖—汉中门区段运行仿真和优化结果如表 10-3 所列。定时节能和定时节能 2 模式分别为采用遗传算法计算区间加入 1 次惰行和 2 次惰行的区间运行结果。由表 10-3 可以看出：

① 列车采用定时节能算法优化后列车的运行时间增加 3.98s，能耗减少 6.04kW·h，馈能减少 3.71kW·h，列车运行时间增加 5.5%，列车运行能耗却降低了 18.73%；

② 莫愁湖—汉中门区段惰行转换 1 次和 2 次对于优化结果无影响。

表10-3 列车在莫愁湖—汉中门区段运行的仿真及优化结果

模 式	运行时间/s	能耗/(kW·h)	馈能/(kW·h)	惰性转换点个数
节时运行	71.81	32.25	17.66	0
定时节能	75.79	26.21	13.26	1
定时节能2	75.79	26.21	13.26	2

表10-4列出地铁列车采用遗传算法优化两个不同区间惰性点的开始与结束位置结果,其中莫愁湖—汉中门区间长995m,马群—金马路区间长3021m。从表中可见:莫愁湖—汉中门区间采用2次惰行时,2次惰行节点位置相近,近似于1次惰行;而马群—金马路2次惰行节点区别明显,且2次惰行和1次惰行相比运行时间增加0.42s,能耗减少0.6kW·h。因此,列车运行模式选择应根据运行区间长度和运行线路坡道和弯道情况加以确定。统计全线可见:区间距离小于1km时,区间采用1次惰行;区间距离大于2.5km时,区间采用2次惰行;在两者之间时,根据实际线路情况决定。

表10-4 不同区段运行优化后惰性点位置

运行区间	模 式	惰性点位置/m				运行时间/s	能耗/(kW·h)
莫愁湖—汉中门	节时运行	—	—			71.81	32.25
	定时节能	11186.57	11883.90			75.79	26.21
	定时节能2	11173.88	11327.74	11330.06	11966.79	75.79	26.21
马群—金马路	节时运行	—	—			180.71	45.10
	定时节能	25341.44	27586.82			182.16	43.73
	定时节能2	25190.55	27132.59	27432.43	27674.44	182.58	43.13

10.3 调节列车停站时间节能

10.3.1 概　述

调节列车停站时间节能的基本原理是通过合理调整整个线路中各列车的运行时刻表,将线路中列车制动时产生能量尽量多地优先回馈给线路中正在牵引运行的其他列车,避免了这部分能量以电阻发热的方式消耗掉。国内外有少量学者对其做过研究。一些研究人员针对台北地铁运行图中列车停站时间进行研究。采用遗传算法对地铁运行图中停站时间优化,通过优化每列车的停站时间避免大量列车处于同时加速状态,尽量减少峰值功率。仿真结果表明,对于运行图中发车间隔为6分钟和9分钟的情况,优化前后变电站峰值功率分别下降了28.8%与31.4%。其目的是减少变电站峰值功率,并未研究节能效果,而且停站时间采用遗传算法二进制编码,对于实际轨道系统的应用还需要改进。因此,一些研究者采用实数编码的遗传算法,以节能为目的对停站时间进行优化,结果显示发车间隔2分钟时,系统牵引节能14%;发车间隔4分钟时,系统牵引节能10%,但存在供电系统仿真建模不准确的问题,导致节能比例超过实际最大节能率。

基于停站时间优化实现牵引节能方案目前在我国地铁领域还没有成熟的使用案例,该方案的研究目前在我国几乎是空白,基于停站时间优化的牵引节能方案相对于其他节能方案具有以下优点:

> 简便易行。该方案在轨道交通的运营阶段实施,仅需优化调度运行中的列车停站时间(运行图),即可实现降耗节能;
> 成本低廉。仅仅通过分析计算调整列车的能耗回馈与消耗关系,合理利用制动能量,不增加任何设备成本;
> 安全性高。不增加任何设备成本,不会对既有系统造成影响。

目前研究大多针对减小峰值功率作了一定研究,而要实现地铁供电系统节能最终是实现减小变电站输出能耗,为此本书中在建立城市轨道交通供电模型的基础上,利用遗传算法优化设计列车停站时间,实现变电站节能。

10.3.2　城市轨道交通直流牵引供电仿真模型

地铁供电系统提供列车及供电设备的动力能源,包括高压供电系统(城市电网)与地铁内部供电系统两部分,其中地铁牵引供电系统与动力照明供电系统构成地铁内部供电系统。牵引变电所将城市电网高压交流电转化为直流电,并通过架空接触网(或者是第三轨,根据直流电压等级确定,一般1500VDC采用架空接触网供电,750VDC采用第三轨供电)为列车提供牵引动力,其他电梯、照明等动力机械设备和电源的电能由动力照明供电系统提供,地铁供电系统组成及其直流供电系统结构如图10-9所示。地铁直流供电系统结构是直流供电系统仿真的基础,地铁直流供电系统是一个多导线系统,系统主要由上行接触网、上行接触轨、下行接触网、下行接触轨组成,上下行列车分别通过上下行接触网从牵引变电所取电并分别通过上下行钢轨回流至牵引变电所;每个牵引变电所采用双边供电方式,同时给上行和下行接触网供电。

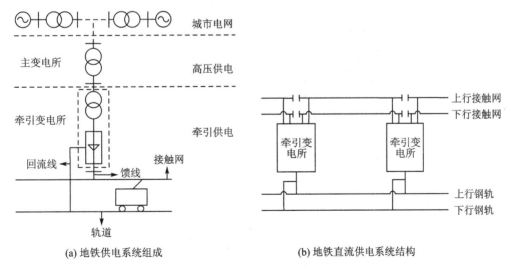

图10-9　地铁供电系统组成及其直流供电系统结构

本书中采用多导线的地铁直流牵引供电系统电网络数学模型,将整条线路的牵引变电站、列车、架空接触网、铁轨、地线模拟成一个动态网络,在此基础上实现了地铁直流供电系统仿真模块。首先通过地铁列车运行过程计算得到在线路列车运行的位置与时间、电流与时间、功率与时间之间的关系,这些数据是地铁直流供电系统仿真的基础;地铁轨道相同线路上运行的列车型号一般相同,接着通过列车运行过程计算结果与列车运行图结合可以确定任一时间点,线路上所有在线列车的位置、功率和电流分布,并建立该时间点的时变电网络;最后求解该电网络得到该时间点牵引变电所以及列车的电压、电流、功率。通过直流供电系统仿真计算可以获得仿真时间段中供电接触网电压、车辆电压与电流、牵引变电所电压与电流的变化情况。

求解地铁直流牵引供电系统的列车模型主要有两种:线性系统模型和非线性系统模型;线性模型中列车采用电流源建模,并且基于节点电压、电流求解,虽然计算简单、运算时间少但是精度不如非线性模型;非线性模型中列车采用功率源建模,基于节点功率求解,虽然计算过程复杂但是精度较高。

1. 直流变电所模型

直流牵引变电所的功能是将三相交流电转化为列车可以使用的直流电,目前在我国的地铁供电系统中,直流电压的等级一般为 1500V 和 750V,1500V 的供电等级采用架空接触网供电,750V 的供电等级采用第三轨供电,直流牵引变电所最早采用三相桥式 6 脉波整流电路,随着技术的发展,目前普遍采用三相 12 脉波或者三相等效 24 脉波整流电路,采用多脉波整流能够减少谐波含量并提高供电的经济性。

24 脉波的外特性曲线计算复杂,工程计算中认为 24 脉波整流机组由两台 12 脉波整流并联构成,因此其外特性曲线用 12 脉波机组的外特性曲线代替。

目前我国整流机组多采用轴向双分裂式三绕组变压器,其结构及等效电路如图 10-10 所示。绕组 1、2、3、4 均装在同一个铁心柱上,绕组 2 和 3 为初级绕组且并联连接,绕组 1 和 4 为次级绕组且分别运行,绕组 1 的头尾采用 y 连接,绕组 4 的头尾采用 d 连接。

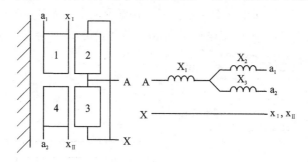

图 10-10 分裂式变压器结构及等效电路

双分裂三绕组变压器的性能参数主要有:

- 穿越阻抗(x_K):将绕组 2 和 3 并联,将绕组 1 和 4 短路,对 2、3 施加电压,此时 2、3 绕组与 1、4 绕组的短路阻抗就是穿越阻抗。
- 半穿越阻抗(x_{b1},x_{b2}):将绕组 1(或 4)开路,则绕组 4(或 1)对绕组 2 或 3 的短路阻抗,计算公式为

$$x_{b1} = x_{b2} = (1 + K_F/4) \cdot x_K \quad (10-6)$$

- 分裂阻抗(x_F):绕组 1 和 4 之间的短路阻抗。
- 分裂系数(K_F):分裂阻抗和穿越阻抗之比。轴向双分裂结构变压器有 $3 < K_F < 4$。

$$x_F = K_F \cdot x_K \quad (10-7)$$

- 直流电压调整率(d_{xtN}):换相压降 ΔU_d 对理想空载直流电压 U_{di0} 的相对值,其中换相

压降 ΔU_d 为额定空载直流电压 U_{d0} 与额定直流电压 U_{dN} 之差。

$$d_{xtN} = (U_{d0} - U_{dN})/U_{di0} \tag{10-8}$$

忽略各电阻成分及其他电压降(整流元件、连接电缆),仅考虑绕组换相电抗电压降,则该电压降平均值为

$$\Delta U_d = \frac{sq}{2\pi} x_B \frac{I_d}{g} \tag{10-9}$$

式中,s 为换相数;q 为串联换相组数;x_B 为换相电抗;g 为分流 I_d 的换相组数;I_d 为负载电流。

理想空载电压为

$$U_{di0} = \frac{sq}{\pi} \sin\left(\frac{\pi}{sq}\sqrt{2}U_2\right) \tag{10-10}$$

式中,U_2 为二次侧电压的额定值。

耦合系数为

$$k = \frac{X_S + x_1}{X_S + x_1 + x_2} \tag{10-11}$$

式中,X_S 为交流电源系统阻抗。

以耦合系数为基础,当 $0 < k < (\sqrt{3}-1)/\sqrt{3}$ 时,可以得出 12 脉波整流电路稳态电压调整特性,可以分为以下几个区段。随着负荷的增长,整流机组的外特性经历 6 段曲线,如下:

$$V_{d1} = V_{d0} - \frac{3}{2\pi} X_c I_d \tag{10-12}$$

$$V_{d2} = \frac{\sqrt{2}(\sqrt{3}+1)}{4}\sqrt{V_{d0}^2 - \frac{1}{2-\sqrt{3}}\left(\frac{3}{\pi} X_c I_d\right)^2} \tag{10-13}$$

$$V_{d3} = \frac{\sqrt{3(1-k)^2+1}}{2-\sqrt{3}k} V_{d0} - \frac{3}{2\pi} \frac{2+\sqrt{3}k}{2-\sqrt{3}k} X_c I_d \tag{10-14}$$

$$V_{d4} = \frac{\sqrt{3}(1-k)}{2-\sqrt{3}k}\sqrt{V_{d0}^2 - (2+\sqrt{3}k)^2\left(\frac{3}{2\pi} X_c I_d\right)^2} \tag{10-15}$$

$$V_{d5} = \frac{\sqrt{3}(1-k)(8-3k^2)}{2(2-\sqrt{3}k)\sqrt{3(1-k)^2+1}} V_{d0} - \frac{9}{2\pi}\frac{(1-k^2)(2+\sqrt{3}k)}{2-\sqrt{3}k} X_c I_d \tag{10-16}$$

$$V_{d5-2} = \frac{\sqrt{3}(1-k)(4-3k)}{2\sqrt{3(1-k)^2+1}} V_{d0} - \frac{9}{2\pi}(1-k^2) X_c I_d \tag{10-17}$$

由以上各式可以计算得到各个区段的临界工作点。

$V_{d1} - V_{d2}$ 临界工作点:

$$\frac{X_c I_d}{V_{d0}} = \frac{\pi(2-\sqrt{3})}{6} = 0.1403$$

$V_{d2} - V_{d3}$ 临界工作点:

$$\frac{X_c I_d}{V_{d0}} = \frac{T_1 \pi}{6(\sqrt{3}+2)T_2}$$

$V_{d3} - V_{d4}$ 临界工作点:

$$\frac{X_c I_d}{V_{d0}} = \frac{2\pi}{3T_1 T_2}$$

$V_{d4} - V_{d5}$ 临界工作点：

$$\frac{X_c I_d}{V_{d0}} = \frac{\sqrt{3}(2-k)\pi}{3T_1 T_2}$$

$V_{d5} - V_{d5-2}$ 临界工作点：

$$\frac{X_c I_d}{V_{d0}} = \frac{[4\sqrt{3}+6-(3+3\sqrt{3})k]\pi}{18(1+k)T_2}$$

其中，$T_1 = 2+\sqrt{3}k$，$T_2 = \sqrt{3k^2-6k+4}$。

当$(\sqrt{3}-1)/\sqrt{3}<k<2/3$时，12脉波的整流机组工作在区间1至区间5，而区间5-2的状态不再出现；当$2/3<k<1$时，整流机组工作在区间1至区间4，区间5的状态不再出现，根据上述所示可以得到12脉波整流机组的外特性曲线，如图10-11所示。

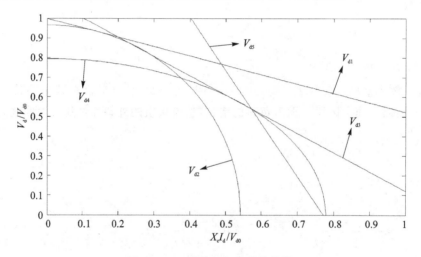

图10-11 整流机组外特性曲线

由图10-11可见，整流机组的工作区间就可以用分段等效外特性曲线，相邻两条外特性曲线的交点为工作区间转换点，其每个工作区间的曲线斜率为该工作区间的等效内阻，纵轴截距为工作区间的开路电压数值，于是整个工作区间就可以表示为理想电压源串内阻的戴

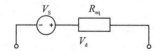

图10-12 整流机组等效电路模型

维南等效电路，如图10-12所示，整流机组工作在不同的工作区间，采用不同的等效理想电压源数值与等效内阻值进行计算，对于我国国内地铁普遍采用的24脉波整流机组而言，一般工作在前三个区间。

2. 列车模型

（1）列车的功率源模型

列车在线路上的运行由于受ATC系统的自动控制，正常情况下列车在站间运行的过程中，其速度严格遵守ATC的速度曲线，所以在线路上一个特定的位置列车具有特定的速度，对应的列车功率可能受乘客的多少或空调照明系统功率等因素的影响，这些因素对于列车全部的牵引功率来说影响不大,所以可以认为列车在特定的位置也具有特定的功率。另外,目前使用的动车组多用斩波调速,与以往使用的变阻调速相比,在列车运行的过程中,网压的波动对动车组从接触网受取的电流影响较大,而对其所受取的网侧功率影响比较小,因此在正常情况下,动车组是功率确定并且可知的负载,将其视作一功率源加入网络计算的过程。

列车的速度及功率值可以通过牵引计算获得,也可根据实际的列车在线测试获取,在线测试获取的数据更精确,更能反映列车运行过程的功率水平以及功率的变化过程。列车的功率源模型数学表达式为

$$P = UI \tag{10-18}$$

(2) 电阻制动时的列车模型

地铁车辆所采用的主要的制动方式为再生制动和电阻制动。采用再生制动方式可以向供电网回馈电能以减少能耗,电阻制动过程则是指在接触网网压超过一定值启动电阻制动时快速开通制动斩波器,以抑制网压的升高过程。

列车牵引过程电流为正而在制动时的电流为负值,将能量回馈给直流牵引网络。而当网络中的当前再生制动功率超过其他牵引列车所能够吸收的值时,即线网的吸收能力不足时,如果再将能量给线网反馈就会继续抬高线网电压,网压过高将可能会导致变电站整流装置内的二极管及晶闸管反向击穿,还可能使得电机端电压升高,电机定子电流增大,这些影响都可能会对系统带来很大的危害。因此,当网压升高到一定上限时(南京地铁 1500V 直流牵引网设置 1750V)列车牵引系统就会立即启动制动斩波器将剩余能量消耗在制动电阻内,即前面所述的电阻制动,从而维持系统网压。

列车在牵引、惰行、电气制动等状态下都可以等效为一个功率源,但是当列车启动制动斩波器将一部分能量消耗在自身的制动电阻上时,由于部分制动或全部制动功率不再向供电网回馈,功率源模型将失效,而制动斩波器对于电压的稳定控制作用使其成为一等效电压源。此时列车的数学模型为

$$U = 1750 \tag{10-19}$$

3. 接触网模型和回流轨道模型

接触网及轨道是直流牵引供电系统的重要组成,将网络中的各牵引变电所及列车连接成一个整体的网络,保障网络的正常运行。在运行的过程中,牵引变电所和在线运行的列车把接触网及回流轨分为 $(N-1)$(N 为在线列车数加牵引变电所之和)段。假设接触网及轨道材质均匀、电阻分布均匀,则其中的每一段可以等效为一段电阻。

回流轨道与大地之间没有完全地绝缘,大部分回流电流都沿走行轨道流回到牵引变电所,还有一小部分回流电流泄漏进入大地,最后在变电所附近经由轨道回变电所,这部分电路可使用轨道的对地过渡阻抗及电压来描述。依据均匀传输线的理论,回流钢轨可等效为一 π 型电路,在变电所及在线列车处添加对地过渡电阻。上下行接触网一般只在牵引变电所处设置并联线,两条接触网的分割较为明显。而由于上下行轨道间的并联情况不同,为了降低钢轨的回流电阻,会并联较多的均流线,使得各均流线间的距离很短,具体参数难以获得,因此考虑将上下行轨道看作同一条导体。

接触网等效数学表达式为

$$R_{ij} = r l_{ij} \tag{10-20}$$

式中,R_{ij} 为两个节点之间线路阻抗;r 为单位线路上的阻抗;l_{ij} 为两个节点之间的线路长度。

10.3.3 时变电网络系统模型及其算法实现

10.3.3.1 时变电网络模型

根据地铁直流供电系统结构、牵引变电所模型、列车模型,再基于如下两个假设条件:同一线路的列车型号都相同、整个架空接触网具有相同的单位长度电阻,回流轨同样具有相同的单位长度电阻,整个系统可以建立成为一个时变电网络,电网络模型如图 10-13 所示。模型中接触网和回流轨等效为单位长度的电阻,接触网电阻的阻值 R 和回流轨阻值 R' 根据两个结点之间的距离计算;上下行接触网通过牵引变电所连接,上下行的列车可以通过牵引变电所进行能量交换;列车为功率源,每个不同时刻列车的位置都是不同的,每个时刻功率源的位置由该辆列车的运行图和列车运行过程计算结果共同决定;于是整个系统就变成一个由数个带内阻的电压源以及功率源组成的时变电网络,其中带内阻的电压源位置不变,功率源的位置不断变化,直流供电系统计算就是求解该时变电网络每个时刻的电气量。

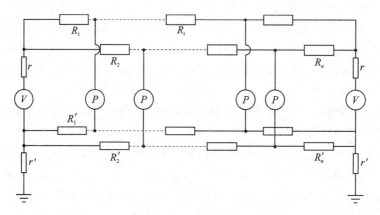

图 10-13 时变电网络系统模型

10.3.3.2 直流供电系统算法实现

PDS 地铁直流供电系统仿真模型的计算思路是:首先计算任一时间点的节点(车辆、牵引变电站)信息,然后将节点网络化,即组成该时间点的电网络,并建立该网络的导纳矩阵,求解该时间点的电气结果。

节点定义:由图 10-13 可以看出,直流供电系统仿真中的电网络模型共有牵引变电所和列车两种节点,其中牵引变电所节点位置是固定的,列车节点位置是变化的;建立两个结构体 Node_Substation、Node_Train 分别存储两种节点,结构体中包括节点编号、节点位置、节点功率、上下行标志位等;同时建立一个结构体 Node_Calcu 存储可以用于计算的节点,Node_Calcu 将每个扫描时刻 Node_Substation、Node_Train 中能用于计算的有效节点存入,Node_Calcu 包括以下数据{节点 ID、节点区间标志、节点线路标志、节点位置、节点重合数、重合节点 ID、重合节点的功率值}。

节点数据获取:牵引变电所的位置固定节点数据获取容易,列车节点位置与功率都在不断变化中,节点数据需要从列车时刻表数据与列车运行过程计算数据中共同获取。将牵引变电所节点 Node_Substation 与列车节点 Node_Train 中的数据按照节点位置排序并且存入计算节点 Node_Calcu 中。

由于有上行线和下行线,重合节点的处理可能存在几个节点位置相同的情况,节点重合的处理情况如图 10-14 所示,如果重合的节点中有牵引变电站节点,则将几个节点合为一个节点存储到 Node_Calcu 中;如果重合的节点都是列车节点,则每个列车仍然为单独的节点存储到 Node_Calcu 中,最终 Node_Calcu 存储了 N 个用于计算的节点。

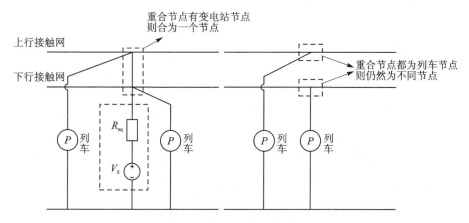

图 10-14 重合节点的处理

网络的构建:根据 Node_Calcu 中节点的数据建立系统节点导纳矩阵 Y。导纳矩阵的阶数等于牵引供电网络的节点数,即存储在 Node_Calcu 中可以用于计算的节点。导纳矩阵各行非对角元素中非零元素的个数,等于对应节点所连的不接地支路数;导纳矩阵各对角元素 Y_{ii}(即各节点的自导纳 Y_{ii}),等于相应节点所连支路的导纳之和;非对角元素 Y_{ij},等于节点 i 与节点 j 之间的导纳的负数。

求解矩阵:根据节点导纳矩阵 Y、待求每个节点的电气量 U_i、I_i 以及方程 $I=YU$,可以列出 N 个方程;每个节点又能列出一个额外方程,比如列车节点可以列出 $P=UI$、牵引变电站节点可以列出 $V_S-I\times R_{eq}=U$;这样 $2N$ 个方程构成一个非线性方程组,这个非线性方程组的解就是直流供电系统的计算结果。可采用了两种方法进行求解:第一种方法是 VC 与 MATLAB 混合编程,MATLAB 中有计算非线性方程组的函数 fslove,每次计算求解时 PDS 程序将待求方程组的信息交互给 MATLAB 并调用该函数,计算完成后程序将结果读取回来;第二种方法是编写 C++ 程序,采用求解非线性方程组一组实根的拟牛顿法。由于 VC 与 MATLAB 交互编程需要频繁交换大量信息,影响计算速度,因此通常采用第二种方法计算。

直流供电系统计算的整体计算流程如图 10-15 所示,具体计算流程如下:

① 读取数据库数据,包括线路车站和变电站位置数据、变电站电气数据、全线所有列车时刻表数据、全线所有站间列车运行过程时间、功率、位置数据。

② 设置仿真开始时间与结束时间。

③ 根据牵引变电所参数及其工作区间计算每个工作区间等效空载电压、内阻。

④ 根据①中读入的数据以及仿真时间点计算此时的节点导纳矩阵 Y。

⑤ 设置全线所有牵引变电所的工作区间,第一次计算时设置全线所有牵引变电所工作在区间 I。

⑥ 根据④中的节点导纳矩阵以及结构体 Node_Calcu 中存储的数据列出该时间点整个系统的非线性方程组。

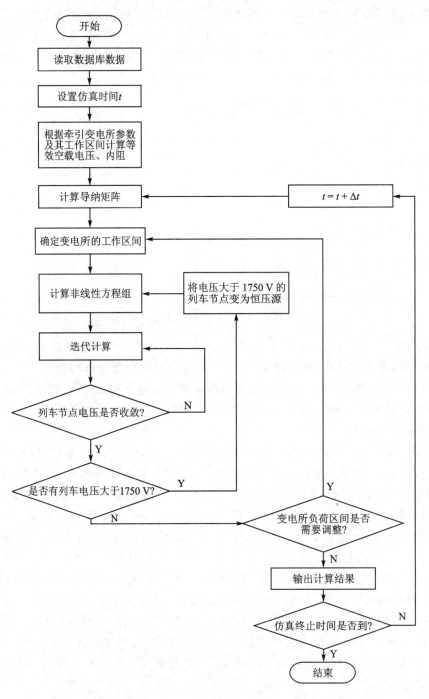

图 10-15 直流供电系统计算流程图

⑦ 采用求解非线性方程组一组实根的拟牛顿法迭代计算⑥中的方程组,迭代计算之前需要给方程组中变量设定初值,所有电压初值都设置为 1500,所有电流初值都设置为 0。

⑧ 判断该方程组的解是否收敛,即满足迭代精度 ε,计算中 ε 的取值为 0.01;若满足迭代精度,则进入步骤⑨;若不满足迭代精度,则返回⑦继续迭代计算。

⑨ 判断是否有列车节点电压大于 1750V,若有则将该列车的模型由功率源变为 1750V 的恒压源,使该节点的电压稳定在 1750V,然后转到步骤⑥重新计算;若没有则进入步骤⑩。

⑩ 根据计算出的牵引变电所工作负荷数据,判断全线所有牵引变电所是否需要调整工作区间;若有任一牵引变电所需要调整则返回步骤⑤调整工作区间后继续计算,反之进入步骤⑪。

⑪ 保存并输出计算结果为规定的格式。

⑫ 判断仿真终止时间是否达到,若没有达到,则此时的仿真时间 t 加上仿真步长 Δt 并转到步骤④,反之结束计算。

10.3.4 遗传算法调节停站时间

10.3.4.1 基于遗传算法的停站时间优化数学模型

在停站时间优化模型中,若将线路上下行每一站的停站时间 t_i 用 $\{t_{i1}, t_{i2}, \cdots, t_{ik}, \cdots, t_{in}\}$ 表示,t_{ik} 表示第 k 站的停站时间,不同的停站时间生成不同的时刻表,不同的时刻表具有不同的总能耗,于是问题可以抽象为时间与能耗的组合优化问题,如下:

$$F = f(t_{i1}, t_{i2}, \cdots, t_{ik}, \cdots, t_{in}) \tag{10-21}$$

式中,F 为一组停站时间的总能耗;t_{ik} 为第 k 站的停站时间。

显然该组合的数目巨大,对于无法进行枚举的组合优化问题,用遗传算法进行求解是重要的思路之一。

10.3.4.2 基于遗传算法的停站时间优化方法

以南京地铁 1 号线为例,对 1 号线共线及西延线阶段的停站时间进行优化。

编码:首先对列车在每站的停站时间编码以产生染色体,这些停站时间就是构成染色体的基因。采用实数对停站时间编码,且任何一列车在上下行同一车站的停站时间都相同,对该线路上下行停站时间分别编码,由于 1 号线共线及西延线共有 16 站,所以一条染色体共有 32 个基因。图 10-16 所示为一条染色体及其基因的编码情况。

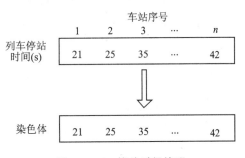

图 10-16 停站时间编码

适应度函数:由于列车使用的电能都来自于牵引变电所,我们的目标是降低再生制动能量在制动电阻的消耗量,因此将适应度方程设置为

$$F = \min\left(\sum_{T_s}^{T_o} P_s\right) \tag{10-22}$$

式中,P_s 是所有牵引变电站在 1 秒内提供的总能量;T_s 是仿真的开始时间;T_o 是仿真结束时间。

除了适应度函数之外,还需要设置几个约束条件。

此处的算法中每个车站停站时间取值为原有停站时间的基础上正负 10 秒。比如原有时刻表中第一站的停站时间为 25 秒,则该站停站时间的搜寻范围设定为 15~35 秒。停站时间限制条件为

$$t_{ok} - 10 \leqslant t_{ik} \leqslant t_{ok} + 10 \tag{10-23}$$

式中，t_{ok} 为第 k 站的原有停站时间；t_{ik} 表示第 k 站的停站时间。

全线运行时间必须符合商业运行规则，南京地铁 1 号线车辆运行一个来回的时间为 77 分钟（共线与西沿线：迈皋桥至奥体），其中车辆运行完一个单向后在终点站的折返时间为 7 分钟，因此车辆实际运行一个来回所需要的时间为 70 分钟。如果遇到最极端的情况每个车站的停站时间都在原来基础上增加 10 秒或者减少 10 秒，则一个来回一共增加或减少的时间为 320 秒，这显然会对客流情况产生影响。因此，设置约束条件使优化后车辆一个来回总运行时间相比于优化前的该变量在 120 秒之内，如下：

$$\left| \sum_{k=1}^{32} t_{ik} - \sum_{k=1}^{32} t_{ok} \right| < 120 \tag{10-24}$$

10.3.4.3 基于遗传算法的停站时间优化计算流程

图 10-17 所示为采用遗传算法对地铁直流供电系统进行节能优化计算的算法流程。

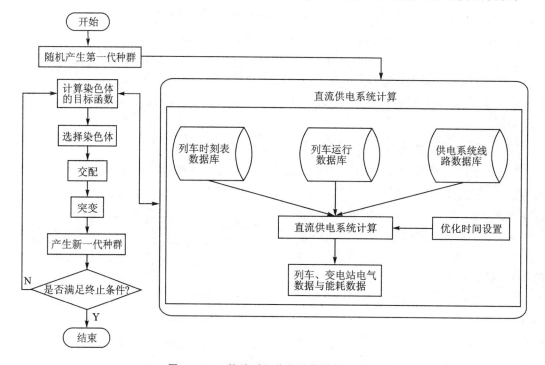

图 10-17 停站时间优化计算的算法流程

① 随机产生第一代种群，即随机产生 N 个个体所对应的停站时间，N 为种群数量。

② 将①中产生的停站时间生成该个体对应的列车时刻表，并分别将时刻表输入直流供电系统计算模块计算该时刻表所对应的列车、变电站电气与能耗数据。

③ 根据适应度函数计算每个个体的适应度值。

④ 根据③中的适应度值进行选择、交配、突变等遗传操作，并产生新一代种群。

⑤ 判断是否满足终止条件，若不满足则将产生的新种群数据代入步骤②继续计算；若满足则终止计算并输出结果。

10.3.5 算例分析

某地铁全线 26 座车站中存在 12 个牵引变电所,牵引变电所建设于车站内部,采用单母线 4 路连接上下行接触网。此外,某地铁采用分时段发车,全天运行时间 17 小时(6:00:00—23:00:00),分为早平峰、早高峰、平峰、晚高峰、晚平峰 5 个阶段,上下行同时发车,列车在线情况如表 10-5 所列。

表 10-5 某地铁分时段时刻表(示例)

时 段	行车间隔/秒	上线列数
6:00—7:09	460	18(16/2)
7:13:05—8:47:00	245	32(30/2)
8:54:00—15:54:00	420	20(18/2)
15:58:50—18:48:00	290	29(27/2)
18:55:00—20:26:00	420	20(18/2)
20:37:00—23:00:00	660	14(12/2)

表 10-6 中列出调节停站时间区间 5s 和 10s 的变电站能耗、列车牵引能耗、列车回馈能量及制动电阻能耗。表中可见:

① 早平峰和晚平峰时段在线列车数量较其他时段少,优化后变电站节能率高;
② 采用 10s 调节时间区间比 5s 调节时间区间优化后变电站节能率高;
③ 变电站能耗减少的同时,列车牵引能耗下降,列车制动电阻能耗下降,列车回馈能量上升,即遗传算法调节停站时间减小变电站能耗,提高列车能量利用率。

表 10-6 不同时段、不同停站时间区间系统能耗情况

仿真时段	工况	变电站能耗/(kW·h)	列车牵引能耗/(kW·h)	列车回馈能量/(kW·h)	制动电阻能耗/(kW·h)	变电站节能率/%
6:00:00—7:09:00	优化前	5609.759	5267.264	2498.342	873.921	0
	优化后 5s	5366.039	5018.132	2713.827	658.270	4.54
	优化后 10s	5329.133	4981.431	2740.499	630.168	5.27
7:13:05—8:14:20	优化前	11485.057	10683.237	6391.038	1043.503	0
	优化后 5s	11183.413	10379.578	6721.437	687.401	2.70
	优化后 10s	11172.009	10376.669	6678.594	708.499	2.80
8:54:00—9:57:00	优化前	11925.858	11101.077	6273.705	1043.406	0
	优化后 5s	11771.701	10939.608	6462.168	841.916	1.31
	优化后 10s	11756.738	10920.184	6473.806	841.122	1.44
12:59:00—14:02:00	优化前	8303.828	7748.033	4292.194	827.729	0
	优化后 5s	8123.818	7556.667	4501.108	605.430	2.22
	优化后 10s	8095.690	7533.133	4449.427	629.064	2.57

续表 10-6

仿真时段	工况	变电站能耗/(kW·h)	列车牵引能耗/(kW·h)	列车回馈能量/(kW·h)	制动电阻能耗/(kW·h)	变电站节能率/%
15:58:50—16:56:50	优化前	10158.982	9459.089	5889.092	652.391	0
	优化后 5s	9991.700	9290.468	6016.353	503.572	1.67
	优化后 10s	10018.590	9312.052	6022.076	518.695	1.40
18:55:00—19:58:00	优化前	10333.339	9626.880	5735.652	728.042	0
	优化后 5s	10173.157	9459.804	5911.937	556.213	1.57
	优化后 10s	10134.933	9419.591	5921.562	543.565	1.96
21:54:00—23:00:00	优化前	6401.81	5974.800	2749.900	928.970	0
	优化后 5s	6275.905	5852.706	2885.813	785.511	2.01
	优化后 10s	6212.744	5788.282	2940.376	727.404	3.04

复习思考题

1. 轨道交通节能方式有哪几种?
2. 简述列车节能的操纵方法。
3. 什么是惰性控制?
4. 如何通过调节列车的停站时间来节能控制?
5. 简述基于遗传算法的停站时间优化计算流程。

第 11 章　我国城市轨道交通系统发展的展望

11.1　城市轨道交通发展趋势

11.1.1　世界城市轨道交通发展趋势

20 世纪下半叶以来,伴随着世界范围内的城市化进程,世界各国的城市区域逐渐扩大,城市经济日益发展,城市人口也逐渐上升。由于流动人口以及道路车辆的增加,城市交通量呈急骤增长的态势,机动车辆增长尤快,城市道路的相对有限性带来了交通阻塞、车速下降、事故频繁等一系列问题。行车难、乘车难,不仅成为市民工作和生活的一个突出问题,而且制约着城市经济的发展。另外,道路上汽车产生的废气、噪声等环境污染问题也愈来愈引起人们的重视。在这样的背景下,世界各国纷纷开始建设城市轨道交通来解决日益恶化的城市交通问题。

从地铁的发展看,1863 年世界上第一条用蒸汽机车牵引的地下铁道线路——大都会铁路(Metropolitan Railway),在英国伦敦建成通车。早期的地铁路线均使用需要顶部通风良好的蒸汽机车,所以隧道挖掘在地面以下较浅位置。

随后英国伦敦首先使用了电力机车,新隧道可以比原来隧道建造得更深,同时盾构技术也得到进一步发展和使用。第一条电力运行的深层隧道——都市与南伦敦铁路(City And South London Railways,现在北线的一部分)于 1890 年建成。受伦敦成功建设地铁的影响,美国纽约、法国巴黎相继于 19 世纪下半叶建成地铁线路。在 20 世纪初至第二次世界大战期间,德国柏林、汉堡以及美国费城、西班牙马德里、日本东京、苏联莫斯科纷纷修建地铁。第二次世界大战后至今,在和平和发展为主流的年代,伴随着亚洲、拉丁美洲以及东欧城市化进程加快,世界范围内地铁事业蓬勃发展,上百个城市建成地铁系统。

从轻轨的发展看,1881 年世界首辆有轨电车在德国柏林工业博览会期间展示,给世人提供了富有创意的启示。1888 年美国弗吉尼亚州的里磁门德市首次将有轨电车系统投入商业运营,此后有轨电车系统快速发展。然而,随着汽车工业的迅速发展,大量汽车涌上街头,城市道路出现拥挤,导致世界上各大城市纷纷拆除有轨电车线路。但是汽车数量的过度增长使城市交通又出现新的问题:空气污染、噪声严重、停车困难、行车速度下降等。20 世纪 60 年代以来,西方一些大城市除考虑修建地铁外,又重新把注意力转移到新型轻轨交通方式上来,希望通过轻轨系统的建设缓解城市交通压力。

虽然城市轨道交通的诞生和发展已有 140 多年历史,但重视和大规模修建城市轨道交通系统则是在二次世界大战结束以后。战后经过短暂的经济恢复后,地下铁道建设随着全世界经济起飞而启动、加快。20 世纪 70 年代和 80 年代是各国地下铁道建设的高峰。发达国家的主要大城市,如纽约、华盛顿、芝加哥、伦敦、巴黎、柏林、东京、莫斯科等已基本完成了地铁网络的建设。但后起的中等发达国家和地区,特别是发展中国家地铁建设却方兴未艾。现代化大城市逐步形成了以地铁为主体,多种城市轨道交通类型并存的现代城市轨道交通新格局。世界主要城市轨道交通发展情况如表 11-1 所列。

表 11-1 世界主要城市轨道交通发展现状

城 市	线路长度/公里	线路数	车站数	日均客流量/百万人次	开始运营年份	平均年建设速度（截至2022年）
伦敦	410	12	275	4	1863	2.58
巴黎	221.6	16	380	4.88	1900	1.82
纽约	443.2	31	504	5.1	1904	3.76
东京	195	9	180	7.55	1927	2.05
莫斯科	383	15	287	6.99	1935	4.40
首尔	1193.9	22	698	7	1974	24.87
北京	783	27	463	8.4	1969	14.77
香港	241.5	10	163	4.81	1910	2.16
天津	275.38	8	164	1.44	1984	7.25
上海	831	20	508	7.74	1995	30.78
台北	151.9	8	117	2.1	1996	5.84
广州	621	16	302	7.64	1997	24.84
深圳	421	12	288	8.42	2004	23.39
南京	427.1	11	191	3.5	2005	25.12
重庆	478	11	214	2.29	2005	28.12

随着世界经济和技术水平的不断发展,发达国家和发展中国家都更加重视城市轨道交通的发展,城市轨道交通规模不断壮大,并在建设、投资、运营和管理等多个领域逐步走向成熟。世界城市轨道交通主要呈现投资向多元化发展、运营向市场化发展和管理进一步法制化三大发展趋势。

1. 城市轨道交通投资多元化趋势

城市轨道交通发展之初,其投资主体比较单一,有的由私人主体来投资,有的由政府财政投资。随着城市轨道交通规模的越来越大,为了解决资金问题和提高城市轨道交通的效率。很多城市轨道交通都由政府和社会资本等共同投资。投资主体的多元化已成为世界交通的发展趋势。同时,城市轨道交通建设资金来源也呈现多种形式:一是中央或地方政府的拨款;二是银行的贷款;三是发行股票和债券;四是城市轨道交通沿线的土地开发;五是私人发展商获得建设—经营—转让(BOT)特许经营权,直接由开发商承建。哪一种形式适合当地采用,会根据具体情况而定。

根据城市轨道交通的行业发展趋势,由于其建设投资巨大,且具有长期的公共效益和外部经济效益,政府进行资金支持和政策扶持是恰当的,一方面可鼓励城市轨道交通企业的发展,另一方面可以降低总的社会成本。通过政府适当的资金投入及各项政策的灵活运用,才能调动企业、社团组织及各个投资方的积极性,最终实现城市轨道交通的可持续发展。

2. 城市轨道交通经营向市场化发展

在城市轨道交通的历史发展过程中有的采取完全的国有垄断经营模式,有的采取市场化经营模式,有的介于两者之间。现在很多城市充分发挥市场作用以提高城市轨道交通运行效率。

从未来的发展趋势上看,强调城市轨道交通公共性的政府会采用"一体化"运营模式,即由政府公共服务机构或国有公营企业垄断经营,且投资、建设、运营一体化。强调城市轨道交通商业性的政府会采用投资、建设和运营分离模式,以政府负责筹资和建设地铁,然后授权地铁运营公司经营。根据目前世界各大城市的发展趋向,采用投资、建设和运营分离模式的城市会比"一体化"运营模式的多。因为,随着经济的发展,城市轨道交通的商品属性会越来越明显,而公共产品特征会逐渐弱化,城市轨道交通的主流运营模式应是"分离模式"。

3. 城市轨道交通管理迈向法制化

实行全面法制化管理以规范城市轨道交通投资、建设、运营和管理行为限于当时的社会、政治和经济条件,规范城市轨道交通管理的法制起初并不够完善。现在,很多城市轨道交通实行全面法制化管理,以规范各方行为和维护各方利益,以法制化的管理来保障城市轨道交通持续、稳定和高效的运行;运用法制化管理程序来降低市场的不确定性及其带来的风险;通过法制化手段来推动公平和公正目标的实现等。城市轨道交通的全面法制化管理也是世界城市轨道交通发展的重要趋势。

11.1.2 我国城市轨道交通发展趋势

20世纪80年代末至今是我国城市轨道交通的快速发展时期,随着我国国民经济的腾飞,国力日益增强,城市轨道交通进入到能力扩张和质量提高并进的发展阶段,尤其是进入21世纪后,我国城市轨道交通进入蓬勃发展时期,轨道交通线路和运营里程大幅增加,轨道交通技术装备实现本土化、国产化,城市轨道交通从单一形式向多样化发展。截至2022年10月,我国内地已有49个城市的281条城市轨道交通线路投入运营,总运营里程9246.2公里。从现在的发展态势来看,我们大致可以知道未来我国城市轨道交通的发展趋势有以下几点:

① 我国地铁的迅猛发展。我国人口为世界之最,随着经济实力的不断提高。地铁、轻轨大国也应在情理之中。如果按"十一五"计划的城市轨道交通建设速度每年289公里计,再花上二三十年时间,就能达到全国总里程9000公里的目标。

② 城市轨道交通高效、快速发展。目前设置的最小行车间隔为2分钟。为适应运行的需求,提高服务水平,随着信号系统和车辆构造的不断更新、发展,列车开行对数将从30对/小时提高到34对/小时,甚至40对/小时,这是发展方向。莫斯科地铁早已实现了开行对数40对/小时。

③ 车辆制式向多元化发展。传统的地铁与轻轨均采用钢轮钢轨,国内极大部分城市建成的地铁、轻轨线均采用了此种制式。随着技术不断进步,各城市结合线路特点和功能需求,因地制宜,在国内相继出现了像重庆跨座式单轨交通、广州的直线电机车,以及上海高速磁悬浮列车和无人驾驶列车。至于低速磁浮、空中客车、磁浮飞机也正在上海、威海、成都等地酝酿之中。

④ 地铁、轻轨的快速线正在悄然形成。地铁、轻轨位于市区内一般站距为1公里左右,市郊2公里左右。随着大都市圈的形成,中心城与卫星城镇、机场的联系加强,通常采取加大站距,提高列车运行速度。如北京、上海、广州等地的机场线,从原来80公里/小时发展到120公里/小时。甚至450~500公里/小时的磁浮列车。

⑤ 实现多线、多站的资源共享。目前各大城市已从单线建设过渡到网络化建设。实现多

条线的车辆厂、架修、主变电所、控制中心、AFC以及通信网等资源共享,已开始被人们所接受。它的实施将带给土地资源、能源、车辆机电设备、投资,以及运营管理极大的优化。

⑥ 加快提高车辆和机电设备国产化率。城市轨道交通工程是我国20世纪70年代发展起来的新兴行业,与其相匹配的车辆和机电设备制造的滞后,在很大程度上影响了我国城市轨道交通的高速发展,造成投资的居高不下。如车辆生产经过多年的努力,B型车每节已降到600万元左右,是一个好的兆头。但其生产能力未满足城市轨道交通日趋发展的需求,国产化率上升速度欠快。至于信号等系统国产化率更低,就连施工机械盾构机,还脱离不了大量进口。

11.1.3 我国城市轨道交通发展目标

1. 加强法律法规建设,完善技术标准体系

现阶段各大中城市巨大的城市轨道交通建设,急需法律法规及技术标准的保障。应尽快制定规范城市轨道交通规划、建设、运营的法律法规,完善相关的行业标准和规章,深入研究城市轨道交通系统的特点,完善相关的规划管理体系,理顺各个规划之间的关系,保障城市轨道交通规划的科学性、稳定性、灵活性和可实施性。

2. 强化与城市一体化规划

城市轨道交通规划作为城市总体规划的专项规划,在支撑城市用地布局和引导城市拓展方面与道路交通存在很大差异。城市轨道交通与城市发展有一种内在强烈的互动关系,在有城市轨道交通的作用下,会形成一种明显区别于无城市轨道交通的城市布局和形态,最终形成"城市轨道交通城市"和以城市轨道交通站点为核心的"城市轨道交通——公交社区"。原有自上而下的规划理念强调了城市轨道交通的从属地位,很难保证城市轨道交通与城市发展的互动,也很难适应这种全新模式下的规划需求。应该在城市总体规划阶段考虑城市轨道交通的规划需求,在控制性规划阶段落实城市轨道交通的建设;城市轨道交通规划要符合城市规划的要求,在注重与城市规划目标一致的同时,更应注重目标落实的过程;进一步研究城市轨道交通与城市发展的内在规律,研究城市轨道交通城市和城市轨道交通社区的功能、结构与形态,促进城市轨道交通与城市的可持续发展。

3. 建立以城轨交通为骨干的综合交通体系

随着我国大城市轨道交通骨干地位的确立,基于传统道路规划思想的综合交通规划理论和技术方法应不断革新,建立以城市轨道交通为骨干、常规公交为主体、其他交通方式共同协调的综合交通体系;重视重大交通枢纽和换乘枢纽的规划选址,以枢纽为媒介,串联各种交通系统,实现综合交通的一体化衔接;城市轨道交通作为"站到站"的出行模式,在高效的同时也缺乏灵活性,应深化出行链方式模型,保证同其他方式的换乘空间和效率,实现整个出行链的效率最优。

4. 强化城市轨道交通与土地的互动

应挖掘城市轨道交通与城市用地的深层规律,包括城市轨道交通网络形态对城市用地的影响、线路及车站周边的用地开发模式及规模、城市土地利用模式对城市轨道交通的需求。在进行城市轨道交通规划时,不仅要考虑其交通功能的实现,也应注重其作为城市重要的功能建筑和节点的考虑,强化城市轨道交通沿线土地的规划控制及综合开发利用。

5. 加强对城市轨道交通规划的评价研究

城市轨道交通是城市中最重大的基础设施之一,是一项百年大计,对于其经济和社会效益评价非常重要。对其规划的评价目的一是为决策服务;二是总结以往的规划经验和教训,进一步指导后续的规划建设。目前,对于城市轨道交通项目的评价也仅仅限于后评价,且研究刚刚起步,很多理论都在借鉴大铁路系统,这种直接的照搬会产生一些"水土不服"。不适应城市轨道交通系统的发展。城市轨道交通的建设周期比较长,应该进行动态评价,从规划开始时就应引入评价的内容,建立不同阶段、不同目的的评价体系。

11.2 城市轨道交通的可持续发展策略

11.2.1 可持续发展的定义

1987年,世界环境与发展委员会(WCED)在《我们共同的未来》一书中给定了可持续发展的定义,即可持续发展就是满足现在人们生活所需要而不危及子孙后代并满足他们生活需要的一种能力。可持续发展与三个领域平等的相关:环境、社会、经济。

环境目标:非再生能源的利用率不能超过非再生替代资源的生成率;污染排放率不能超过环境的同化能力。

社会目标:尽可能保证所有活动都能成为社会生活必须共享的一部分;空气质量和噪声不能超过 WHO(世界卫生组织)所建议的标准;突发事件的威胁要降到最小。

经济目标:提供推动经济发展的必要活动,避免拥堵,不给公众和私人预算带来过重的资金压力。

根据以上定义,我们将城市轨道交通的可持续发展定义为"资源节约、环境友好、技术创新和安全便捷"的新型城市轨道交通发展模式。具体体现在以下几个方面:

环境友好与资源节约:包括使用可再生能源,降低环境污染和能耗指标,改善城市景观等。大力发展以城市轨道交通为骨干的城市公共交通体系,调整交通结构,建立减少占用空间的交通方式,通过改善政策措施提高短距离交通出行比例。在城市轨道交通政策措施中应考虑的环境与社会因素。

安全便捷与技术创新:以解决民众出行的客流数据和公共安全事故等指标来体现。城市轨道交通的创新技术应体现节能、环保、安全及具有一定的经济和社会效益,其评价指标的设计遵从以上几个要素。

投融资的可持续与效益:创新投融资方式,实现内外部经济效益的提高,控制工程造价。城市轨道交通的经济要素,力求项目收支平衡,将其内外部的经济效益返还给城市轨道交通,赚取合理回报。

11.2.2 可持续发展管理政策的不足

① 回顾国内的城市轨道交通发展历史,因为缺少科学的政企关系和补偿机制而造成了很多问题。由于政企不分,政府在监管上往往越位、缺位、错位,形成政府与企业间比较严重的高成本博弈关系:一是因为缺少标准,政府部门无法确定科学合理的补贴金额;二是因为政府部门不容易掌握企业实际经营管理情况,存在不合理地控制企业的经营成本和职工福利的现象,

企业从而使用更高成本的隐性手段来进行补偿,最终导致政府实际给予的补贴并没有降低;三是由于企业实施名义上的低福利政策,造成优秀人才流失,无法提高企业经营管理水平。

② 缺乏对城市轨道交通产品的深入研究和准确定位,政策创新、手段创新、模式创新不够。城市轨道交通是准公共产品,同时具有公益性和可经营性。公益性部分应该由政府来负责提供,可经营性部分既可以由政府承担,也可以经由政府建立科学的激励考核机制,交给市场负责。过去对此一是缺少深入的定性研究,对城市轨道交通产品的定位不清晰;二是缺少对公益性部分和可经营部分的定量研究,不了解城市轨道交通产品内在的基本规律,导致多元化投资和融资,甚至科学的监管都十分困难,政策创新、手段创新和模式创新更是难以进行。

③ 缺少对城市轨道交通成本、票价、收益、客流等方面的科学研究。改革开放走过三十多年,我们应该对城市轨道交通投资、建设、运营等方面的认识和实践认真地进行反思。过去部分媒体和老百姓认为只要市长修马路、建公园、盖广场,就是好市长! 推动着政府把大量资金投到基本建设上,但是容易忽视医疗、就业、教育、公共交通等一系列社会公共福利保障机制的建设。我们对城市轨道交通拉动内需、带动区域经济发展缺少深入研究,对城市轨道交通产业规划、客流预测、票价政策、成本核算、服务标准、潜在收益等多个方面的基础研究还很薄弱,影响政府的科学决策和有效监管。

11.2.3 可持续发展的技术政策

技术政策为城市轨道交通产业发展提供技术保障。

1. 体现社会责任,做好城市轨道交通基础性工作

(1) 积极参与城市轨道交通标准化工作,开展产品标准体系研究

针对城市轨道交通领域标准尚未形成体系,特别是由于车辆与机电设备产品缺乏技术标准,远不能适应城市轨道交通建设发展需要的现状,铁科院组织专家开展了"我国城市轨道交通车辆与电机设备产品标准体系"的研究。结合 WTO/TBT 协议中技术方面的法规和标准划分,以及市场经济条件下新型自愿性标准的实施性特征,开展了城市轨道交通产品技术标准体系的研究与编制,重点包括城市轨道交通车辆、牵引供电、通信、信号、自动售检票、城市轨道交通及环控等技术门类。标准体系体现了设计、招投标、监造、检验、安装、调试、联调和运营维护等各层面的需求,有较强的可操作性和实施性。该标准体系的研究成果已被建设部编制的相应产品标准体系所引用和采纳。

(2) 积极参与城市轨道交通机电设备发展战略与技术政策的研究与编制

城市轨道交通车辆与机电设备发展战略、发展规划与技术政策的研究与编制,体现了振兴装备制造业和落实装备国产化战略的基础性工作。铁科院依靠城市轨道交通行业装备系统的研发、检验、试验和人才专业齐全的综合优势,以及长期参与城市轨道交通领域技术咨询、工程监理、工程管理、系统集成和综合联调的实际经验,顺应国内、外城市轨道交通技术发展趋势,参与国家相关部门的决策,提出切实可行的发展战略,在管理与技术等方面发挥了积极的作用。

(3) 充分利用东郊环行试验基地,承担城市轨道交通车辆与机电系统试验

铁科院东郊环行试验基地拥有亚洲唯一的环行铁道试验线,已建成大环试验线、内环线、内环复线、探伤试验线、站场线、入环线、联络线、三角线、展示线等试验线路 40 多公里,承担铁路高速、提速、重载、货车可靠性、通信信号等各项试验。基地基本具备了 A 型车辆的型式

第 11 章 我国城市轨道交通系统发展的展望

试验能力,并于 2006 年初进行了国产化 A 型城轨车辆的型式试验。利用环行试验线进行机车车辆、铁道建筑、通信信号、铁道电气化设施、客货运输、特种运输等多专业的科学试验。主要试验有:国产电力、内燃机车的研制参数及性能鉴定的各种试验;进口电力、内燃机车的验收和性能试验;国产与进口车辆的制动和走行性能试验;线路结构和线路强度试验以及线路部件(包括钢轨、轨枕、弹性垫层、扣件等)性能试验;路基承载力和路基变形试验;轮轨关系的综合试验;有线及无线通信设备性能试验;各种接触网悬挂方式与其零部件性能试验;各种供电方式(AT,BT,大同轴电缆及直接供电)的试验;货运重载列车牵引和制动性能试验;客运列车扩大编组的牵引和制动性能试验;组合列车遥控遥信同步操纵的试验;长、大、重及特种危险品的运送试验;准高速(160~180 公里/小时)机车车辆及线路试验等。为充分利用东郊环行试验基地的优势,铁科院承担了城市轨道交通车辆和通信信号的验收试验,车辆和信号系统、车辆与通信系统、车辆和供电系统的综合试验等工作。

2. 体现知识价值,创新咨询服务

以深圳地铁一期工程机电设备总监理服务为契机,铁科院开展了系统的、规模化的城市轨道交通领域的咨询服务,以"小业主、大社会"为原则,参与城市轨道交通建设项目管理的实践。

① 创造市场。根据自身的优势和特长,为业主推荐、策划更高技术含量的服务项目,共同促进城市轨道交通领域技术和管理水平的提高,实现了项目的示范意义和服务的增值。

② 满足用户需求。积极解决影响工程全局的紧急问题,以"工程利益第一、业主需要第一"为宗旨,为业主提供需求服务,满足业主的迫切需要。

③ 以科学的态度开展咨询服务。工程咨询不是简单的商业行为,需要强烈的社会责任感。不仅要诚信,还要为业主负责、为工程负责、为社会负责,以实事求是、一丝不苟和严谨的科学态度开展咨询服务。与此同时,通过专门聘请资深专家深入咨询服务,提供用户急需的技术支持和管理经验,弥补用户在经验和技术上的不足。

④ 提高工程咨询服务水平。在知识平台上搭建服务平台,建立咨询服务的项目经理层、专家层、管理专家层的服务保障体系,形成金字塔式的风险规避机制,保证工程咨询的服务水平。

3. 体现科研成果转化,提供高技术含量的机电系统产品

铁科院作为产业型科研院所,积极致力于科研成果的转化,一方面是智力服务的转化,另一方面是成果的转化。城市轨道交通领域技术和管理的互通,决定了铁路的许多科研成果能够满足城市轨道交通的具体需求,迅速地向用户提供具有竞争力的高技术含量的产品。目前,铁科院为城市轨道交通项目提供的产品主要包括:工务、机务检测设备(轨检车)、维修养护装备(架车机)、信号系统产品、基础制动产品等。另外,还积极开展具有自主知识产权的国产化列车自动运行系统(ATO)产品研发和国产化直通式微机控制制动系统的装车试验工作。

11.2.4 城市轨道交通可持续发展建议

根据近年来我国城市轨道交通发展的情况,在这样的高速发展态势下,所带来的日新月异的变化。考虑我国城市轨道交通存在的问题和发展趋势,借鉴国外城市轨道交通发展经验,从战略层与战术层的角度提出一些关于城市轨道交通可持续发展的建议。

11.2.4.1 战略层建议

从战略层来说,我们需要关注以下几点:

1. 关于城市轨道交通发展

（1）坚持整体发展

在可持续发展中，需要处理好局部与整体的关系。整体是由局部构成的，但不是局部简单的堆积，而是各部分的有机结合，整体的属性和功能超过各部分的功能和属性的总和。城市轨道交通系统的整体性体现在两个方面，一是系统内部的整体性，二是外部的整体性。城市轨道交通系统本身由多个子系统构成，只有优化结构，实现各子系统之间的协调，通过统一的技术标准和功能接口，发挥城市轨道交通的规模效应，从而降低成本、控制风险。同时城市轨道交通作为整个城市交通的一个子系统，必须与外部公交、驻车和商业配套等系统协调一致，才能促进整个社会的协调发展，充分实现城市轨道交通作为城市重要子系统的价值。

（2）坚持持续发展

持续发展是由城市轨道交通的特征决定的。城市轨道交通作为百年大计工程，具有长时间的有效性。就其系统本身而言，很多子系统一旦建成，很难再进行更新改造。过去由于资金匮乏等原因造成一些问题，现在即使有足够的资金也可能无法解决，留下百年的遗憾。目前，社会一直处于发展状态，居民的出行需求可能会出现较大变化，这就需要我们坚持持续发展的思想，应用长远的眼光，平衡近期与远期，为将来的发展留有一定的空间。

（3）坚持科学发展

科学技术是经济、社会持续发展的第一推动力。一方面要科学地认识城市轨道交通，不断地挖掘其本质规律，确保其可持续发展的方向。另一方面需要在城市轨道交通的发展过程中，充分地利用现代科学技术，改造传统系统，促进技术升级，实现有效功能的扩大化，降低运行成本，提供服务效率，为其可持续发展创造条件。

2. 关于城市轨道交通建设

（1）提高城市轨道交通网络化

处理好线路与网络的关系，注重网络的层次性和整体性。国内城市轨道交通规划经历了从不重视网络规划到将网络规划纳入城市总体规划的历程，为城市轨道交通整体效益的发挥创造了良好的条件。但在网络规划的实施过程中，由于过分注重局部效益，而忽视了网络整体协调性。城市轨道交通网络规划应该注重"点、线、网"三者结合，其中"点"是重要客流集散点，"线"是重要交通走廊，"网"则是重点发展区域。城市轨道交通网络规划工作首先必须根据城市规划、经济发展、交通客流等情况规划完整的骨干网络；其次根据出行规律规划合理的线路，第三根据客流密度、换乘关系、交通接驳和土地供应等情况设置合理站点。只有妥善处理好三者之间的关系，才能构建一个合理的网络，提供高水平的服务。如果为突出近期实施效果，人为地将几个点串联起来，忽略了线与网的关系，最终造成换乘系数增加、工程浪费，就不能有效地发挥网络整体性和层次性。

（2）提高周围资源利用率

处理好线网与周边资源的关系，实现城市轨道交通建设与城市建设的互动城市轨道交通具有强大的汇外部效应，因此处理好城市轨道交通线网与周边资源的关系非常重要。线网对周边的影响主要体现在：由于交通便利性提高，土地价值提升，从而带动周边的开发建设，促进整体周边配套设施的完善，为居民生活提供便利。以上关联对城市轨道交通的可持续发展有两个方面的启示：

➢ 注重城市轨道交通与周边规划建设的紧密结合，发挥整体规划、整体建设的高效性；

> 充分利用城市轨道交通对周边资源的正外部效应,制订转移支付的政策,实现外部效应内部化。

(3) 提高与其他交通方式的衔接

处理好城市轨道交通与地面公交的关系,建立以城市轨道交通为骨干的立体交通体系,城市轨道交通作为一种环保、高效、便利的交通基础设施,其作用是显而易见的,但必须意识到城市交通是一个立体化、多层次的交通体系,只有建立以城市轨道交通为骨干的多层次交通体系,才能充分发挥城市交通各子系统的功能。城市轨道交通作为大运量系统,以承担中长距离出行乘客为主,需要得到地面交通系统的支持,两者之间关系互为补充、互为辅助。目前在网络还未充分建成的情况下,两者互相竞争的局面可能还不是特别突出,一旦网络建立之后,资源的有效性问题将很快凸显,因此需要提前对资源配置、换乘与衔接关系、公交与地铁的定价等方面进行规划。另外,由于我国的城市轨道交通与地面交通系统分属不同的部门管理,需要当地政府部门加大协调力度,制定严格的管理制度,以实现交通资源的统筹与整合。

(4) 提高城市轨道交通自身的整体性能

处理好各子系统之间的关系,强调城市轨道交通系统的协调性,随着社会科技进步,城市轨道交通技术也在迅速发展,部分系统技术更新时间越来越短。技术发展对整个城市轨道交通行业无疑是有益的,但各子系统的技术进步必须以城市轨道交通系统安全、效率等各项功能整体同步提升为前提。由于城市轨道交通各子系统之间高度关联,各系统之间技术进步必须实行动态匹配,既能发挥各子系统的技术优势,又不产生功能冗余,促进城市轨道交通系统协调发展,充分发挥整体优势。

3. 管理体系的加强

(1) 提高技术与经济能力

处理好技术与经济的关系,建立经济合理的城市轨道交通网络。城市轨道交通的技术特征比较鲜明,网络化、专用化、封闭性等技术特征决定了其巨额的经济投入。虽然客流需求决定了其存在的合理性与必要性,但是严格的安全要求、高昂的建设和运营成本决定了城市轨道交通的技术与经济需要更加紧密地结合在一起。同时在城市轨道交通可持续发展过程中,提高效率是必然趋势,需要不断采用新技术改造原有系统,适应未来不断增长的客流需求。比如城区和郊区之间的连接线路,客流量往往是在早晚上下班高峰时集中,具有典型的潮汐特点,带来客流断面的不均衡性问题。早高峰进城比重较大,晚高峰出城比重较大,从经济和技术方面综合考虑,站台形式选择岛式站台更趋于合理。

(2) 科学的管理制度的建立

处理好发展规模和管理模式的关系,建立科学的管理制度,城市轨道交通管理具有规模效应,应该保持一定规模,但是规模效应和规模特征并不是绝对的规模。绝对规模可能成为企业追求绝对垄断的工具,而政府的职能并不维护垄断。城市轨道交通规模达到一定程度,应建立一种适度竞争的机制,保证城市轨道交通行业的健康快速发展。与此类似,近期和远期的关系、局部和整体的关系、内部和外部的关系、公益和效益的关系等,在实现可持续发展的过程中,我们都必须重点把握。在国内特大型城市大规模建设城市轨道交通时期,我们需要尽快开展深入研究,提出与各种发展阶段和发展规模相适应的管理模式,制订科学的管理政策,建立科学的管理制度。

11.2.4.2 战术层建议

从战术层的角度,我们需要着重强调和贯彻实施以下内容:

1. 对城市轨道交通技术改进方面的建议

(1) 优化换乘站设计

针对目前客流量大、客流状况复杂的大型换乘站,需要分析客流的组织特点,研究客流组织的优化方法,选取客流组织优化方案评价指标。

(2) 在不同客流状况下运行不同的列车运行图

列车运行图的编制、调整与合理搭配对提高城市轨道交通运行效率至关重要。

(3) 多模式公交条件下城市轨道交通换乘衔接与车站换乘之间的关系

相对于道路交通网络来说,多模式公交网络表现出多层次立体结构特点,其组成元素包括公交方式即车辆、公交站点、公交线路以及相应的运营组织规则等。因此,在多模式公交条件下,城市轨道交通换乘衔接和车站换乘之间的协调尤为重要。

近年来,城市轨道交通运营的节能控制日益受到关注。根据国内建成线路的运营经验,20公里的城市轨道交通线路,北方城市(车站无空调)年用电量为6000万千瓦时,车站设空调的线路年用电量为8000万千瓦时;南方城市年用电量为10000万千瓦时。据此推算,若城市建成300公里的城市轨道交通线网,年用电量将达到9亿千瓦时~15亿千瓦时。因此,在当前我国建设节约型社会,提倡节能减排的大背景下,研究地铁线路的能耗情况,分析地铁的节能途径将显得尤为重要。

2. 对城市轨道交通发展有关对策的建议

(1) 规范项目投资建设

我国城市轨道交通领域在技术进步、工程建设和运营管理水平等方面取得了许多成功的经验,但也不断地暴露出一些问题。正如81号文件所指出的"一些地方也出现了不顾自身财力,盲目要求建设城轨交通项目的现象。有的未经国家审批,擅自新上城市轨道交通项目;有的盲目攀比,建设标准偏高,造成投资浪费;有的项目资本金不足,债务负担沉重,运营后亏损严重。"因此,如何保持我国城市轨道交通更加健康、有序和持续的发展,首先就要按科学发展观要求,做好城市轨道交通建设规划的编制工作。建设规划要按"合理控制建设规模和发展速度,确保与城市经济发展水平相适应"的要求,结合城市具体情况和经济发展状况,依据交通需求,着重进行经济承受能力的分析。规划中,要深入研究经济效益和社会效益的关系,探讨城市轨道交通良性循环发展的有效机制;研究城市轨道交通在城乡协调发展和解决城市交通中的作用,以促进城市均衡发展;研究城市轨道交通对城市环境和城市建设改造的影响,以保护好城市自然和人文环境,从而最终实现城市轨道交通的可持续发展。

(2) 多渠道获得城市轨道交通的资金

城市轨道交通项目具有投资规模大,建设周期长,投资回报慢和盈利水平低等特点,资金不足仍是城市轨道交通建设面临的问题。我国城市轨道交通的建设,资金是最根本的问题,因此制定投资政策对促进城市轨道交通的发展是非常必要的。借鉴国内外的经验,可在以下几方面进行探讨:

① 建立专项基金。为鼓励发展城市轨道交通,国家可以设立专项资金,为城市轨道交通的建设提供稳定的资金来源,也便于国家在宏观上能有所调控。

② 制定法规,适当扩大外资渠道。除利用国外政府贷款、金融组织贷款外,为进一步扩大

第 11 章 我国城市轨道交通系统发展的展望

外资渠道,可以利用项目融资、融资租赁、资产融资等各种方式进行城市轨道交通项目的建设。虽然这些方式有一定的复杂性和风险性,但只要有相应的法规保证还是可以实现的。如:要制定城市轨道交通项目的特许协议,一些条款甚至要订入国家或地方的法律、法令中,作为吸引外资的有效、可靠的政府保证。

③ 积极鼓励项目业主多渠道筹资。大量的固定资产和稳定的收入来源是地铁或轻轨公司筹措资金最好的保证。项目业主应有较强的融资手段,在社会主义市场经济的不断完善条件下,通过股票、债券等融资手段也是可以筹措资金的。应鼓励广大的投资者积极参与,不仅要吸引大的投资者及外国资本,而且还应将社会上的闲散资金集中起来,以用于城市轨道交通基础设施建设。同时,利用沿线权益增加资金来源,如对城市轨道交通项目沿线土地进行综合开发和经营,通过土地升值以获得一定的利润。另外,通过招标转让地铁站等市政设施发展权,可以将项目的重要工程如车站等设施交由发展商建设;用拍卖站名、地名等方式也可以募集海内外的资金;利用沿线广告增加收入等。

(3) 进一步推动城市轨道交通装备技术的发展

自城市轨道交通国产化政策实施以来,已经取得了明显成效,新建项目基本达到了70%的国产化率要求,国内企业开发生产并提供了大部分产品,工程造价也得到了有效控制。随着今后城市轨道交通的不断发展,各种系统方式的城市轨道交通包括直线电机等也将在我国出现。围绕新技术的开发和应用,对我国城市轨道交通装备技术发展又提出了新的任务。因此,要进一步落实城市轨道交通国产化政策,坚持自主开发与引进技术相结合,加速技术升级,提高自身开发水平;要提高国内产品关键技术的竞争力,制定具体措施,规范市场,保证有效竞争。同时要加强基础工作,建立与城市轨道交通发展相适应的生产体系及安全认证和质量监督体系等,从而逐步形成与我国城市轨道交通发展相适应的具有中国特点的现代化城市轨道交通技术装备体系,并使其在世界上具有一定的竞争力和地位。

(4) 抓紧制定城市轨道交通战略发展目标

根据对目前15个城市轨道交通建设规划报告的统计,15个城市在近期规划建设65条线路,线路里程达到1700公里,投资规模约6000亿元。如果这些线路在10~15年建设完成,我国的城市轨道交通发展态势将令世人瞩目。因此,从国民经济发展战略高度来研究我国城市轨道交通发展问题已十分必要和迫切。首先,城市轨道交通的发展与我国城市交通的发展战略密切相关,将影响我国城市交通的发展方向。城市轨道交通项目巨大的投资,将提供大量需求,对拉动城市内需有积极意义。项目建设能够带动沿线土地和房产价格大幅增长,极大地带动城市经济发展,加快城市建设和改造的速度,有明显的国民经济效益和社会效益。这种巨大的推动作用,也是当前城市轨道交通发展迅猛的重要原因。同时,在城市轨道交通发展过程中所形成的多种技术系统模式,对促进装备工业结构调整和技术水平升级都有重大意义。抓紧研究制定我国城市轨道交通的发展战略,已成为当务之急。

(5) 加强城市轨道交通理论研究和基础建设工作

在当前我国城市轨道交通快速发展的同时,也暴露出设计、施工力量不足,生产供应滞后,基础理论研究和各项建设规范标准不够完善等问题。因此,要加强理论研究和各项基础性研究工作,尽快建立城市轨道交通的标准规范和安全体系,建立与城市轨道交通发展相配套的完备的生产、设计、科研能力和体系,为我国城市轨道交通建设和发展提供良好的条件。城市轨道交通项目是城市发展中的重大公益性基础设施,也是一种涉及面广、综合性很强的工作,对城市的发展将产生深远的影响,是城市的百年大计,所以不能急于求成。前期准备工作必须加强,而且要做扎实,特别是需要结合城市发展总体规划和交通规划进行充分论证,使项目建设更具合理性和发挥更大的投资效益。

发展我国的城市轨道交通事业,实现城市轨道交通的发展战略,还有大量的工作和问题需要研究协调。比如制定城市轨道交通的发展规划和政策,制定标准规范、推进各项基础工作、协调市场、提高装备技术水平等,都是在城市轨道交通建设中迫切需要解决的问题。在81号文件中,国家在城市轨道交通审批程序、建设标准、安全保障、建设经营管理体制和推进国产化政策方面都提出了指导性的意见。今后要根据国家投资体制改革的决定,按照"谁投资、谁决策、谁受益、谁承担风险"的原则,进一步拓宽项目融资渠道,落实企业投资自主权。随着政府职能的转变,政府可以把城市轨道交通作为公共基础设施,在公共财政方面予以倾斜和支持。在宏观指导和协调方面,国家应根据城市轨道交通发展状况和城市经济社会发展状况,加强项目建设总量、建设进度、投融资还贷能力、资金平衡等方面的管理,建立经济预警、安全预警机制,并制定相应措施。

复习思考题

1. 从现在的发展态势来看,我国城市轨道交通的发展趋势有哪些?
2. 我国城市轨道交通发展目标有哪些?
3. 什么是可持续发展?
4. 城市轨道交通可持续发展的技术策略有哪些?
5. 关于城市轨道交通的发展我们需要关注哪些问题?

参考文献

[1] Stella M, Fiorenzo Catalano. Choice Set Generation in Multi-Modal Transportation Networks[R]. Delft University of Technology, 2007.

[2] 闫小勇,王扬,刘海宁. 公交乘车路线查询中的换乘识别方法[J]. 交通标准化,2006(9):173-174.

[3] 撒利伟,许五弟. 公交网络中路径系统的表达和应用[J]. 西安建筑科技大学学报(自然科学版),2006,38(5):711-716.

[4] 阎利军,左志,杨忠振. 基于超级交通网络的换乘枢纽空间布局优化[J]. 哈尔滨工业大学学报,2006,38(8):1344-1346.

[5] Lo H K, Yip C, Wan Q K. Modeling competitive multi-modal transit services: a nested logit approach [J]. Transportation Research, 2004, Part C(12): 251-272.

[6] 陈艳艳,王东柱. 基于可靠性分析的公交出行路径启发式搜索算法[J]. 交通运输系统工程与信息,2009,9(3):98-102.

[7] 陈城辉,徐永能,傅晓莉. 城市多模式公交网络出行时间可靠性模型研究[J]. 城市公共交通,2010(146):38-40.

[8] 陈城辉,徐永能,傅晓莉. 多模式公共交通网络行程时间可靠性评价[J]. 交通信息与安全,2010,28(4):27-30.

[9] 鄢勇飞. 大城市公共交通网络最优路径算法研究[D]. 武汉:武汉理工大学,2009.

[10] 杨新苗,王炜,马文腾. 基于GIS的公交乘客出行路径选择模型[J]. 东南大学学报(自然科学版),2000(6):87-91.

[11] Richard D. A network equilibrium model with travelers' perception of stochastic travel times[J]. Transportation Research Part B, 2009(43):614-624.

[12] 李林波,吴兵. 交通方式选择中心理因素影响分析[J]. 山东交通学院学报,2003,11(3):27-31.

[13] 李旭宏. 城市客运交通[M]. 北京:人民交通出版社,2011.

[14] 黄平. 最优化理论与方法[M]. 北京:清华大学出版社,2009.

[15] 毛保华. 轨道交通网络化运营组织理论与关键技术[M]. 北京:科学出版社,2011.

[16] 姜玲. 城市交通出行时间波动性的价值评估研究[D]. 南京:南京理工大学,2013.

[17] 过秀成. 城市轨道交通网络演变机理及生成方法[M]. 北京:科学出版社,2013.

[18] 姜毅. 城市轨道交通枢纽导乘系统研究[D]. 南京:南京理工大学,2012.

[19] 毛保华. 城市轨道交通网络管理及收入分配理论与方法[D]. 北京:科学出版社,2007.

[20] 张雁. 城市轨道交通可持续发展研究及工程示范[M]. 北京:科学出版社,2010.

[21] 邵伟中,吴强. 上海城市轨道交通网络化运营特征分析[J]. 城市轨道交通研究,2009,12(2):1-5.

[22] 张铭,王富章,李平,等. 城市轨道交通网络化运营辅助决策与应急平台[J]. 中国铁道科学,2012,33(1):113-120.

[23] 郑锂,宋瑞,肖赟,等. 网络化运营下城市轨道交通列车车底运用计划编制的优化方法[J].

中国铁道科学,2014,35(2):104-110.

[24] 周淮,朱效洁,吴强,等.上海轨道交通网络化运营管理问题研究[J].城市轨道交通研究,2006,9(6):1-5.

[25] 朱沪生.上海城市轨道交通网络化运营体系的建设[J].城市轨道交通研究,2008,11(10):1-5,15.

[26] 杜世敏,郑宇,江志彬,等.客流数据在城市轨道交通网络化运营组织中的应用[J].城市轨道交通研究,2010,13(6):71-74.

[27] 顾伟华,毕湘利.建设安全、可靠、高效的城市轨道交通网络[J].城市轨道交通研究,2006,9(5):1-4.

[28] 郑锂,肖赟,何必胜,等.城市轨道交通网络化运营模式及特点分析[J].铁道运输与经济,2015,37(4):69-73.

[29] 何霖,李红,方思源,等.城市轨道交通网络化运营的组织体系[J].城市轨道交通研究,2014,17(2):1-3,7.

[30] 江志彬,费翔,滕靖,等.常规道路公交与网络化运营的城市轨道交通协作模式[J].城市轨道交通研究,2011,14(12):15-17.

[31] 付胜华,程畅.网络化运营的城市轨道交通综合监控系统建设模式探讨[J].城市轨道交通研究,2013,16(12):14-17.

[32] 王永亮,张星臣,徐彬,等.城市轨道交通网络化列车开行方案优化方法[J].中国铁道科学,2012,33(5):120-126.

[33] 黄维华.南京城市轨道交通网络化运营安全管理对策研究[J].中国安全生产科学技术,2011,07(8):207-209.

[34] 何静,刘志钢.上海城市轨道交通网络化运营的特点与对策研究[J].铁道运输与经济,2008,30(8):51-54.

[35] 马立.网络化运营条件下城市轨道交通的类型及其车辆[J].铁道机车车辆,2012,32(6):57-61.

[36] 汪明艳,汪泓,刘志钢,等.城市轨道交通网络化枢纽站的运营管理研究[J].管理现代化,2014(1):18-20.

[37] 毕湘利.从运营角度分析城市轨道交通建设阶段需重视的问题[J].城市轨道交通研究,2012,15(7):3-6.

[38] 毕湘利.基于网络化运营的城市轨道交通技术发展趋势[J].城市轨道交通研究,2010,13(9):前插2.

[39] 于航,徐道强.天津市轨道交通网络化运营票务清分中的路径确定方法探讨[J].城市轨道交通研究,2013,16(2):26-29.

[40] 何跃齐.城市轨道交通清算管理中心系统设计要点[J].城市轨道交通研究,2013,16(11):40-44,48.

[41] 何霖,方思源,梁强升,等.城市轨道交通网络化运营的挑战与对策[J].都市快轨交通,2015,28(2):1-5.

[42] 唐全稀.城市轨道交通网络化运营的组织方法及实施技术研究[J].科技资讯,2014(4):54.

[43] 唐春鹏. 城市轨道交通网络化运营条件下车辆基地的资源共享研究[J]. 科技创新导报, 2014,11(6):17-18.

[44] 刘共华. 城市轨道交通网络物资供应体系探讨[J]. 城市轨道交通研究,2011,14(9):26-29,33.

[45] 余博. 关于城市轨道交通网络化运营的探讨[J]. 城市建设理论研究(电子版),2013(6).

[46] 诸文浩. 城市轨道交通网络化运营特征分析[J]. 科技致富向导,2014(1):232,310.

[47] 曾建军. 浅析网络化运营条件下城市轨道交通运营的组织架构设计[J]. 企业技术开发(学术版),2013,32(3):68-71.

[48] 王欣. 城市轨道交通网络化运输组织及如何完善[J]. 低碳世界,2014(22):299-300.

[49] 五一. 城市公共交通的一体化管理[J]. 城市轨道交通研究,2005,8(3):1-3.

[50] 李卫军,王娟,马剑,等. 城市轨道交通网络化应急抢险资源优化配置[J]. 现代城市轨道交通,2009(4):9-13.

[51] 李煜. 与城市轨道交通网络化运营相关的接口建设[J]. 铁道通信信号,2011,47(7):65-67.

[52] 陶新宇. 城市轨道交通网络化运营安全对策研究[J]. 城市公共交通,2010(12):34-35.

[53] 宫振冲,刘利忠,刘迎雪,等. 浅析城市轨道交通网络化运营管理系统功能[J]. 城市建设理论研究(电子版),2013(4).

[54] 张铭,徐瑞华,杨珂,等. 城市轨道交通网络运营组织协调性研究[J]. 城市轨道交通研究,2007,10(11):44-48.

[55] 张光明,魏晓龙. 城市轨道交通网络化运营换乘优化[J]. 城市建设理论研究(电子版),2014(16):3565-3566.

[56] 王静. 城市轨道交通需求分析与客流预测方法体系研究与应用[M]. 北京:人民交通出版社,2021.

[57] 马超群. 城市轨道交通线网规划与客流预测分析[M]. 北京:人民交通出版社,2021.

[58] 四兵锋. 城市轨道交通客流分析及预测——方法和应用[M]. 北京:人民交通出版社,2019.

[59] 陈镇元. 基于图卷积神经网络的地铁短时客流预测研究[D]. 广州:广东工业大学,2021.

[60] 任宇超. 城轨交通短时断面客流预测与行车组织优化研究[D]. 南京:南京理工大学,2020.

[61] 张金雷. 城市轨道交通线网短时客流预测方法研究[D]. 北京:北京交通大学,2021.

[62] 徐欣怡. 列车运营故障条件下客流拥挤传播特性及疏导策略研究[D]. 南京:南京理工大学,2021.

[63] 周泱. 地铁车站火灾烟气中行人疏散模型研究[D]. 南京:南京理工大学,2019.

[64] 林忠义. 城市多模式公共交通网络特性分析及优化研究[D]. 长春:吉林大学,2022.

[65] 高维. 多模式公交网络协同客运能力及其提升方法研究[D]. 哈尔滨:东北林业大学,2020.

[66] 张枭. 多模式公交拓扑网络构建及可达性评价研究[D]. 哈尔滨:东北林业大学,2019.

[67] 陈龙. 基于灵活编组的城市轨道交通大小交路列车开行方案研究[D]. 兰州:兰州交通

大学,2021.

[68] 徐轲非. 考虑多编组的城市轨道交通Y型线路列车开行方案研究[D]. 北京:北京交通大学,2021.

[69] 陈丽文. 城际铁路列车过轨运营组织方法及效果研究[D]. 北京:北京交通大学,2021.

[70] 刘世伯. 城市地区列车过轨运营组织及其实施效果评估[D]. 北京:北京交通大学,2018.

[71] 张圣军,赵欣苗,毛保华,等. 国铁与城市轨道交通过轨运营客流适用性研究[J]. 综合运输,2018,40(01):31-34.

[72] 钟雪. 基于等效运行线的市域快线与地铁过轨运营通过能力研究[J]. 现代城市轨道交通,2022(06):78-83.

[73] 李婉涵. 地铁与市域快轨衔接模式评价比选研究[D]. 成都:西南交通大学,2019.

[74] 杨艳娟. 晚点条件下的城轨列车运行调整建模与算法研究[D]. 南京:南京理工大学,2021.

[75] 彭佳欣. 基于改进人工鱼群混合粒子群算法的列车运行调整问题研究[D]. 南京:南京理工大学,2022.